Jean Neubauer

Allerneuestes Kochbuch

Jean Neubauer

Allerneuestes Kochbuch

ISBN/EAN: 9783742896445

Hergestellt in Europa, USA, Kanada, Australien, Japan

Cover: Foto ©Lupo / pixelio.de

Manufactured and distributed by brebook publishing software (www.brebook.com)

Jean Neubauer

Allerneuestes Kochbuch

Allerneuestes
Kochbuch,

welches lehret,
wie man auf die allergenaueste, delicateste und
gesparsamste Art arbeiten, die Speisen machen,
und heutiges Tags serviren soll.
Nicht minder, wie die sämmtlichen Speisen in
französischer und deutscher Sprache zu benennen,
auch wie die Kuchenzettel durch die beygesetzten vier
Jahrszeiten in drey Manieren französisch, englisch
und deutsch für 8 bis 60 und mehr Personen
herauszunehmen sind.

Nicht nur
den jungen Köchen und Köchinnen,
sondern auch jenen sehr dienlich,
die bey einer Tafel, wegen Abgang eines Controleurs,
Herrschaften bedienen müssen, aus welchem sie erlernen
können, wie man die Speisen nennet, und wie dieselbe
eine vor der andern, einer herrschaftlichen
Tafel sollen aufgesetzet werden.

Herausgegeben
von
Mr. JEAN NEUBAUER,
ersten Koch bey Sr. Excellenz des Herrn Grafen von der Wahl,
Sr. Churfürstl. Durchl. in Baiern Ministern ec.

※━━━━━━━━━━※

München, 1783.
Im Verlag bey Johann Nepomuk Fritz.

Kochbuch.

Imprimatur.

Signatum München in dem Churfürstl. hochlöbl. Büchercensurcollegio den 1ten März 1774.

Wilhelm Wobizka,
Secretarius.

Vorrede.

Es ist von Anfang der Welt noch kein Mensch gebohren worden, wird auch keiner gebohren werden, so lange das große Weltgebäude stehen wird, der allen andern mit seinem Thun und unternommenen Arbeiten, so fleißig und mühsam er solche zu seyn erachtet, sich gefällig verhalten hätte, oder verhalten werde; also auch keiner ein Werk gethan hat, oder thun wird, daß selbiges nicht von ein und andern kritischen Tadlern durch

Vorrede.

durch die Hechel gezogen, oder wohl gar vereitelt werden möchte. Einem solchem Falle wird auch mein gegenwärtiges so betiteltes Kochbuch ausgesetzt seyn, und wie leicht zu erachten, zu gewarten haben; jedoch aber nur von denjenigen, welche entweder an der Einbildungskraft eigener Mächtigkeit arbeiten, oder aber von ihnen selbst glauben und den Schluß fassen, sie seyen keiner andern Lehrart benöthiget, sondern ihre eigenen Wissenschaften und Erdichtungen haben den Vorgang in allen Sachen, welche zu ihrem Metier nur immer einschlagen können oder mögen. Diese mögen tadeln wie sie wollen; ja, ich gebe ihnen die völlige Freyheit, dieses mein Kochbuch zu spiesen, zu braten, und mit vielerley Tourmenten zu überhäufen, gönne ihnen auch gerne, wenn sie in ihrer Kunst und daraus geschöpften Wissenschaften, so hoch sich empor geschwungen, daß sie keiner Erinnerung bedürfen: ich meines Orts habe mich jederzeit erfreuet, wenn ich von andern

Vorrede.

andern etwas Neues habe erlernen können, ja, noch bis diese Stunde trage ich sehnlichstes Verlangen, noch mehr und mehr in der Kocherey geschärfet zu werden, weil die Zeit noch nicht kommen ist, wo einer den Zweck erreichet hat, daß er mit Wahrheitsgrund darthun kann, völlig ausgelernt zu haben.

Um aber auf den Grund zu kommen, und was mich meistentheils bewogen, gegenwärtiges Kochbuch von mir auszusenden; so merke soviel an, daß:

1. Der heutige Modus zu kochen weit anders beschaffen ist, als in vielen schon herausgegebenen Kochbüchern (welche zu verachten ich keineswegs gesonnen bin) zu ersehen und zu probiren seyn wird, also zwar, daß wer den alten Modum zu kochen, nach dem heutigen brauchen wollte, ehender zu einer Bauernhochzeit, als herrschaftlichen Tafel seinen Fleiß angewendet haben würde. Auch sind

2. Viele

Vorrede.

2. Viele dergleichen herausgegebene Kochbücher so difficil und dunkel gefaßt, daß solche nur derjenige Koch zu brauchen weis, welcher durch eine förmliche Uebung den Weg des Dunkeln sich selbst aufklären und erleichtern kann, auch schon das wahrhafte und geprobte Lob erworben, daß er, welches aber viel will gesagt haben, ein guter Koch sey. Hingenen dienet.

3. Diese meine Herausgabe wegen ihrer guten Einrichtung, Ordnung und heutiger Manier zu kochen und zu serviren, in Entstehungsfällen nicht nur allein für die qualificirtesten, sondern auch für die neuangehenden Köche, ja sogar für die Köchinnen selbsten, sehr leicht, nützlich und lehrmäßig.

4. Werden viele Herrschaften gefunden, welche eine Freude haben, in der Kocherey erfahren zu seyn; damit nun weder dieselben viele Mühe anwenden müssen, Speisen nach ihrem Geschmacke und

und Abänderung der Jahrszeiten anzugeben, noch auch die Köche nach deroselben Contentement schwer zu arbeiten haben; als habe ich nicht ermangelt, dieses Kochbuch solchergestalten einzurichten, daß man sowohl den Namen der Speisen, und was nach Proportion derselben hiezu äußerst benöthiget seyn wird, auf das genaueste ersehen kann, wozu sowohl die Menage, als auch die Jahrszeiten auf keine Weise vergessen worden. Ja, man wird sich im Stande sehen, in Zeit von einer Stunde ein Menû, oder zu deutsch, einen Kuchenzettel, oder nach Belieben ein alltägliches Ordinari heraussuchen zu können. Ferner und

5. Lehret die tägliche Erfahrung, daß oft junge Köche und Köchinnen in herrschaftliche Dienste kommen, welche wegen Abgang der nothwendigen Uebung, wenig Wissenschaften von Vielheit der Speisen, derselben eigentlichen Namen und Tractirung besitzen, welches eine nicht geringe Beschwerniß, und gleichsam heim-

liche Marter verursachet. Dieses Uebel kann durch gegenwärtige klare Verfassung gar leicht abgeschaffet werden, wenn man nur fleißig nach erhaltener Vorschrift arbeitet, und sich keine Mühe mag verdrießen lassen. Ja, nicht nur allein solchen Anfängern, sondern auch

6. Den herrschaftlichen Controleurs, welche schuldig sind, das ganze Jahr hindurch die Kuchen = oder Speisezettel zu verfertigen, wird mein Kochbuch zur geschwinden Dienstleistung die unvermutheten Hände biethen, also zwar, daß weder in Formirung und Einrichtung der gemeldeten Speisezetteln, als auch in dem Serviren selbst, ein Fehler sich hervorgeben wird. Solches können nicht minder

7. Meine Herren Kameraden, welche nebst der Küche, auch die herrschaftliche Tafeln, bey Abgang der Controleurs, serviren müssen, zur Einsicht und Erleichterung ihrer Bedienstungen, aus vielen

Vorrede.

vielen Ursachen, so ich hier mit Fleiß stillschweigend übergehe, gar nützlich brauchen; wenn ihnen nur nicht zu schwer fallen will, dieß mein Buch fleißig zu durchgehen, und dem Befinden nach zu studiren. Und fürwahr, sie dürfen gar keine Mühe und Fleiß deßwegen anwenden, maßen der Inbegriff desselben so gefasset ist, daß alle Speisen, welche mit französischen Benennungen angesetzt sind, wieder in das Deutsche gebracht werden, also zwar, daß man unmöglich hierinnen fehlen, oder einer Herrschaft zur Last fallen kann. Sodenn habe ich

8. Diesem Werk noch beyfügen wollen, wie die Speisen im Serviren gesetzt, ausgewechselt, und ohne Fehler angeordnet werden müssen, indem ich und mit mir viele ersehen haben, daß oftmals im Serviren keine Regel in Obacht genommen worden, so daß Hors d'œuvres mit Entrées, oder zu deutsch, Ragout mit Eingemachten vermischet worden, und was

Vorrede.

was zur ersten Tracht gehört hätte, in der zweyten servirt worden.

Endlich folget ein solch gut eingerichtetes Register, daß man ohne vieles Nachdenken, Herumblättern, oder Aufsuchen, einen ganzen Service nur in dem Gedächtniß behalten und dirigiren kann. Unterdessen aber bezeuge ich vor Jedermann, daß ich durch sothane meine Edition keiner Nation von diesem Metier zu nahe treten, noch selbige gering zu halten gemeynet seyn will. Nein, ich habe Leute sowohl in Deutschland, Frankreich und Italien, als andern Orten gefunden, welche nicht nur zu verehren, sondern auch höchstens zu bewundern waren.

Dieses aber wird mir niemand verargen, oder einem Hochmuthe zuschreiben, wenn ich sage, daß ich mittelst meines Fleißes, Mühe und selbstigen Nachstudirens, bey höchst und hohen Herrschaften, ja, bey meinen Herren Collegen

sowohl

Vorrede.

sowohl wegen der Menage im Kochen, als dem Kochen selbst, ein nicht geringes Lob und Wohlsprechen verdienet habe. Und wird oft gehöret werden, daß mein Kochbuch zuweilen die stumme Wahrheit von selbsten spricht; maßen das Werk den Verfasser, und nicht der Verfasser das Werk beloben wird.

Findet diese Herausgabe, daran ich gar keinen Zweifel trage, einen gütigen Beyfall und Abgang; so stehe ich schon in Bereitschaft, ein anderes Werk, wie dies von Fleisch handelt, auf französische Manier und auch von Italiänischen Fastenspeisen, welche hier noch nicht bekannt sind, zu verfertigen. Die geneigten Liebhaber belieben unterdessen aus dieser Verfassung dasjenige, was ihnen nach ihrem Stande, Oeconomie und derselben Menage und Einrichtung nützlich und dienlich ist, herauszunehmen.

Endlich aber ist dieses Werk überaus nützlich für die Herren Kammerdiener,

ner, welche bey Herrschaften zur Tafel serviren müssen, wo keine Hofmeister und Controleurs sind, es wird sie mein Buch ganz deutlich belehren, daß sie in kurzer Zeit im Stande sind, eine Tafel zu serviren, ohne Fehler zu machen, indem dasselbe aufs beßte eingerichtet ist, alle Speisen zu unterscheiden.

Will man einen schönen und guten Bau verfertigen, so muß hauptsächlich ein guter Grund gelegt werden, alsdann kann man sich versprechen, daß der Bau wohl gerathe: und also will ich auch vornämlich am allererſten den jungen Herren Köchen, wie auch Köchinnen zum beſten anempfehlen die Küche, wo sie wohl beobachten müſſen:

Erſtens, daß dieſelbe allezeit ſauber und rein gehalten werde, welches eine große Nothwendigkeit iſt. Nicht weniger iſt auch

Zweytens wohl darauf zu ſehen, daß das Geſchirr in der Küche immer rein und ſauber abgewaſchen werde, hauptſächlich aber die Kaſtrolen oder dergleichen Geſchirr, daß ſie nicht kupfericht ſind, wenn man darinnen kochen will; weil das Kupfer bekanntermaßen giftig iſt, und ihr leichtlich im Stande ſeyd, auf ſolche Art eurer Herrſchaft am Leben zu ſchaden, oder doch zum wenigſten Krankheit zu verurſachen. Daher kömmt es mir ſehr lächerlich und ungereimt vor, wenn die Jungfer Haushälterinnen in der ſchwachen Einbildung ſtehen, auch ſogar vorgeben, es wäre dem Geſchirr ein Schade, wenn daſſelbe nach dem Gebrauch allezeit ſauber geſegt und gepuft werde; Faulheit der Weibsbilder ist es. Kupfer ist kein Silber, und wenn es wäre, so glaubte ich meines Erachtens besser zu seyn, in 10 oder 15 Jahren vor 300 fl. Küchenservice anzuschaffen, als einen immerwährenden Lecken an seiner Gesundheit zu haben, welchen man gar leicht durch unappetitliche Speisen, und unreines Arbeiten erhalten kann. Man sehe in Frankreich, Wälschland und andern Ländern Herrschaftküchen an, wie schimmert und glänzt nicht alles darinnen, man kann sich in den Kastrolen so gut wie im Spiegel sehen; was ist aber die Ursache? Weil die Herren Köche in diesen Ländern in den Küchen zu befehlen haben, und nicht Haushälterinnen (doch dem Ruhme derjenigen unbenommen, die auf Reinigkeit und Ordnung in der Küche gute Obsicht tragen.) Was für eine Ehre ist es nicht, wenn Herrschaften oder andere Leute in die Küche kommen, und sehen, daß alles wie Gold glänzt! Es ist nur eine Lust, in solchen Küchen arbeiten sehen; noch so viel Appetit macht es den Herrschaften zu speisen: aber der Koch muß in seiner Arbeit auch sauber und nett seyn, und jederzeit von rechtswegen sein aufgebreitetes Tischtuch auf der halben Tafel haben, nachdem sein Service stark ist, damit er seine Speisen darauf rangiren kann. Das Geschirr, worinnen er arbeitet, muß er gleich zum Säubern abgeben, nicht aber dulden, das eines hier, und das andere an einem andern Orte stehen bleibt, weil es nur Confusion verursacht, vielmehr muß jedes wieder an seinen Platz gestellt werden, wo es hingehört. Es hat nichts zu bedeuten, wenn Untergebene den

Koch

Koch gleich für schlimm ausschreyen, darum, daß er seine Sachen recht und sauber haben will. Ein schlimmer Koch nach Gestalt, macht in der Küche gute Ordnung und richtige Service. Denn die Regel in der Küche muß eben so accurat gehalten werden, gleichwie bey denen Soldaten; eine Minute verderbt vieles.

Drittens, müssen die, welche das Einkaufen haben, dahin trachten, daß sie jederzeit vor ihre Herrschaft das Beste kaufen, und nicht etwa, um einen Kreuzer zu ersparen, einen Gulden hinwegwerfen: das will so viel bedeuten; bringen sie etwas schlechtes in die Küche, der Koch richtet es zu, so gut er kann, die Sache aber ist schlecht, und der Koch kann keine Mirakel damit wirken, fett kann er es auch nicht machen, alsdenn kommt es auf die Tafel, die Herrschaft ist heickel, rührt nichts davon an, da ist ein Gulden weggeworfen, um einen Kreuzer zu ersparen, weil die Herrschaft nichts genießen kann. Diejenigen, die das Einkaufen haben, sind schuldig, in Zeiten auf den Markt zu gehen, und nicht bis um 8 Uhr im Beet zu liegen, oder sich mit Käffeetrinken und Plaudern aufhalten, sondern ihre Schuldigkeit thun, damit der Koch seine Provision zeitlich bekommt, und arbeiten kann, wie es sich gehört.

Viertens, muß der Koch oder die Köchinn besorgen, daß das Fleisch beyzeiten zum Feuer kommt, und die Marmite allezeit vorher mit Wasser auswaschen, und hernach zusetzen, aber obacht geben, daß es wohl abgefaumet wird, und wenn es in Sud kommt, ganz langsam sieden lassen, damit die Bouillon klar bleibt, und nicht glauben, wie es viele giebt, und mir selber schon gesagt worden, das Fleisch muß stark sieden, wenn es siedet, so wird es linder: das ist nicht an dem; denn nach diesem muß es mit Wasser aufgefüllt werden, das Fleisch verliert seinen Geschmack, und die Bouillon gleicht einer Kuttelsuppe. Wenn es eine Stunde gesotten hat, so thut man die Wurzeln hinein, nämlich: Petersillwurzel, Zelleri, Pastenat, gelbe Ruben und Bori: hernach kann man einen Kalbsknochen dazu thun, so giebt es eine Bouillon, die eine Farbe wie Gold hat, und überaus gut ist, es darf aber kein Gewürz dazu gethan werden, wie es viele in Gebrauch haben, weil es der Gesundheit nicht zuträglich ist, sondern man bediene sich nur der Kräuter und Wurzeln, das ist das gesündeste und schmackhafteste Gewürz, die Gesundheit zu erhalten, weil alle Kräuter erfrischen und anfeuchten.

Jetzt folget, eine Bouillon zu machen, wie man sie bey den Höfen Mundsuppen nennt, oder auf französisch eine Bouillon, welche man auch bey einer Tafel machet:

I.

Man muß allezeit ein Stück Fleisch nehmen vom Schlegel, und absonderlich ist es gut von der untern Seite, dazu kommt Kalbsknochen, ein Stück magers Hammelfleisch, wenn man es haben kann, ein altes Huhn oder zwey, nachdem man viel vonnöthen hat, dieses setze zu, und thue es sauber verfaumen: wenn es anfängt zu sieden, so thue es zurück, und laß es ganz langsam sieden,

wie

wie schon oben gemeldet worden, thue die oben ersagte Wurzeln dazu, so wird deine Bouillon klar und gut seyn.

Die Bouillon auf eine andere Manier,
wie es viele französische Köche zu machen pflegen.

Man nimmt das Fleisch, wie vorher gemeldet, eine Bouillon zu machen, thue es in eine Marmite, thue dazu ein wenig Wasser, setz sie auf das Feuer, und laß langsam anziehen, als wie eine leichte Jus, hernach füll es an mit Wasser, und laß langsam sieden, thue die Wurzel dazu, so wird die Bouillon eine Farbe haben, gleich einer leichten Jus, es ist eine gute Bouillon. Aber heutiges Tags giebt es viele Herrschaften, die keine Sauce mehr lieben, wenn sie starke Farbe hat, sondern sie wollens naturel klar, und in der Farbe wie Gold haben, welches ich auch selbst vor gut und appetitlich halte.

Es giebt auch wiederum Köche, welche das Rindfleisch zusetzen, wie schon gemeldet, das Kalbfleisch und die Hennen braten sie am Spieß halb ab, und thun es hernach zur Bouillon, es ist auch gut. An den großen Höfen thut man auch ein paar alte Rebhühner zu der Bouillon, das giebt auch einen guten Geschmack.

Eine Jus zu machen.

Man nimmt mageres Rindfleisch, schneidet es zu Schnitzen, und belegt das Kastrol auf dem Boden damit, hernach schneidet man die Zwiebel scheibenweis, und legt sie auf das Fleisch, hernach thue man dazu von allerhand Wurzeln, wie in die Bouillon, man nimmt auch Kalbfleisch dazu, und ein klein wenig Kundelkraut, welches einen Geschmack giebt, thue ein wenig Wasser dazu, setz es auf das Feuer, wo es nicht zu stark ist, laß es anziehen, bis es unten braun wird, alsdenn füll es auf mit Bouillon, und laß es langsam sieden, bis das Fleisch ausgesotten hat, alsdenn wird es durch ein feines Sieb, oder noch besser, durch eine saubere Serviette paſſirt, die Serviette aber allezeit vorher in frisches Wasser eingetunkt, damit die Jus keinen Geschmack bekommt; so wird die Jus klar und gut seyn.

Auf eine andere Manier, wie es viele Franzosen machen.

Sie legen vorher Speck auf den Boden des Kaſtrols, hernach die Zwiebel darauf, nachdem nehmen sie das Rindfleisch, auch dazu Schunken, Kalbfleisch und die Wurzeln, wie vorher gemeldet, und lassen es hernach anziehen, wie schon gesagt worden: sie ist gut und stark, aber den Herrschaften wegen der Schunken zu stark. Ueberdies giebt es viele Herrschaften, die keine Schunken essen und essen dürfen, weil sie ihnen in die Suppen und Sauces zu stark sind.

Ein Consommé zu machen, oder auf französisch *Reſtruron*.

Man nimmt ein Stück mageres Rindfleisch, ein Stück mageres Kalbfleisch, auch ein Stück gutes Hammelfleisch vom Schlegel, eine alte Henne, ein altes Rebhuhn, einen Fasan, thut alles blanchiren,

chiren, aber nur ein wenig; wenn das Wasser sie:
det, thut man es hinein: sobald es einen Sud ge:
than hat, thue es gleich wiederum heraus, her:
nach thue es in einen kleinen Marmite, thue dazu
ein Stück Schunken, Wurzeln, wie schon gemel:
det ist, füll es mit guter Bouillon auf, setz zum
Feuer, laß langsam sieden, bis das Fleisch aus:
gesotten hat, hernach paßirt durch eine Serviette.
Damit bedienet man sich zu den Saucen; es giebt
starke Saucen und guten Gusto. Man kann die:
sen Consommé auch auf die Art machen, wie oben
die Bouillons zu machen gemeldet worden, ohne
blanchiren, sondern im Kessel anziehen lassen.

Eine gute Coulis auf die heutige Façon zu machen.

Belege das Kastrol mit Kalbfleisch, nimm dazu
von allerhand Wurzeln, und ein paar Zwiebeln,
auch ein wenig Schunken, wenn du einen hast,
Basilicum, Thymian, ein wenig Lorberblat, thue
dazu ein wenig frisches Wasser, setze es auf das
Feuer, aber nicht zu stark, laß es anziehen gleich:
wie ein Glace, hernach thue das Fleisch heraus in
ein sauberes Geschirr, wo der Saft dabey bleibt,
in das Kastrol thue Butter hinein, setz es auf ein
langsames Feuer, bis du die Glace hast mit dem
Butter abgelöst, hernach thue Mehl dazu, soviel
du glaubst vonnöthen zu haben, laß es nach und
nach schön gelb werden, alsdenn füll es auf mit
Bouillon und Jus, wie die Farbe seyn muß, gleich:
wie das schönste Gold, thue dazu das Fleisch, wel:
ches du hast herausgethan, laß es langsam vorne
weg sieden, und thue es allezeit abfaumen, so kommt

alle Fette und Faum hinweg, und deine Coulis wird gut und klar werden, wie das schönste Gold; wenn das Fleisch ausgesotten hat, thue es in ein Haartuch sauber paßiren, aber nicht mit einem Löffel, sondern das Haartuch darf nur geschüttelt werden, daß es klar durchlauft; das ist eine Coulis, wo man heutiges Tags keine bessere machen kann, und aus dieser Ursache habe ich keine andere hier herschreiben wollen, weil sie ohnedem schon bekannt sind. Doch will ich noch eine kleine Coulis angeben, welche für diejenige dienet, die ein kleines ordinaires zu machen haben, und gerne eine gute Sauce haben möchten, aber es nicht recht anzustellen wissen. Weil sie nichts dazu haben, um eine rechte Coulis zu machen, so dienet diese bürgerliche Coulis, welche auch schön und gut ist, aber die Kräften nicht hat. Man schneidet einen Zwiebel von der Hand, thut ihn in einen Kastrol mit ein wenig Butter, und läßt es auf dem Feuer anziehen, aber nicht gelb, hernach thut man Mehl dazu, so viel man haben will, hernach laß es auf dem Feuer schön braun werden, füll es auf mit klarer Bouillon, thue dazu alle Sorten Wurzeln, ein wenig Basilicum und Thymian, ein wenig Lorberblat, laß es langsam sieden, faume es wohl ab, daß die Fette alle hinwegkommt; wenn sie wohl verkocht hat, alsdenn thue sie paßiren, wie oben gemeldet, so wirst du eine recht schöne Sauce davon machen können, welche gut und klar ist, ohne Unkosten, und ist weit besser, als eine Einbrennsauce, die viele machen. Dieses ist nichts, als wenig mehrere Mühe, aber weit besser.

Eine

Eine schöne und gute Glace zu machen.

Thue in einen Kastrol Kalbfleisch, auch ein wenig Schunken, was du hast, etliche ganze Zwiebel von allerhand Wurzeln, Basilicum, Thymian, ein wenig Lorberblat, thue ein wenig frisch Wasser dazu, setz es auf das Feuer, laß es anziehen, aber nicht trücknen, thue dazu die Flügel, Hälse und Mägen, was vom Geflügel wegkommt, um zu sparen, hernach füll es auf mit guter Bouillon, laß langsam sieden, wenn das Fleisch gut ausgesotten hat, passire es durch eine Serviette, daß die Fette bey einem Tropfen wegkommt, alsdenn setze es in einen Kastrol auf ein stätes Feuer, laß es einsieden, bis es kurz wird; wenn du siehest, daß du nicht Farbe genug hast, daß sie aussiehet wie eine starke Goldfarbe, so thue ein wenig Jus dazu, so viel, bis sie die Farbe recht bekomt; wenn die Gláce kurz genug eingesotten hat, so thue es vom Feuer hinweg, und thue etliche Tropfen frisch Wasser dazu, dieses ist ein großer Vortheil, den hundert nicht wissen, und keine Bouillon, wie es viele im Gebrauch haben. Deine Glace wird hell und klar bleiben bis auf den letzten Tropfen, und wenn du sie brauchst, thue allezeit etliche Tropfen frisches Wasser daran; die Probe wird den Meister loben.

Eine weiße Coulis auf die heutige Façon zu machen, die zu gebrauchen und im Vorrath zu machen ist, wenn man große Tafel hat.

Thue ein Stück Butter in einen Kastrol, ein

feines Mehl, nachdem du Coulis vonnöthen hast, auch etliche Eyerdotter, rühre es untereinander, thue dazu von allerhand Wurzeln, ganze Zwiebel, Basilicum, Thymian, ein wenig Lorberblat und etliche Champignons, thue dazu gute Bouillon, setze es auf das Feuer, laß es wohl abrühren, bis es wohl kochet, hernach laß es stät fortsieden, bis das Mehl wohl verkocht ist, hernach nimm es vom Feuer hinweg, thue es durch ein Haartuch passiren, und bediene dich derselben zu den weißen Saucen, sie werden gut und schön seyn.

Eine Bechemelle zu machen.

Thue in einen Kastrol ein Stück Butter, thue dazu Zwiebel und allerhand Wurzeln, wie auch ein wenig Thymian und Basilicum, auch ein wenig Schunken, wenn du einen hast, auch etliche Champignons und Triffel, setz es auf das Feuer, laß es ein wenig passiren, hernach thue das Mehl dazu, so viel du im Sinn hast zu machen, füll es auf mit gutem süßen Rahm, setz es auf das Feuer, thue es wohl rühren, bis es anfängt zu kochen, hernach laß es stät fortkochen, bis das Mehl wohl verkocht ist, alsdenn passire durch ein Haartuch mit einem Löffel, weil es ein wenig dick seyn muß, gleichwie ein leichtes Kindskoch: hernach wenn du dich damit in den kleinen Pastetlein bedienen, oder sie zu der Filée brauchen willst, so thue dazu einen Löffel voll Consommé, so wird es gut seyn. Das andere, wo man es brauchen kann, wird hernach folgen, und mehr explicirt werden.

Eine

Eine feine Ollia zu machen.

Nimm ein Stück Rindfleisch, ein Stück Hammelfleisch, ein Stück Kalbfleisch, eine alte Henne, einen Kapaunen, einen Fasanen, ein altes Rebhuhn, ein gesälchtes schweinernes Rippenstück, eine Cervelatwurst, dieses alles muß blanchirt werden im Wasser, hernach nimm von allerhand Gemüß und Wurzel, die Wurzel schon geschnitten, von einer Façon, wie du willst, dieses muß auch alles blanchirt werden, wie auch ganze Zwiebel, hernach thue dein Fleisch das grobe auf den Boden in einen Kessel, das Gemüß thue schön mit Bindfaden zusammen binden, ein jedes a parte, thue es auf das Fleisch legen, das Geflügel und Wurzel auf die Höhe, füll es an mit guter Bouillon, laß es stät sieden, bis alles wohl lind ist, einiges aber, so bald lind wird, mußt du herausnehmen, bis alles zusammen lind ist; wenn dann alles wohl gekocht hat, so thue die Bouillon davon durch eine Serviette passiren, daß die Fette bey einem Tropfen wegkommt, alsdenn rangire dein Fleisch; als nämlich: das Hammelfleisch und das schweinerne nebst der Cervelatwurst und dem Geflügel, rangire es in einen Kastrol, das Gemüß und die Wurzel dazu, thue die Fette, welche dir übergeblieben, dazu von dieser Bouillon, nimm ein wenig andere Bouillon dazu, wenn diese nicht langet, um warm zu halten; die passirte Bouillon aber setze auf das Feuer, laß sie langsam einsieden, damit sie klar bleibt, daß dir so viel Becherlein überbleiben, so viel Personen bey der Tafel sind, alsdenn wenn zur Tafel servirt wird, so fülle deine

Bouil=

Bouillon ein in die Chocoladebecher, und servire es gleich, das Fleisch davon rangire schön in diejenigen Schüsseln, wo du zu serviren hast, das Gemüß und die Wurzeln müssen auch dazu rangirt werden, man kann auch Bratwürste dazu geben, halb gebraten und halb gesotten, und so wird dein Oille gut und stark seyn.

Un Oille a l'espagnole.

Eine ordinaire Ollia zu machen, wie man es in Wälschland und Spanien macht.

Man nimmt nur ein Stück Rindfleisch, ein Stück Hammelfleisch, ein Stück Kalbfleisch, ein Stück Schunken, oder ein schweinernes Rippenstück, und eine Cervelatwurst; dieses alles setzt man zu, wie man eine Bouillon macht: wenn dieses alles lind ist, so nimmt man das Fleisch heraus, thut in die Bouillon einen gestoßenen Speck mit Basilicum hinein, ein Stücklein ganzen Parmesankäs, und läßt es nochmal sieden; alsdenn wird diese Bouillon in ein anderes Geschirr passirt, dann nimmt man von etlichen Gemüßen, als wie Würsing oder Kölch, weiß Kraut, Cardi, weiße Ruben, gelbe Ruben, Pastenat, Zelleri, ganzen Zwiebel, Kohlrabi, putze und wasche dieses sauber, blanchire alles ein wenig im Wasser, und drucke es sauber aus: wenn die Bouillon siedet, so wirf es ohne weiters hinein; es müssen auch gewisse Erbsen, die man hier zu Lande nicht hat, dazu hineinkommen, sie heißen auf welsch und spanisch Cicerri, welche vorher a parte müssen

sen gesotten werden: man nimmt auch ein wenig
ganzen Safran dazu, und salzet, wie es sich gehört, aber man muß wohl obacht geben, daß
das Gemüß nicht gar zu lind, aber doch wohl gekocht wird, hernach wird das Gemüß oder Zu-
speise mit sammt dem Fleisch angerichtet, aber
kein Rindfleisch und kein Kalbfleisch. Dieses ist
die rechte Ollia, wie es die Spanier und die Welschen alle Tage essen.

Einen Spinatdopfen zu machen, welcher zu vielen Speisen gebraucht wird, und sehr nothwendig zu machen zu wissen ist.

Nimm nach Proportion rohen Spinat, stoße
ihn im Mörser, und hernach durch eine Serviette
pressen, nimm hernach den Saft davon, thue
ihn in einen Kastrol, und setze ihn auf eine Glut,
bis er zusammengeht als wie ein Dopfen, er muß
aber nicht sieden, damit er grün bleibt, gieß ihn
hernach stät auf ein Haarsieb, daß das Wasser
davon geht, nimm hernach diesen Dopfen, und
gebrauche ihn in die Speisen, wozu er gehört.

Un Potage de santé.
Eine feine Kräutersuppe.

Nimm einen Würsing, der weiß ist, thue die
Dorsten davon, schneide ihn fein, wie Nudel, nimm
dazu grünen Salat, etwas gelbe Ruben, auch fein
geschnitten in Filée, nimm etwas grüne Erbsen
dazu, wenn du sie haben kannst, die Kräuter
blanchire alle zusammen ein wenig im Wasser, nur

einen

einen einzigen Sud, hernach thue sie in einen Suppenkessel, nimm dazu ein wenig Sauerampfer und Körbelkraut, füll es auf mit guter Bouillon, laß es stät sieden, bis die Kräuter wohl lind sind, nachdem schneide das Brod dazu, und bähe es auf dem Rost oder im Ofen, thue hernach in die Suppe, so viel es nöthig ist, alsdenn servire sie, so wird sie gut seyn.

Un Potage clair aux choux.

Eine klare Würsing= oder Kölchsuppe.

Nimm den Würsing oder Kölch, blanchire ihn ganzer, oder in der Mitte voneinander geschnitten, nach dem die Würsingköpfe sind, hernach schneide die Dorsten davon, und drucke das Wasser aus, binde ein jedes Stück mit Bindfaden, thue ihn nachdem in einen Kastrol, oder in ein anderes Geschirr, nimm dazu ein kleines Stücklein Schunken, oder auch ein Stücklein geräuchert schweinen Fleisch, welches aber sauber geputzt seyn muß, daß es keinen Geschmack vom Rauch giebt, thue dazu einen großen Zwiebel mit 2 oder 3 Nägelein aufs höchste besteckt, nimm eine gelbe Rube, eine Petersillwurzel, einen Bori, einen Zelleri, auch ein Lorberblat, ein wenig Basilicum, ein wenig Thymian, hernach bedecke den Würsing mit feinen Speckbarten, welche fein geschnitten werden müssen, fülle es auf mit guter fetten Bouillon, setze ihn auf das Feuer, laß ihn 2 bis 3 Stunden langsam sieden: hast du aber keinen Speck, so bedeck ihn mit Papier; wenn nun die Zeit kommt,

deine

deine Suppe zur Tafel zu serviren, so nimm den Würsing oder Kölch heraus auf ein sauberes Haarsieb, Tischtuch oder Serviette, damit die Fette wohl davon kommt, nach diesem rangire den Würsing in die Suppenbodoli, passire die wenige Jus von dem Würsing ohne einen einzigen Tropfen Fette dazu; nimm ein wenig gebähtes Brod, füll es mit einer recht guten Bouillon auf, und servire sie; sie wird vortreflich seyn. Wenn man aber keinen Würsing oder Kölch hat, so kann von weißem Kraut die nämliche Suppe gemacht werden.

Un Potage clair aux houblons.

Eine klare Hopfensuppe.

Wasche und putze den Hopfen sauber, blanchire ihn, alsdenn seige durch ein Haarsieb das Wasser davon, thue ihn hernach in einen Kastrol mit frischem Butter, und nimm ein Stücklein Schunken dazu, wenn du einen hast, passire ihn auf ein stätes Feuer, füll ihn hernach auf mit guter Bouillon, und laß ihn stät sieden, bis der Hopfen lind ist, hernach nimm die Fette wohl davon weg, wie auch den Schunken, thue das gebähte Brod dazu, und ein wenig fein geschnittenen Peterfill; so servire sie, sie wird nach Gusto seyn.

Un Potage clair au Céleri.

Eine klare Zelleri=Suppe.

Man nimmt schönen Zelleri, schneidet daraus von allerhand Gattung, nämlich kleine Champignons, Sterne und dergleichen, hernach blanchirt man sie nur einen einzigen Sud, thuts in einen

einen Kastrol, gießt gute Bouillon dazu, setzt es auf das Feuer, und läßt es ganz stät sieden, bis der Zelleri lind ist, alsdenn nimm gebähtes Brod dazu, so viel nöthig ist, und ein wenig wohl blanchirten grünen Petersill thue auch dazu, alsdenn servire sie zur Tafel.

Un Potage clair au Pourpier.
Eine klare Suppe von Portulak.

Den Portulak pflücke blätleinweis, und wasche ihn, hernach thue ihn in einen Kastrol mit ein wenig frischem Butter und ein wenig Schunken, wenn du einen hast, passire ihn auf einem stäten Feuer, hernach füll ihn auf mit guter Bouillon, und wenn die Bouillon keine Goldfarbe hat, so mußt du ein wenig Jus dazu nehmen, laß es stät sieden, etwa eine Stunde lang, bähe das Brod, und mitonnire es mit Bouillon; wenn es nun Zeit ist zu serviren, so thue das Brod in die Suppe, und richte sie an, sie wird gut seyn.

Un Potage clair aux Asperges.
Eine klare Spargelsuppe.

Putze den Spargel sauber, schneide ihn klein, wie du willst, er muß aber ein wenig blanchirt werden, thue eine gute Bouillon dazu, so viel du Suppen vonnöthen hast, thue es zum Feuer, laß es stät sieden, bis der Spargel lind ist, alsdenn bähe dein Brod dazu; ist es Zeit deine Suppe zu serviren, thue das Brod hinein, so viel es vonnöthen hat, mit ein wenig fein blanchirten

Petersill, welcher Blätterweis muß gepflücket seyn, alsdenn ist die Suppe gut und fertig.

Un Potage chiffonné ou Chiffonnade.
Eine klare Suppe von Wurzeln.

Nimm gelbe Ruben, weiße Ruben, Pastenad, Petersillwurzeln, Zelleri, von diesen benannten Wurzeln schneidet man allerhand Façons im Kleinen: nämlich Champions, Würfel, Sterne und dergleichen; hernach thue diese Wurzeln blanchiren und in eine gute weiße Preß einrichten, setze es auf das Feuer, laß es langsam gehen, bis sie wohl lind sind, richte hernach eine gute starke Bouillon, soviel du Suppen vonnöthen hast, präparire auch dein gebähtes Brod auf unterschiedliche Manier geschnitten: kömmt die Zeit, die Suppe zu serviren, so nimm die Wurzeln heraus auf eine saubere Serviette oder Tischtuch, damit die Fette davon geht, hernach thue die Wurzeln in die Suppenbodoli, gieß deine gute Bouillon darüber, wie auch das gebähte Brod dazu, alsdann servire sie; deine Suppe wird gut seyn.

Une Julienne.
Eine feine Kräutersuppe.

Man nimmt nichts anders, als ein wenig Körbelkraut und etwas Sauerampfer, thuts sauber waschen, und mit dem Messer durchschneiden, thut es in einen Kastrol mit ein wenig frischen Butter, thut es auf einem stäten Feuer passiren, thue dazu eine gute Bouillon, soviel du Suppen vonnöthen hast, setz es zum Feuer, laß es stät sieden, thue das

das Brod dazu bähen, und wenn es Zeit ist, zu serviren, so nimm die Fette davon weg, und thue das Brod hinein, alsdann servire sie, die Suppe wird vortreflich seyn. Man kann die nämliche Suppe auch auf die Nacht serviren, weil es eine leichte und gesunde Suppe ist.

Un Potage a la Bagnolet.
Eine Consommesuppe.

Nimm weiße Semmel, welche schön gelb gebachen sind, und keinen Geschmack von Kümmel oder Anis haben, schneid die Rinden davon rund herum herab, thue diese Rinden in einen Kastrol, oder auch in eine Reihe, schütte eine recht gute und etwas fette Bouillon daran, soviel, daß das Brod bedeckt ist, setz es auf ein gleiches Feuer, und laß es so lang kochen, bis daß es unten schöne gelbe starke Krusten bekommt, ist es Zeit zu serviren, so richte in deinen Suppentopf eine rechte gute Bouillon mit ein wenig fein geschnittenen Petersill, stich hernach die Krusten mit einem Löffel oder Nudelscharrer heraus, und thue es in kleinen Stücklein in die Bouillon, gleichwie ein Brod, servire es zur Tafel, es ist eine gute Mittags- und Nachtsuppe.

Un Potage aux fines herbes.
Eine fein geschnittene Kräutersuppe.

Nimm Sauerampfer, Körbelkraut, nachdem sie sauber gepuzt und gewaschen sind, so thue sie fein schneiden mit dem Schneidmesser, hernach thue die Kräuter in einen Kastrol mit ein wenig frischen

frischen Butter, setz es auf ein stätes Feuer, laß es paſſiren, hernach füll es an mit einer guten Bouillon, man kann auch ein wenig Jus dazu geben, daß es eine Farbe bekömmt wie Gold, laß es stät sieden, bis daß die Kräuter wohl lind sind; wenn es Zeit ist zur Tafel zu serviren, so legire die Suppe mit etlichen Eyerdottern, thue das gebähte Brod in die Suppe, soviel du nöthig hast, und servire es zur Tafel, sie wird gut seyn. Man kann auch diese Suppe ohne Legiren nach Belieben serviren.

Un Potage au Cerfeuil.
Eine Suppe von Körbelkraut.

Nimm Körbelkraut und auch etwas Sauerampfer, und eine Staude Salat, wenn es sauber geputzt und gewaschen ist, so thue es mit dem Schneidmeſſer klein schneiden, hernach thue es in einen Kaſtrol mit frischem Butter, setz es auf ein stätes Feuer, laß es ein wenig paſſiren, hernach füll es an mit guter Bouillon, und laß es stät eine Stunde sieden, richte dazu, nachdem du viel Suppe haben muſst, 4 oder 5 friſche Eyerdotter, das Weiße muß davon: ist es Zeit zur Tafel zu serviren, legire die Suppe mit Eyerdotter, gieb wohl obacht, daß sie nicht nicht zusammen lauft, auf die letzte thue ein wenig fein geschnittenen Petersill dazu, das Brod aber, was dazu kommt, muß in friſchem Butter gebachen werden, so wird die Suppe seyn, wie sie seyn soll.

Un Potage a la Pluche.
Eine grüne Kräutersuppe.

Thue Petersill und grünen Zelleri Blattweis pflücken, hernach im Wasser mit Salz wohl blanchiren lassen, daß die Kräuter fast lind sind, und schön grün bleiben, nachdem richte gute Bouillon, die aussieht wie Gold in der Farbe, das Brod zu der Suppe bähe auf dem Rost: ist es Zeit zu serviren, so thue die Kräuter in die Suppe, wie auch das Brod, richte die Suppe an, so wird sie gut seyn. Es ist auch eine Suppe, die man auf die Nacht serviren darf, weil sie leicht und gut ist.

Un Potage des Pois verds.
Eine Coulissuppe von grünen Erbsen.

Nimm grüne ausgelöste Erbsen, oder auch Zuckererbsen mit sammt denen Schaalen, thue sie in einen Kastrol, schneide allerhand Wurzeln dazu, auch ein wenig Thymian und Bonakraut, thue frische Butter dazu, setz es auf ein stätes Feuer, laß es passiren, hernach füll es an mit guter Bouillon, und laß stät sieden, thue dazu einen Kalbsknochen, daß die Suppe kräftig wird, bache auch etliche Schnitten Brod in frischem Butter oder frischem Schmalz aus, und thue es dazu, laß es mitkochen, wenn dann alles lind ist, so stelle die Suppe vom Feuer, und nimm die Fette wohl davon, hernach mache einen Spinatdopfen, wie schon gemeldet ist zu machen, ist die Suppe halb kalt, so thue den Spinatdopfen hinein, das geschieht deßwegen, daß sie schön grün wird, passire sie

sie hernach durch ein sauberes Haartuch, und setz sie auf die Seite, bis es Zeit ist zur Tafel zu serviren, mitonire dein gebähtes Brod, und thue hernach die Suppe auf das Feuer, rühre sie mit einem Schöpflöffel herum, und gieß auf, sieden darf sie nicht, alsdann thue sie über dein Brod anrichten und zur Tafel serviren, es ist eine gute Suppe, die man auch im Sommer zum öftern macht.

Un Potage au ris a l'italienne.

Eine Reißsuppe auf italiänische Manier.

Thue den Reis sauber klauben und ein wenig im Wasser blanchiren, hernach thue in einen Kastrol soviel du vonnöthen hast, schneide Zelleriwurzeln klein gewürfelt, wie auch Petersillwurzeln klein gewürfelt, eine gelbe Ruben, und einen oder zwey das Weiße von Bori auch so klein geschnitten, thue diese Wurzeln, wenn sie klein geschnitten sind, auch zum Reis, fülle es hernach mit guter Bouillon auf, setz es zum Feuer und laß stät sieden, bis der Reis und Wurzeln lind sind, thue Petersillkraut fein Blättkeinweis pflücken, und thue ihn in Salzwasser blanchiren, bis er lind wird, aber er muß grün bleiben; wenn es nun Zeit ist zur Tafel zu serviren, so thue das Petersillkraut in deine Reißsuppe, die Suppe muß so klar wie Gold seyn, und nicht zu dick von Reis, alsdenn ist sie recht.

Un Potage au ris de Navets.
Eine Reißuppe mit Rüben.

Nimm weiße Ruben und schneid sie fein gewürfelt, hernach blanchire sie ein wenig, nimm auch soviel Reis, thue ihn sauber putzen und blanchiren, mache eine gute Bouillon, nimm ein Stücklein Rindfleisch, ein Stücklein Schaffleisch und ein Stücklein Kalbfleisch oder Knochen, setz es zum Feuer, und laß es stät sieden: wenn es versäumt hat, so thue auch hinein ein Stücklein rohen Schunken, oder auch ein Stücklein Cervelatwurst, laß es mitsieden, stoße ein kleines Stücklein Speck mit ein wenig Basilicum in Mörser, thue es hernach auch in den Topf und laß mitsieden, thue auch ein Stücklein Parmesankäß hinein, und laß ihn auch mitsieden: wenn nun alles lind gesotten hat, so thue die Bouillon durch ein sauberes Haarsieb paßiren in einen Kastrol, die Bouillon muß stark seyn, setz es zum Feuer, eine halbe Stunde vor dem Anrichten thue den Reis mit den Ruben hinein und laß stät sieden, der Reis muß aber nicht gar zu lind seyn, dann thue deine Suppe im Salz kosten, ob sie gut ist, und servire sie zur Tafel, gieb auch einen Teller extra mit geriebenen Parmesankäß dazu, denn es sind oft Liebhaber, welche noch mehr Käß essen, und vorher auf die Suppe thun.

Un Potage au ris a la Reine.
Eine durchtriebene Suppe mit Reis.

Thue in einen Kastrol von allen Sorten Wurzeln von der Hand geschnitten, eine Zwiebel, ein klein

klein wenig Thymian und ein Stücklein Butter, welcher recht frisch seyn muß, setz es auf ein stätes Feuer, laß es wohl passiren, aber nicht gelb werden, hernach füll es auf mit guter Bouillon, thue dazu ein Stücklein Kalbfleisch, welches geschieht, das Geflügel zu ersparen, laß es sieden, thue auch dazu eine Schmollen von einer Mundsemmel, laß es auch mitkochen, und wenn alles gut verkocht hat, setz es vom Feuer hinweg, thue das Fleisch heraus, nimm die Fette wohl ab, und laß es hernach nicht gar kalt werden, hernach siede 4 Eyer hart, nimm den Dotter davon, stoß es fein im Mörser mit ein wenig Mandeln, thue es hernach mit deiner Suppe abrühren, und streich es hernach durch ein Haartuch und setz es auf die Seite, bis es Zeit ist zu serviren, den Reis mußt du aber in guter Suppe sieden und ebenfalls zum Anrichten bereit halten; wenn nun die Zeit herbey kömmt zu serviren, so setz die weiße Coulis auf das Feuer, rühre es mit dem Löffel auf, damit sie nicht zusammengeht, sieden darf sie nicht, aber wenn sie wohl heiß ist, so thue den Reis hinein, soviel du glaubst, daß seyn muß, koste sie hernach im Salz, obs recht ist, alsdenn servire sie zur Tafel, sie wird gut seyn.

Un Potage a la Reine.

Eine weiße durchgetriebene Suppe mit Brod.

Diese wird gemacht gleichwie die vorhergehende, nicht anders, als daß man anstatt Reis gebähtes Brod nimmt, und es gut mitonniren läßt, hernach wenn es Zeit ist zu serviren, thue die Suppe, nämlich die weiße Coulis auf das Feuer, thue sie allezeit mit einem Schöpflöffel aufgießen, und mittonnire sie hernach mit dem Brod, alsdenn wird sie recht gut seyn.

Un Potage a la purée de pois.
Eine dürre Erbsensuppe.

Nimm gute Erbsen, setze sie zum Feuer mit guter Bouillon, und laß sie stät sieden, wenn sie halb gesotten sind, so thue dazu von allerhand Wurzeln, auch ein wenig Basilicum, und Thymian etwas mehrers, desgleichen ein wenig Bonakraut, hat man einen rohen Schunken, kann man auch ein gutes Schnitzlein dazu thun, es giebt einen guten Geschmack und macht die Suppe stark, (eine Nothwendigkeit aber ist es eben auch nicht) wenn dann diese Erbsen und Wurzeln alles lind gesotten hat, so thue es wohl durch das Haartuch passiren, hernach thue es in einen Kastrol oder in einen Suppenkessel, daß sie nicht zu dick und nicht zu dünn ist, setze es auf die Seite, bis es Zeit ist zu serviren, alsdenn bach das Brod in Butter aus, man kann es klein gewürfelt schneiden, oder auch auf eine andere Manier; ist es Zeit zur Tafel zu serviren, so mach die Suppe heiß, und thue das Brod, aber nicht zu viel, hinein, dann ist sie fertig.

Un Potage a la purée verd.
Eine grüne Coulissuppe.

Nimm etwas Kalbfleisch, thue es in einen Kastrol,

strol, nimm dazu von allerhand Wurzeln, ein wenig Zwiebel und ein wenig Thymian, thue dazu ein wenig frischen Butter: wenn der Butter aber nicht frisch seyn sollte, so nimm ein wenig fette Bouillon, setz es auf ein stätes Feuer, laß es nach und nach paßiren, oder wie man pflegt deutsch zu sagen, dünsten, wenn es alsdann gedünstet hat, so füll es auf mit guter Bouillon, thue ein weißes Brod ausbachen in Butter oder Schmalz, thue es in die Suppe hinein, laß es mitkochen, wenn dann alles wohl lind gekocht hat, so setze es vom Feuer auf die Seite, thue die Fette davon wohl abschöpfen, hernach nimm einen grünen Spinatdopfen, thue ihn in ein Geschirr, nimm dazu 3, 4 oder 5 hart gesottene Eyerdottern nach Proportion deiner Suppe, thue es hernach mit deiner Suppe, welche halben Theils kalt seyn muß, abrühren, und thue es hernach durch ein Haartuch paßiren, alsdenn setze deine Suppe in einen Kastrol auf die Seite, bis es Zeit ist zur Tafel zu serviren, richte das gebähte Brod, soviel du vonnöthen hast zu deiner Suppe, wenn es Zeit ist zu serviren, setz es auf das Feuer, gieß sie mit dem Schöpflöffel auf, aber daß sie nicht zusammenlauft, auch nicht sieden lassen, damit sie ihre Farbe nicht verliert, wenn sie recht heiß ist, thue das gebähte Brod dazu und servire sie; sie wird schön grün und auch gut seyn. Das ist eine Suppe, die man im Winter macht.

Un Potage de pois a l'angloise.

Eine durchgetriebene Erbsensuppe auf englische Manier.

Nimm schöne und gute Erbsen, thue sie sauber ausklauben und waschen, thue sie in einen Suppenkessel oder in einen saubern Hafen, gieß darauf eine gute Bouillon, setz es zum Feuer, laß es stät sieden: wenn die Erbsen halb lind sind, so nimmt man ein schönes Stücklein frisch schweinernes Fleisch, welches ein Carminatstück seyn muß, thue es hernach in ein größeres Geschirr, nimm dazu von allerhand Wurzeln, eine Zwiebel, ein wenig Basilicum, Bonakraut, und viel Thymian, hernach füll es an mit Bouillon, soviel es vonnöthen hat, und laß es sieden, bis das Fleisch lind ist, aber nicht gar zu lind, darnach thue die Suppe vom Feuer, nimm das Fleisch heraus, thue es mit dem Messer sauber abputzen, schöpfe nachdem die Fette von der Suppe sauber herab, und passire es durch ein Haartuch, thue hernach deine Suppe mit sammt dem Fleisch in ein sauberes Geschirr, halte es warm, bis es Zeit ist zur Tafel zu serviren, alsdenn richte sie sammt dem Fleisch an, thue etwas fein in Würfeln geschnittenes ausgebachenes Brod hinein, die Suppe muß aber nicht dick seyn, alsdenn wird sie gut seyn.

Un Potage des Jonquilles.

Eine gelbe Rubensuppe.

Wenn die gelben Ruben groß sind, so thue sie auf einem Riebeisen reiben, sind sie aber klein, so thue sie klein schneiden, thue sie in einen Kastrol mit

mit frischem Butter, nimm dazu Petersillwurzeln, Pastenat, Zelleri und Bori, auch ein wenig Thymian, setz es auf ein stätes Feuer, laß es ein wenig passiren mit einem Stücklein guten Butter, hernach füll es auf mit guter Bouillon, thue dazu ein Stück Kalbfleisch, laß es mitsieden, backe 3 bis 4 Schnitten weißes Brod in Butter oder gutem Schmalz aus, thue es dazu, laß es stät mitkochen: wenn dann alles lind ist, so setze sie vom Feuer, thue das Fleisch heraus, welches für Ehehalten sehr gut ist, schöpfe die Fette sauber herab, passire es durch ein Haartuch, setz sie hernach auf die Seite, richte das gebähte Brod dazu, pflück ein Petersillkraut fein Blättleinweis, blanchire ihn im Wasser, bis er lind ist und doch schön grün bleibt, thue ihn in ein frisch Wasser, nimm auch kleine Zwiebel, thue sie sauber und weiß blanchiren, hernach thue sie in kleines Geschirr mit einer weißen Pres, laß sie sieden, bis sie lind sind und weiß bleiben; wenn es Zeit ist zur Tafel zu serviren, so setze die Suppe auf das Feuer, rühre sie herum, bis sie recht heiß ist, darnach thue den blanchirten Petersill hinein, richte sie an in den Topf, daß sie nicht zu dünn und nicht zu dick ist, nach diesem thu das Brod hinein und die kleinen Zwiebeln auch dazu ohne Fetten, sie müssen aber wohl lind seyn, schön ganz und auch schön weiß bleiben, alsdenn wird deine Suppe gut und schön, und eine Suppe seyn, welche gut und kräftig ist.

Un Potage aux groûtes gratinées.
Eine Benadelsuppe auf französisch.

Nimm ein oder zwey runde Semmeln, reib die erste Rinde ein wenig um und um ab, hernach schneide das obere Theil in der Runde ab, die Brosen davon thue in eine silberne Suppenschaale klein geschnitten, gieß eine fette Bouillon darauf, setz es auf ein stätes Feuer, und laß nach und nach stät anziehen, bis es eine Kruste wird, das obere Theil, welches wohl ausgehöhlert werden muß, bache in frischem Butter und setz es auf die Krusten darauf; wenn begehrt wird zur Tafel zu serviren, so gieß eine gute Bouillon darauf, aber sie muß schön klar seyn, diese ist eine gesunde und gute Suppe, hast du aber keine silberne Suppenschaalen, so thue die Krusten in einem Kastrol, oder auch in einer Rein anziehen lassen, hernach heraus stechen und in die Bodulli hinein, mit sammt den obern Krusten, wie gemeldt.

Un Potage aux profiteroles.
Eine Suppe mit klein faschirten Semmeln.

Man bestellt bey dem Becken kleine Semmeln, je kleiner, je schöner, und schön rund gebachen, hernach reibe sie um und um ganz leicht ab, hernach schneide ein rundes Blättlein heraus, so groß wie ein 10 Kr. Stück, nimm die Schmollen sauber heraus, hernach mache ein Ragout, welches man auf Kochmanier Salpico nennt, nimm ein blanschirtes Kalbsbrüs, wie auch ein gesottenes Kalbseuter,

euter, welches aber nicht gar zu lind seyn darf, dieses Brüs und Euter muß klein gewürfelt geschnitten werden, nimm etwas Maurachen, ein wenig Champignon, ein wenig Spargel und feine grüne Erbsen, wenn die Saison oder Zeit, da man dieses haben kann, da ist; dieses alles thu in einen Kastrol mit frischem Butter, ein wenig Pfeffer, Salz, ein wenig fein geschnittenen Petersill, dieses muß hernach auf dem Feuer paßirt werden, und staubet ein wenig feines Mehl daran, hernach gieß ein wenig gute Bouillon darauf, laß es kochen, bis alles lind ist, nachdem legire es mit 3 oder 4 Eyerdottern nach Proportion, setz es auf die Seite, bis es kalt wird, hernach thue die ausgehöhlerten Semmeln damit faschiren, oder auf deutsch zu sagen, füllen, hernach thue sie mit dem ausgeschnittenen Blätlein wieder zumachen, und bestreiche sie mit einem linden Teig von einem Ey und ein wenig Mehl, aber nur so weit bestreiche sie, als sie ausgeschnitten sind, hernach thue die faschirten Semmeln in einem guten Schmalz, das keinen Geschmack hat, schön gelb ausbachen: will man aber dieses nicht thun, so muß man die Semmeln mit frischem Butter bestreichen, hernach auf eine Tortenpfanne legen und im Ofen schön gelb ausbachen; wenn es nun Zeit ist zu serviren, paßiret man eine gute Bouillon in die Suppenbodoli, thut die gebachenen Semmeln hinein, setzt es auf ein wenig Glut eine halbe Viertelstunde vor der Tafel, laß sie mit mitonniren, daß sie schön, ganz, und doch durchaus heiß auf die Tafel kommen.

Un

Un Potage clair au Jus de Veau.
Eine feine Jus-Suppe von Kalbfleisch.

Mache ein Jus von Kalbfleisch, thu in einen Kastrol auf den Boden etliche fein geschnittene Speckbarten, thu darauf Zwiebel in drey Theile geschnitten, hernach thue das Kalbfleisch darauf, thu viel Wurzeln hinein, nämlich: gelbe Ruben, Pastenat und Zelleri, ein klein wenig Thymian, Bori und Petersill, setz es hernach auf ein stätes Feuer und laß stät anziehen, aber nicht gar zu stark, hernach füll es auf mit guter Bouillon und laß stät sieden, bis alles wohl lind ist, hernach thu die Jus sauber passiren in ein Geschirr, setz es zum Feuer, daß es warm bleibt, alsdann, wenn es Zeit ist zu serviren, so thue das gebähte Brod, so viel du nöthig hast, hinein, und servire es zur Tafel.

Un Potage a l'Arlequine.
Eine Suppe von mehreren Farben.

Man nimmt einen Turnesol, und thut ihn in Eyerklar einweichen, hernach nimmt man etwas Mehl, und macht unterdessen den Teig von unterschiedlichen Farben.

Erstens kann man von einem Eyerklar ein wenig weißen Teig machen;

Zweytens von dem Eyergelb ein wenig gelben Teig, um aber noch höher einen gelben Teig zu machen, nimmt man ein wenig Saffran; und den grünen zu machen, nimmt man die Hälfte Eyerklar

klar und die Hälfte Spinatdopfen; und um den rothen zu machen, nimm das Eyerklär von oben gemeldten Turnesol, alle diese Teige werden ausgewalget wie der feinste Nudelteig, hernach kann man davon ausschneiden oder ausstechen eine Façon, welche man will, als z. E. Pique, Karo, Herz, Treff, Stern und dergleichen, was man im Sinn hat zu schneiden oder zu stechen, nach diesem schneide ganz fein von Petersillwurzel, gelbe Ruben, Pastenat und Zelleri, auch allerhand Gattungen, thue diese Wurzeln vorher im Wasser blanchiren, nachdem thue sie in einen Suppenkessel oder Hafen, thue gute Bouillon hinein, soviel du glaubst Suppen nöthig zu haben, thue die Wurzeln dazu, laß sie langsam sieden, bis sie lind sind: eine Viertelstunde vor dem Anrichten müssen alle schon benannte Sorten Teig in einem siedenden Wasser blanchirt werden, alsdenn thut man sie zu dieser Bouillon, wo bereits die Wurzeln sind, und laß es noch einen einzigen Sud thun, damit der Teig seine Farbe nicht verliere; zu allerletzt thut man ein wenig wohl blanchirten fein gepflückten grünen Petersill dazu, alsdenn kann man diese Suppe serviren, welche auch eine Suppe ist vor ein Soupe zu geben.

Un Potage a la Flamande.

Eine Suppe auf niederländische Manier.

Man nimmt von einem Würsing den Kopf in 4 Theile geschnitten, weiß Kraut eben so geschnitten, die Dorsten davon, etliche Häuptlein Salat, gelbe Ruben geschnitten wie ein kleiner Finger, Zelleri

Zelleri und Bori, dieses alles, wenn es sauber gewaschen ist, thue zusammen in ein siedendes Wasser, laß es nur ein wenig blanchiren, hernach thue es in ein frisches Wasser, drücke es wohl aus, setze in einem Suppenkessel oder in einem saubern Hafen eine gute Bouillon zu, und wenn sie siedet, so thue alles dieses Grünes mit den Wurzeln hinein, thue dazu ein Stück guten Schunken, welcher keinen Geschmack hat, und laß es stät sieden, bis alle diese Gemüßer recht lind sind, hernach setze es vom Feuer, schöpfe die Fette davon weg, und wenn es Zeit ist, so servire sie ohne Brod zur Tafel.

Un Potage aux Quenelles.
Eine Suppe mit französischen weißen Fasch.

Nimm eine gute halbe Henne, oder auch einen Kapaunen, welcher stark von Brust ist, löse die Brust davon heraus, thue es auf ein sauberes Schneidbrett, und schabe die Brust mit dem Messer, damit alle kleine Häutlein davon kommen, hernach thue den Fasch fein schneiden mit dem Schneidmesser, nach diesem thue den Fasch in einen saubern Mörser, und stoß ihn recht fein, hernach thue ihn wieder auf das Brett, durchsuche ihn nochmals mit dem Messer, ob kein Häutlein mehr darinnen ist, und um noch feiner zu machen, wird er durch ein Haarsieb passiret, und hernach wieder in den Mörser gethan, wo man zwey gesottene kalte Kalbseuter dazu nimmt, ein wenig fein ge-

schnit-

schnittenen Petersill, ein wenig Thymian, Zwiebeln, Basilicum und ein wenig Charlotten, ein wenig Muscatnuß und Salz, hernach wenn dieses alles fein gestoßen ist, so thut man von einer Semmel die Schmollen in einen Rahm oder Milch einweichen, und thut es hernach ausgedrückter dazu zu diesem Fasch, wie auch soviel, als ein kleines halb Pfund recht guten frischen Butter, dieses stoßet man alles recht fein zusammen, hernach schlage einen Schnee von 4 Eyerklar, thue es auch zu diesem Fasch, stoße alles untereinander, nach diesem bestreue ein Bachbrett mit ein wenig feinem Mehl, thue den Fasch hernach darauf, walze ihn sauber und rund mit der Hand aus, und schneide ihn hernach mit dem Messer in kleine runde Stücklein, oder nach Belieben lang, lege ihn auf eine Schüssel oder Tortenpfanne, setze ihn auf die Seite in ein kühles Ort, bis es Zeit ist zur Tafel zu serviren, hernach richte in einen Kastrol eine ordinäre Bouillon auf dem Windofen, daß es siedet; wenn es heißt anrichten, thue den Fasch hinein, und decke es zu, er muß 4 Minuten sieden, hernach thust du die gute Bouillon in den Suppentopf, und nimmst hernach den Fasch mit einem löcherichten Löffel heraus, und thue ihn in die klare Bouillon hinein, damit sie schön klar bleibt, und thue sie alsdenn zur Tafel serviren, es ist eine Suppe, die man des Nachts bey einem Soupé auch servirt.

C   Un

Un Potage de Macaronis aux Navets a l'Italienne.

Eine Macaronisuppe auf Italiänische Manier.

Nimm weiße Ruben, thue sie klein länglicht in filé schneiden, hernach setz eine gute Bouillon zum Feuer, und thu die Ruben hinein, laß sie sieden, bis sie halb lind sind, nach diesem nehme man große Margeroni, die so dick sind, als wie ein Finger, thue sie in kleine Stücke brechen, und eine Viertelstunde vor dem Anrichten thut man diese Margerona in die Bouillon von den Ruben, wie auch etliche gute Bratwürste, und laß es hernach stät sieden, wenn die Mageronen und die Ruben lind sind, thut man diese Suppe zur Tafel serviren, und giebt einen geriebenen Parmesankäß extra auf eine Assiette dazu.

Une Purée aux Marrons.

Eine geriebene Kastaniensuppe.

Man nimmt die Kastanien, thut sie blanchiren, oder ein wenig rösten in der Pfanne, bis man die Haut und die Schaalen herunter bringt, alsdenn thue es in einen Kastrol, thue dazu frischen Butter, von allerhand Wurzeln, setz es auf ein stätes Feuer, laß es nach und nach passiren, hernach thue gute Bouillon dazu, bache etliche Schnitten Semmel in Butter heraus, thue es auch dazu, du kannst auch einen Kalbsknochen mitkochen lassen, um es kräftiger zu machen: wenn alles wohl verkocht ist, thue es vom Feuer, daß die Fette in die

die Höhe gehet, alsdann nimm die Fette recht
sauber ab, und paßire sie hernach durch das Haartuch, setz sie nachdem auf die Seite, bis es Zeit
ist zu serviren, richte dein gebähtes Brod dazu;
wenn es dann Zeit ist zu serviren, mache deine
Suppe heiß auf dem Feuer, gieß es mit einem
Löffel auf, und thue sie hernach serviren, alsdenn
wird sie gut seyn.

Un Potage a la purée de Lentilles.
Eine Coulis-Suppe von Linsen.

Nimm die Linsen, thue sie sauber ausklauben,
sauber waschen, thue sie hernach in einen Kessel
oder Hafen, füll es mit guter Bouillon auf, setz
es zum Feuer, und laß es stät sieden: wenn sie halb
lind gesotten sind, so thue von allerhand Wurzeln
hinein, thue auch dazu einen Thymian und Basilicum, bache etliche Schnitten Semmeln in Butter heraus, oder in gutem Schmalz, thue sie auch
dazu, kannst auch ein Stücklein Schunken mitkochen laßen, wenn alles wohl verkocht ist, setz sie
auf die Seite, daß die Fette in die Höhe gehet,
thue sie wohl abschöpfen, hernach thue sie durch ein
Haartuch paßiren, nachdem thue sie in einen Kastrol, laß sie stehen, bis Zeit ist zu serviren, thue
das gebähte Brod mitonniren mit guter Bouillon,
wenn es Zeit ist zu serviren, setz die Linsencoulis
auf das Feuer, wenn sie wohl heiß ist, gieß die
Coulis auf das mitonnirte Brod, und das nicht
zu dick, auch nicht zu dünn ist, thue sie hernach
serviren; denn auf diese Art wird sie köstlich seyn.

Un Potage de Lentilles entiéres.
Eine Coulissuppe mit ganzen Linsen.

Nimm die Linsen, thue sie sauber ausklauben und sauber waschen, thue sie in einen Kessel oder in einen Hafen, füll es mit guter Bouillon auf, laß es stát sieden, wenn sie halb lind sind, so thue die Hälfte davon in ein anders Geschirr, laß sie sie sieden, bis sie recht wohl lind sind, die andern Linsen aber thue hinein in ein anders Geschirr, und alles das, was bey der obigen Linsensuppe schon gemeldet ist, die andern Linsen müssen fort sieden, alsdenn passire die Linsencoulis durch ein Haartuch, hernach thue die Coulis in ein Geschirr, thue die ganzen Linsen dazu, wenn sie recht lind sind, und stelle sie warm, hernach thue etwas weniges gewürfeltes Brod in Butter oder Schmalz ausbachen: wenn es nun Zeit ist zu serviren, so richte deine Suppe an, thue das gebachene Brod hinein, nur daß die Suppe nicht gar zu dick ist, alsdenn wird sie gut seyn.

Un Potage au Coulis de Perdreaux.
Eine Coulissuppe von Rebhühnern.

Man muß ein altes Rebhuhn oder zwey, nachdem die Quantität von der Suppe zu machen ist, halb abbraten, hernach thue man sie fein stoßen im Mörser, thue sie in einen Kastrol, schneide dazu von allerhand Wurzeln, eine Zwiebel, ein wenig Thymian und ein klein wenig Basilicum, mit ein wenig frischem Butter, setz es auf ein státes Feuer, laß es passiren, füll es hernach mit

guter Bouillon halb auf und halb mit Jus, laß
es stät sieden, bach dazu etliche Schnittlein Sem=
mel aus, thue sie auch hinein, und wenn alles
wohl verkocht ist, passire sie durch ein Haartuch,
setz sie zum Feuer, aber nicht zu heiß, bis es Zeit
ist zu serviren, alsdenn richte das mitonnirte Brod
dazu, welches in frischem Butter muß ausgeba=
chen und hernach gut mitonnirt werden: wenn es
Zeit ist die Suppe zu serviren, gieß die Coulis auf
das Brod, dann ist sie fertig und gut.

Un Potage au Coulis d'Ecrevisses.
Eine Coulissuppe von Krebsen.

Nimm Wurzeln, gelbe Ruben, Bori, Zelleri,
Pastenat, Petersillwurzel, auch einen Zwiebel,
schneide dieses alles von der Hand zusammen in
einen Kastrol, thue dazu ein wenig frischen But=
ter, setz es auf ein stätes Feuer, laß es passiren,
hernach füll es auf mit guter Bouillon, laß es stät
sieden, thue auch dazu etliche Schnittlein Brod,
in frischem Butter oder in gutem Schmalz ausge=
bachen; wenn man aber will, so kann man die
Suppe auch recht kräftig haben: eine alte Henne
halb abbraten und dazu thun, und mitsieden lassen,
oder auch anstatt einer Henne einen Kalbsknochen
dazu, welchen man, nachdem er lind ist, dennoch
wieder nutzen kann, hernach nimm die Quantität
Krebse, nachdem du zu deiner Suppe nothwen=
dig hast, und thue ihnen roher die Schweife ab=
schneiden, wie auch die Nase, damit das Bittere
wegkömmt, das andere muß also roher in einem
Mörser fein gestoßen werden, aus Ursache, weil
die

die Suppe kräftiger davon wird, schönere Farbe bekömmt, und nicht zu f..t wird, als wie mehrere pflegen mit Krebsbutter zu machen, wo hernach der rothe Butter in der Höhe steht, alsdann wenn alles lind gesotten hat in der Suppe, setze sie vom Feuer, thue die Henne oder den Kalbsknochen heraus und schöpfe die Fette davon wohl ab, wenn sie halben Theil kalt ist, thue deine gestoßene Krebse roher hinein, und passire sie hernach durch ein sauberes Haartuch, alsdenn thue sie in ein sauberes Kastrol, laß sie stehen, bis es Zeit ist zu serviren, die Krebsschweife thue absieden und auslösen, das Schwarze schneide davon, die Zwiebeln schneide länglicht oder klein gewürfelt, thue sie hernach in die Suppe, das Brod dazu kannst du in frischem Butter ausbachen, oder auf dem Rost bähen, und hernach mit guter Bouillon mitonniren lassen; wenn es Zeit ist zur Tafel, setze deine Suppe auf das Feuer, thue sie mit einem Schöpflöffel herum rühren und aufgießen, bis die Suppe recht heiß ist, aber nicht sieden lassen, sonst lauft sie zusammen, thue sie hernach mit dem Brod anrichten, so wird sie gut seyn.

Un Potage au Ris au Coulis d'Ecrevisses.
Eine Reißsuppe mit Krebscoulis.

Mache die Krebscoulis, wie schon gemeldet worden ist, hernach nimm den Reis, wenn er sauber geputzt und blanchirt ist, setz ihn zum Feuer mit guter Bouillon, und laß ihn lind sieden; wenn es Zeit ist, zur Tafel zu serviren, so setze die Coulissuppe auf das Feuer, und rühre sie, wie schon gemeldet,

meldet, und anstatt Brod thue den Reis hinein, nicht gar zu dick auch nicht zu dünn, es ist auch eine gute Suppe.

Un Potage au Coulis de Faisands.
Eine Coulissuppe von Fasanen.
Nimm einen alten Fasanen, und thue ihn halb braten, und mache deine Suppe, als wie die Rebhühnersuppe mit Coulis, die wir schon gemeldet haben, es ist eine gute Suppe, man kann es auch auf eine andere Art machen. Man nimmt Würsing und blanchirt ihn im Wasser, hernach richte ihn ein in eine Bräs, wie schon gemeldet worden ist, und laß ihn recht lind werden, dieser Würsing muß zum wenigsten 3 Stunden stät auf dem Feuer kochen, hernach thue in die Fasanen=Coulissuppe den Würsing anstatt Brod, aber ohne Fette, die Fette muß wohl davon; mit den Rebhühnersuppen kannst du die nämliche machen, es ist eine recht gute Suppe, welche man aber nur serviren darf, wenn man zwey Suppen auf einer Tafel servirt, als eine mit Brod, und die andere mit Würsing.

Un Potage aux Pistaches.
Eine Coulissuppe von Pistacien.
Schneide etwas gelbe Ruben, wie auch Petersillwurzeln in einen Kastrol, wie auch etwas Zwiebel, thue etwas frischen Butter dazu, setz es auf ein states Feuer, laß es passiren, hernach füll es an mit guter Bouillon, laß es stät sieden, thue auch hinein die Schmollen von einer Semmel,

laß sie auch mitkochen: wenn die Suppe nicht kräftig genug wäre, so thue auch ein Stück Kalbsfleisch hinein, wie auch eine alte Henne, und laß es mitsieden, damit die Suppe kräftig wird, hernach thue 4 Eyer hart sieden, nimm das Gelbe nur davon, stoße auch einen Spinat, und mache einen grünen Dopfen davon, damit du nicht soviel Pistacien brauchest, hernach thue die Pistacien schälen, und was gut ist, in einen Mörser, thue auch dazu das Gelbe von den 4 harten Eyern, wie auch den Spinatdopfen, stoße alles zusammen, setze deine Suppe vom Feuer, schöpfe sie wohl ab, die Fette davon: wenn sie halb kalt worden ist, so thue das Gestoßene hinein und passire sie durch ein Haartuch, hernach bähe die Semmel und laß sie mitonniren, ist es Zeit zu serviren, setz die Suppe auf das Feuer, rühre sie mit dem Schöpflöffel wohl auf, daß sie nicht zusammengehet, sieden darf sie auch nicht, hernach thue das mitonnirte Brod dazu und servire sie, so wird sie gut seyn.

Un Potage a l'Espagnole.
Eine Suppe von Reis auf spanisch.

Nimm gute weiße Ruben, schneide sie klein viereckicht, als wie ein Würfel, hernach thue sie in einen Kastrol mit frischem Butter, und thu sie auf ein stätes Feuer, laß sie dünsten, thue ein Stück Hammelfleisch, wie auch ein Stücklein guten Schunken, wenn man einen hat, dazu, füll es auf mit guter Bouillon, und laß es stät sieden, hernach präparire die Quantität Reis, sauber geputzt, soviel du zu deiner Suppe nöthig hast: man muß
sich

sich aber in obacht nehmen mit dem Salz, daß man nicht zuviel hineinthut, aus Ursache, weil ein Parmesankäß dazu kömmt: wenn die Ruben halb lind gesotten sind, so thut man den Reis also roher eine halbe Stunde vor dem Anrichten in diese Suppe hinein, und läßt ihn stät sieden, dann er darf nicht gar zu lind seyn, hernach thut man die Suppe zur Tafel serviren, das Fleisch thut man heraus, und thut auf die Suppe einen geriebenen Parmesankäß, das ist eine Suppe, welche die Welschen sehr gerne essen; sie wird una Minestra genannt.

Un Potage a la Mildonis.

Eine Suppe auf maylåndische Manier.

Setze eine gute Bouillon in einen Kessel oder saubern Hafen zum Feuer, hernach nimm ein Stücklein guten Schunken, der keinen Geschmack hat, thue ihn in einen Mörser mit einem Stücklein guten Speck und ein wenig Basilicum, Thymian, auch ein wenig Knoblauch, stoße dieses alles zusammen, hernach thue es heraus und in deine zugesetzte Bouillon, laß dieß alles eine halbe Stunde sieden, hernach passire diese Bouillon durch ein sauberes Sieb, und setz es wiederum zum Feuer und laß sieden, hernach nimm einen schönen weißen Würsing, schneid den Kopf in 4 Theile, nachdem er sauber gewaschen und das Wasser wohl davon ist, thue den Würsing in diese Bouillon, und laß ihn halb sieden mit einem guten Stück Schunken, eine halbe Stunde vor dem Anrichten thue etwas Reis dazu, nach Gutachten, und laß ihn stät sieden, daß er nicht zu lind wird: man kann auch etliche gute Bratwürste dazu thun, und wenn es Zeit ist zur Tafel zu serviren, so richte deine Suppe an, sie wird gut seyn; gieb aber extra dazu geriebenen Parmesankäß auf eine Assiette.

Un Potage aux petits Oignons.

Eine Suppe von kleinen Zwiebeln.

Nimm eine Handvoll kleine Zwiebeln, thue sie sauber putzen und blanchiren, damit sie schön weiß bleiben, hernach richte sie in eine Bräs, setz sie auf ein stätes Feuer, und laß sie recht lind werden, hernach bähe die Semmel zu deiner Suppe und laß sie mitonniren, alsdenn füll es auf mit guter Bouillon, thue die Zwiebeln von der Bräs heraus auf ein sauberes Tischtuch oder Serviette, damit die Fette davon geht, hernach thue sie in deine Suppe hinein, damit sie ganz bleiben, und servire sie zur Tafel; diese Suppe kann man auch mit schwarzem Hausbrod geben, das Brod muß klein geschnitten seyn, wie man es zu einer ordinären Suppe zu schneiden pflegt, man kann es in frischem Butter rösten, oder auch auf einer Tortenpfanne im Ofen trocken rösten lassen, und auch serviren, wie oben gemeldet worden. Auf diese Manier ist die Suppe auch gut.

Un

Une Purée aux Navets de Baviere.
Eine Coulisſuppe von bairiſchen Ruben.

Nimm gute bairiſche Ruben von guter Art, nachdem ſie ſauber gepuzt und gewaſchen ſind, ſchneide ſie klein von der Hand weg in einen Kaſtrol, ſchneide auch alle Sorten Wurzeln dazu, nimm ein wenig friſchen Butter, wie auch ſoviel Zucker, als einer Haſelnuß groß, welcher der Suppe einen angenehmen Guſto giebt, thue auch ein wenig Schunken dazu, wenn du einen haſt, ſetz es auf ein ſtätes Feuer, laß es paſſiren, bache etliche Schnittlein Brod in Butter oder gutem Schmalz heraus, thue es dazu, hernach fülle es mit guter Bouillon und auch etwas Jus auf, dann die Suppe muß eine ſchöne gelbe Farbe haben: alsdann, wenn aller lind gekocht iſt, ſetz die Suppe vom Feuer, nimm die Fette wohl davon hinweg, hernach paſſire ſie durch ein ſauberes Haartuch, thue es in ein Geſchirr, und halt es warm, bis es Zeit iſt zu ſerviren, bache das Brod zu dieſer Suppe in gutem Butter heraus, und mitonnire es mit guter Bouillon; und alsdann, wenn es Zeit iſt zu ſerviren, gieb das Brod in die Suppe, ſoviel es vonnöthen hat, daß ſie nicht zu dünn und nicht zu dick iſt.

Un Potage a l'eſſence de Navets.
Eine klare Suppe von bairiſchen Ruben.

Wenn die Ruben von guter Art und nicht bitter ſind, ſo thue ſie ſauber puzen und waſchen, hernach

nach thue sie in einen kleinen Keſſel ober-Hafen, thue dazu ein Stücklein Kalbfleiſch oder einen Knochen, auch etwas andere Wurzeln und einen Zwiebel, wenn du auch ein kleines Stücklein rohen Schunken haſt, ſo iſt er ſehr gut dazu, füll es hernach mit guter Bouillon auf, ſetz es zum Feuer und laß es ſtät ſieden, bis alles lind iſt, hernach thue die Fette davon, ſo gut du kannſt, bey einem Tropfen, alsdann paſſire ſie durch eine ſaubere Serviette: wenn es Zeit iſt zu ſerviren, laß ſie recht heiß werden, koſte ſie, ob ſie im Salz recht iſt, thue dein gebähtes Brod dazu, ſoviel du brauchſt, und ſervire es, es wird gut ſeyn. Sollten aber die Ruben etwas bitterer ſeyn, ſo mußt du ſie vorher ein klein wenig blanchiren, und hernach machen, wie oben gemeldet worden.

PIECES POUR RELEVER DES POTAGES.

Große Stücke, die Suppen auszuwechſeln.

Un Piece de Bœuf au naturel.
Ein Tafelſtück geſotten.

Wenn man ein ſchönes und gutes Stück Rindfleiſch ſerviren will, ſo muß es von einem Bruſtkern ſeyn: wie aber der Bruſtkern keine gute Bouillon ſiedet, ſo iſt er doch nichtsdeſtoweniger zum Eſſen delicat; es iſt auch zu bemerken, daß man es nicht ſieden läßt, damit Waſſer daran muß gegoſſen werden; ſonden um recht gut und kräftig

kräftig zu machen, so thut man es vom Heerdfeuer hinweg auf einen Dreyfuß setzen, und giebt ein Feuer darunter, damit die Bouillon einsiedet: auf solche Art wird das Fleisch kräftig und gut. Ehe du es aber zur Tafel servirest, mußt du es vorher auf eine andere Schüssel legen, um sauber abzuputzen, daß nichts Schwarzes oder Wurzeln daran hänget. Alsdann rangire es es auf deine Schüssel, schneide in die Mitte von der Fetten, damit ein Theil auf die andere Seite fällt, so siehet es appetitlicher aus, garnire es mit Petersill, und servire es zur Tafel. Willst du eine Sauce dazu geben, so mußt du sie extra in einer Saucière geben, hast du eine Coulis, so nimm 2 Sardellen, thue sie sauber waschen, und die Gräten davon hinweg, hernach thue sie fein hacken mit dem Rucken von dem Messer, wann sie fein sind, so menge ein wenig frischen Butter darunter, und thue hernach eine Coulis dazu, soviel du Sauce vonnöthen hast, ein wenig Bertram, Essig, oder auch nebst dem Essig den Saft von einer halben Lemoni und ein wenig Pfeffer, weil die Sauce zum Rindfleisch scharf seyn muß. Du kannst auch eine Sauce von Kappern und Charlotten geben, welche Sauce man eine Kappernsauce nennet: man nimmt etliche Charlotten, schneidet sie fein, hernach thut man sie in einen kleinen Kastrol mit ein wenig frischem Butter, thue es auf dem Feuer passiren, aber nicht gelb, hernach gieb eine Coulis daran: wenn du aber keine Coulis hast, so staube ein wenig schönes Mehl daran, füll es auf mit ein wenig Jus, soviel Sauce du vonnöthen hast,

haſt, laß es kochen, bis das Mehl verkocht iſt, hernach thue die Kapern fein ſchneiden, thue ſie in die Sauce, wie auch ein wenig fein geſchnittenen Peterſill, und ein wenig Bertram und Eſſig dazu, alsdann wird die Sauce gut ſeyn.

Eine ſchöne und auch gute Sauce zu machen ohne Coulis und ohne Jus.

Nimm einen Zwiebel, thue ihn Blättleinweis in einen Kaſtrol ſchneiden, nimm ein wenig friſchen Butter dazu, ſetz es auf ein ſtätes Feuer, und laß es anziehen, bis daß der Zwiebel ſchier gelb wird, hernach thue einen Kuchenlöffel voll oder auch mehreres ſchönes Mehl dazu, ſoviel du Sauce vonnöthen haſt, wie auch ein wenig Schunken, wenn du einen haſt, thue es auf ein ſtätes Feuer und laß es röſten, bis das Mehl gelb iſt: ſind die Zwiebeln etwas bräuner als das Mehl, ſo füll es auf mit guter Bouillon, und laß es ſtät kochen von vornen weg, thue auch hinein ein wenig Thymian und Baſilicum; und ein halbes Blätlein Lorbeer, thue es ſauber abfaumen, ſo oft es ſeyn muß, ſo wird es eine ſchöne Farbe bekommen, wie die ſchönſte Coulis, thue ſie hernach paſſiren durch ein feines Haarſieb; mit dieſer Sauce kannſt du dich bedienen, gleichwie mit einer Coulis, welche ſparſam gemacht iſt, und doch beſſer als glatte Mehl einbrennen.

Eine kalte Sauce zu machen, welche man auch zum Rindfleiſch ſerviret.

Nimm Charlotten, Peterſill, Lemoniſchaalen ohne weiß, ein wenig Baſilicum, wenn er grün iſt,

iſt, auch einen, oder einen halben Zwiebel, dieſes alles mußt du fein ſchneiden, hernach thue dieſes in eine Saucière, thue Pfeffer und Salz daran, gieß ein wenig Bettrameſſig oder einen andern dar= an, und ſervire dieſe Sauce zu dem Rindfleiſch.

Eine kalte Sauce auf eine andere Manier.

Nimm junge Senfblätter, ein wenig friſchen Bertram, 2 oder 3 Charlotten, ſchneide dieſes al= les fein zuſammen, thue es in eine Saucière, thue auch ein wenig Zucker, Pfeffer und Salz, auch Eſſig daran, und ſervire es zum Rindfleiſch.

Eine Sauce auf eine andere Manier.

Nimm einen Häring, welcher ein Milchner ſeyn muß, thue ihn ſauber waſchen und voneinander ſpalten, nimm die Milch davon, wie auch die Gräten von dem Häring, den Häring thue in einen Mörſer, auch 3 hart geſottene Eyerdotter, einen abgeſchälten Maſchanzker oder Borſtorfer, es kann auch ein anderer guter Apfel ſeyn, einen kleinen Zwiebel, zwey Charlotten, dieſes alles thue fein ſtoßen, hernach thue es durch ein grobes Haarſieb paſſiren, nach dieſem thue die Milch von dem Hä= ring fein zerrühren, thue dieſes durchgetriebene da= zu, wie auch ein wenig Pfeffer und ein wenig Pro= vanzeröl, rühre es ab mit einem Bettrameſſig, und ſervire es in einer Saucière.

Piece de Bœuf a l'ecarlate.

Ein Pöckelfleiſch zu machen.

Man nimmt ein Stück Bruſtkern, wenn man

es warmer serviren will, kalter aber muß es ein Schweifstück seyn. Dieses Stück Fleisch thue in ein sauberes Schäfflein hinein, salz es ein mit 4 Loth Salitersalz, hernach thue dazu Basilicum, Thymian, Lorbeerblätter, ein wenig Kronweth-beer, Charlotten, Zwiebel, etwas weißen Pfeffer, Nägelein, etwas Muscatblüh, auch 2 oder 3 Spältlein Knoblauch: dieses muß halb gestoßen seyn, hernach laß es stehen in einem Keller, oder sonst an einem kühlen Ort, hernach thue 2 Pfund Salz in ein Geschirr, und gieß 2 Maaß Wasser daran, laß es hernach mit dem Salz sieden: wann es gesotten hat, setz es vom Feuer, bis es kalt wird, schütte es kalter an das Fleisch, und beschwere es mit einem Deckel und Steine darauf: es muß in der Sur 3 Wochen lang liegen bleiben, bis es gut ist, man kanns hernach auch länger aufbehalten, bis zu 2 und 3 Monath, und ist nichts weiter zu observiren, als das: wenn es 3 Wochen liegt, kann man in einem kleinen Geschirr das Stück Fleisch sieden lassen; ist es aber älter, so muß es in einem größern Geschirr gesotten werden, denn es darf nicht gewaschen seyn, damit es den Geschmack nicht verliert. Dieses Pöckelfleisch, auf solche Art gemacht, ist so gut, als nimmermehr das Hamburger, weil dieses das wahrhafte Recept davon ist. Das Brustück gehört für die erste Tracht, warmer zu serviren, und das Schweifstück thut man auf die zweyte Tracht für ein groß Stück serviren.

Piece

Piece de Bœuf a la mode.

Buflamode.

Erstens muß es von einem guten Ochsen ein Schweifstück seyn, welches fett ist, dieses muß mit einem großen Messer oder Nudelwalger geschlagen werden, damit es etwas mürber wird, hernach thue einen Finger dick und lang Speck und Schunken schneiden, welche beyde keinen übeln Geruch haben müssen, hernach schneide feine Kräuter, als nämlich: Peterfill, Charlotten, Basilicum, Thymian, wenn sie recht fein sind, thue sie zu Speck und Schunken auf einen Teller, thue auch daran Pfeffer, ein wenig Muscatnuß und ein wenig Salz, mische es untereinander: hernach thue das Fleisch mit einer großen hölzernen Spicknadel durchspicken, hast du keine Spicknadel, so nimm das Messer, stich die Löcher hinein und steck den Speck und Schunken drein, einmal den Speck, und das anderemal den Schunken, damit es nicht zusammenkömmt: nach diesem nimm ein langes Kastrol oder auch ein rundes, wo sich der Deckel darauf schließet, thue Bartenspeck auf den Boden, thue dein Fleisch darauf, alsdann bedecke es oben auch mit Speck, um die Seiten herum thue etwas Kalbfleisch dazu, ein paar ganze Zwiebel, gelbe Ruben, Zelleri, Pastenatwurzeln, ein wenig Basilicum, Thymian und ein Lorbeerblat, ein wenig Muscatblüth und etliche Nägelein, gieß daran ein Stutzenglas rothen Wein, decke es knapp mit dem Deckel zu, und um den Deckel mache einen schlechten Teig von Wasser und Mehl, und thue ihn rings herum mit Teig und Papier zumachen, daß

D kein

kein Dunſt heraus kann, hernach ſetz es in einen Backofen, oder auch auf ein ſtátes Gluthfeuer oben und unten, und laß es 4 Stunde dünſten, nachdem ſetz es auf die Seite, bis es kalt wird, damit es den Geruch nicht verliert, nach dieſem mach es auf, und nimm das Fleiſch heraus, thue die Fette ſauber von der Sauce hinwegſchöpfen, und paſſire die Sauce durch ein feines Haarſieb; willſt du es warm ſerviren, und haſt eine Coulis, ſo thue 2 Löffelvoll dazu, und thue es in ein Geſchirr, wo du das Fleiſch mit ſammt der Sauce hinein thun kannſt, wo nicht, kannſt du auch einen Löffelvoll Mehl gelb machen, und in die Sauce thun, wenn du keine Coulis haſt, ſetz es hernach auf eine ſtáte Glut, und laß ſtát kochen, nur daß es nicht zu lind wird; iſt es Zeit zu ſerviren, ſo thue den Saft von einer halben oder ganzen Lemoni hinein, nachdem deine Sauce iſt, und eine Lemoniſchaale ohne weiß, daß die Sauce einen Geſchmack bekömmt; wenn du es anrichteſt, ſo nimm ein wenig Knoblauch, und thue die Schüſſel, wo du drein anrichteſt, ein wenig damit beſtreichen, thue die Lemoniſchaalen heraus, und ſervire dein Fleiſch vor auszuwechſeln warmer auf den erſten Gang: willſt du es aber ſerviren ver die zweyte Tracht kalter, ſo mußt du es machen, wie ſchon gemeldet worden: aber nachdem deine Sauce paſſirt iſt, ſo laß ſie auf dem Feuer kurz eingehen, auf die Letzte thue den Lemoniſaft hinein, und thue es hernach in ein Geſchirr, wo juſt das Fleiſch paſſen thut, thue die Sauce hinein, und lege das Fleiſch dazu ohne Coulis und ohne Mehl, ſalze es, und willſt

du

du es serviren; so mußt du eine Serviete brechen auf die Schüssel, thue dein Fleisch umstürzen auf die Schüssel, so giebt es vor ein großes Stück auf den zweyten Gang, es ist recht gut, viele thun auch ein wenig Bertramessig dazu, wenn es kalt servirt wird.

Un Rôt de Bœuf a l'Angloise.
Einen englischen Braten.

Erstens muß es seyn von einem recht guten und fetten Ochsen, welcher schon 8 Tage geschlachtet ist, ein Stück, wo der Lendenbraten darinnen ist mit sammt der Fette, dieses Stück nimm und thue es salzen und pfeffern, hernach steck es an einen Spieß, thue es mit 4 Bogen Papier doppelt verbinden, daß es kein Loch bekömmt, hernach thue es zum Feuer, und begieße es mit Butter, aber der Butter muß klar und ohne Milch seyn, sonst bekömmt das Papier ein Loch, das Feuer muß aber nicht zu gäh seyn, alsdann laß es 4 Stunden braten, eine halbe Stunde aber vor dem Anrichten thue das Papier davon nehmen, und wohl obacht geben, daß die Jus in die Bratpfanne laust, thue es wieder zum Feuer, begieße es wohl, und zwar zum öftern, so wird es eine Farbe bekommen, gleich dem schönsten Gold; wenn du es zur Tafel servirest, so lege es auf die Schüssel, und die Jus, die in der Bratpfanne ist, thue durch ein feines Sieb passiren, thue die Fette wohl davon, und die Jus gieb unter deinen englischen Braten, und servire es zur Tafel für ein Auswechselstück; das ist recht auf englische Manier.

Ein anderes auf französische Manier.

Nimm das Stück, wie oben gemeldet worden, schneide einen kleinen Finger dick und lang Speck und Schunken, thue die feinen Kräuter und Gewürze daran, wie schon vorher bey dem bœuf a la mode ist gemeldet worden, thue nur das filé oder Lendenbraten genannt damit durchspicken, hernach thue das Stück Fleisch auf eine große Schüssel oder verzinnte Tortenpfanne, thue es salzen und auch ein wenig Pfeffer dazu, die nämlichen feinen Kräuter sein geschnitten, wie zum Speck und klein geschnittenen Schunken, auch etliche Zwiebel Blätleinweis geschnitten, und etliche Lorbeerblätter, das Mark von einer Lemoni Blättleinweis geschnitten, die Kerne müssen aber davon gethan werden, thue dieses alles an das Fleisch, gieß ein Provenceröl darüber, und laß es über Nacht stehen, den andern Tag thue es auf oben gemeldte Art zurichten, nicht mehr und nicht weniger, servire es alsdann zur Tafel, ist ebenfalls recht gut, und hat viel stärkern Geschmack.

Une Piece de Bœuf a la Moscovite.
Ein Stück Rindfleisch auf Moscowitisch.

Das Stück muß seyn von einem guten Ochsen ein Bruststück, dieses setze zum Feuer, wie ordinari, aber den Kessel nimm so klein, als es seyn kann, wo das Stück hineingeht, laß es sieden, bis es anfängt lind zu werden, thue auch die Wurzeln dazu, was darein gehöret, thue auch dazu 3 ganze Zwiebel, davon die eine mit 4 Nägelein muß besteckt

besteckt werden, thue auch ein wenig Muscatblüth und ein Lorberblat dazu, hernach setz es auf einen Dreyfuß, thue Glut darunter, und schütte drey Maaß süßen Rahm daran, von der Bouillon darf nichts genommen und auch nichts daran geschüttet werden: laß es nachdem einsieden, bis das Fleisch lind ist, wie es die Herrschaften zu essen pflegen, es muß aber einsieden, daß von der Bouillon und Rahm nicht gar 3 Finger hoch auf dem Boden bleibt: wenn es Zeit ist, dein Fleisch zur Tafel zu serviren, so thue es anrichten, wie schon gemeldet worden, wie ein anderes Stück Rindfleisch, garnire es mit Petersill, und gieb es zur Tafel, alle Herrschaften werden es für gut befinden.

Un Potage de Bœuf au four.

Ein Stück Rindfleisch im Ofen.

Dieses muß ein Brustkern seyn, absonderlich fett, siede es, wie ein anderes ordinari Rindfleisch: wenn es recht lind ist, thue es heraus auf eine Tortenpfanne legen, putze und richte es sauber, schneide die Fette in der Mitte voneinander, doch nicht gar entzwey, damit ein Theil auf die untere Seite fällt oder bedeckt ist, hernach thue es mit Pfeffer, Salz und feinen Kräutern bestreuen, das will sagen, Petersill und Charlotten, begieß es mit Fette oder frischem Butter, und bestreue es mit Semmelbröseln, hernach begieß es nochmal mit ein wenig Fette oder frischem Butter, thue es in einen heißen Bachofen, und laß es schön gelb werden; wenn es Zeit ist zur Tafel zu serviren, so rangire es es auf deine Schüssel, garnire es mit Petersül, und gieb es zur Tafel; du kannst extra eine Charlottensauce dazu geben: thue die Charlotten fein schneiden, thue sie in einen kleinen Kasirol mit ein wenig frischem Butter, laß es ein wenig auf dem Feuer passiren, und stäube ein wenig schönes Mehl daran, füll es auf mit Jus, hast du aber eine Coulis, so thue sie daran, soviel du Sauce vonnöthen hast, so du aber keine Jus noch Coulis hast, so mache das Mehl, wie bey der ersten Sauce gemeldet ist, laß es hernach ein wenig kochen, thue es sauber abfaumen, hernach thue es vom Feuer, gieß ein wenig Bertramessig daran, koste es im Salz, und wenn du die Sauce servirest, so thue auch einen Lemonisaft daran, denn die Sauce muß wohl piquant seyn.

Piece de Bœuf a l'estoufade.

Rindfleisch auf italiänische Manier.

Dieses muß von dem innern Schlegel, oder auch das Schweifstück seyn, man thut es auch mit Speck und Schunken spicken mit sammt den Kräutern, wie schon bey dem Bœuf a la mode ist gemeldet worden, hernach nimm ein gutes Stück Speck, thue ihn in den Mörser, wie auch ein wenig Knoblauch, Basilicum, Thymian, drey oder 4 Nägelein, etliche Körnlein weißen Pfeffer, stoße dieses alles zusammen, thue es hernach in ein Geschirr, wo das Stück Fleisch just knapp hineingeht, thue ein wenig Salz darauf, ein paar ganze Zwiebeln, ein Lorbeerblat, decke es hernach zu, setz es auf einen Dreyfuß, mache eine stäte Glut
dar=

darunter, und laß es dünsten, wende das Fleisch zum öftern um, und gieb allezeit ein gleiches Feuer, bis es 5 oder 6 Stunden auf solche Manier dünstet: wenn es aber anfängt gelblicht und kurz zu werden, so muß man allezeit ein wenig gute Bouillon daran gießen, damit es allezeit in seiner Jus bleibet: willst du es auf Italiänisch serviren, so richte das Fleisch an, und thue die Jus von dem Fleisch daran paßiren, aber ohne Fette und ohne anders, das ist das Stoufade, wie es die Italiäner gerne essen: auf französisch und deutsch aber thut man einen Löffel voll schönes Mehl gelb machen, und thuts an das Fleisch, ehe es gar lind wird, man gießet daran ein Glas Wein und etwas Bouillon, läßt es stät kochen, bis das Fleisch lind ist, hernach thue das Fleisch in ein sauberes Geschirr, und schöpfe die Fette von der Sauce wohl davon ab, paßire die Sauce hernach durch ein feines Sieb an das Fleisch, thue einen Lemonisaft darein drücken, und setz es warm, bis es Zeit ist zur Tafel, auf die Letzte aber thue etwas Lemonischalen recht fein geschnitten dazu.

Piece de Bœuf a la Grillade.
Ein Stück Rindfleisch auf dem Rost gebraten.

Dieses Stück muß von der innern Seite vom Schlegel seyn, thue es auf eine Schüssel oder Tortenpfanne, salze und pfeffere es, schneide daran gelbe Ruben Blätleinweis, Petersillwurzel, Pastenat, Zelleri, Bori, ein Lemoni, Blätleinweis ohne Schalen und Kern, 2 Spitkel Knoblauch, etliche Charlotten, ein paar Zwiebeln, 2 Lorbeerblätter, ein wenig ganzen Basilicum, Thymian, gieß Provenceröl darauf, laß es über Nacht stehen, den andern Tag leg das Fleisch auf den Rost, stelle es auf eine gähe Glut, thue es mit den Kräutern allezeit bedecken, und laß es auf allen Seiten recht stark grilliren, wenn du es umwendest, mußt du die Kräuter davon thun, hernach wiederum auf die obere Seite legen, wenn es denn auf allen Seiten grillirt ist, so thue es in ein Geschirr, wo das Fleisch gerad hineingeht, bestäube das Fleisch mit einem schönen Mehl, thue die Kräuter, Wurzeln, mit sammt dem Oel auch dazu, hernach gieß eine Bouillon daran, aber nicht zu viel: deck es zu, und setz es hernach in einen heißen Bachofen, oder auch auf einen Dreyfuß, gieb eine Glut oben und unten, und laß es dünsten, bis das Fleisch lind ist, hernach nimm das Fleisch heraus, thue die Fette von der Sauce wohl abschöpfen, und paßire die Sauce durch ein feines Sieb an das Fleisch, und thue dazu ein wenig Saft von denen Trauben, die nicht gar zeitig sind: wenn man aber diesen Saft nicht haben kann, so muß man den Saft von einer bittern Pomeranze nehmen, oder auch ein wenig Bertrameßig, es ist auch gut; setze es hernach warm, bis es Zeit ist zur Tafel zu serviren.

Piece de Bœuf a la Polinese.
Ein Stück Rindfleisch auf pohlnische Manier.

Man kann ein Stück vom Ochsen nehmen nach Belieben, dieses Stück thue in ein Geschirr, wo

rs just hineingeht, thue daran ein paar ganze Zwiebeln, einen davon mit 4 Nägelein besteckt, eine Zelleripwurzel, ein Lorbeerblat, ein wenig Muscatblüth, und bedecke das Fleisch mit Speck; wenn du aber keinen hast, thue ein wenig andere gute Fette dzu, salze es, und gieß daran zwey Schöpflöffel voll Wasser, setz es auf das Feuer, und laß es stät sieden, hernach nimm einen weißen Würsing, wie die Köpfe sind, ganzer, das Aeußere hinweg, nachdem sie sauber gewaschen sind, so thue sie ein wenig blanchiren, und in ein sauberes Wasser, das frisch ist, hernach binde einen nach dem andern mit Bindfaden, damit sie ganz bleiben, und wenn das Stück Fleisch halb lind ist, so thue den Würsing oder Kelch dazu legen, und laß es miteinander kochen, bis das Fleisch und alles wohl lind ist; es muß soviel einkochen, daß nicht mehr Jus übrig bleibt, als was eine kleine Sauce ausmacht; ist es Zeit zur Tafel zu serviren, so rangire das Fleisch auf die Schüsseln, und setze es auf eine kleine Glut, damit es warm bleibt, thue den Würsing heraus auf ein Sieb, damit die Fette davon lauft, thue den Bindfaden davon, rangire den Würsing um das Fleisch herum, thue die Fette von der Jus wohl abnehmen, thue hernach die wenige Jus durch ein feines Sieb an das Fleisch passiren, und servire es zur Tafel.

Piece de Bœuf aux fines herbes.

Ein Stück Rindfleisch mit feinen Kräutern.

Nimm Charlotten, Petersill, Zwiebel, Thymian,

mian, Basilicum, Bertram, Kapern, dieses alles thue fein schneiden: wenn dein Stück Rindfleisch halben Theil gesotten hat und lind ist, so nimm die Kräuter, und thue sie in ein Geschirr, wo das Fleisch hineingeht, thue sie mit einem frischen Butter paßiren, hernach leg das Fleisch hinein, und laß es darinnen auf einem stäten Feuer so lang dünsten, bis es gar lind ist, du mußt auch das Fleisch salzen und pfeffern, und wenn es zu sehr kurz werden will, mußt du allezeit einen kleinen Löffel voll Jus daran gießen, oder auch eine Bouillon, wenn du keine Jus hast, und wenn es Zeit ist zu serviren, so thust du 4 Eßlöffel voll guten Senft dazu, und ein wenig Bertrameßig, wenn du einen hast, oder auch einen Lemonisaft, und richte es zur Tafel an mit dieser Sauce; die Sauce muß ganz kurz seyn.

Piece de Bœuf a l'Allemande.
Ein Stück Rindfleisch auf deutsche Manier.

Nimm ein Stück Rindfleisch, das Schweifstück, oder auch vom Schlegel, dieses thue in einen Kastrol oder anderes Geschirr, leg auf den Boden etliche Barten Speck, und wenn du willst, so kannst du auch einen groben Speck durchspicken, thue es salzen, thue auch dazu etliche Nägelein und ein wenig Muscatblüth, etwas weiße Pfefferkörner, ein wenig Basilicum und Thymian, ein paar Lorberblätter, etliche Zwiebel, und ein oder zwey Spitzel Knoblauch, schütte ein Stutzenglas rothen Wein dazu, oder auch weißen, thue ein Stück schwar-

ſchwarze Brodrinden dazu, deck es zu, und ſetz
es auf ein ſtátes Feuer mit einer Glut, und laß
es ſtát kochen, wende es zu Zeiten um, und
wenn es ein paar Stunden in ſeinem Saft gedünſtet, und das Fleiſch eine ſchöne gelbe Farbe hat, ſo
gieß einen Schöpflöffelvoll Jus daran, wenn du
eine haſt, wo nicht, ſo gieß einen Löffel voll Bouillon daran, thue ein wenig Mehl gelb machen in
Butter, und thue es auch dazu, und laß es kochen,
bis das Fleiſch lind wird, hernach thue das Fleiſch
heraus, ſchöpfe die Fette davon ab, paſſire die
Sauce durch ein ſauberes Haarſieb, thue das
Fleiſch wiederum in die Sauce, ſetz es warm;
wenn es Zeit iſt zu ſerviren, ſtoß ein wenig Crena-
wethbeer, und ſchneid ſie hernach recht fein, thue
ſie in die Sauce, ſchneide auch ein wenig Lemoniſchalen fein länglicht, thue ſie auch in die Sauce,
drücke den Saft von einer Lemoni daran, oder
auch ein wenig Weineſſig, und ſervire es zur Tafel, das iſt gut deutſch.

Une Longe de Veau a la broche.
Einen ſtarken Nierenbraten auf engliſche Manier.

Nimm den Nierenbraten, thue ihn in ein langes
Kaſtrol, ſchütte eine Milch darüber, daß es bedeckt wird, hernach thue ein ganzes Gewürz dazu,
Nägelein, etliche weiße Pfefferkörnlein, Muſca-
tenblüth, thue auch dazu ein wenig Thymian und
Baſilicum, ein paar Lorbeerblätter, etliche Zwiebel Blättleinweis geſchnitten, etliche Charlotten,
ſchneide auch von allerhand Wurzeln dazu, nämlich

lich gelbe Ruben, Petersill, Pastenat und Zelleri, laß es hernach über Nacht stehen, den andern Tag 2 Stunden vor dem Anrichten nimm es aus der Milch, steck es an den Bratspieß, thue es salzen und mit schönem Mehl besden, thue es zum Feuer, und laß es ein wenig anziehen, hernach thue es zum öftern mit frischem Butter begießen, laß es schön braten, daß es eine schöne Farbe bekömmt; ist es Zeit zum serviren, zieh es vom Spieß, leg es auf die Schüssel, und gieb ein wenig klare Jus darunter, das ist ein Stück auszuwechseln, es ist recht delicat.

Un quartier de Veau a la broche.
Ein Kalbsviertel natürlich an dem Spieß gebraten.

Nimm ein schönes weißes Kalbsviertel, thue es in frischem Wasser waschen, leg es hernach auf eine Schüssel, oder in eine große Tortenpfanne, salze es gut ein, steck es hernach an den Spieß, thue es zum Feuer, und laß es 2 Stunden stät braten; ist es Zeit zu serviren, thue es herunter auf die Schüssel, und gieb ein wenig Jus mit ein wenig fein geschnittenen Charlotten und den Saft von einer halben Lemoni darunter, und servire es zur Tafel.

Un quartier de Veau a la Kænigseck.
Ein Kalbsviertel am Spieß gebraten auf eine andere Manier.

Man nimmt ein schön weißes fettes Kalbsviertel, und thut es in die Milch legen, es muß auch alles

alles dasjenige dazu genommen werden, was schon vorher bey dem Nierenbraten zu nehmen gesagt worden, dieses läßt du auch über Nacht stehen: an dem Tage, wo es servirt werden muß, thue es zwey Stunden vor dem Anrichten an den Spieß stecken, und zum Feuer legen, thue es auch salzen und mit ein wenig Mehl einstäuben, laß es am Feuer so lang stehen, bis es ein wenig angezogen hat, hernach thue es mit frischem Butter begießen, thue 2 Maaß süßen Rahm in die Bratpfanne schütten, und thue das Kalbsviertel zum öftern damit begießen, bis auf die Letzte, da es den Rahm allen an sich gezogen hat, und das Kalbsviertel schon anfängt eine schöne Farbe zu bekommen, begieß es hernach mit frischem Butter, und bestreue es mit fein geriebenen Brod, und dieses 3mal, das macht, daß es eine schöne Krusten bekommt; wenn es Zeit ist zur Tafel zu serviren, richte es an auf die Schüssel, gieb ein wenig gute Kalbjus naturel darunter, und servire es zur Tafel.

Un quartier de Veau a la Bechamelle.

Ein Kalbsviertel mit einem Bechamelle.

Nimm ein schönes weißes Kalbsviertel, tractire es, wie schon oben gemeldet worden, 2 Stunden vor dem Anrichten leg es zum Feuer, und laß es braten, daß es eine schöne Farbe bekommt, mache eine Bechamelle, wie schon gemeldet ist, richte es in einen Kastrol; ist es Zeit zur Tafel zu serviren, so nimm den Braten von dem Spieß herunter, leg ihn auf die Schüssel, welche du zu serviren hast, damit die Jus darinnen bleibt, alsdenn

denn schneide oben in den Schlegel ein großes
rundes Loch hinein, so weit, als es der Schlegel
leidet, aber doch nicht gar durchaus, schneide her=
nach das Braune einen kleinen Finger dick schön
ganzer von dem weißen Kalbfleisch ab, und lege
es unter dieser Zeit auf den Braten in die Schüs=
sel, setze das Bechamelle auf eine Glut, daß es
unter dieser Zeit warm wird, von dem weißen
Fleisch aber thue die Adern hinwegschneiden, und
das Gute schneide ganz dünn zu Filé, und thue es
hernach in das Bechamelle, thue ein klein wenig
Muscatnuß daran, ein wenig Pfeffer und Salz,
und wenn du ein wenig Glace, oder auch ein we=
nig Consommé hast, so setz es auf einen gähen
Windofen, rühre um, daß es geschwind heiß
wird, aber nicht kochet, thue es hernach in das auf=
geschnittene Loch in dem Schlegel, und decke es
hernach mit deinem braunen abgeschnittenen Fleisch
zu, und thue es mit einer Glace glassiren, als
wenn es ganz wäre, dieses aber muß alles in einer
Geschwindigkeit geschehen, hernach thue es zur
Tafel serviren. Dieses Stück ist noch jederzeit
gelobt worden.

Un quartier de Veau a l'Angloise.

Ein Kalbsviertel auf englische Manier.

Nimm das Kalbsviertel, leg es auf eine große
Schüssel oder Tortenpfanne, welche aber verzinnt
seyn muß, thue es salzen und pfeffern, thue auch
etwas Kräuter daran, als nämlich: Thymian,
Basilikum, Lorbeerblätter, auch das Mark von
einer Lemoni Blätleinweis daran geschnitten, wie
auch

auch ein paar Zwiebeln, etliche Charlotten, hernach thue es begießen mit ein wenig recht guten Weineſſig, und laß es ſo ſtehen, bis den andern Tag, nur zu Zeiten thue es mit ein wenig friſchem Eſſig friſchiren, alsdann den Tag, wo du es ſerviren will, thue es 2 Stunde vor dem Anrichten zum Feuer legen, thue die Kräuter mit ſammt dem Eſſig in die Bratpfanne, auch ein Stücklein friſchen Butter dazu, und thue es damit fleißig begießen, daß es eine ſchöne Farbe bekommt, und in ſeinem Saft bleibt, die Sauce dazu wird alſo gemacht, nämlich thue ein wenig friſchen Butter in einen Kaſtrol, thue einen Löffel voll Mehl gelb: wenn es gelb iſt, thue etliche fein geſchnittene Charlotten in das Mehl, gieß daran ein kleines Schöpflöffelein voll Jus, wie auch ein halbes Seidlein ſauren Rahm, laß es hernach kochen, wie es ſeyn muß, nicht gar zu dick oder zu dünn, hernach thue etwas kleine Kapern hinein, wie auch ein wenig fein geſchnittene Lemoniſchalen, auch den Saft von einer Lemoni; wenn es Zeit iſt zu ſerviren, thue das Kalbsviertel auf die Schüſſel, und ſchütte die Sauce darüber.

Un quartier de Veau a la braiſe.
Ein hinteres Kalbsviertel in der Bräs gemacht.

Nimm ein ſchönes Kalbsviertel, ſchneide Speck und Schunken einen kleinen Finger dick und lang, thue feine Kräuter dazu, wie ich bey den vorhergehenden Speiſen ſchon gemeldet habe, thue den Schlegel damit durchſpicken, thue auch etliche fein
ge-

geschnittene Speckbarten in ein langes Bråswånd:
lein oder Kastrol, thue das Kalbsviertel hinein,
thue ein paar ganze Zwiebeln dazu, zwey Lorbeerblätter und etwas Wurzeln, deck es zu, setz es auf
einen Dreyfuß, thue eine Glut darunter, und laß es
ståt anziehen, oder auf gut deutsch dünsten, und
laß es schön gelb werden: sollte aber zu wenig
Saft daran seyn, so thue ein wenig Bouillon dazu,
und wende es zum öftern um, dieses mußt du aber
so lang thun, bis es eine recht schöne Farbe bekommt, hernach mache einen Löffel voll schönes
Mehl in ein wenig Butter schön gelb, und thue
es auch dazu, wie auch ein Quart weißen Wein,
und etwas Bouillon nach Gutdünken, laß es stät
kochen, so lang, bis das Fleisch lind ist: willst du
aber kein Mehl dazu thun, so kann man auch statt
dem Mehl ein paar Löffel voll Coulis dazu nehmen,
hernach thue das Kalbsviertel auf der Sauce in ein
sauberes Geschirr legen, thue die Sauce abschöpfen, daß keine Fette dabey bleibt, und passire
sie hernach fein schön durch ein feines Sieb, nach
diesem thue wiederum das Fleisch in seine Sauce
hineinlegen, thue dazu etwan Kapern, aber feine,
und setz es warm, bis es Zeit ist zu serviren, thue
etwas frischen Bertram Blätleinweis gepflückt in
einem Wasser blanchiren, und nicht länger, als
wenn das Wasser siedet, hineinthun, und gleich
wiederum heraus in ein anderes frisches Wasser,
nachmals drücke ihn aus, bis es Zeit ist, daß du
dein Fleisch zur Tafel servirest, thue den abblanchirten Bertram in die Sauce hinein, wie auch
von einer halben Lemoni den Saft, und servire
es

es zur Tafel; wenn aber die Zeit nicht ist, daß man einen frischen Bertram haben kann, so nimmt man etwas fein geschnittene Lemonischalen, und thut sie anstatt dem Bertram in die Sauce mit ein wenig Bertrameßig, und servirt es hernach, wie schon gemeldet worden.

Un quartier de Veau au Parmesan.

Ein Kalbsviertel mit Parmesankäs.

Thue das Kalbsviertel einrichten in ein langes Bräswändlein, thue etwas Speck auf den Boden, richte das Viertel hinein, thue dazu Wurzel, als nämlich: Petersillwurzeln, gelbe Ruben, Zelleri, Bori, Zwiebel, auch Thymian und ein wenig Basilicum, ein wenig Muscatblüth, und das Mark von einer Lemoni Blätleinweis, die Kerne und das Weiße aber wohl davon, hernach thue es mit Speck bedecken, thue dazu ein Quärtlein weißen Wein, etwas Bouillon, decke es oben auf mit Papier zu, setz es auf eine stäte Glut und laß es stät sieden, bis es lind ist, nimm es hernach heraus auf eine Tortenpfanne, reibe einen Parmesankäs, wie auch von einer Semmel die Schmollen, mische sie unter den geriebenen Käs mit ein wenig Pfeffer, nimm ein Stücklein frischen Butter in einen Kastrol, thue auch hinein 4 Eyerdotter, laß es auf dem Feuer nur ein wenig zergehen, und rühre es wohl ab, daß es dicklicht wird, hernach thue das Kalbsviertel damit begießen, und thue es schön mit dem Käs und Brod bestreichen, den Ueberrest von diesem Butter thue gleich noch oben drauf ganz stät gießen, damit der Käs nicht

heraus

herabfällt, thue hernach unter das Fleisch ein wenig von der nämlichen Bräs, und thue es in einen Bachofen, bis daß es eine schöne Farbe bekömmt, hernach paſſire die Bräs durch ein feines Haarſieb, wo das Fleiſch geweſen iſt, thue die Fette wohl davon abſchöpfen, hernach thue es in einen kleinen Kaſtrol, nimm ein wenig friſchen Butter mit 2 fein gehackten Sardellen gemiſcht, und ein klein wenig Mehl, was man mit 3 Fingern nehmen kann, 3 Eyerdotter, den Saft von einer halben Lemoni, und wenn es Zeit iſt zu ſerviren, ſetze ſie auf das Feuer, thue ſie wohl abrühren, bis ſie anfangen will zu ſieden, darnach thue ſie weg, daß es nicht zuſammenlauft, richte die Sauce auf die Schüſſel an, thue das Kalbsviertel aus dem Ofen, und thue es ſchön, ohne Fette auf die Sauce rangiren, und gieb es zur Tafel.

Un quartier de Veau a la Créme.
Ein Kalbsviertel mit ſaurem Rahm.

Nimm das Kalbsviertel, nachdem es dreſſirt iſt, thue es in ein langes Wändlein mit einem Stücklein Butter, thue es ſalzen und pfeffern, thue auch dazu ein paar Zwiebeln, ein Lorberblat, gieß ein wenig Weineſſig daran, deck es zu, und ſetze es auf einen Dreyfuß, thue Kohlfeuer darunter, und laß es ſtät dünſten, wende es zum öftern um, und wenn es zu kurz werden will, ſo thue ein wenig Bouillon daran, und laß es ſo lang dünſten, bis es eine recht ſchöne gelbe Farbe hat, hernach thue ein wenig Mehl gelb machen mit Butter, und thue es zu dem Fleiſch, gieß daran eine Maaß ſauren
Rahm,

Rahm, alsdann laß es ganz stät fortkochen, bis das Fleisch lind ist, thue hernach das Fleisch heraus, und thue die Sauce daran paſſiren, thue es wiederum in dein Geſchirr, und ein wenig Kapern dazu, wenn du willſt; ſtelle es warm, bis es Zeit iſt zur Tafel zu ſerviren: bekommt es in der Höhe eine Fette, ſo ſchöpfe ſie ab, drucke den Saft von einer Lemoni daran, und gieb es zur Tafel.

Un quartier de Veau au four a l'italienne.
Ein Kalbsviertel im Ofen auf italiäniſch.

Nimm das Kalbsviertel, dreſſire es, wie ſichs gehört, hernach ſchneide Speck und Schunken kleinen Finger dick und lang, ſchneide auch feine Kräuter, als nämlich: Charlotten, Zwiebel, ein wenig Knoblauch, Baſilicum, Thymian und Peterſillkraut, aber es muß eine gute Portion ſeyn, ſchneide alles fein zuſammen, thue hernach die Hälfte von den Kräutern zu dieſen geſchnittenen Speck und Schunken, wie auch Pfeffer und Salz, thue es untereinander miſchen, und durchſpicke den Schlegel damit, hernach thue dieſes Viertel in ein Wändlein mit ein paar Speckbarten, pfeffere und ſalze es, und thue die andere Hälfte von den Kräutern an das Fleiſch, thue auch dazu ein Lorberblat, gutes Provenceröl etwas weniges, ein Glas voll weißen Wein, decke es hernach zu, ſetze es in den Bachofen, und laß es 3 Stunden dünſten, es muß aber zu Zeiten umgewendet werden: wenn du aber keinen Ofen haſt, ſo thue es auf einen

nen Dreyfuß, und laß es sehr stát gehen, bis es lind ist: aber es muß nicht gar zu lind seyn, und die Sauce daran muß wenig seyn, nur so viel, als das Fleisch selbsten giebt, denn es darf von keiner Bouillon etwas daran gegossen werden; wenn es Zeit ist zu serviren, so nimm die Fette gut davon hinweg, drücke den Saft von einer Lemoni hinein und servire es zur Tafel, und gieb die wenige Sauce darauf.

Un quartier de Veau a la Glace.
Ein Kalbsviertel glasirt.

Dressire das Kalbsviertel, wie schon gemeldet ist, durchspicke den Schlegel mit groben Speck und Schunken ohne Kräuter, nach diesem thue seine Speckbarten in das Wändlein auf den Boden legen, thue hernach das Kalbsviertel hinein, thue auch etliche Speckbarten darauf legen, gieß ein klein wenig frisches Wasser daran, thue es sehr wenig salzen, hernach thue auch dazu ein wenig Basilikum und Thymian, 2 oder 3 Zwiebel, Lorberblat, eine gelbe Ruben, Pastenatwurzel, ein Zelleri, ein Bori, ein paar Petersillwurzeln, dieses alles thue nur in der Mitte voneinander schneiden, deck es zu, setz es auf ein státes Feuer, und laß es bis 3 Stunden dünsten und zum öftern umwenden, wenn es aber 2 Stunden auf dem Feuer gewesen ist, so wird es mehrere Sauce haben, thue hernach das Fleisch heraus, und thue die Sauce durch ein feines Haarsieb passiren, hernach thue die passirte Sauce wiederum in das nämliche Geschirr, lege das Viertel mit dem obern

Theil

Theil auf den Boden hinein, und laß es auf dem Feuer kurz eingehen, bis daß es eine Glace wird, welche wie ein Gold aussehen muß; ist es Zeit zu serviren, thue das Fleisch in die Schüssel serviren, und thue die meiste Glace mit einem Löffel auf das Fleisch, und setze es warm, zu dem Ueberest von der Glace thue zwey Anrichtslöffel voll Coulis, wie auch den Saft von einer Lemoni in das Wändlein hinein, setz es aufs Feuer, thue es mit dem Löffel abrühren, nachdem die Sauce aufgesotten hat, und die Glace wohl abgelöst ist, so gieß diese Sauce unter das Viertel, gieb es zur Tafel: sollst du aber keine Coulis haben, so mach einen Löffel voll Mehl gelb mit ein wenig Zwiebel, Basilicum und Thymian, und laß es hernach stät kochen, daß die Fette in die Höhe geht, und nimm es sauber davon, thue dich damit bedienen anstatt einer Coulis.

Une Poitrine de Veau farcie.

Eine faschirte Kalbsbrust.

Diese Brust muß von einem starken Kalb seyn und groß abgehaut, wenn du es für ein Auswechselstück serviren willst, nimm diese Brust, mache sie auf, so weit, als du sie faschiren willst, thue sie in einem läulichten Wasser gut aufwässern, damit sie schön weiß wird, hernach nimm ein Stück Kalbsleber, thue sie mit dem Messer abschaben auf einem Schneidbrett, daß die Haut und die Adern davon kommen, hernach thue auch etwas Speck dazu, ein gesottenes Kalbseuter, oder auch anstatt dem Kalbseuter ein wenig Nierenfette, auch etliche

liche Scharlotten, ein wenig Thymian, Basilicum, Petersill, ein wenig Pfeffer und Muscatnuß und Salz, wie auch ein wenig Lemonischalen, dieses thue alles zusammen fein schneiden, thue hernach die Schmollen von einer Semmel in Milch eingeweicht auch dazu, 4 Eyerdotter, den Saft von einer Lemoni, thue hernach die Brust aus dem Wasser sauber abdrucken, und thue sie faschiren, oder auf deutsch, damit füllen, wie auch hernach mit einem Bindfaden zunähen, und wohl verwahren, daß der Fasch nicht herauskömmt, nach diesem thue sie blanchiren in dem Fleischkessel, oder auch in einem siedenden Wasser, nachdem thue sie wiederum in ein frisches Wasser zum abkühlen, aber nicht lang, hernach kannst du sie in der Mitte auf 3 Reihen sauber durchspicken, stecke es an Spieß, thut sie mit Butter begießen, salzen, und schön braten lassen, die Sauce dazu kannst du machen von Scharlotten: nimm etliche Scharlotten, thue sie fein schneiden, nimm ein wenig Butter in einen Kastrol, mach ein wenig Mehl gelb, thue hernach die Scharlotten darein passiren, gieß ein wenig Jus daran, wie auch ein wenig Bouillon, damit die Sauce nicht zu braun wird, laß sie wohl verkochen, und thue sie sauber abfaumen; wenn es Zeit ist zu serviren, thue den Saft von einer Lemoni in die Sauce, koste sie im Salz, ob es recht ist, gieb die Sauce auf die Schüssel, und lege die Kalbsbrust darauf, und gieb sie zur Tafel. Diese Brust kannst du auch anstatt gebraten in einer Bräs geben, hernach sauber glasiren, und mit der nämlichen Sauce serviren, du kannst aber

auch

auch eine andere piquante Sauce dazu machen, und auch anstatt dem Mehl eine Coulis nehmen, wenn du eine hast.

Un quartier de Mouton a la broche sauce aux Concombres.
Ein schäfenes Viertel mit einer Gurken- oder Umurkensauce.

Nimm das Viertel, thue es recht bläuen mit einem Nudelwalger, das Viertel muß schon zum wenigsten 5 Tage alt seyn, hernach thue es salzen, und ein wenig pfeffern, steck es an Spieß und thue es in seinem Saft schön braten, nimm Cucumern 8 oder 10 Stücke, thue sie schälen, und hernach in 4 Theile schneiden, thue die innern Kerne davon, und die andern Viertel klein schneiden in einer Façon, wie du willst, rund wie 1oner, dreyeckigt oder viereckigt, es gilt gleich, thue sie in ein Geschirr, nimm dazu Zwiebel, Petersillkraut, Basilicum, Thymian, und auch Bertram, thue sie salzen und pfeffern, schütte einen guten Weinessig darauf, laß sie ein paar Stunden darinn liegen, hernach nimm sie heraus auf das Tischtuch, thue die Kräuter davon, mache ein Schmalz heiß: wenn es heiß ist, thue die Cucumern hinein, ohne anders, und laß sie schön gelb bachen, hernach thue sie heraus auf ein Papier, das die Fette davon kommt, thue sie nachdem in einen kleinen Kastrol, thue ein paar Löffel voll Coulis darauf, oder du kannst auch ein wenig Mehl daran stäuben und ein Schnizlein Schunken darzu thun, und mit Jus auffüllen, daß die Sauce eine schöne Farbe bekommt,

kommt, und laß sie sieden, bis sie lind sind, thue die Sauce sauber abschaumen, damit sie schön klar bleibt; ist es Zeit zu serviren, nimm das Viertel vom Spieß, richte es an auf die Schüssel, nimm die Jus aus der Bratpfanne ohne Fette, thue etwas an deine Sauce, wie auch ein wenig Bertrameßig, und den Saft von einer halben Lemoni, thue hernach deine Sauce über das Viertel anrichten, und servire es zur Tafel.

Un quartier de Mouton a la braise a la Chicorée.

Ein schäfenes Viertel mit Endivien-Salat.

Nimm ein schäfenes Viertel, welches schon etliche Tage alt ist, thue es recht bläuen, wie schon gemeldet ist, hernach thue einen kleinen Finger dick Speck und Schunken schneiden, mische ihn mit seinen Kräutern auf schon gemeldte Weise, thue Pfeffer und Salz dazu, spicke das Viertel durch, nimm ein langes Wändlein, thue etliche Speckbarten auf den Boden, lege das Viertel darein, nimm ein paar ganze Zwiebeln dazu, ein Lorberblat und Wurzeln, ein Quart weißen Wein, deck es zu, und stell es auf den Dreyfuß über eine stäte Glut, laß es 3 Stunden dünsten, wende es zum öftern um, nimm hernach den Endivien, thue das Grüne davon, das Weiße thue blanchiren in vielem siedenden Wasser, wenn er etliche Sud gethan hat, gieß ihn ab, und thue ein frisches Wasser darauf, drücke ihn gut aus, und durchschneide ihn mit dem Messer von der Hand, schneide hernach auch einen Zwiebel

bel ganz fein, thue ihn mit einem Brocken Butter
in einen Kastrol, laß den Zwiebel auf dem Feuer
anziehen, hernach thue den Salat hinein, thue ein
wenig Pfeffer und Salz, wie auch ein klein we=
nig Muscatnuß daran, und laß es auf einem stä=
ten Feuer dünsten, thue ein wenig feines Mehl
daran stäuben, füll ihn mit Jus auf, und laß es ein=
kochen, bis er recht lind ist, thue drey Eyerdotter in
ein kleines Geschirr ohne Weiß, rühre es ab mit
ein klein wenig kalter Bouillon oder Wasser; ist
es Zeit zur Tafel, thue dein Viertel auf die Schüs=
sel anrichten und warm stellen, hernach nimm die
wenige Sauce davon ohne Fette, und passire sie
an den gekochten Endivi, setz es auf das Feuer,
und laß kochen: wenn es nun kocht, so thue es vom
Feuer, und gieß die Eyerdotter daran, du mußt
es aber allezeit schwingen, damit es nicht zusam=
menlauft: wenn es angezogen hat, thue es unter
das Viertel anrichten, und giebs zur Tafel.

Un quartier de Mouton a l'angloise au Jus d'Echalottes.
Ein Schafviertel auf englisch mit Jus von Scharlotten.

Thue das Viertel richten zum braten, wie schon
gemeldet ist: aber du mußt wohl obacht haben,
daß es wohl im Saft bleibt, ehender weniger, als
zu viel gebraten, thue ein wenig Bouillon in die
Bratpfanne, thue es zum öftern begießen, schneide
etliche Scharlotten recht fein, thue sie in ein kleines
Kastrol mit ein wenig frischen Butter, laß es auf
dem Feuer ein wenig passiren: hernach, wenn es

Zeit zur Tafel ist, thue das Viertel auf die Schüssel richten, setz es warm, passire die Jus durch ein Sieb, thue die Fette alle davon, diese Jus gieß zu den Scharlotten in den Kastrol; ist sie nicht genug, so thue ein wenig andere dazu, laß sie auf dem Windofen aufsieden, thue den Saft von einer Lemoni daran, und gieß ihn hernach über das Viertel, und gieb es zur Tafel, das ist recht auf englisch, und ist auch gut. Du kannst auch die Schafsviertel zurichten auf die nämliche Manier, als wie wir schon gemeldet haben von den Kalbsvierteln.

Une selle d'agneau a la broche sauce au Verjus.

Ein halbes hinteres Lamm mit einer Sauce von Weintrauben.

Thue das Lämmlein schön dressiren, wie sichs gehört, zum braten, thue es anderthalb Stunden vor dem Anrichten zum Feuer, und brate es schön, begieß es auch zum öftern mit frischem Butter; wenn es Zeit ist zu serviren, thue den Lämmleinshasen auf deine Schüssel, und stell ihn warm, thue ein wenig Verjus und ein wenig Fleisch-Jus in einen Kastrol; Verjus ist der Saft von Trauben, welche noch nicht zeitig sind, da kannst du eines oder das andere nehmen; laß es aufsieden, und gieß es heißer über das Lamm, und servire es zur Tafel. Du kannst es auf die Manier machen, gleichwie die Schafviertel, auch mit Petersill spicken, und eine Sauce hachée dazu geben, auch kannst du die Schlegel mit Speck spicken, aber fein und schön, du kannst auch eine andere piquante Sauce dazu geben, das kommt auf den Gusto an.

Un Jambon a la broche au Vin de Champagne.

Einen geräucherten Schunken am Spieß gebraten mit einem Champagnerwein.

Nimm einen fetten und schönen Schunken, welcher aber nicht zu alt ist, lege ihn auf den Rost, und stell ihn auf eine Glut, daß er ein wenig heiß wird, du mußt ihn auf die Hand legen, hernach kannst du die Hand davon abziehen und sauber putzen, daß nichts Schwarzes und Geräuchertes daran bleibt, thue den Schunken hernach in ein langes Geschirr, schneide Bläteleinweis ein paar Zwiebel daran, etliche Scharlottenwurzeln, ein Lorberblat, Basilicum, Thymian, auch ein wenig Knoblauch, ein paar Nägelein, ein wenig Muscatblüth, und gieß daran eine ganze Bouteille Champagnerwein, deck es knapp zu, daß es nicht ausriechen kann, und laß stehen bis den andern Tag; 3 Stunden vor dem Anrichten stecke ihn an Spieß, und lege ihn zum Feuer, thue den Wein dazu mit sammt den Kräutern in die Bratpfanne, thue auch ein Stück frischen Butter zu dem Wein, begieße ihn damit, und das zum öftern, bis er den Wein alle geschlucket hat; ist es Zeit zu serviren, thue ein paar Löffel voll Coulis in einen Kastrol, thue den Saft von einer Lemoni dazu, laß auskochen, gieß es über den Schunken, und servire es zur Tafel, man kann auch eine Sauce von Hetschebetsch dazu geben.

Un Jambon falt a l'angloife bouilli au Raifort.

Einen frisch gesalzenen Schunken auf englisch mit Kreen.

Nimm einen großen, fetten und schönen schweinernen Schlegel, thue ihn richten wie das Pöckelfleisch, wovon wir schon gemeldet haben, dieser Schlegel darf aber nicht länger als 14 Tage in der Säure liegen, hernach thue ihn heraus, und setz ihn zum Feuer in einen Kessel, und laß ihn sieden, aber nicht gar zu lind, sondern daß er ein wenig körnig bleibt, laß einen Kreen schaben mit dem Messer; ist es Zeit zu serviren, thue diesen Schunken heraus auf die Schüssel, und garnire ihn mit diesem geschabenen Kreen, und gieb ihn zur Tafel, dieser ist auf englische Manier.

Un Jambon aux Choux frifés a l'angloife.

Einen Schunken auf englisch mit Kölch oder Würsing.

Du nimmst einen frischen Schlegel, und thust ihn machen, wie vorher schon gemeldet worden, aber anstatt dem Kreen thue einen schönen Würsing nehmen, nur den schönsten, thue ihn ein klein wenig in ein siedendes Wasser, und hernach in das kalte, thue ihn heraus drücken, richte ihn ein in einen Kastrol, thue Pfeffer und Salz daran, gieß eine fette Bouillon darauf, und laß ihn sieden, aber nicht gar zu lind, dann er muß schön ganz bleiben; ist es Zeit zu serviren, thue den Schlegel heraus auf die Schüssel, thue den Würsing herum

um garniren glatterding, mache eine Sauce dazu extra, nimm einen guten Brocken Butter in einen Kastrol, ein klein wenig Mehl, was du in zwey Finger halten kannst, thue etliche Tropfen frisches Wasser dazu, setz die Sauce auf den Windofen, thue sie allezeit rühren, bis sie wohl heiß ist, aber nicht kochen, hernach wird sie ganz dicklicht seyn, thue sie in eine Sauciere, und gieb sie zu diesem frischen Schunken mit Würsing: dieses ist auch eine Speise, welche die Engelländer gerne essen; mit Wurzeln kannst du auf die nämliche Manier geben, als nämlich: gelbe Ruben, weiße Ruben, Pastenat und Kohlrabi, mit glatter Bouillon gesotten, und mit dieser Sauce extra servirt, man thut auch nur von allen Sorten Gemüßer auf englisch im bloßen Wasser lind sieden, wie sichs gehört, ohne Salz und ohne anders, und macht eine Sauce von einem Stück Butter, welchen du in einen Kastrol thun mußt mit etlichen frischen Eyerdottern und einem Eßlöffel frischem Wasser: diese Sauce muß auf dem Feuer gerühret werden, bis sie dicklicht wird, hernach thue sie in eine Sauciere, und gieb sie extra zur Tafel, man giebt auch nur einen zergangenen frischen Butter in eine Sauciere.

Un Cochon de lait au four.

Eine große Span-Sau im Ofen auf italiänisch.

Es muß ein gutes und großes Spanferkel seyn, diese thue auslösen, hernach thue sie salzen und pfeffern, koche einen Reis in einer guten und starken

Bouillon mit einem guten Stück Schunken darein, der Reis muß aber nur halb gekocht und ganz trocken seyn, hernach setz ihn vom Feuer, bis er kalt wird, thue ein Stück Parmesankäs reiben, und thue es in den Reis, brate etliche Bratwürste in einer Pfanne, aber nicht gar trocken, schneide die Würste in kleine Stücke, und thue die Haut davon, thue sie auch in den Reis mit sammt dem Saft, den Schunken thue heraus, thue ihn fein schneiden, und thue ihn auch wiederum in den Reis, hernach rühre den Reis untereinander mit ein wenig Salz, nimm einen Kastrol nach Gutdünken der Größe von der Span-Sau, thue den Reis in die ausgelöste Span-Sau, thue die Haut in die Höhe, und wo es offen bleibt, auf den Boden, thue auf den Boden ein wenig gute Suppenfette, und die Span-Sau thue das erstemal mit ein wenig Provenceröl bestreichen, setz sie in den Bachofen, welcher heiß ist, doch nicht gar zu stark, zu Zeiten thue sie mit einem Stücklein Speck bestreichen, so wird sie eine Farbe bekommen, als wie am Spieß, und wird auch croquant werden, du mußt sie aber nicht eher in den Ofen thun, als eine Stunde vor dem Anrichten, nimm wohl in obacht, daß sie schöne Farbe bekommt; ist es Zeit zu serviren, gieß ein wenig Jus auf die Schüssel, lege das Spanferkel darauf, und giebs zur Tafel.

Un

Un Jambon de Sanglier Jauces aux Oignons.

Ein Schlegel von einem Wildschwein in einer Zwiebelsauce.

Nimm diesen Schlegel, thue ihn in ein Geschirr, welches nicht zu groß auch nicht zu klein ist, wenn es frisch oder eingesalzen ist: zu dem frischen thust du eine gute Hand voll Salz, wo du es zu den eingesalzenen nicht brauchest, hernach gieß daran eine alte Brás, Eßig, auch Zwiebel, Basilicum und Thymian, etwas Wurzel, etliche Lorberblätter, ein wenig ganz Gewürz und etliche Cronawethbeer, gieß etwas Wein und Wasser dazu, decke es zu, und setz es auf das Feuer, laß stät sieden, bis er lind ist, nach dem schneide Zwiebel viereckicht, klein oder filé eine gute Portion, setze ein Wasser auf das Feuer, thue sie, wenn das Wasser siedet, hin, laß sie einen Sud thun, hernach paßire sie, schütte ein frisches Wasser darauf, daß das Wasser wohl davon abläuft, thue sie in einen Kastrol mit ein wenig frischem Butter, und laß die Zwiebel schön gelb werden, hernach thue einen Küchenlöffel voll Mehl daran, thue sie mit Jus anfüllen, gieb auch ein wenig rothen Wein dazu, und laß sie kochen, thue sie schön abfaumen, damit die Sauce klar bleibt: wenn du aber keine Jus hast, kannst du auch eine Coulis nehmen, hast du aber keine Jus noch Coulis, und willst eine Sauce von Bouillon machen, so tractire deine Sauce von Mehl, wie schon gemeldet ist: wenn zur Tafel servirt wird, nimm den Schlegel aus dem Sud heraus, leg ihn auf ein sauberes Tischtuch, damit der Sud wohl davon lauft, hernach thue ihn auf die Schüssel, thue in die Sauce ein wenig fein geschnittene Cronawethbeer, ein wenig Bertramessig, wie auch den Saft von einer halben Lemoni, hernach richte die Sauce an über den Schlegel, und servire ihn zur Tafel.

Un Marcassin a la broche aux grattes cul.
Ein Wildschweins-Frischling am Spieß mit Hetschebetschsauce.

Nimm diesen Frischling, nachdem er sauber gefängt ist, thue ihn dressiren, als wie ein Spanserkel, stecke es an den Spieß, und thue es eine Stunde vor dem Anrichten zum Feuer: wenn es anfängt heiß zu werden, so thue von dem Zähmer wie auch von dem Schlegel die Haut herunter, hernach thue die Schlegel mit Zimmet und Nägelein spicken, thue es zum Feuer, und laß es schön braten; die Sauce dazu wird also gemacht: thue in einen Kastrol eine halbe Bouteille rothen Wein, mit einem Stücklein ganzen Zimmet, und setz ihn auf das Feuer, laß ihn kurz einsieden, thue dazu ein wenig braun-fein-geriebene Semmel, hernach wenn er kurz eingesotten hat, thue dazu eine Portion von eingemachtem Hetschebetschmarmolad, wie auch ein Stücklein Lemonischalen, rühre es wohl untereinander, und stelle sie auf die Seite, bis es Zeit ist zur Tafel zu serviren, alsdenn setz sie auf das Feuer, und laß sie aufkochen, thue den Zimmet und die Lemonischalen davon, und thue sie extra in einer Saucière serviren. Wenn du diese Sauce aber nicht geben willst, so kannst du auch

auch eine andere auf folgende Manier geben: schneide einen Zwiebel klein von der Hand, hernach thue ein wenig Butter in einen Kastrol und einen Löffel voll Mehl, mach es schön braun mit ein wenig Zucker, so groß, wie eine welsche Nuß, thue hernach die geschnittenen Zwiebel hinein, und laß es ein wenig darinn passiren, hernach füll es an mit ein wenig Jus oder Bouillon, es ist gleich, thue auch ein Glas rothen Wein dazu, und laß sie kochen, bis das Mehl wohl verkocht ist, hernach thue deine Sauce passiren, koste sie im Salz, ob es recht ist, thue ein wenig Essig dazu, wie auch den Saft von einer halben Lemoni, ein wenig fein geschnittene Cronawethbeer; ist es Zeit zu serviren, richte deine Sauce also warmer auf die Schüssel, und lege deinen gebratenen Frischling darauf, und servire es zur Tafel; man kann auch die Sauce extra in eine Saucière geben.

Une selle de Chevreuil a la broche sauces aux Cornichons.

Ein Rehrucken gebraten vor auszuwechseln mit einer Gurkensauce.

Nimm einen schönen großen Rucken, häute ihn ab, hernach spicke ihn sauber, thue ihn in ein langes Wändlein, thue Essig in einen Kastrol, thue auch dazu Thymian und Basilicum, ein wenig Bertram, Zwiebel, Scharlotten, ein wenig gelbe Ruben, Petersillwurzeln, Zelleri, Bori, auch Salz und Pfeffer, laß es hernach aufsieden, und schütte diesen Essig also siedender über den Zähmer, und dieses muß geschihen drey- und viermal, allezeit wenn es wiederum kalt worden ist, gießt man den Essig in einen Kastrol ab, läßt ihn aufsieden, und gießt ihn wiederum heißer über den Zähmer, dieses macht ihn recht mürb; dieser Zähmer muß eine Stunde vor dem Anrichten zum Feuer kommen, der Marinad davon kommt in die Bratpfanne, wie auch ein Stücklein frischen Butter dazu, damit mußt du den Zähmer zum öftern begießen, daß er im Saft bleibt. Die Sauce dazu kannst du also machen: Nimm ein halb Dutzend eingemachte Gurken, oder Umurken genannt, welche aber im Essig seyn müssen; schäle sie fein ab, schneide das Innere davon, schneide daraus filé, oder auch eine andere Façon, thue sie hernach in einen Kastrol mit einem Schnitzlein Schunken, wenn du einen hast, gieß so viel Coulis daran, als du Sauce vonnöthen hast, wie auch ein wenig Bertramessig, und laß sie denn aufkochen, versaume die Sauce, und stelle sie hernach auf die Seite, bis die Zeit kommt zu serviren, alsdenn laß sie wiederum aufkochen, thue den Schunken davon, und drücke den Saft von einer halben Lemoni dazu, und servire sie. Willst du aber diese Sauce nicht machen, so kannst du nach deinem Belieben folgende machen, welche auch gut ist: Nimm etliche Scharlotten, schneide sie länglicht in filé, hernach laß sie nur einen Sud blanchiren, gieß das Wasser davon, thue sie hernach in einen kleinen Kastrol, wie auch ein wenig feine Kapern, zwey Sardellen fein gehackt, und mit ein wenig frischem Butter gemischt, ein wenig in filé fein geschnittene Lemonischalen, thue auch den Saft

dazu

dazu von einer Lemoni, nimm hernach zwey Löffel voll Coulis dazu; setz es auf das Feuer, thue den Zähmer auf die Schüssel, und wenn die Sauce aufkocht, gieß sie darüber, und servire sie zur Tafel; diese Sauce kannst du auch von Mehl machen.

Une selle de faon de biche a la broche, sauces aux echalottes.

Ein Hirschkalb gebraten vor auszuwechseln.

Das Hirschkalb muß beysammenbleiben, die zwey Schlegel mit sammt dem Zähmer, wenn es klein ist, aus der Ursache heißen es die Franzosen einen Saldt; dieses Hirschkalb, nachdem es schön dressirt und gespickt ist, tractire auf die nämliche Art, als wie den Rehzähmer, wie wir schon gemeldet haben, die Sauce aber kannst du machen, gleichwie die vom Rehzähmer: anstatt der Scharlotten und Kapern nimm eingemachte Cucumern, schneide sie in feine filé, mache deine Sauce, gleichwie die andere mit Coulis oder Jus, auch glatt von Mehl, servire wie bey dem Rehzähmer, und gieb es zur Tafel.

Un faon de Chevreuil a la broche sauces aux Capres.

Ein Rehkütz gebraten vor auszuwechseln.

Dieses Rehkütz muß schön ganz dressirt werden, aber nicht gespickt, sondern nur mit Speck backtirt werden, man kann auch die Schlegel nur spicken, und der vorgemeldte Merinab muß nur einmal darüber

über gegoſſen werden, 3 Viertelſtund vor dem Anrichten muß es zum Feuer kommen, die Sauce dazu: ſchneide Kapern fein, mit 2 Sardellen, wie vorher ſchon gemeldet worden iſt, und mach die Sauce; alsdenn gieb es zur Tafel.

Une Croupière de Cerf a la ſaxonne.

Einen fetten Hirſchzähmer auf ſächſiſch.

Der Zähmer von dem Hirſchen muß der hintere Theil ſeyn, wo das Fette iſt: dieſen nimm, und binde ihn mit Spaget in eine Serviette ein, hernach thue ihn in einen Keſſel, thue daran alle Sorten Wurzeln, Zwiebel, Lorberblätter, Baſilicum, Thymian, eine Handvoll ganze Cronawethbeer, ganzen Pfeffer, Nägelein, Muscatblüth, haſt du eine alte Bräs, gieß ſie auch dazu, füll es hernach halben Theil an mit Eſſig, und das übrige mit Waſſer, thue eine Hand voll Salz dazu, und ſetz es zum Feuer, laß es ſtät ſieden, ſo lang bis du verſpürſt, daß der Zähmer recht lind iſt, hernach reib ein ſchönes Hausbrod, dieſes muß aber viel ſeyn, unter dieſes Brod mußt du nehmen ein wenig fein geſtoßenen Zimmet, eine Hand voll fein geſtoßenen Zucker, ein wenig fein geſchnittene Cronawethbeer, dieſes Brod mußt du hernach untereinander miſchen: wenn der Zähmer lind iſt, thue ihn aus dem Sud heraus, thue das Serviette davon, richte ihn auf eine Tortenpfanne, gieb wohl acht, daß du die Fette nicht hinweg reiſſeſt, hernach laß auf dem Feuer einen friſchen Butter zergehen, in dieſen rühre hinein 3 rohe Eyerdotter, mit

mit diesem Butter begieß den Zähmer, und thue darauf das geriebene Brod, bedecke damit den ganzen Zähmer, und drücke es mit der Hand gut bey, mache es auch schön gleich, das Brod darauf muß anderthalb Finger dick seyn, mit dem übrigen Butter oder mit einem andern mußt du den Zähmer nochmal begießen, aber ganz stät, damit das Brod nicht herunter fällt, auf den Boden thue ein wenig von dem nämlichen Sud, hernach setz ihn in einen heißen Bachofen, und laß ihn nach und nach eine schöne Farbe bekommen: die Saucen dazu müssen zweyerley seyn, eine süße und eine piquante, thue ein wenig Butter in einen Kastrol, schneid einen Zwiebel, aber nur von der Hand, setz ihn auf das Feuer, laß ihn ein wenig anziehen, hernach thue einen Löffel voll schönes Mehl daran, und laß es gelb werden, thue an das Mehl einen Schöpflöffel voll Jus oder Bouillon, es gilt gleich, auch ein wenig von dem nämlichen Sud, wo der Zähmer war, ein wenig Essig, laß sie hernach sieden, saume die Sauce wohl ab, hernach, wenn sie wohl verkocht hat, passire sie durch ein feines Sieb, thue sie hernach auf die Seite, bis es Zeit ist zu serviren, zu der andern Sauce thue auch einen frischen Butter in einen Kastrol, auch ein wenig Zucker, so groß, als eine welsche Nuß, setze sie auf das Feuer, thue einen Löffel voll Mehl hinein, und laß es wohl gelb werden, fülle sie hernach auf mit Jus oder Bouillon, thue auch daran ein Quärtlein rothen Wein, ein Stück ganzen Zimmet, laß die Sauce hernach wohl verkochen, nach diesem passire sie, und thue von einer halben

Lemo=

Lemoni den Saft dazu; ist es Zeit zur Tafel, richte deinen Zähmer auf die Schüssel, und die 2 Saucen gieb in die Saucière, und servire sie extra.

Une Croupiere de Cerf a l'Allemande.

Einen Hirschzähmer auf deutsch.

Schneide einen kleinen Finger dick Speck und Kräuter: nämlich Scharlotten, Petersillkraut, Thymian und Basilicum, schneide dieses alles fein zusammen, ein wenig Pfeffer, und mische es unter den Speck, durchspicke damit den Zähmer, thue ihn hernach in einen Kastrol mit etlichen Schnittlein Speck, und eine halbe Maaß rothen Wein, ein Lorberblat, etliche ganze Zwiebel, salze ihn auch, gieb dazu gelbe Ruben, Zelleri, Petersillwurzel, Pastenat, Bori, hernach decke ihn zu, setz ihn auf ein stätes Feuer, und laß ihn dünsten, bis er schön gelblicht wird, nachmals mache ein Mehl schön gelb, mit so viel Zucker, als eine welsche Nuß groß, thue dieses Mehl an den Zähmer, füll es hernach auf mit Jus oder Bouillon, und laß es stät kochen, bis der Zähmer lind ist, nach diesem thue ihn heraus, schöpfe die Fette von der Sauce wohl ab, und passire sie durch ein feines Sieb vor den Zähmer, und setz ihn warm, bis es Zeit ist zu serviren; hernach thue an die Sauce etliche ganze Cronawethbeer, wie auch ein wenig fein geschnittene Lemonischalen, den Saft von einer Lemoni, und richte ihn hernach zur Tafel mit sammt der Sauce.

Un Cuisse de Cerf a la braise.

Ein Schlegel vom Hirsch in der Bräs.

Diesen Schlegel kannst du richten auf die nämliche Manier, als wie den Zähmer, du kannst ihn auch sieden auf eben die Art, wie den vorhergehenden Zähmer, nicht anders, als daß er nicht in den Ofen kommt, und die Sauce gieß darüber; man kann auch eine Sauce von Kapern und Sardellen dazu geben.

Un Dindon a la broche a la Sauce.

Einen Indian am Spieß gebraten mit einer Sauce.

Nimm den Indian, schlage ihm die 2 Füße voneinander, hernach klemme die Füße zwischen eine Thür, und zieh ihn an, bis sie heruntergehen, so werden alle Flechsen von dem Schlegel herausgezogen, ohne das Stück zu lädiren, flammire ihn hernach sauber, putze ihn, und nimm ihn aus: nimm alsdenn die Leber davon auf ein Schneidbrett, thue dazu etwas Speck, Scharlotten, Petersill, Basilicum und Thymian, ein wenig Pfeffer und Salz, schneide dieses fein, hernach thue dazu 3 Eyerdotter, eine eingeweichte Schmollen von einer Semmel, den Saft von einer Lemoni, mische dieses alles untereinander, und faschire den Kropf von dem Indian damit; wenn es alsdenn schön dressirt ist, binde auf die Brust eine Speckbarte, stecke ihn an den Spieß, und streiche hernach ein Papier mit Butter, salze es, und verbinde den Indian damit, thue ihn hernach

nach zu dem Feuer, und laß ihn in seinem Saft schön braten und zum öftern begießen: zu der Sauce nimm Kastanien, oder Marroni genannt, siede sie aber in einer Pfanne schön gleich gebraten, schäle sie hernach sauber ab, und thue sie in einen Kastrol, nimm auch etliche Bratwürste, brate sie, hernach schneide sie in kleine Stücklein, in der Größe, als wie die Kastanien, thue sie auch dazu, du kannst auch etwas kleine Zwiebeln dazu nehmen, welche aber vorher wohl blanchirt seyn müssen, thue eine Coulis daran, oder auch eine Sauce von Mehl, wie schon gemeldet ist, so viel du Sauce vonnöthen hast, setze sie auf das Feuer, laß sie so lang stät kochen, bis die Kastanien lind sind; ist es hernach Zeit zu serviren, nimm den Indian von dem Spieß, thue alles davon, richte ihn auf die Schüssel sauber an, thue den Saft von einer Lemoni in die Sauce, koste sie im Salz, gieb sie über den Indian, und servire ihn zur Tafel.

Un Dindon a la broche a l'Italienne farci de Macaroni.

Einen Indian faschirt auf italiänische Manier.

Nimm den Indian, richte ihn, wie vorher gemeldet worden, hernach siede ein halb Pfund von den großen Macaroni im Wasser, und salze sie: wenn sie lind sind, gieß sie ab, nimm ein Stück gekochten Schunken, schneide ihn fein, thue ihn in einen Kastrol mit einem Stück Butter, passire ihn ein wenig auf dem Feuer, hernach thue die Macaroni hinein, rühre es untereinander, reib

ein

ein halb Pfund Parmesankäs, thue ihn auch dazu, mische es zusammen mit ein wenig Pfeffer, und faschire hernach den Indian damit im Kropf und in dem Leib, hernach bardire ihn mit Speck und Papier, wie schon vorher gemeldet, zum braten; wenn du ihn zur Tafel servirest, so thue anstatt der Sauce eine gute Jus darunter, so ist er gut zur Tafel zu serviren.

Un Dindon a l'Italienne d'une autre Maniere.

Einen Indian auf italiänisch auf eine andere Maniere

Nimm den Indian, richte ihn, wie schon vorher gemeldet worden, hernach nimm ein Pfund Maroni, siede und brate sie, putze sie sauber, thue sie hernach in einen Kastrol mit einem Stück frischen Butter, laß sie auf einem stäten Feuer dünsten, bis sie fast lind sind, ein halb Pfund Bratwürste, auch nicht gar zu sehr ausgebraten, schneide sie hernach in kleine Stücke, thue sie zu den Kastanien, salze und pfeffere sie, hernach faschire den Indian damit, richte ihn zum Braten, wie vorher gemeldet; ist es Zeit zu serviren, thue ihn auf die Schüssel, und anstatt der Sauce nichts darunter, als eine gute Jus.

Un Dindon a la broche a l'Angloise.

Einen Indian auf englisch.

Nimm einen Indian, und richte ihn zum Braten, wie schon gemeldet worden ist, aber ohne Fasch, oder deutsch zu sagen, Füll, und nichts anders als Salz und Pfeffer außen und innen; die Sauce dazu: Nimm Scharlotten, schneide sie länglicht in filé, auch einen Zwiebel auf die nämliche Manier, blanchire diese beyde zusammen im Wasser, hernach thue es in einen Kastrol, nimm auch etliche eingemachte Cucumern, und schneide sie auf die nämliche Manier, auch ein wenig gekochten Schunken oder geräucherte Zunge, ein wenig kleine Kapern, siebe 2 Eyer hart, nach diesem thue das Weiße davon, und schneide es auch auf die Manier fein, das Gelbe auch dazu klein geschnitten, schneide auch ein wenig Petersill fein, thue dieses alles zusammen in einen Kastrol, thue eine Coulis daran, so viel du Sauce vonnöthen hast, und laß es auskochen; ist es Zeit zu serviren, thue deinen Indian auf die Schüssel, in die Sauce thue den Saft von einer Lemoni, und gieß die Sauce darüber; servire ihn alsdenn zur Tafel.

Un Dindon a la broche sauce Capucine.

Ein Indian mit einer Kreensauce.

Nimm den Indian, und richte ihn zum Braten, wie vorher gemeldet worden, ohne faschirt zu werden; die Sauce dazu: nimm ein viertel Pfund Mandeln, und schäle sie ab, hernach thue sie in einen Mörser, thue dazu ein Stück Kreen, welcher sauber abgeputzt seyn muß, diesen schneide klein zu den Mandeln, stoße alles fein zusammen, schütte ein wenig süßen Rahm daran, damit sie nicht ölicht werden: wenn es recht fein gestoßen ist, thue es in einen Kastrol mit einem Stücklein frischen Butter, thue ein wenig feines Mehl dazu, gieß

gieß eine halbe Maaß süßen Rahm daran, rühre es auf dem Feuer ab, bis es anfängt zu kochen, hernach paſſire es durch ein Haartuch, thue es wieder in einen Kaſtrol, daß du es warm behältſt, bis es Zeit iſt zu ſerviren, thue ein wenig Pfeffer und Salz daran, thue die Sauce auf die Schüſſel, und ſervire den Indian mit der Sauce zur Tafel.

Un Dindon a la braiſe ſauca melée.
Einen Indian in der Bräs mit einer gemiſchten Sauce.

Dreſſire den Indian, wie ſchon gemeldet worden, mache eine weiße Bräs, als nämlich: nimm ein Geſchirr, wo der Indian hineingeht, thue Speck auf den Boden, lege den Indian darauf, die Bruſt in die Höhe, thue dazu einen ganzen Zwiebel, eine gelbe Rube, einen Zelleri, etliche Peterſillwurzeln, eine Paſtenatwurzel, ein Lorberblat, ein wenig Baſilicum und Thymian, von einer Lemoni das Mark Blätleinweis, die Kerne davon, und leg es auf die Bruſt, bedecke ſie hernach mit Speck, thue dazu ein Seidlein weißen Wein, wie auch etwas Bouillon, bedeck ihn hernach mit Papier und einem Deckel, ſtell ihn auf ein ſtätes Feuer, und laß ihn kochen, bis er lind wird. Die Sauce dazu: Nimm Kalbseuter, Bries, ſchneid es klein in ſchöne und gleiche Stücke, und thue es in einen Kaſtrol, wie auch etliche Bratwürſte gebraten und kleine Stücklein geſchnitten, nimm auch dazu etwas Maurachen und Champignons, wenn du ſie haſt, auch etwas friſche oder dürre Tartoffeln: wenn dieſes alles beyſammen iſt, thue die
Coulis

Coulis dazu, und laß es aufkochen; ist es Zeit zu serviren, thue den Indian auf die Schüssel ohne Fette, thue den Saft von einer Lemoni an die Sauce, und gieb sie hernach darüber, hernach servire sie zur Tafel.

Une hure de saumon sauces aux Capres hachées.

Ein Kopf von einem Rheinsalm mit einer Kapernsauce.

Nimm den Kopf, thue ihm die Floß heraus, und wasche ihn sauber, hernach binde ihn mit einem Bindfaden, damit er schön beysammen bleibt, nachdem thue ihn in ein Wändlein, thue dazu Zwiebel und Wurzeln, wie wir schon benennet haben, auch Lorberblätter, Basilicum und Thymian, etliche Nägelein und ganzen Pfeffer, und ein wenig Muscatblüth, salze ihn auch gut, und laß ihn stehen, bis eine Stunde vor dem Anrichten, hernach gieß daran Essig und Wasser, setz ihn zum Feuer, und laß ihn stät sieden, bis er fertig ist. Die Sauce dazu: Nimm etliche Scharlotten, schneide sie fein, thue sie hernach in einen Kastrol, und passire sie mit ein wenig Butter, hernach nimm 4 Sardellen, hacke sie fein ohne Gräten, und thue sie zu den Scharlotten, nimm etwas Kapern, schneide sie auch fein, und thue sie dazu, nimm eine Coulis dazu, und laß die Sauce aufkochen, nimm den Kopf heraus auf ein sauberes Tischtuch, damit der Sud gut abläuft, richte ihn an auf die Schüssel, schneide den Bindfaden davon, thue ein wenig Bertrameßig in die Sauce,

wie

wie auch den Saft von einer Lemoni, gieß die Sauce darüber, und servire es zur Tafel.

Un brochet au four.
Einen Hecht im Ofen.

Nachdem der Hecht sauber geputzt und ausgenommen ist, drücke ihn mit einem Tuch aus, hernach schneide feine Kräuter, Basilicum, Scharlotten, Thymian und Petersill, hernach salze den Hecht und pfeffere ihn ein wenig, und bestreiche ihn mit diesen feinen Kräutern von innen und außen, nach diesem nimm Sardellen, wasche sie sauber, thue sie in der Mitte voneinander, die Gräten davon, mit diesen halben Sardellen durchspicke den Hecht, alsdenn dressire den Hecht nach dem Form deiner Schüssel, lang oder rund, leg ihn hernach in eine verzinnte Tortenpfanne, nimm den Ueberrest von den Sardellen, hacke sie klein, und thue sie hernach in einen Kastrol, nimm ein Stücklein Butter dazu und einen guten Löffel voll Mehl, mische es untereinander, schneide dazu zwey Zwiebel in runde Blätlein, thue auch ein wenig Bertramessig dazu, oder einen andern, auch das Mark von einer Lemoni Blätleinweis geschnitten, die Kerne aber müssen davon, hernach gieb einen Löffel voll Jus dazu, setz sie auf das Feuer, und rühre sie wohl ab, daß es eine dicke Sauce wird, welche nicht dünn seyn darf, setze sie auf die Seite, bis sie kalt wird, hernach thue also kalter die Sauce über den Hecht, daß er überall damit bedeckt ist, dreyviertel Stunden vor dem Anrichten thue ihn in den Bachofen,

und

und laß ihn braten, bis er eine recht schöne Farbe hat; wenn es Zeit ist zu serviren, thue den Hecht auf die Schüssel, und nimm die übrige Sauce, was auf der Tortenpfanne bleibet, thue dazu ein wenig Coulis, ein wenig Jus oder Bouillon, passire sie durch ein Sieb in einen Kastrol, laß sie auf kochen, thue dazu den Saft von einer Lemoni, und gieb die Sauce unter den Hecht, und servire ihn zur Tafel.

Un Brochet a la broche.

Ein Hecht am Spieß gebraten.

Präparire den Hecht, wie vorher schon gemeldet worden, spicke ihn mit Sardellen, hernach thue ihn auf einer Schüssel in eine verzinnte Tortenpfanne, schneide dazu Zwiebel, das Mark von einer Lemoni, etliche Lorberblätter, gieß daran Provenceröl und ein wenig Bertrameßig, laß ihn hernach in diesem Marinad stehen 2 oder 3 Stunden, bis es Zeit ist zum Anrichten: eine Stunde aber zuvor stecke ihn an einen kleinen Spieß, binde ihn auf einen großen Spieß, versieh ihn mit Spagat, daß er nicht vom Spieß fallen kann, lege ihn zum Feuer, und thue den Marinad mit einem Stücklein Butter in die Bratpfanne, begieß ihn damit, bis er eine schöne Farbe bekommt. Die Sauce dazu: Mache eine Sauce hachée von Sardellen und Kapern, wie schon gemeldet worden, wohl piquant, dressire den Hecht auf die Schüssel, und gieb die Sauce darüber; servire ihn alsdenn zur Tafel.

Un

Un Brochet a la Polonise.
Einen Hecht auf pohlnisch.

Nimm den Hecht, dreßire ihn nach der Form deiner Schüssel, hernach thue ihn in ein Geschirr, thue viel Salz daran, auch Zwiebel, gelbe Ruben, Petersillwurzel, Pastenat, Zelleri, Bori, Lorberblätter, das Mark von einer Lemoni, Basilicum und Thymian, hernach laß ihn etliche Stunden stehen: wenn es Zeit ist zum serviren, eine Stunde vor der Tafel, gieß Essig daran, und frisches Wasser thue auch dazu, ein Stücklein Butter, setz ihn aufs Feuer, und laß ihn stät sieden. Die Sauce dazu: Nimm viel Petersillwurzel, den Kern heraus, schneide hernach die Wurzel in kleine filé, und blanchir sie ein wenig im Salzwasser, hernach thue die Wurzeln in einen Kastrol mit einem Stücklein Butter, und laß sie auf dem stäten Feuer dünsten, bis die Wurzeln fast lind sind, hernach thue den Hecht aus dem Sud, laß den Sud gut davon ablaufen, leg ihn hernach zu dieser Wurzel hinein, und laß ihn ein wenig mitdünsten; ist es Zeit zur Tafel zu serviren, so nimm den Hecht heraus auf die Schüssel, und thue zu den Wurzeln ein wenig grün blanchirten Petersill, legire die Sauce mit 3 Eyerdotter, thue dazu den Saft von einer Lemoni, und gieß sie über den Hecht; alsdenn servire ihn zur Tafel.

Un Brochet au Vin de Champagne.

Einen Hecht mit Champagner Wein.

Nimm den Hecht, und spicke ihn schön auf dem Rucken mit feinem Speck, nach diesem richte ihn in ein langes Geschirr oder Kastrol, schneide daran zwey Zwiebel, etliche Schartottenwurzeln, wie schon benennet ist, ein Lorberblat, ein wenig Basilicum und Thymian, salze ihn, gieß daran eine halbe Bouteille Champagnerwein, bedecke ihn mit Speckbarten, und thue ihn hernach in den Backofen, bis er gekocht ist, thue ihn nachmals aus dem Ofen, dressire ihn auf die Schüssel, und glasire ihn mit einer Glace, die Sauce von dem Hecht thue passiren, und die Fette wohl davon, hernach kannst du in einen Kastrol Tartoffeln, oder auch Champignons nehmen klein geschnitten, und mit ein wenig Provenceröl auf dem Feuer passiren, thue dazu ein wenig feines Mehl, und gieß die passirte Sauce von dem Hecht dazu, laß es stät kochen, damit du die Sauce sauber absaumest und das Oel davon nehmest; ist es Zeit zu serviren, legire die Sauce mit 3 Eyerdotter, drücke den Saft von einer Lemoni dazu, gieb die Sauce unter den Hecht, und servire ihn alsdenn zur Tafel.

Une grosse Carpe a la maitre d'hotel.

Einen Karpfen ganzer gebachen.

Nimm den Karpfen, nachdem er sauber geschuppt und ausgenommen ist, richte und siede ihn, als wie den Hecht auf pohlnisch oder blau gesot=

gesotten, hernach thue ihn aus dem Sud und laß
ihn kalt werden, nach diesem thue 2 ganze Eyer
und auch 2 Dotter zusammen, thue sie untereinander abschlagen, hernach nimm fein geriebene Sem-
melbrösel, mische ein wenig fein Mehl darunter,
thue den Karpfen mit den Eyern schön bestreichen,
und mit diesen Semmelbröseln bestreuen, nimm
ein Geschirr nach der Größe deines Karpfens, thue
Schmalz hinein, laß es heiß werden, und thue ihn
stät ausbachen, daß er eine schöne Farbe bekommt,
bache einen grünen Petersill dazu aus, thue den
Karpfen auf die Schüssel, garnire den Petersill
herum und servire ihn zur Tafel: du kannst extra
eine Sauce von Kapern in einer Saucière dazu
geben.

Une Carpe a la matelotte.

Einen Karpfen schwarz gesotten.

Du mußt haben einen Karpfen, einen Hecht, eine
Forelle, eine Schleyen, einen Aalfisch, etliche
Perschling, wenn diese Fische alle sauber abge-
schüppt und ausgenommen sind, schneide sie rund
in kleine Stücke, setze viel Wasser stark gesalzen
auf das Feuer und laß sieden, hernach thue alle
diese Stücklein Fisch hinein, und laß einen Sud
aufthun, nachdem thue sie wiederum heraus in
ein frisches Wasser, und nimm alle diese Stücklein
Fische, thue die Nebengraten sauber davon, richte
sie hernach in einen Kastrol, thue auch dazu Zwiebel, von allen Sorten Wurzeln, wie schon gemeldet worden, Basilicum, Thymian, ein Lorberblat, thue ihn salzen, auch ein wenig pfeffern,

gieß

gieß eine Bouteille Burgunder-Wein daran, laß sie hernach stehen; die Sauce dazu thue in einen Kastrol mit frischen Butter, mache ein paar Löffel voll Mehl schön braun mit so viel Zucker, als eine welsche Nuß groß, thue eine Jus darauf, wie auch ein wenig Essig, laß die Sauce aufkochen, hernach thue dazu ein Quártlein schweinernes Blut, oder auch von einem Geflügel das Blut, und laß es hernach kochen, bis es dick wird, nach diesem passire die Sauce durch ein Haartuch, und thue sie kalt an den Fisch, hernach kannst du 6 oder 8 große Krebse absieden und nach dem auslösen, als wenn du sie wolltest im Rahm machen, diese Krebse thue wiederum in den Sud, damit du sie warm erhaltest, thue auch 24 kleine Zwiebeln sauber putzen, und in einer Bräs schön weiß und lind sieden lassen, 3 viertel Stund vor dem Anrichten setze den Fisch auf einen starken Windofen, und laß ihn kochen, bis du siehest, daß die Sauce eingekocht ist, wie sie seyn soll, hernach nimm den Fisch Stückleinweis heraus, thue ihn schön auf die Schüssel rangiren, drücke in die Sauce den Saft von einer Lemoni, und passire hernach die Sauce durch ein Sieb an den Fisch, hernach nimm die Krebse warmer aus dem Sud, und lege sie auf den Fisch herum, die kleine Zwiebel nimm trocken heraus aus der Bräs, garnire den Fisch damit, und servirs ihn recht warmer zur Tafel.

Une Carpe a la Neubauer.

Einen Karpfen schwarz auf neubauerisch.

Nimm den Karpfen, wenn er geschüppt und ausgenommen ist, thue ihn in Stücke zerschneiden, rangire ihn in einen Kastrol, thue Salz darauf, wie auch etliche Zwiebel und Scharlottenwurzeln, Thymian und Basilicum, schütte Essig darüber, und laß ihn stehen, bis es Zeit ist zu serviren. Die Sauce dazu: Thue Butter in einen Kastrol, wie auch 2 Löffel voll Mehl mit so viel Zucker, als eine kleine Nuß, mache das Mehl schön gelb, hernach passire einen geschnittenen Zwiebel darein, füll es auf mit Jus oder guter Bouillon, thue dazu ein wenig Basilicum und Thymian, auch ein Seidlein rothen Wein, laß die Sauce aufkochen, hernach thue ein Quart schweinernes Blut dazu, nach diesem thue die Sauce zu Zeiten rühren, und laß sie so lang kochen, bis die Sauce dicklicht wird, hernach thue sie durch ein Haartuch passiren, und laß sie stehen, nimm 30 kleine Zwiebeln, thue sie schön weiß putzen und blanchiren, und lind sieden in Bouillon und Essig, thue auch Petersill Blätleinweis pflücken, blanchire ihn im Wasser, hernach thue ihn trocken aufbehalten, schneide Lemonischalen fein länglicht, und lege alles a parte; eine halbe Stunde vor dem Anrichten thue noch frisches Wasser an den Karpfen gießen, setz ihn auf das Feuer und laß gar sieden, hernach thue die Stücke heraus auf ein Tischtuch legen, damit sie trocken werden, thue sie hernach auf die Schüssel rangiren, und setz die Schüssel warm, mache die Sauce

Sauce warm, thue daran ein wenig Bertrameßig und den Saft von einer Lemoni, gieß die Sauce über den Karpfen, thue darauf die fein geschnittenen Lemonischalen, wie auch den blanchirten Petersill auf den Fisch Blätleinweis austheilen, hernach thue die kleinen Zwiebel auch trocken oben auf herum legen, und gieb ihn recht warmer zur Tafel. Wo ich ihn gemacht habe, ist er jederzeit für gut befunden worden.

Un d'Eturgeon aux Anchois.

Ein Stück Hausen mit Sardellen.

Nimm das Stück Fisch, durchspicke es mit Sardellen, hernach lege es in eine Schüssel, schneide daran Wurzeln, thue auch Kräuter dazu, wie auch eine Lemoni und ein paar Lorberblätter, Salz und Pfeffer, wie schon bey denen andern gebratenen Fischen ist gemeldet worden, gieß Provenceröl daran, und laß ihn stehen, bis eine Stunde vor dem Anrichten, hernach steck das Stück an den Spieß, und laß es schön braten; mit dem Oel und Kräutern, was dabey ist, mußt du den Fisch begießen, zu der Sauce nimm die übrigen Sardellen, thue sie klein hacken, mische ein wenig frischen Butter darunter, thue es hernach in einen Kastrol, und thue Coulis dazu, laß die Sauce auch kochen, drücke den Saft von einer Lemoni hinein, und gieß ein wenig Bertrameßig darauf, lege das gebratene Stück Fisch in die Schüssel, und gieb die Sauce darüber; alsdenn servire zur Tafel.

Une Truite saumonnée
Eine Lachsforelle mit Sauce.

Nimm die Forelle, nachdem sie ausgenommen ist, thue sie einrichten in Corbuillon, als wie den Karpfen zum sieden, auf die nämliche Manier. Die Sauce dazu: Nimm frische Triffel, schneide sie fein rund in einen Kastrol, thue dazu ein wenig Provenceröl, und nur einen kleinen Geruch von Knoblauch, der muß nur mit dem Messer sein zerrieben werden, passire es auf dem Feuer, auch nur ein wenig, hernach thue Coulis dazu und ein wenig Wein, laß die Sauce sieden, thue auch dazu ein paar Kalbsbries in kleine runde Stücklein geschnitten, ein paar Kalbseuter, Hühnerlebern, wenn du einige hast, Krebsschweife, laß alles dieses kochen: wenn deine Forelle gesotten ist, thue sie herauslegen auf ein Tischtuch, daß der Sud davon geht, lege sie hernach auf die Schüssel, thue von einer Lemoni den Saft in die Sauce drücken, und richte die Sauce über die Forellen, und servire sie zur Tafel. Wenn du diese Sauce nicht machen willst, kannst du auch Sauce hache dazu geben von Kapern, Sardellen, und Scharlotten, oder auch eine grüne Sauce von Senfblättern kalter, diese aber mußt du hernach extra geben; eine englische Sauce ist auch gut dazu, wie schon gemeldet worden.

Un Loutre.
Eine Fischotter zu richten.

Nimm die Fischotter, nachdem sie ausgezogen ist,

ist, und thue ihn schneiden in kleine Stücke wie du willst, hernach thue diese Stücke in ein Geschirr, thue daran Wurzeln und Kräuter, wie bey den Fischen schon gemeldet ist, wie auch Zwiebel und Scharlotten, Salz und Pfeffer, gieß Essig daran, und laß über Nacht liegen: wenn du sie zurecht machen willst, so nimm einen Kastrol, thue unten Speck auf den Boden, und thue die Otter hinein, wie auch alle Wurzeln und Kräuter, (den Essig aber nicht) auch ein Stücklein guten Schunken, wenn du einen hast, gieß daran eine halbe Bouteille Burgunder-Wein, hernach deck sie zu, und setz sie auf ein stätes Feuer, laß sie langsam dünsten, wenn schier keine Sauce mehr ist, mache einen Löffel voll Mehl gelb, und fülle es mit Jus an, laß es aufsieden, und schütte sie an die Fischotter, laß sie kochen, bis sie lind ist, hernach thue ihn Stückleinweis heraus in einen saubern Kastrol, thue die Fette von der Sauce sauber herunternehmen, und passire die Sauce durch ein Haarsieb an die Otter, setz sie warm, bis es Zeit ist zu serviren, drücke den Saft von einer Lemoni in die Sauce, und richte an zur Tafel.

Un paté de Begasses.

Eine Pastete von Waldschnepfen.

Nimm die Schnepfen, nachdem sie sauber flammirt und geputzt sind, thue sie ausnehmen, thue den Schnepfenkoth auf ein Schneidbrett, die Schnepfen thue dressiren, hernach schneide Schunken und Speck klein und länglicht, thue darunter feine Kräuter, wie wir schon gemeldet haben, Pfeffer und Salz,

Salz, thue die Schnepfen damit spicken, hernach lege ein paar Speckbarten auf den Boden in einen Kastrol, lege die Schnepfen hinein, thue sie salzen und pfeffern, thue ein Glas rothen Wein dazu, einen Zwiebel und ein Lorberblat, deck sie zu und setz sie auf ein stätes Feuer, und laß sie halb dünsten, hernach thue sie vom Feuer, und laß sie kalt werden: zu dem Schnepfenkoth nimm Speck, Scharlotten, Thymian, frische Triffel, Champignons, Pfeffer und Salz, auch ein wenig Petersill, und schneide alles fein; den Teig zu machen, nimm ein schönes Mehl auf ein Pfund, ein halb Pfund Butter, 5 Eyerdotter, einen sauren Rahm, mache den Teig mit an: willst du die Pastete dressiren, so muß der Teig fest seyn, willst du aber eine Schösselpastete machen, so darf er nicht so fest seyn, thue ein Blat auswalgen, und lege es auf die Tortenpfanne, hernach thue den Fasch darauf, nach diesem rangire die Schnepfen drauf, bedecke sie mit Speck, thue den Saft, der im Kastrol von den Schnepfen geblieben ist, auch dazu, und decke es mit einem andern Blat von Teig zu, mache hernach etwas Zierrathen darauf nach deinem Gutdünken, bestreiche sie mit Eyer, und laß sie anderthalb Stunden im Ofen bachen, daß sie eine schöne Farbe bekommt. Die Sauce dazu: Nimm ein wenig gute Coulis, setz sie auf das Feuer, bis sie kocht, hernach thue den Saft von einer Lemoni hinein; ist es Zeit zu serviren, schneide den Deckel auf, thue den Speck davon, und auch den Teig herum, welcher naß ist, thue die Sauce darüber gießen, so wird ein wenig Fette in die Höhe gehen, schöpfe sie mit einem kleinen Löffel ab, hernach schüttle ein wenig, und servire sie zur Tafel.

Un paté de Becaſſines.
Eine Paſtete von Moosſchnepfen.

Dieſe Paſtete machſt du auf die nämliche Art, wie ſchon gemeldet iſt, nicht weniger und nicht mehrer, nur nicht ſo lang darf ſie im Ofen bachen.

Un paté de Faiſand.
Eine Paſtete von Faſanen.

Nachdem die Faſanen flammirt und geputzt, auch ausgenommen ſind, ſo thue ſie mit kleinen Schunken und Speck ſpicken, und auf die nämliche Manier einrichten, als wie die Schnepfen, zum Faſch aber nimmſt du ein wenig Kalbfleiſch in einen Kaſtrol, wie auch einen Speck, feine Kräuter, Salz und Pfeffer, thue es auf dem Feuer paſſiren, bis das Fleiſch weiß wird, hernach thue es auf das Schneidbrett, thue die Leber von dem Faſanen roher dazu, ſchneide es fein, hernach mache die Paſtete, wie bey dem Schnepfen, und laß ſie auch ſo lang im Ofen ſtehen und bachen, mache auch die nämliche Sauce dazu, aber nimm friſche Tartoffeln oder Champignons zu der Sauce Blätleinweis geſchnitten, und ſervire ſie zur Tafel, ſie wird gut ſeyn, ſie iſt auch überall probabel befunden worden.

Un paté de Perdrix.

Eine Pastete von Rebhühnern.

Diese Pastete wird auf die nämliche Art, wie die Fasanenpastete gemacht.

Un paté de Perdrix rouges.

Eine Pastete von rothen Feldhühnern.

Diese Pastete wird wie die vorhergehende gemacht.

Un paté de Gelinottes.

Eine Pastete von Haselhühnern.

Diese Pastete wird auch gemacht auf die Façon wie die andern.

Un paté de Sarcelles.

Eine Pastete von kleinen Wildenten.

Diese wird gemacht, wie die schon oben gemeldte, nur im kochen muß sie etwas länger im Ofen stehen, weil die Enten etwas härter sind.

Un paté de Canards.

Eine Pastete von Wildenten.

Diese wird auch auf die Art gemacht, aber im Bachofen muß sie länger bachen, weil sie etwas stärker sind; du kannst allezeit die nämliche Sauce geben, wenn du die Tartoffeln hast, so nimm sie dazu.

Un paté de Vaneaux.
Eine Paſtete von Geiwitzen.
Wird auch auf die nämliche Manier gemacht, als wie die Wildenten.

Un paté de Coq de bruyere.
Eine Paſtete von Auerhahnen.

Un paté de poule de bruyere.
Eine Paſtete von einer Auerhenne.
Dieſe Paſteten werden auf die nämliche Manier gemacht, nur müſſen ſie 4 Stunden im Ofen bachen, weil ſie etwas hart und ſtark ſind, die nämliche Sauce wird auch dazu gemacht.

Un paté d'oie ſauvage.
Eine Paſtete von einer Wildgans.
Nachdem ſie ſauber flammirt, gepuzt und dreſſirt iſt, mußt du den Speck und Schunken etwas dicker ſchneiden und damit ſpicken, hernach thue ſie einen Tag vorher in heiſſem Eſſig beizen, mit Kräuter, Zwiebel und Lorberblätter, und dieſen 3mal heiß da-über gießen, nach dieſem mache ſie zurecht in einer Paſtete, als wie die andern vorhergemeldten, ſie muß aber 5 Stunden im Ofen bachen, die Sauce wird auf die nämliche Manier gemacht, und zur Tafel ſervirt.

Un paté de Cailles.
Eine Paſtete von Wachteln.
Dieſe Paſtete wird gemacht auf die nämliche Manier, als wie die Rebhühnerpaſtete.

Un

Un paté de Francolins.
Eine Pastete von Haselhühnern.
Wird auch auf die nämliche Art gemacht.

Un paté de Macreuses.
Eine Pastete von halber Art von Wild-
enten.
Diese Pastete wird auf die nämliche Manier gemacht, als wie die mit Wildenten.

Un paté de poules d'eau.
Eine Pastete von Wasserhühnern.
Diese, nachdem sie sauber geputzt und ausgenommen sind, schneide in Viertel, und thue sie einen Tag vorher in Essig, Kräuter, Pfeffer und Salz einmarginiren, hernach mache sie zurecht in die Pasteten, wie auch den Fasch, auf die nämliche Manier, wie vorher schon gemeldet ist, der Essig aber bleibt davon weg, und die Pastete darf nicht so lang im Ofen bleiben, es wird auch die nämliche Sauce dazu gemacht.

Un paté de Ramiers.
Eine Pastete von Wildtauben.
Diese muß gemacht werden, als wie die Pastete von der Wildgans, muß auch den Tag vorher in heissem Essig gebeizt, und alles dazu genommen und gemacht werden auf die nämliche Manier.

Uu

Un paté de Tourels.
Eine Paſtete von kleinen Turteltauben.
Wird gleichermaſſen ſo gemacht, als wie oben ſchon gemeldet worden.

Un paté de Grives.
Eine Paſtete von Droſſeln.
Dieſe wird gemacht auf die nämliche Manier, gleichwie die andern, aber einmarginirt iſt nicht nöthig, gleichwie die Wachtelpaſteten, dieſe Paſtete aber darf im Bachofen nicht länger bachen, als eine Stunde.

Un paté de Paon.
Eine Paſtete von Pfauen.
Wird auf die nämliche Manier gemacht, gleichwie die Paſtete von Faſanen.

Un paté de Lapins.
Eine Paſtete von Caninchen, oder wilden Künighaſen.
Nachdem ſie ausgezogen ſind, ſchneide ſie in ſchöne Stücke, und thue die Stücke mit Speck und Schunken und feinen Kräutern, wie man ſchon gemeldet hat, durchſpicken, thue hernach in einen Kaſtrol ein paar Speckbarten, lege dieſe Stücke dazu, wie auch ein paar Zwiebel, ein Lorberblat, ein Seidlein weißen Wein, thue es pfeffern und ſalzen, und ſetz es auf ein ſtätes Feuer, laß es einkochen, bis es ſchier keine Sauce mehr hat. Den Faſch

Fasch mache von Kalbfleisch mit etlichen rohen Lebern von Geflügel, der Teig wird gemacht, wie bey den andern Pasteten, die Sauce machst du auch auf die nämliche Manier, gleichwie bey den andern Pasteten.

Un paté de Levreauts.
Eine Pastete von jungen Hasen.

Wird auf die nämliche Manier gemacht, gleichwie die von Künighasen, aber im Kochen muß man sich in obacht nehmen, daß man sie nicht zu viel kochen, und auch, daß man sie nicht so lang im Ofen bachen läßt.

Un paté de Lievre.
Eine Pastete von alten Hasen.

Diese kannst du machen die filé auszulösen, oder auch in kleine Stücke schneiden, er muß aber einen Tag vorher gebeizt werden, und hernach wird er gespickt mit groben Speck, und auch vorher auf dem Feuer gedünstet, die Pastete wird gemacht auf die nämliche Manier, wie schon gemeldet worden die andern zu machen.

Un paté de Cerf.
Eine Pastete von einem Hirschen.

Nimm einen Schlegel von dem Hirsch, oder einen Zähmer, löse die Filé aus, thue sie abhäuteln, thue die Filé mit groben Speck, Schunken und seinen Kräutern gemischt, durchspicken, hernach laß es einen Tag vorher in Marinad beizen, nach diesem thue die Filé einrichten in einen Kastrol mit

Speck

Speck und ein Seidlein rothen Wein, Zwiebel, Lorberblat, Salz und Pfeffer, setz es auf das Feuer und laß es dünsten, bis es schier halb gekocht ist, den Fasch dazu mache auf die nämliche Manier, als wie schon gemeldet worden bey den andern Pasteten, nichts anders, als daß du anstatt dem Kalbfleisch von dem Hirschfleisch nehmest, und thust unter den Fasch ein wenig Kapern und 3 Sardellen. Die Sauce dazu: Nimm einen Butter in einen Kastrol, thue einen Löffel voll Mehl gelb machen, hernach thue ein wenig rothen Wein und Jus hinein, und laß die Sauce wohl verkochen, nachdem thue sie durch ein feines Sieb passiren; ist es Zeit zu serviren, thue ein wenig ganze Lemonischalen hinein, damit es einen Geschmack davon bekommt, drücke den Saft von einer Lemoni hinein, thue die Schalen davon, und gieb diese Sauce in deine Pastete.

Un paté de Chevreuil.

Eine Pastete von einem Reh.

Diese Pastete wird auf die nämliche Manier gemacht, als wie diese von Hirschfleisch.

Un paté de Daim.

Eine Pastete von Gemsen.

Wird auch auf die nämliche Manier gemacht, als wie die vom Reh.

Un

Un paté au fusée.

Eine Gateau von Hasen.

Nimm das Fleisch von 2 Hasen, diese wohl abgehäut, thue dieses auf ein Schneidbrett, nimm dazu Scharlotten, einen Zwiebel, Petersill, ein wenig Basilicum und Thymian, Pfeffer und Salz, schneide dieses alles zusammen recht fein, hernach schneide ein und ein halb Pfund Speck klein gewürfelt, thue ihn dazu, nimm eine halbe Bouteille rothen Wein, und thue ihn dazu, mische alles wohl zusammen, hernach mache dein Blatt zu der Pastete, oder auch thue sie dressiren, wie du willst, mache aus dem Fasch einen Balon, lang oder rund, wie du deiner Pastete den Form geben willst, thue diesen Balon in die Pastete, bedecke ihn oben mit Speck, und formire die Pastete, thue sie in den Ofen, und laß sie 4 Stunden bachen: die Sauce dazu mache, wie die schon gemeldet ist bey der Rehpastete; du kannst diesen Balon auch serviren ohne Teig: nimm einen Kastrol lang oder rund, wie deine Schüssel ist, bedecke das Kastrol rings herum mit Speck, thue hernach den Fasch oder Balon wohl zusammen gepreßt hinein, thue es 4 Stunden in den Ofen; wenn es Zeit ist zu serviren, thue den Gateau, (Hernachmals genannt) auf die Schüssel stürzen, thue den Speck davon, und gieb die Sauce darüber, wie schon gemeldet ist bey den Pasteten.

Un paté de Cerf en fusée en casserole.

Einen Gateau von Hirschfleisch im Ofen.

Dieser wird auf die nämliche Manier gemacht, als wie dieser von Hasen, wie auch die Sauce.

Une Timballe de Macaroni au fromage Parmesan.

Eine Pastete von Macaroni mit Parmesankäs.

Nimm ein Pfund große Macaronennudel wie einen Finger dick, und thue sie in vielem Wasser ein wenig Salz absieden, bis sie lind sind, hernach thue sie abgießen, daß das Wasser davon kommt, und nimm ein Stücklein gekochten Schunken, thue ihn recht fein schneiden, thue diesen geschnittenen Schunken hernach in einen Kastrol mit einem Stück frischen Butter, laß ihn auf dem Feuer ein wenig passiren, thue die Macaroni hinein und laß sie auch ein wenig anziehen auf dem Feuer, und rühre sie mit einem Löffel herum, gieß süßen oder sauren Rahm daran, und laß sie aufsieden, hernach thue sie vom Feuer, bis sie kalt werden; nimm einen Kastrol, thue ihn mit ein wenig frischen Butter bestreichen, den Teig machst du, wie bey den andern Pasteten, kannst ihn etwas mürber machen, nimm den Teig ganz wenig, thue ihn mit der Hand ganz fein auswirken, wie man pflegt die Regenwürmer auf bairisch zu machen, hernach fange in der Mitte von dem Kastrol an zu belegen in der Runde, bis der ganze Kastrol innen bedeckt ist,

ist, hernach thue ein dünnes Blat austreiben, thue das belegte ein wenig mit Eyern bestreichen, und thue das Blat hinein, hernach thue ein halb Pfund geriebenen Parmesankäs in die Macroni, ein wenig Pfeffer, ein wenig Salz, rühre es untereinander, thue sie hernach in den Kastrol, welchen du mit Teig beleget, bedecke es von dem Teig mit einem Deckel, thue es oben herum zwicken, mache in die Mitte ein kleines Löchlein, thue es auch oben bestreichen mit Eyern, und thue sie hernach anderthalb Stunden vor dem Anrichten in den Bachofen, und laß es schön stät ausbachen, damit sie eine recht schöne Farbe bekömmt; ist es Zeit zu serviren, nimm es aus dem Ofen, thue sie auf die Schüssel stürzen, und servire sie zur Tafel.

Une Timballe idem aux Coulis.

Eine Kastrolpastete von Macroni.

Die Macroni werden auf die nämliche Manier gemacht, gleichwie die mit Rahm, nichts anders, als anstatt den Rahm nimmst du eine gute klare Coulis, und mache den Timball, gleichwie diesen, von Rahm, thue ihn auch auf die nämliche Manier bachen, und zur Tafel serviren.

Une Timballe idem a la Romaine.

Eine Kastrolpastete auf romanisch.

Die Macroni werden gemacht auf die nämliche Manier, als wie schon gemeldet worden, aber mit süßen Rahm, und auch dazu etliche in kleine Stücklein geschnittene Kalbsbrüs, wie auch Kalbseuter, kleine Lammsbrüslein, Hühnerlebern, Tartuffeln

H und

und Mauerachen, dieses muß alles mit der Macroni einpaſſirt werden, und hernach mit geriebenen Parmeſankäs zurecht gemacht werden, als wie die andern; der Teig dazu iſt der nämliche, nur daß ein Zucker darunter kommt, und wird gemacht auf einer Tortenpfanne, gleichwie eine Paſtete; oben wird ſie beſtrichen mit Eyern, und mit Zucker beſtreuet, im Bachen aber muß man beobachten, daß ſie eine ſchöne Farbe bekommt.

Une Timballe idem a la Genoiſe.

Eine Kaſtrolpaſtete auf genueſiſch.

Anſtatt der Macroni mache einen Nudelteig, aber nur von Eyerdottern, hernach ſchneide daraus lange Bündlein einen kleinen Finger breit, und thue es auf die nämliche Manier richten, gleichwie die Macroni zu der Paſtete, als wie dieſe mit ſüſſem Rahm, auch auf dem nämlichen Form bachen und ſerviren.

Une Timballe idem a l'Allemande.

Eine Kaſtrolpaſtete auf deutſch.

Du machſt auch einen Nudelteig, und anſtatt der Macron ſchneide kleine Fleckiein, (welche klein vierecktigt ſeyn müſſen) daraus, und mache es auf die nämliche Manier, wie die vorher ſchon bemeldten Kaſtrolpaſteten, du kannſt auch anſtatt dem Schunken einen gerducherten Fiſch nehmen.

Flecks au fromage Parmeſan.

Eine Fleckleinpaſtete in Raiſ.

Die Flecklein thue richten, als wie ſchon vorher gemel-

gemeldet ist, auf die Schüssel, aber wo du serviren willst, mache einen Raif herum von harten gebrühten Teig, damit er hält, dieser muß seyn 3 Finger hoch, und schön gezwickt, und mit Eyern bestrichen, du mußt den Raif bey dem Feuer hart werden lassen, hernach thue die Flecklein hinein, das dem Raif gleich ist, streue oben darauf einen Parmesankäs, setze die Schüssel auf ein Blech in den Ofen, daß es eine schöne Farbe bekommt, und servire sie hernach zur Tafel.

Macaron a la même Maniere.
Macroni auf die nämliche Manier.

Die Macroni, die du machst zu der Kastrolpastete, kannst du auch auf die nämliche Art in die Schüssel machen mit dem Raif.

La Seigne a la même Maniere.
Große Fleck auf die nämliche Manier.

Man macht einen Nudelteig mit ganzen Eyern, und ein klein wenig süßen oder sauren Rahm dazu, hernach mache deine Nudelflecke daraus, so dünn ausgetrieben, als es seyn kann, hernach schneide mit dem Bachrädlein halbe Hand groß Flecke daraus, setz auf das Feuer, nimm viel Wasser zum absieden, richte einen geriebenen Parmesankäs, wie auch einen fein geschnittenen Schunken, hernach thu die Flecken in der Breite in das siedende Wasser, daß sie nicht zusammenbachen, laß sie etliche Waal aufkochen, und thue sie wiederum heraus in das frische Wasser, alsdenn lege sie trocken auf ein Sieb, daß das Wasser wohl davon geht, und nimm

nimm die Schüssel, wo der Raif darauf gemacht ist, streue ein wenig Parmesankäs, wie auch von dem fein geschnittenen Schunken hinein auf den Boden, und gieß etliche Eßlöffel voll sauren Rahm hinein, ein wenig Salz und Pfeffer, lege hernach eine Lege von dem Fleck darein, und auf die Fleck mache das nämliche, als wie du angefangen hast, und dieses allezeit so fort, bis der Raif voll ist, oben darauf ist das letzte der Parmesankäs und ein wenig frischer Butter, setz sie hernach auf ein Blech in den Ofen, daß es eine schöne Farbe bekommt, hernach sind sie fertig zum serviren.

La Saigne a la Napolitaine.
Große Fleck auf neapolitanisch.

Diese Flecke machst du auf die nämliche Manier, nicht anders, als anstatt dem sauren Rahm muß es eine gute und starke Jus von Rindfleisch seyn, und werden eingerichtet ohne Schunken, nichts anders, als Käs und Jus, auch ein wenig frischer Butter, und richte es auf die nämliche Manier ein, und setz sie in den Ofen, aber nicht zu heiß, sondern sie müssen nur dünsten durchaus, so sind sie fertig zu serviren.

Raviolles a la Genoise.
Raviollen auf genuesisch.

Mache einen Teig mit Mehl, ein ganzes Ey, ein klein wenig frischen Butter und ein wenig Salz, mache ihn an mit frischem Wasser, und arbeite ihn gut mit der Hand, der Teig muß ehender etwas lind als stark seyn, hernach wird er fein
aus-

ausgetrieben, so fein, als es möglich seyn kann, man kann ihn auch mit der Hand recht fein auszie= hen; zu der Fülle nimm Spinat oder Mangolt= kraut, es gilt gleich, dieses thue blanchiren und recht fein schneiden, hernach schneide einen Zwie= bel auch recht fein, thue ihn in einen Kastrol mit ein wenig frischen Butter, laß die Zwiebel auf dem Feuer passiren, thue den Spinat oder das Mangoltkraut auch dazu hinein, ein wenig Pfeffer, Salz, und ein wenig Muscatnuß, laß es alles auf einem stäten Feuer zusammendünsten, hernach thue es vom Feuer, und laß es kalt werden, thue dazu so viel Milchdopfen, als das Grüne ausmacht, wie auch eine Hand voll geriebenen Parmesankäs, etliche Eyerdotter, thue es gut untereinander rüh= ren, und mache hernach kleine Schnitt Karpfel davon, und thue sie hernach im Wasser absieden, und richte sie ein auf die Schüssel in den Raif, gleichwie die auf neapolitanisch, setz sie auf ein Blech, und laß sie im Ofen stät dünsten, gleich= wie die vorhergemeldten, so sind sie hernach auch fertig zu serviren.

Une Tourte de Poulets fricassées.

Eine Pastete von Butterteig mit Hühnern.

Nimm die Hühner, thue sie zerschneiden Glie= derweis, wie sichs gehört, hernach blanchire sie im Wasser, thue sie heraus und sieh nach, ob sie recht sauber gepützt sind, thue sie in einen Kastrol mit frischem Butter, und einen ganzen Zwiebel, setz auf das Feuer, und laß sie passiren, staube ein wenig feines Mehl daran, und fülle sie mit einem frischen Wasser auf, setze sie auf einen gähen Windofen, laß sie stark einkochen, hernach setz sie vom Feuer hinweg, thue die Hühner in einen andern saubern Kastrol, und passire die Sauce durch ein Sieb daran, laß sie hernach stehen, bis es Zeit ist zu serviren, thue 3 oder 4 frische Eyerdotter mit ei ... süßem Rahm in ein kleines Geschirr du... ..n Haarsieb passiren, schneide auch etwas Petersill recht fein; ist es Zeit zu serviren, setze die Hühner auf das Feuer, laß sie aufkochen, hernach thue den Petersill hinein, wie auch das Gelbe von den Eyern, thue es beständig rühren auf dem Feuer, daß sie nicht zusammenlaufen, kochen dürfen sie nicht, sondern sie müssen nur legirt seyn, thue sie vom Feuer, drücke den Saft von einer Lemoni hinein und salze sie, hernach schneide den Deckel heraus von der Pastete, thue das Papier heraus und den innern nassen Teig, und richte hernach die Hühner hinein, decke sie wiederum zu, und servire sie zur Tafel.

Une Tourte de Poulets au roux aux Citrons.
Eine Pastete mit Hühnern braun gemacht.

Die Pastete wird gemacht von dem nämlichen Teig und auf die nämliche Manier, wie vorher schon gemeldet worden, die Hühner, nachdem sie sauber flammirt und geputzt sind, schneide auch in Viertel oder Gliederweis, wie die Hühner zum fricassiren, thue sie blanchiren, hernach thue sie in einen Kastrol mit einem Stücklein frischen Butter, einen

einen ganzen Zwiebel, ein wenig Salz dazu, thue sie auf dem Feuer passiren, staube auch ein wenig feines Mehl daran, thue sie auffüllen mit Jus und laß sie gäh einkochen, thue auch dazu Tartuffeln, und dürre oder frische Maurachen, laß sie mitkochen, bis die Sauce kurz ist, wie sie seyn soll, setz sie auf die Seite, bis es Zeit ist zu serviren; hernach mache die Pastete auf, richte sie zurecht, wie schon gemeldet ist, laß die Hühner nochmal aufkochen, thue den Saft von einer Lemoni hinein, thue die Hühner in deine Pastete schön anrichten, und servire sie zur Tafel.

Une Tourte de Poulets melés.

Eine Pastete mit gemischten Hühnern.

Die Hühner werden Gliederweis geschnitten und blanchirt, wie schon gemeldet ist, thue sie auch in einen Kastrol mit frischem Butter und einem Zwiebel, thue auch dazu ein paar Kalbshyps in kleine Stücklein geschnitten, wie auch ein paar Kalbseuter, ein paar Ochsengaumen, ein wenig Tartuffeln, Maurachen, thue auch ein wenig Salz dazu, und thue sie auf dem Feuer passiren, staube ein wenig feines Mehl daran, oder auch eine Coulis: wenn du Coulis nimmst, so gieb eine Bouillon dazu, thust du sie aber mit Mehl einstauben, so müssen sie mit Jus angefüllt werden, drücke den Saft von einer Lemoni dazu, und thue sie serviren auf die nämliche Art, wie wir schon vorher explicirt haben, du kannst sie auch weiß einpassiren und mit Bouillon auffüllen, und auf die Letzte mit Eyerdottern gleichwie eine Fricassée legiren.

Une Tourte de Poulets de farcis.

Eine Pastete mit faschirten Hühnern.

Die Hühner müssen ganz leicht flammirt, und sauber gepuzt werden, hernach werden sie ausgelöst, nachmals faschire sie mit einem weißen Fasch, thue sie mit einem weißen Faden zunähen bey dem Rücken hinauf, und richte sie hernach in eine weiße Brás ein, und laß sie stát gehen, bis sie gar sind. Die Sauce dazu: Nimm ein wenig frischen Butter, einen ganzen Zwiebel, einen Löffel voll weißes Mehl dazu, thue es passiren auf dem Feuer und thue es mit Bouillon auffüllen, laß die Sauce wohl verkochen, hernach thue in die Sauce einen klein geschnittenen abblanchirten Spargel, etwas Krebsschweife, auch ein Kalbsbrús, laß es mit der Sauce kochen; wenn es Zeit ist zu serviren, thue die Hühner aus der Brás heraus, daß die Fette wohl davon kömmt, hernach richte die Hühner in die Pastete hinein, und gieb die Sauce darüber, und servire sie zur Tafel.

Un Tourte de Godiveaux.

Eine Pastete von Kalbsfasch.

Der Kalbsfasch wird gemacht, wie schon gemeldet worden, aus dem Fasch kannst du runde oder lange Kuddel machen, thue sie hernach in der Bouillon absieden, und thue sie trocken in einen Kastrol, gieb gute Coulis daran, laß sie aufkochen, und thue den Saft von einer Lemoni dazu, richte sie in die Pastete hinein, und servire es zur Tafel.

Une Tourte aux quenelles a la Crême.
Eine Pastete mit weißen Fasch.

Der Fasch wird gemacht von Geflügel, wie ich ihn schon erkläret habe, hernach mache runde oder lange Knödel daraus, thue sie in der Bouillon absieden, thue sie trockner in einen Kastrol, thue ein wenig Bechamelle dazu, passire sie auf dem Feuer, daß sie recht heiß werden, und zugleich salze sie, thue sie hernach in die Pastete anrichten, und gieb sie zur Tafel.

Une Tourte de Langues de Veaux emincées.
Eine Butterpastete von Kalbszungen.

Nimm die Zungen, thue sie sauber putzen, nachdem richte sie in eine Bräs ein, und laß sie lind werden, wenn sie lind sind, thue sie heraus, und schneide sie in feine Filé, thue sie hernach in einen Kastrol, thue dazu ein wenig feine Kapern mit Coulis und Sardellen, laß sie aufkochen, thue auch den Saft von einer Lemoni dazu, und richte sie hernach in die Pastete hinein, und servire sie zur Tafel.

Une Tourte de ris de Veau.
Eine Pastete von Kalbsbrüs.

Thue die Kalbsbrüs blanchiren und putzen, hernach schneide sie in kleine Stücke, thue sie in einen Kastrol, nimm auch dazu einen linden Ochsengaumen, klein geschnitten, etwas Tartuffeln, Maurachen, thue dazu ein wenig frischen Butter, und

einen

einen ganzen Zwiebel, Salz und ein wenig Pfeffer, laß es paſſiren auf dem Feuer, nimm dazu Coulis, oder ſtaube auch ein Mehl daran, und fülle ſie mit Jus auf: auch wenn du ſie willſt weiß machen, thue ſie mit guter Bouillon auffüllen, hernach legiren mit Eyerdotter, auf die Letzte, wenn du ſie ſerviren willſt, mit ein wenig fein geſchnittenen Peterſill, darein drücke den Saft von einer Lemoni, und richte ſie in deine Paſtete hinein.

Une Tourte de Grasdouble.

Eine Paſtete von Kuttelflecken.

Du mußt gute und ſchöne weiße Kuttelflecke nehmen, und dieſe ſauber putzen und blanchiren im Waſſer, hernach thue ſie in eine gebrauchte Bräs, und laß ſie kochen, bis ſie recht lind werden, nachdem thue ſie heraus, und ſchneide ſie fein länglicht, wie Nudel, doch aber nicht gar zu fein, mache eine Sauce, nimm friſchen Butter in einen Kaſtrol, thue dazu einen Zwiebel fein geſchnitten, laß den Zwiebel auf dem Feuer paſſiren, thue dazu einen Löffel voll weißes Mehl, laß es auch ein wenig anziehen auf dem Feuer, füll es hernach mit guter Bouillon auf, laß die Sauce aufkochen, thue hernach die Kuttelfleck hinein, und laß ſie kurz kochen, ſetz ſie vom Feuer, bis es Zeit iſt zur Tafel, ſo laß es aufkochen, thue daran fein geſchnitttenen Peterſill, und thue ſie mit 3 Eyerdottern legiren, drücke auch dazu den Saft von einer Lemoni, und richte ſie in die Paſtete hinein, und ſervire ſie zur Tafel.

Une Tourte a la Flamande.
Eine Pastete auf flamándisch.

Nimm Lämmerbrüstlein, thue sie blanchiren, hernach thue sie in kleine und schöne Stücklein zerschneiden, thue sie in einen Kastrol mit frischem Buter und einem ganzen Zwiebel, setz es auf das Feuer, laß es paßiren, thue daran ein wenig feines Mehl, wie auch eine gute Bouillon, laß es aufkochen, nimm hernach Petersillwurzeln in kleine Filé geschnitten, ein wenig im Wasser blanchirt, und thue sie hernach auch in das Fleisch, und laß miteinander gar kochen, thue dazu ein wenig Muscatnuß, koste, obs im Salz recht ist, die Sauce muß weiß seyn, wie auch das Fleisch, hernach richte es in die Pastete hinein, und servire sie zur Tafel, du kannst auch dieses Ragout zu changiren, schön lichtgelb machen, auf die nämliche Art mit Jus, und in einer Butterpastete serviren.

Un Tourte d'Ecrevisses.
Eine Pastete von Krebsen.

Nimm Krebse, thue sie auslösen, thue die Schweife davon a parte, mache einen Krebsbutter, nimm hernach diesen Butter, wenn er kalt ist, und thue einen Löffel voll weißes Mehl daran rühren, thue eine gute Bouillon darein gießen, setz sie auf das Feuer, thue die Sauce rühren, bis sie aufsiedet, nimm dazu etliche Kalbsbrüs und Kalbseuter, wie auch ein paar Ochsengaumen, Hühnerlebern und die Krebschweife, laß es gar kochen; ist es Zeit zu serviren, laß es aufkochen, drücke den Saft

Saft von einer Lemoni hinein, richte es in die Pastete hinein, und servire sie zur Tafel, du kannst es auch von jungen Hühnern auf die nämliche Art machen.

Une Tourte a l'Angloise.
Eine Pastete auf englisch.

Nimm Kalbscarmenat, thue sie schön gleich machen, thue sie hernach auf eine Schüssel, thue dazu Pfeffer und Salz, feine Kräuter fein geschnitten, nämlich Scharlotten, Petersill, Basilicum, Thymian, ein paar Lorberblätter, gieß daran Provenceröl, und laß es etliche Stunden marginiren, hernach thue sie auf dem Rost abbraten, aber nur in ihrem Saft, doch schön gelb auf gäher Glut, thue sie hernach in einen Kastrol, gieb daran einen Löffel voll Coulis, so viel du Sauce vonnöthen hast, oder auch staube ein feines Mehl daran, nur ein wenig, und füll es mit Jus an, und laß es aufsieden; ist es Zeit zu serviren, thue den Saft von einer Lemoni dazu, wie auch ein wenig Bertramsessig, aber sie dürfen nicht lang kochen, sonsten werden sie sper, richte sie in die Pastete an, und gieb sie zur Tafel.

LES TERRINES.
In die Töpfe.

Dieses will sagen, wenn man große Tafel hat, und bey dem Silberservice Terrines, oder auf deutsch, Töpfe, sind; was man darinnen serviren soll,

soll; wo jetzt bey einem Silberservice stark die Töpfe servirt werden, wenn aber keine Töpfe im Service sind, so können ein und andere von diesen Speisen in die Seitenschüsseln servirt werden.

Une d'Epinardes a l'Italienne.
Einen Spinat auf italiänisch.

Nimm den Spinat, nachdem er sauber geputzt und gewaschen ist, thue ihn in viel und siedendem Wasser mit Salz blanchiren, damit er grün bleibt, wenn er etliche Waal aufgethan hat, gieß ihn ab, und thue ein frisches Wasser darauf, drücke ihn wohl aus, durchschneide ihn mit dem Messer, schneide einen Zwiebel recht fein, thue ihn in einen Kastrol mit frischen Butter, laß ihn passiren auf dem Feuer, hernach thue den Spinat hinein, und thue dazu Pfeffer und Salz, ein wenig Muscatnuß, ein wenig fein geschnittenen Basilicum, setz ihn auf ein stätes Feuer, und laß ihn dünsten, schwing ihn zu Zeiten herum, thue daran ein klein wenig Mehl stauben, und gieß dazu eine gute Bouillon, setz ihn auf ein starkes Feuer und laß ihn gäh einkochen; ist es Zeit zu serviren, richte ihn in den Topf oder Schüssel, garnire ihn mit was für Fleisch du willst, oder auch mit Bratwürsten, und servire ihn in den Topf zur Tafel.

Une d'une autre maniere a l'Allemande.
Einen Spinat auf deutsche Manier.

Blanchire den Spinat, wie schon gemeldet ist, thue ein wenig feines Mehl in einem Kastrol gelb machen mit frischem Butter, wenn es gelb ist, thue
einen

einen Zwiebel und Scharlotten fein geschnitten darein paſſiren, gieß eine Bouillon daran und laß es aufkochen, thue daran Pfeffer und Salz, ein wenig Muſcatnuß, thue hernach den Spinat wohl ausgedruckt darein, und laß ihn auf einem ſtäten Feuer kochen, bis die Sauce kurz wird; iſt es Zeit zu ſerviren, richte den Spinat in den Topf oder Schüſſel, garnire ihn, mit was du willſt, und dein Guſto iſt, und ſervire ihn zur Tafel. Dieſen Spinat auf die Manier gekocht, darf man auf die erſte Tracht geben, und iſt kein Entremets, weil der zum Entremets auf eine andere Manier gekocht wird, und nicht auf Gemüßart, gleichwie auch die Brockeln.

Une d'Asperges avec de ris de Veau.
Spargel mit Kalbsbrüs.

Nimm den Spargel, thue ihn ſauber putzen, hernach ſchneide ihn Gliedlang, ſo weit er gut, grün und lind iſt, thue ihn hernach blanchiren in vielem ſiedenden Waſſer mit Salz, aber nicht zu viel, thue ihn friſchiren mit friſchem Waſſer, gieß das Waſſer davon, thue in einen Kaſtrol ein Stück friſchen Butter, fein geſchnittenen Peterſill, und einen ganzen Zwiebel, laß ihn zergehen auf dem Feuer, thue den Spargel hinein, wie auch Kalbsbrüs wohl blanchirt, und in kleine runde Stücke geſchnitten, auch etliche Kalbseuter dazu, paſſire es auf dem Feuer, ſtaube ein wenig feines Mehl daran, und füll es auf mit guter Bouillon, und laß es geſchwind einkochen, damit der Spargel grün bleibt, thue ein wenig Pfeffer und Salz das zu; ist es Zeit zu serviren, legire es mit etlichen Eyerdottern, und thue es in dem Topf zur Tafel serviren.

Une d'asperges d'une autre maniere.

Einen Spargel auf eine andere Manier.

Den Spargel thue schneiden und blanchiren, wie schon gemeldet worden, und auf die nämliche Manier richten, nur daß du mehr darunter mischest, als nämlich die Kalbsbrüs, Hühnerkämme und Krebsschweife, Maurachen und Champignons, richte es und koche es, wie vorher schon gemeldet worden, und servire es zur Tafel: du kannst auch den Spargel mischen mit gelben Ruben, wenn sie jung sind, es ist auch gut: die gelben Ruben müssen fein geschnitten und auch blanchirt werden, als wie der Spargel.

Une de Houblons avec de Cotelettes d'agneau.

Einen Hopfen mit Lammscarmenaten.

Thue den Hopfen sauber putzen in ein frisches Wasser mit Salz, damit er weiß bleibet, hernach thue ihn blanchiren in viel siedendem Wasser mit Salz, aber nicht zu lang sieden lassen, thue ihn abseigen, und thue ihn wiederum in ein wenig frisches Wasser mit Salz und Lemonisaft, oder auch anstatt der Lemoni ein wenig starken Weinessig, also bleibt er schön weiß, thue in einen Kastrol ein Stücklein frischen Butter, einen Löffel voll feines Mehl,

Mehl, thus untereinander rühren, thue auch dazu einen ganzen Zwiebel, gieß daran so viel gute Bouillon, als du glaubst zur Sauce nöthig zu haben und zu dem Hopfen zu brauchen, thue hernach die Sauce auf das Feuer, und rühre sie ab, so lang bis sie gut verkocht ist, hernach thue den Hopfen abgießen, daß kein Wasser dabey bleibt, thue ihn hernach in die Sauce, und laß ihn einmal aufkochen, und setz ihn auf die Seite, bis es Zeit ist, bald zu serviren, wo du hernach die Lammscarmenate einrichtest mit seinen Kräutern und Butter, und mit feinen Semmelbröseln baniren, oder auf gut deutsch, besäen; thue sie auf eine gleiche Glut setzen, und schön gelb grilliren lassen, hernach laß den Hopfen aufkochen, und ist es Zeit zu serviren, so thue daran ein wenig fein geschnittenen Petersill, ein wenig Muscatnuß, wie auch ein wenig Pfeffer, thue ihn kosten, ob er recht von Salz ist, legire ihn hernach mit etlichen Eyerdottern, und thue hinein den Saft von einer halben Lemoni, richte ihn hernach an in den Topf, lege die Carmenate darauf, und servire sie zur Tafel.

Une des houblons d'une autre maniere.

Einen Hopfen auf eine andere Manier.

Den Hopfen machst du auf die nämliche Manier, wie schon gemeldet worden, wie auch die Sauce, nichts anders, als daß du unter den Hopfen einen kleinen grünen Spargel mischest, welcher Gliedlang muß geschnitten seyn, und blanchire ihn, thue auch darunter kleine Lämmsbrüs, Hüh-
ner-

nerkämme, wenn du sie haſt, thue Peterſill Blätleinweis pflücken, und thue ihn wohl im Waſſer blanchiren, nachdem thue ihn in ein friſches, drücke ihn wohl aus, bis es Zeit iſt zu ſerviren, thue den blanchirten Peterſill hinein anſtatt den geſchnittenen, und legire ihn, gleichwie den andern Hopfen, alsdenn ſervire ihn zur Tafel ohne Lemoniſaft; er wird recht ſeyn.

Une de pourpier avec de filé de veau glacé.

Portulak mit Filé von Kalbfleiſch glaſirt.

Nachdem der Portulak ſauber gepußt und gewaſchen iſt, thue ihn in einen Kaſtrol mit friſchem Butter, einen ganzen Zwiebel, ein wenig Pfeffer und Salz, ſetz es auf das Feuer, und laß es paſſiren, ſtaube ein wenig feines Mehl daran, und gieß eine gute Bouillon darauf, und wenn du ein wenig rohen Schunken haſt, thue auch einen Schnitz dazu, das giebt einen beſſern Guſto, laß ſie wohl kochen, bis die Sauce kurz wird, hernach ſetz ihn auf die Seite, bis es Zeit iſt zu ſerviren. Die Filé von Kalbfleiſch: Nimm das innere Theil von einem Kalbsſchlegel, welches man ein Fricandeau nennet, dieſes thue zurecht machen, als wenn du ein Fricandeau machen wollteſt, ſchneide es in der Breite in der Mitte voneinander, thue hernach dieſe zwey Stücke ſauber ſpicken, gleichwie ein Fricandeau, leg es in ein friſches Waſſer, ſetz ein Waſſer auf das Feuer, und laß es ſieden, wenn es ſiedet, ſo thue dieſe 2 Stücke hinein und laß etliche Waal aufſieden, thue es hernach wiederum in ein

ein frisches Wasser, schneide die Filé daraus nach deinem Gusto, so groß du sie haben willst, richte sie ein in eine Brás, setz sie auf ein stätes Feuer, und laß sie ganz langsam lind werden: nachdem, wenn es Zeit ist zu serviren, thue die Filé heraus auf eine saubere Serviette, damit die Fette wohl davon kommt, setz die Glace auf eine kleine Glut, und thue die Filé hinein, laß sie schön glasiren und laß den Portulak aufkochen, legire ihn mit etlichen Eyerdottern, druck den Saft von einer Lemoni daran, richte es an in den Topf oder Schüssel, und lege die glasirten Filé von Kalbfleisch darauf, und servire es zur Tafel, sie wird vortrefflich seyn.

Une de Pourpier d'une autre maniere.
Eine von Portulak auf eine andere Manier.

Den Portulak richte auf die nämliche Manier, wie schon gemeldet ist, nichts anders, als daß du ihn, wenn er passirt ist, anstatt dem Mehl mit Coulis auffüllest und braun machest, es ist auf die Art auch gut, dieser darf nicht legirt werden: du kannst auch etwas anders dazu geben, nämlich was von Kalbfleisch grillirt ist, oder dergleichen etwas in einer Brás.

Une de fausser Cotelettes poitrine de Veau a l'oseille.
Carmenate von einer Kalbsbrust mit Sauerampfer.

Den Sauerampfer richte auf die nämliche Manier, wie den Portulak, hernach nimm eine Kalbsbrust,

bruſt, thue ſie zerſchneiden, zwey Ribbenweis zuſammen, leg es hernach in ein friſches Waſſer, und eines ſetz auf das Feuer und laß ſieden, hernach thue dieſes Kalbfleiſch hinein, und laß es ſieden, ſo lang, bis du glaubſt, daß es nicht mehr blutig iſt, thue es hernach in ein friſches Waſſer, und ſchneide es ſauber zu, laß eine Ribbe, und die andere zieh heraus, richt es ein in eine andere Bräs, als wie die Filé von Kalbfleiſch, und ſetz es auf ein ſtätes Feuer, und laß es lind kochen, ganz langſam, damit ſie weiß bleiben; iſt es Zeit zur Tafel zu ſerviren, thue ſie heraus auf ein ſauberes Serviette, daß die Fette wohl davon kommt, und thue ſie hernach glaſiren, gleichwie die Filé von Kalbfleiſch, den Sauerampfer thue legiren mit Eyerdottern, aber keinen Lemoniſaft dazu, weil der Sauerampfer ohnehin ſauer iſt, richte ihn an, und lege dieſe Cotelettes darauf, und ſervire es zur Tafel; es iſt eine gute Speiſe. Du kannſt den Sauerampfer auf eine andere Manier machen, gleichwie den Portulak, und mit etwas anders garniren.

Une de petits pois verds avec de l'agneau.
Grüne Erbſen mit Lämmerfleiſch.

Nimm die ausgelösten Erbſen, laß ſie in einem ſiedenden Waſſer und Salz einen Sud aufthun; hernach thue ſie in einen Kaſtrol mit einem Stücklein friſchen Butter, ſchneide daran einen Peterſill fein, mit ein wenig Baſilicum und Bonakraut, ein wenig Pfeffer und Salz, thue auch gleich dazu Lammsbrüſte, welche ſchon halb gekocht und in kleine Stücklein geschnitten seyn müssen, thue hernach alles zusammen auf dem Windofen passiren, staube ein wenig feines Mehl daran, und füll es mit guter Bouillon auf, und laß es gäh einkochen, so wird es miteinander lind und gut seyn; ist es Zeit zu serviren, koste es im Salz, und thue ein Messerspitz voll Zucker daran, dieses giebt den Erbsen einen guten Gusto, und sind alsdenn gut zur Tafel.

Une de haricots verds avec du Mouton.

Grüne Fisolen mit Schaffleisch.

Nachdem die Fisolen, oder auch grüne Bohnen genannt, geputzt sind, thue sie in der Länge durchschneiden, und hernach in 4 Theile theilen, setze ein Wasser auf den Windofen mit einer Hand voll Salz, und laß sieden, hernach thue die Fisolen hinein und laß sie etliche Sud thun, thue sie hernach in ein frisches Wasser, gieß sie wiederum ab, schneide einen Zwiebel, Petersill, Basilicum und Thymian, Bonakraut, alles zusammen recht fein, thue es in einen Kastrol mit einem Stück Butter und einem Schnitzlein Schunken, laß es passiren auf dem Feuer, thue die Fisolen hinein, Salz und Pfeffer daran, setz es auf ein stätes Feuer und laß dünsten, schwinge sie zu Zeiten herum, staube hernach ein wenig feines Mehl daran, und gieß eine gute Bouillon darauf, und laß gäh einkochen, so bleiben sie grün, und werden gut seyn, du kannst sie mit Schafcarmenat garniren, oder auch mit der Brust grillirt, oder gesotten, und in kleine

Stücke

Stücke geschnitten und damit garnirt, und zur Tafel servirt.

Une poitrine de Mouton aux Concombres blanc.

Eine Schafsbrust mit frischen Cucumern weiß gemacht.

Nimm die Cucumern, schäle sie, und schneide sie in 4 Viertel, thue das Innere davon, hernach thue ein Stück Butter in einen Kastrol mit einem fein geschnittenen Zwiebel, laß es ein wenig auf dem Feuer passiren, hernach schneide die Cucumern klein wie Flecklein in den Kastrol, thue dazu Pfeffer und Salz, ein wenig Schunken, wenn du einen hast, setz es auf ein stätes Feuer und laß dünsten, staube ein wenig feines Mehl daran, und füll es auf mit ein wenig guter Bouillon, und laß kochen, bis sie lind sind, die Brust aber zerschneide in kleine Stücke, und thue sie einrichten in eine Bräs: wenn sie recht lind ist, thue sie aus der Bräs, thue sie ein wenig pfeffern und salzen, und bestreue sie mit fein geriebenen Brod, und lege sie auf den Rost; ist es Zeit zur Tafel zu serviren, setze den Rost auf das Feuer von einer gleichen Glut, und laß schön grilliren, die Cucumern laß aufkochen, thue daran ein wenig fein geschnittenen Petersill, und legire sie mit etlichen Eyerdottern, drücke den Saft von einer Lemoni hinein, und richte es an in den Topf oder Schüssel, und thue hernach das Grilliasch sauber darauf legen, und servire es zur Tafel.

Une de Concombres d'une autre maniere.

Cucumern auf eine andere Manier.

Nimm die Cucumern, thue sie schälen und auss schneiden, wie ich schon gemeldet habe, hernach schneide sie rund wie einen Zwiebel, oder auch auf eine andere Manier, wie du willst, thue sie in ein Geschirr, gieß daran Essig, thue dazu Salz und Pfeffer, Zwiebel, ein Lorberblat, Basilicum, Thymian und ein paar Zweige Bertram, und laß sie stehen 2 oder 3 Stunden, hernach mache ein Schmalz heiß, und thue die Cucumern aus dem Essig in das Schmalz ohne Kräuter, ohne Mehl, und laß sie bachen, bis sie gelb werden, hernach thue sie heraus auf ein sauberes Tuch, oder Serviette, daß die Fette davon gehet, nachdem thue sie in einen Kastrol, und thue Coulis dazu, so viel du Sauce vonnöthen hast, oder du kannst auch ein wenig Mehl dazu stäuben und mit Jus auffüllen, und laß sie kochen, bis sie recht lind sind, und die Sauce kurz ist; ist es Zeit zu serviren, drücke den Saft von einer Lemoni hinein, und gieß ein wenig Bertramessig dazu, richte die Cucumern in den Topf, und mache das nämliche Grilliasch dazu, oder auch Schafcarmenad, auch etwas anders von Schaffleisch in einer Bräs, dieses ist das beste Fleisch mit Cucumern zu serviren.

Une de Laitus farcie.

Einen faschirten Laktuksalat.

Thue den Laktuk in vielem und siedenden Wasser blanchiren, aber nicht zu viel, drücke ihn aus und
faschi-

faschire ihn mit ordinari Kalbsfasch, thue ihn binden, daß er schon beysammen bleibt, richte ihn in eine Bräs, und laß ihn stät kochen, bis er lind ist, hernach thue ihn heraus auf eine Serviette, damit die Fette wohl davon kommt, richte ihn in den Topf oder Schüssel, kannst ihn auch mit Lammsfleisch garniren und ein wenig gute Jus darüber gießen, oder auch die nämliche Sauce von der Bräs, wenn die Fette alle sauber abgenommen ist, und thue es hernach zur Tafel serviren.

Une de Laitue d'ue autre maniere.

Laktuk auf eine andere Manier.

Nimm den Laktuk, thue ihn blanchiren in vielem Wasser und Salz, thue ihn hernach in ein frisches Wasser, thue ihn gut ausdrücken, und mit dem Messer ein wenig klein schneiden, die großen Torschen davon, nimm einen fein geschnittenen Zwiebel, thue ihn mit Butter passiren, hernach thue den Laktuk hinein, thue es salzen und pfeffern, auch schneide ein wenig Basilicum fein, und thue ihn auch dazu, laß auf einem stäten Feuer passiren und dünsten, thue es zu Zeiten umwenden, hernach thue ein wenig feines Mehl daran stauben, und gieß eine gute Bouillon darauf, und laß kochen, bis er lind und kurz eingekocht hat; wenn es Zeit ist zu serviren, gieß etliche Eßlöffel voll süßen Rahm daran, und legire ihn mit etlichen Eyerdottern, und richte ihn an für ein Gemüß, du kannst Lämmerbrüste oder Carmenate darauf grilliren; es ist gut dazu.

Une des Endives a la Chicorée.

Einen Endivisalat *a la Chicorée.*

Nimm den Endivi und richte ihn, gleichwie den Laktuk, aber etwas kleiner geschnitten und keinen Rahm dazu, sondern nur, wenn es Zeit ist zu serviren, legire die Eyerdotter allein, es ist gut dazu ein Schaffleisch im Kastrol gedämpfet, daß es wohl lind und mürb ist, weil es eine gute Speise ist.

Une de Carottes avec de Catelettes de Mouton.

Gelbe Ruben mit Schafscarmenaten.

Nachdem die gelbe Ruben sauber geputzt sind, schneide sie Gliedlang fein, als wie grobe Nudeln, thue sie im Wasser mit Salz ein wenig blanchiren, nach diesem nimm einen Zwiebel, Petersill, ein wenig Basilicum und Thymian, schneide alles dieses fein zusammen, thue sie hernach in einen Kastrol mit einem Stück frischen Butter, setz sie auf das Feuer und laß ein wenig passiren, thue die gelbe Ruben auch dazu, wie auch ein wenig Pfeffer und Salz, setz auf eine kleine Glut und laß dünsten, wende sie zu Zeiten herum, staube ein wenig feines Mehl daran, und gieß eine gute Bouillon darauf, und laß sie kochen, bis sie lind und kurz eingekocht sind, die Carmenate sind schon gemeldet, wie mans grilliren muß, allezeit mit feinen Kräutern, und etliche Stunden darinnen liegen lassen, sie werden schmackhafter und mürber; ist es Zeit zur Tafel zu serviren, grillire die Carmenate, und richte die gelbe

gelbe Ruben an, lege die Carminate darauf, so sind sie gut.

Une de Carottes avec de pies de mouton.
Gelbe Ruben mit Schafsfüßen.
Nachdem die gelbe Ruben sauber geputzt sind, thue sie Fingerglied lang, oder auf eine andere Manier schneiden, nur schön rund, damit eines wird wie das andere, hernach blanchire sie und richte sie ein, wie schon gemeldet ist, die Schaffüße müssen sauber flammirt und voneinander getheilt werden, wie die Kalbsfüße, wenn sie hernach schier lind gesotten sind in einer leichten Bras, damit sie weiß bleiben, und nachdem thue sie zu den gelben Ruben, und miteinander einpassirt und gekocht, wie die vorher gemeldeten, und wenn es Zeit ist zur Tafel, thue die Fette davon, und servire sie zur Tafel.

Une de Carottes ciselées.
Gelbe Ruben mit Schweinsfüßen und Ohren.
Die gelbe Ruben thue schneiden, wie sie sind, in der Rundung, aber nicht gar zu dick, blanchire sie und richte sie ein, wie schon vorher gemeldet ist, die Schweinsohren und Füße auch auf die nämliche Manier, und auch so kochen lassen, und servirt, auf diese Art sind sie auch gut. Du kannst es auch auf eine andere Manier schneiden, und mit Schaffleisch geben, welches auch gut ist, gleichwie auch von Schaffüßen; du kannst auch anstatt dem

Mehl in die Ruben zu paſſiren, eine Coulis darauf geben, die Kräuter aber ſind allezeit gut dabey, wenn ſie auf die Art einpaſſirt werden, und wenn du ein wenig Bohnenkraut nimmſt, iſt es auch gut.

Une de Cucuzzeli.
Wälſche Kürbis.

Dieſes iſt ein wälſches Gewächs, das man aber heutigs Tags in ein und andern Gärten in Deutſchland auch findet, als wie in Wien und Regensburg, welches ein gutes und ſehr geſundes Gemüß iſt: in Italien giebt man es den Kranken, um zu friſchiren; dieſes Gewächs ſieht einer großen Cucumer gleich, aber es iſt nicht ſo grün, und die Schale iſt etwas feiner: dieſe thut man mit dem Meſſer, gleichwie einen Rettig ſchaben, ſchneide ſie in 4 Theile, und das Innere thue hinweg, gleichwie bey den Cucumern, hernach ſchneide ſie in einen Kaſtrol in kleine Stücklein Gliedlang, thue dazu ein Stück Butter, Peterſill Blätleinweis, wie auch Baſilicum, ein wenig Thymian, Pfeffer und Salz, ſetz es hernach auf ein ſtätes Feuer, und laß dünſten, bis ſie Waſſer ziehen, hernach ſetz ſie auf ein gähes Feuer und laß ſie einkochen, wenn ſie kurz iſt, gieß eine recht gute und ſtarke Bouillon daran, und ſchlage etliche ganze Eyer in ein Geſchirr ab, thue dazu etwas geriebenen Parmeſankäs, ſchlag es untereinander, und gieß es an die Cucuzzeli oder Kürbiſſe, und thue es ein wenig ſchütteln und aufkochen laſſen; iſt es Zeit zu ſerviren, richte es an, aber zerrühre es nicht viel, und garnire es mit gekochten welſchen Würſten oder Schunken, oder

auch

auch mit halb geräuchertem Schweinefleisch, und servire es zur Tafel, es ist eine recht gute grüne Speise, es kann auch gegeben werden mit Lammsfleisch.

Une de Cucuzzeli a la Milanoise.
Cucuzzeli auf mayländisch.

Thue die Cucuzzeli fein schaben, und thue sie hernach in der Rundung schneiden, gleichwie man die frischen Cucumern zum Salat schneidet, hernach thue sie ein wenig einsalzen und pfeffern, nach diesem thue sie einmehlen, und im Schmalz schön gelb ausbachen, hernach thue den Parmesankäs reiben, nimm den Topf oder Schüssel, wo du es einrichten willst, thue eine Lege von den gebachenen Kürbissen oder Cucuzzeli genannt, auf den Boden, hernach streue einen geriebenen Käs darauf, alsdenn wiederum eine Lege Cucuzzeli und Käs, und das so lang gemacht, bis du genug in deiner Schüssel hast, hernach gieß eine gute Jus darüber, und setz es auf die Glut und laß dünsten, in die Höhe kannst du mit guten Bratwürsten garniren, und zur Tafel serviren.

Un de Cucuzzo longo a l'Italienne.
Brügelkürbis auf italiänisch.

Dieses ist ein Gewächs, welches den Cucuzzeli am Geschmack fast gleichet, aber sie sind viel länger, es giebt einige, die eine halbe Elle lang sind, und auch noch länger, diese werden nicht geschält, gleichwohl daß sie etwas härter sind, sondern man thut sie schaben als wie die gelben Ruben, schneidet sie aber in der Länge in 4 Theile, und das Innere ausgeschnitten, gleichwie bey den Cucuzzeli, und hernach thut man sie kochen auf oben beschriebene 2 Manieren; aber noch auf eine andere Manier kann man es machen, nämlich: thue in einen Suppenkastrol ein Stück Rindfleisch, ein Stück Schaffleisch, einen Kaibsknochen, setze es zum Feuer, um eine gute Bouillon zu machen, thue auch hinein ein Stück Schunken, wie auch ein Stück wälsche Wurst, laß alles zusammen sieden, thue in einen Mörser ein Stück Speck, thue dazu Basilicum und ein wenig Thymian, und einen Scharlotten, stoß dieses alles fein zusammen, nachdem thue diesen Speck auch in die Bouillon hinein, und laß mitsieden: wenn alles wohl und lind gekocht ist, thue diese Bouillon durch ein Haarsieb passiren, und thue diese Bouillon wiederum in einen Kessel oder irdenes Geschirr, laß wiederum sieden, den Brügelkürbis schneide in kleine Stücke, aber nicht so klein, als wie Cucuzzeli, thue sie hernach also roher in diese Bouillon, wie auch ein Stücklein ganzen Parmesankäs, auch etwas Petersill klein gepflückt, ein wenig Pfeffer und Salz, laß sieden, bis sie lind sind; ist es Zeit zur Tafel zu serviren, schneide die Würste in kleine Stücklein, thue sie mit dem Brügelkürbis anrichten, wie auch mit dem Schunken, der in der Bouillon gesotten hat.

Une de choux de raves a la bourgeoise.

Kohlrabi auf bürgerlich.

Nimm die Kohlrabi, nachdem sie geputzt sind, thue sie dünn in der Rundung schneiden, das Grüne auch

auch dazu, setze ein Wasser auf das Feuer, laß es
sieden mit Salz, thue die Kohlrabi hinein, und laß
nur 2 Waal aufkochen, hernach gieß sie ab, und
gieß frisch Wasser daran, thue sie trocken abgießen,
thue in einen Kastrol Butter oder gute Fetten,
mache ein kleines Löffelein Mehl gelb: wenn es gelb
ist, thue einen fein geschnittenen Zwiebel hinein
passiren, fülle sie an mit guter Bouillon, daß sie
über die Kohlrabi gehet, thue dazu fein geschnittenes
nen Basilicum, Pfeffer und Salz, setz es auf ein
states Feuer, wenn du sie grün haben willst, und
laß gäh einkochen, so sind die Kohlrabi lind, und
bleiben grün; willst du sie aber auf solche Art nicht
haben, so setz sie auf ein states Feuer, und laß
einkochen, vom Fleisch kannst du dazu geben nach
deinem Belieben: das halbgeselchte Schweinfleisch
ist aber allezeit das beste bey allen Gemüsern, weil
es einen guten Gusto giebt; und weil die Gemüser
wässericht sind, so muß man trachten, etwas Kräf=
tiges und Starkes dazu zu thun, so werden die
Gemüser allezeit gut seyn.

*Une de Choux de raves a la bourgeoise d'une
autre maniere.*

Kohlrabi auf bürgerlich ohne Grünes.

Nimm die Kohlrabi, nachdem sie geputzt sind,
und schneide sie in Viertel, thue sie im Wasser blan=
chiren, nachdem thue eine Fette oder Butter in
einen Kastrol, laß es heiß werden, thu die Kohl=
rabi hinein, thue einen ganzen Zwiebel dazu, Salz
und Pfeffer, auch ein Stücklein halb geselchtes
schwei=

schweinernes Fleisch, setz es auf ein stätes Feuer, und laß es dünsten, wende zum öftern um, wenn sie sehr kurz werden, thue eine Bouillon daran gießen, und laß sie nach und nach gelb werden: nach diesem thue ein wenig Mehl gelb machen, thue es dazu mit einer Bouillon und ein wenig Basilicum ganzer, laß sie lind kochen, thue hernach den Basilicum und Zwiebel davon, und servire sie zur Tafel.

Une d'une autre maniere.
Kohlrabi auf eine andere Manier.

Nimm die Kohlrabi, nachdem sie abgeschält sind, thue sie schön rund schneiden mit dem Messer, schneide oben den Deckel weg mit sammt dem Grünen, das Herz, was in der Mitte bleibt, daraus formire einen Deckel, den Apfel davon thue schön aushöhlern in der Runde, außen herum kannst du ihn mit einem kleinen Messer etwas ausschneiden nach deinem Belieben, hernach thue die Kohlrabi mit sammt den Deckeln in einem siedenden Wasser blanchiren, thue sie wiederum in ein frisches Wasser, thue die ausgeschnittenen Kohlrabi in eine weiße Bräs, laß sie auf einem stäten Feuer kochen, bis sie lind sind: wenn es bald Zeit ist zu serviren, thue die Deckel davon auch in die Bräs, laß sie nur ein wenig kochen, damit sie schön grün bleiben, sie dürfen nicht gekocht oder lind seyn, weil sie nur dienen, die Speisen schöner zu garniren: mache ein Salpicau von Brüs und Kalbseutern, ein wenig Schunken, Champignon, passire alles dieses zusammen in einen Kastrol mit ein wenig frischer
Butter,

Butter, feine Kräuter, streue ein wenig feines Mehl daran, gieb eine gute Bouillon darauf, so viel es vonnöthen hat, laß es wohl verkochen; hernach wenn es Zeit ist zu serviren, thue die Kohlrabi heraus auf eine Serviette oder Tischtuch, daß die Fette davon kömmt, legire das Salpicau mit Eyerdottern, drücke ein wenig Lemonisaft hinein, und fülle die Kohlrabi damit an, decke die Deckel von den Kohlrabi darauf, gieb darunter eine recht starke und gute Jus mit ein wenig abblanchirten grünen Petersill, dieses ist eine gute und schöne grüne Speise; du kannst auch eine Coulis-Sauce darunter geben.

Une d'une autre maniere.

Kohlrabi auf eine andere Manier.

Nimm die Kohlrabi, nachdem sie geschält sind, thue sie schön rund schneiden ohne Deckel, schneide etwas daraus was dir gefällt, richte sie ein in eine Bräs, wie wir schon gemeldet haben, laß sie schön lind und weiß kochen, nimm dazu ein halb gesalchtes schweinernes Fleisch; wenn alles lind, und auch Zeit zu serviren ist, thue die Kohlrabi heraus, daß die Fette davon kömmt, rangire sie in den Topf oder Schüssel, wie auch zerschneide das Schweinerne, und garnire damit, thue die Bräs durch ein Haarsieb passiren, thue die Fette wohl davon, die wenige Sauce, welche bleibt, thue in einen kleinen Kastrol, thue dazu ein wenig Jus, damit es eine gelbe Farbe bekömmt, laß es kurz eingehen auf dem Feuer, und gieß es über die Kohlrabi, es ist auch eine gute und schöne Speise, servire es zur Tafel recht warm; nach diesem, wie ichs hier explicire, kannst du dich richten, und noch in vielen Manieren machen, wie sichs auch thun läßt, es kommt auf einen guten Gedanken und wohl Obachtgeben an, daß es nicht zu viel und nicht zu wenig gekocht werde, nachdem man es serviren will.

Une de Broccolis romaines.
Romaner Brockeln.

Thue die Brockoli sauber putzen, gleichwie den Carviol, thue sie in vielem siedenden Wasser mit Salz blanchiren, aber nur ein paar Sud, thue sie gleich darnach frischiren mit frischem Wasser, thue in einen Kastrol ein Stück frischen Butter, laß ihn auf dem Feuer gelb werden, thue darein passiren fein geschnittenen Zwiebel, hernach thue die Brockoli hinein, Pfeffer und Salz, ein wenig fein geschnittenen Basilicum, setz sie auf ein stätes Feuer, und laß dünsten, aber nicht zudecken, damit sie nicht gelb werden, auf solche Art werden sie lind werden, aber nicht zu stark; wenn es Zeit ist zu serviren, drücke den Saft von 2 bittern Pomeranzen hinein, schwing sie herum, und thue sie anrichten in den Topf oder Schüssel, Bratwürste kannst du dazu geben, und zur Tafel serviren.

Une d'une autre maniere.
Brockoli auf eine andere Manier.

Thue die Brockoli blanchiren, wie schon gemeldet ist, und thue sie richten auf die nämliche Manier, als wie den Spinat auf deutsche Manier,

wie

wie wir gemeldet haben, garnire sie mit was du willst, und servire sie zur Tafel.

Une de culs d'artichaute au blanc avec des ris d'agneau.

Artischockenböden weiß gemacht mit Lammsbrüs.

Thue in ein Geschirr frisches Wasser, thue auch Salz darein, und auch ein Glas voll Essig, nimm die Artischocken, thue die Blätter davon in der Runde abschneiden, damit die Böden schön rund bleiben, thue den Boden mit einer halben Lemoni, wo der Saft dabey ist, gut damit reiben, damit er weiß bleibt, und thue ihn hernach in das Wasser mit Salz und Essig, hernach setze auf das Feuer in einem Geschirr viel Wasser; wenn es siedet, thue die Artischockenböden hinein, und laß sie sieden, bis sie schier lind sind, hernach thue sie in ein frisches Wasser, und thue sie sauber putzen, das mit das Haarige und das Gelbe, so in der Mitte ist, sauber hinweg kommt, mache hernach aus jedem Boden vier Stücke in Viertel, thue sie hernach in einen Kastrol, thue dazu ein Stücklein frischen Butter, einen ganzen Zwiebel, die Lämmerbrüs, welche blanchirt seyn müssen, ein wenig fein geschnittenen Petersill, wie auch ein wenig Basilicum und Thymian, wie auch einen Scharlotten fein geschnitten, ein ganzes Lorberblat, den Saft von einer halben Lemoni, ein wenig Pfeffer und Salz: wenn dieses alles beysammen ist, setze es auf das Feuer, und laß es passiren, hernach streue daran ein wenig feines Mehl, gieß darauf eine

gute

gute Bouillon, und laß kurz einkochen; ist es Zeit, zur Tafel zu serviren, legire es mit etlichen Eyer=dottern, und thue noch dazu ein wenig Lemonisaft, und richte es hernach in den Topf oder Schüssel, so werden sie weiß und gut seyn.

Une d'artichautes d'une autre maniere.

Artischocken auf eine andere Manier.

Richte die Artischockenböden auf die nämliche Manier, wie schon gemeldet ist, nicht anders, als daß du sie melirest mit Champignons und Ochsen=gaumen, auch Briesel, und die Sauce machest, wie schon gemeldet ist, wie auch legirest, und zur Tafel servirest; du kannst sie auch anstatt weiß, braun machen, du mußt aber die Artischockenböden in eine Brás einrichten, und ganz auf die Letzte in die Sauce thun, damit sie schön weiß bleiben, diese Sauce aber darf nicht legirt werden, so sind sie auch gut, es kommt nur auf den Gusto an, und um eine Veränderung zu machen.

Une de Féves a la Flamande.

Saubohnen auf Flamänder Art.

Diese müssen aus der Schale gelöst werden, sind sie noch jung und klein, so richte sie auf die nämliche Manier, als wie die Fisolen, aber kein Mehl, nur die Bouillon allein, und kurz einsieden lassen, da giebt man ein halb gesechtes schweiner=nes Fleisch dazu, und servirt es zur Tafel.

Une

Une de Fèves a l'italienne.
Saubohnen auf italiänisch.

Diese Bohnen werden auf die nämliche Art gemacht, wenn sie nur klein sind, als wie die grünen Erbsen mit halb geselchtem schweinernen Fleisch.

Une de gros Oignons a l'italienne.
Große Zwiebel auf italiänisch.

Nimm große und weiße Zwiebel, nachdem sie geschält sind, thue sie in 4 Viertel schneiden, und in einem siedenden Wasser ein wenig blanchiren, hernach thue sie in einen Kastrol mit einem Stück frischen Butter, Pfeffer und Salz, setz sie auf eine stäte Glut, und laß dünsten: wenn die Zwiebel wohl gedünstet haben, thue dazu von Lammsfleisch, die Brüste in kleine Stücke, und ein wenig Bouillon, und laß alles kochen bis es lind ist; ist es Zeit zu serviren, thue etliche ganze Eyer ausschlagen, und nimm dazu einen geriebenen Parmesankäs, ein wenig Petersill und Basilicum klein geschnitten, und schlag es wohl untereinander mit ein wenig süßen Rahm, koste es im Salz, und gieß die Eyer darauf herum, und laß kochen bis es zusammengelaufen ist, hernach richte es an in die Schüssel oder Topf, es darf aber nicht mehr gerührt werden, damit einige Stücklein ganz beysammen bleiben, dieses ist recht auf italiänisch; ein geriebener Käs wird noch extra dazu gegeben.

Une de gros Oignons d'une autre maniere.
Zwiebel auf eine andere Manier auf italiänisch.

Thue die Zwiebel schneiden und blanchiren, wie schon gemeldet worden, hernach thue ein Stück Speck in einem Mörser mit Basilicum und Thymian stoßen, thue den Speck in einen Kastrol mit guter Bouillon, und laß sieden, nachdem thue diese Bouillon passiren, und thue die Zwiebel hinein, und laß sie kochen bis sie lind werden mit sammt dem Fleisch, und richte sie hernach mit Käs, und Eyer, und Petersill, wie schon gemeldet worden.

Une de gros Oignons farcis.
Große Zwiebel faschirt.

Nachdem die Zwiebel geschält sind, thue sie etwa eine Viertelstunde im Wasser sieden, hernach thue sie in das frische Wasser, thue sie wiederum heraus, wenn sie abgekühlt sind, schneide den Stengel in der Breite weg, schneide ein kleines Kreuz in der Mitte, so gehet das mittlere heraus, hernach thue sie faschiren mit einem guten Kalbsfasch, thue sie nachdem in ein Geschirr, wo sie Platz haben, gieß ein wenig Bras daran, und bedecke die Zwiebel mit dünnen Speckbarten oder auch Papier, welches mit Butter bestrichen wird, thue sie in den Bachofen, und laß sie schön gelb werden; wenn es Zeit ist zu serviren, thue die Zwiebel auf ein Tischtuch oder Serviette, daß die Fette davon kömmt, richte sie hernach an, du kannst sie garniren mit geselchtem Fleisch oder Bratwürst, gieb eine Coulis

mit

mit ein wenig Betrameſſig, oder ſonſt einen drü-
ber, und thue ſie zur Tafel ſerviren.

*Une de petits Oignons au blanc avec du
mouton.*
Kleine Zwiebel weiß mit Schaffleiſch.

Nachdem die Zwiebel geſchält, und in ein friſches Waſſer gethan ſind, wobey aber zu beobachten
iſt, daß das untere Knöpflein nicht zu weit weg-
geſchnitten wird, damit ſie ſchön rund und ganz
bleiben, ſo thue ſie in vielem Waſſer abblanchiren,
laß etliche Sud aufthun; thue ſie wiederum in ein
friſches Waſſer, nachdem thue ſie einrichten in eine
Brás, und laß ſie ſtät kochen, daß ſie ſchön weiß
bleiben, nachdem nimm ein gutes Schaffleiſch,
ſchneide es ganz klein und appetitlich, mache eine
weiße Sauce daran, wie wir ſchon gemeldet haben:
wenn das Fleiſch lind und kurz iſt, thue die Zwiebel
aus der Brás, und thue ſie an das Fleiſch; iſt es
Zeit zu ſerviren, ſetz es auf, und laß es aufkochen,
und thue es mit Eyern legiren, thue den Saft von
einer Lemoni dazu, und thue es anrichten, ſo wird
es recht gut ſeyn.

Une de petits Oignons d'une autre maniere.
Kleine Zwiebeln auf eine andere Manier.

Die Zwiebel thue richten, wie ſchon gemeldet iſt,
in die Brás, nicht anders, als daß du die Sauce
kannſt changiren und ſchön gelb machen mit Coulis, oder mit Mehl und Jus, und ganz auf die Letzte
thue die Zwiebel daran, und nicht legiren, ſondern
ein

ein wenig blanchirten Petersill Blätleinweis gepflückt dazu, und den Saft von einer Lemoni, und sauber anrichten in den Topf oder Schüssel, damit die Zwiebel schön ganz und weiß bleiben.

Une de Celeri avec de l'agneau.
Einen Zelleri mit Lammsfleisch.

Nachdem der Zelleri gepußt ist, schneide ihn in kleine Viertel, und thue die Viertel schön zuschneiden, thue ihn ein wenig blanchiren im Wasser, und hernach in eine Bräs einrichten, und stät sieden lassen, bis er lind ist, doch nicht gar zu lind: das Lammfleisch nimm, welches Brüstlein oder Carmenate seyn müssen, dieses thue schön in kleine Stücklein schneiden, und ein wenig im Wasser blanchiren, nachdem thue das Fleisch in einen Kastrol mit einem Stücklein frischen Butter und einem ganzen Zwiebel, ein wenig Pfeffer und Salz, und ein paar Blätlein Basilicum, thue es auf dem Feuer passiren, stäube ein Mehl daran, und füll es mit guter Bouillon auf, und laß gäh kochen, bis das Fleisch lind und eingekocht ist, hernach thue das Fleisch sauber von der Sauce herausnehmen in einen andern saubern Kastrol, und thue hernach den Zelleri auch aus der Bräs heraus ohne Fette, und lege ihn zu dem Fleisch, und passire deine Sauce ohne Fette daran, thue dazu ein wenig blanchirten Blätleinweis gepflückten Petersill; ist es Zeit zu serviren, setz das Fleisch auf, und laß aufkochen, legire es mit etlichen Eyerdottern, drücke den Saft von einer Lemoni daran, richte es sauber an, und servire es zur Tafel.

Une

Une de Celeri en Crête.
Einen Zelleri auf Hühnerkamms Art.

Nimm den Zelleri, und schneide den Form von Hühnerkämmen daraus, und thue ihn einrichten in eine Brůs, wie schon gemeldet ist, hernach mache einen Ragout von Hühnerflügeln, Magen und Leber, etwas Brůs und Ochsengaum, dieses mache mit einer lichtgelben Sauce von Coulis; hernach wenn dieses alles lind ist, so thue den Zelleri auch dazu, welcher schön weiß ist, und der Speise ein gutes Ansehen macht, und auch gut ist; ist es Zeit zur Tafel zu serviren, so laß aufkochen, und mache es mit Lemonisaft piquant, und servire zur Tafel.

Une de Celeri en Champignons.
Einen Zelleri auf Champignons Art.

Aus dem Zelleri thue Champignons schneiden, und in die Brås einrichten, wie schon gemeldet ist, hernach nimm eine Kalbsbrust, oder auch eine halbe, thue sie blanchiren, daß sie schön weiß bleibt, schneide nachdem kleine und appetitliche Stücklein daraus, mache eine weiße Sauce mit Butter, Mehl, und einen ganzen Zwiebel, und Bouillon, laß aufkochen, thue das Fleisch hinein, und laß lind kochen, und kurz, hernach thue den Zelleri auch dazu; ist es Zeit zu serviren, thue ein wenig Lemonisaft daran geben, und zur Tafel serviren.

Une de Celeri a la fricaſſée avec des Poulets.
Einen Zelleri fricaſſirt.

Dieſen mache, wie ſchon gemeldet iſt, auf die nämliche Art mit Hühnern, und auf die Letzte legire mit Eyerdottern und Lemoniſaft dazu.

Une de raves avec des piés de Cochons & d'oreilles en brun.
Weiße Ruben mit Schweinsfüßen und Ohren.

Wenn die Ruben geſchält ſind, thue ſie ſchneiden auf was Art du willſt, rund oder viereckicht, auch in Würfeln, hernach laß ein Waſſer ſieden, thue die Ruben hinein, und laß einen Sud aufthun, thue ſie wiederum in ein friſches Waſſer, nachdem thue Zucker in einen Kaſtrol mit friſchem Butter, und laß auf dem Feuer zergehen, bis er braun wird, und thue die Ruben zugleich hinein, damit der Zucker nicht verbrennt: ſetz ſie hernach auf eine ſtäte Glut, laß ſie dünſten, und thue ſie zum öftern umwenden oder ſchwingen: nachdem die Schweins-ohren ſauber flammirt und blanchirt, auch halb geſotten ſind, thue ſie in kleine Stücke ſchneiden, und thue ſie auch zu den Ruben, thue dazu Salz und ein wenig Pfeffer; wenn alles gut gedünſtet hat, und ſchön gelb iſt, thue ein wenig Mehl daran ſtreuen, und thue ſie mit Bouillon, auch ein wenig Jus auffüllen und einkochen laſſen, und auch daß alles lind iſt; willſt du kein Mehl dazu nehmen, thue eine Coulis darauf, und laß kochen, ſie werden noch kräftiger: du kannſt auch anſtatt Ohren und Füßen

Füßen ein halb geselchtes Fleisch dazu nehmen, und auch mitkochen laſſen, es iſt recht gut; wenn es Zeit iſt zur Tafel, gieß die Fette davon, laß ſie wohl aufkochen, richte ſie hernach an in den Topf oder Schüſſel, und gieb ſie zur Tafel.

Une de raves a la milanoiſe.
Weiße Ruben auf Maylånder Art.

Die Ruben, nachdem ſie geſchält ſind, ſchneide Gliedlang, aber etwas dünner, hernach thue ſie nur einen Sud blanchiren, nachdem mußt du eine rechte gute Bouillon haben, laß ſie ſieden, und thue in den Mörſer ein Stück Speck, thue dazu Baſilicum und ein wenig Thymian, ſtoß es fein, nachdem thue es in die ſiedende Suppe, und laß eine Viertelſtunde ſieden, paſſire ſie hernach durch ein Haarſieb in einen Kaſtrol, und thue die Ruben hinein, und laß ſie ſtät ſieden, nimm die Hälfte, was du etwan Ruben haſt, Reis, thue ihn ſauber klauben, und nur einen Sud blanchiren im Waſſer: eine halbe Stunde vor dem Anrichten thue den Reis in die Ruben, und laß ihn mitkochen, thue auch hinein ein kleines Stücklein Parmeſankäs, und laß ihn auch mitkochen: ein wenig vor dem Anrichten thue den Käs heraus und thue rohe Bratwürſte hinein, laß ſie etliche Waal mit aufkochen, koſte wie ſie im Salz ſind, thue ein wenig Pfeffer daran, und richte hernach an in den Topf oder Schüſſel, und gieb es zur Tafel; einen geriebenen Parmeſankäs giebſt du extra auf einem Teller zur Tafel, weil es viele giebt, die Liebhaber davon ſind, mit Käs zu eſſen.

Une de raves a la Polonoise.
Weiße Ruben auf pohlnisch.

Nachdem die Ruben geschält sind, thue sie schneiden gleichwie ein Basch oder Würfel genannt, hernach bache diese Ruben aus in heißem Schmalz schön gelb ohne Mehl also roher, nach diesem thue sie in einen Kastrol, da kannst du darauf geben eine gute Coulis, hast du aber keine, so thue ein wenig Mehl daran stauben, und hernach mit Bouillon und Jus auffüllen und kochen lassen, da ist das beste von Fleisch, was du nehmen kannst, Carinenat von Schaffleisch, wiewohl du schweinernes auch dazu nehmen kannst, und laß es mitkochen: wenn alles lind ist, koste sie im Salz, und thue ein wenig Zucker dazu, und laß sie kurz einkochen, hernach servire sie zur Tafel, sie werden gut seyn.

Une de Navets de Baviere avec de petits salés.
Bairische Ruben mit geselchtem Fleisch.

Thue die Ruben sauber schaben und gleich schneiden, und thue sie ohne blanchiren richten, gleichwie die weißen Ruben mit gebrannten Zucker, das Fleisch muß auch mitkochen.

Une avec de Marrons & d'oreilles de Cochon.
Bairische Ruben mit Kastanien.

Thue die Ruben sauber putzen und in einem Form schön gleich schneiden, thue sie auch mit Zucker

brennen, wie schon gemeldet ist, hernach thue Kastanien braten, und thue sie auch dazu, wie auch einen Schweinsfuß und ein Ohr: wenn dieses alles gut lind ist, so thue etliche Bratwürste braten, schneide sie hernach in kleine Stücklein, als wie ein Fingerglied, und thue sie auch dazu, thue die Fette wohl davon, und richte sie hernach an in den Topf oder Schüssel.

Une de Perdrix aux choux frisés, & de petits salés.

Einen Würsing oder Kölch mit geräuchertem Fleisch und Feldhühnern.

Dieser Würsing wird gemacht auf die nämliche Manier, als wie das rothe Kraut, die Feldhühner werden ganz servirt, und etwas weniges gesellchtes Fleisch wird dazu gegeben, damit der Würsing bessere Kräften bekommt, und von einem guten Gusto ist.

Une de Choux frisés garnie de petits salés & de Marrons.

Einen Würsing oder Kölch mit geräutem Fleisch und Kastanien.

Dieser Würsing wird gemacht auf die nämliche Manier, als wie das rothe Kraut, nur daß kein Essig dazu kommt, sonsten aber alles, und auch auf die Art gekocht und servirt.

Une de Choux frisés garnies de piés & d'oreilles de Cochons.

Würsing mit Schweinsfüßen und Ohren.

Dieser Würsing wird auch gemacht, als wie wir schon gemeldet haben, gleichwie das rothe Kraut, nur daß kein Essig dazu kommt, das übrige wird alles auf die nämliche Manier tractirt und servirt; man kann auch den Würsing blanchiren, und hernach Viertelweiß in einen Kastrol einrichten, die Feldhühner und das Geselchte, hernach salze und pfeffere ihn, thue dazu einen ganzen Zwiebel mit ein paar Nägelein besteckt, ein kleines Lorberblat, ein wenig Basilicum und Thymian, einige Zelleri, hernach setze ihn auf ein stätes Feuer, und gieß darauf ein wenig fette Bouillon und laß ihn dünsten, mache eine Sauce dazu, nimm ein wenig frischen Butter in einen Kastrol mit einem Löffel Mehl, mach es gelb, passire ein wenig fein geschnittene Scharlotten darein, thue es mit guter Bouillon anfüllen, laß aufkochen, und gieß es an den Würsing, laß ihn kochen, bis er kurz wird und eingekocht hat, und lind ist, du kannst auch eine Coulis daran geben, anstatt dem Mehl gelb machen: nachdem der Würsing blanchirt ist, kannst du Blätleinweis zusammen thun auf einander, und hernach als wie Rolé zusammenrollen, alsdenn binden, und in den Kastrol richten; wenn du es servirest, so thue die Fette wohl davon, wie auch den Faden von dem Würsing, und thue ihn in den Topf sauber rangiren, die

die wenige Sauce ohne Fette, was bleibt, darüber gießen und zur Tafel serviren.

Une de Choux cabus de deux manieres farcis.

Weiß Kraut faschirt oder gefüllt.

Nimm ein schönes rundes Häuptlein weißes Kraut, thue es aushöhlern, so gut als es leidet, laß ein Wasser sieden mit Salz, thue es ein wenig blanchiren, wie auch einen andern halben Kopf Kraut, lege es hernach trocken, daß das Wasser davon lauft, das halbe thue gut ausdrücken, schneide die Dorschen davon, und thue es in einen Kastrol, wie auch etwas Kalbfleisch, ein Stücklein Speck oder auch Nierenfette, eine Scharlotte klein geschnitten, wie auch ein wenig Zwiebel, Petersill, Basilicum und Thymian, Pfeffer und Salz, thue dieses alles auf dem Feuer passiren, und schneide es hernach fein zusammen, thue ein wenig eingeweichtes Brod darunter und 3 Eyerdotter, hernach thue das Kraut damit faschiren, thue eine Speckbarte oben und unten, thue es wohl verbinden mit Bindfaden, thue es in einen Kastrol, thue ein wenig Schunken dazu, wenn du einen hast, wie auch Kalbfleisch, eine fette Bouillon, etwas Jus, thue es bedecken, und thue oben und unten Feuer, laß es stät kochen, bis es lind ist, zu Zeiten thue es umwenden, auf die letzte thue ein wenig Coulis daran, oder auch ein wenig gelbes Mehl, laß es wohl verkochen, setz es hernach vom Feuer, thue das Kraut heraus, nimm die Fette wohl davon, thue die Sauce passiren, und gieß

dazu

dazu ein halb Maaß sauren Rahm, lege das Kraut wiederum hinein, und laß es kurz kochen, bis es eine dicke Sauce wird; alsdenn ist es fertig und gut.

Une de Choux a la Crême.
Weiß Kraut mit Rahm.

Nimm das Kraut, thue alle Dorschen davon, und thue es hernach blanchiren, nachdem drücke es wohl aus, schneide einen Zwiebel recht fein, thue ihn in einen Kastrol mit einem Stück frischen Butter, laß ein wenig passiren, thue das Kraut mit dem Messer ein wenig durchschneiden, thue dazu Pfeffer und Salz, ein wenig Basilicum und Thymian fein geschnitten, wie auch ein Stücklein halb gekocht geselchtes Fleisch, das geräucherte aber muß wohl davon geschnitten werden, setz es auf das Feuer, und laß es stät dünsten, wende es zum öftern um, thue zu Zeiten einen kleinen Löffel voll Jus daran: wenn das Kraut halb gekocht ist, so staube ein wenig feines Mehl daran, und gieß dazu ein halb Maaß sauren Rahm, laß es stät kochen, bis die Sauce kurz wird; wenn es Zeit ist zu serviren, richte das Kraut in den Topf, und schneide das Geselchte in kleine Stücke, leg es darauf, oder auch ganzer, wenn du willst, und servire es zur Tafel, das ist eine gute Speise.

Une de Choux a la braise au jambon.
Weiß Kraut in der Bräs mit Schunken.

Thue das Kraut in der Mitte voneinander schneiden,

ben, und in einem siedenden Wasser mit Salz blanchiren, laß es nur 2 Sud aufkochen, hernach thue es abgießen, frisches Wasser daran, und gut ausdrücken, schneide die Dorschen davon, und binde ein jedes halbes zusammen mit Bindfaden, thue einen Kastrol auf dem Boden mit Speck belegen, und lege ein gutes Stück Schunken in die Mitte, rangire das Kraut auch hinein, thue dazu einen ganzen Zwiebel, eine gelbe Ruben, einen Zelleri, einen Pastenat, ein paar Petersillwurzeln, einen Thymian und Basilicum, ein klein wenig Salz, und etliche ganze Pfefferkörner, bedecke es oben auf mit Speck, gieß Bouillon darauf, und setz es auf das Feuer, und laß 3 Stunden stät kochen; hernach wenn es Zeit ist zu serviren, nimm ein Haarsieb, setz es auf eine Schüssel, thue das Kraut heraus, und leg es auf das Sieb, daß die Fette davon lauft, richte den Schunken in den Topf oder Schüssel, das Kraut herum, nimm die Fette von der Bräs hinweg, und das wenige, was bleibt, gieß durch ein Haarsieb an das Kraut, und gieß es zur Tafel.

Une de Choux a la bourgeoise.
Weiß Kraut auf bürgerlich.

Nimm das Kraut, thue es im Wasser blanchiren, hernach thue es heraus, und drück es sauber aus, schneide es Viertelweis, und richte es in einen Kastrol, thue dazu geselchtes Fleisch oder auch Schaffleisch in kleine Stücke schneiden, einen Basilicum, Pfeffer und Salz, mache eine Sauce, wie schon gemeldet worden ist bey dem Würsing,

laß

laß es ein paar Stunden stät kochen, bis es alles wohl lind, und die Sauce kurz wird, hernach thue es zur Tafel serviren.

Une de Choux bleus garnies de petits salés.
Ein rothes Kraut mit Kastanien und geselchtem Fleisch.

Nimm das Kraut, nachdem es sauber geputzt und gewaschen ist, schneide es klein, wie es sich gehört, hernach schneide einen Zwiebel fein, setze ein wenig Schmalz oder Butter auf das Feuer in einen Kastrol, laß es heiß werden, thue hinein die fein geschnittene Zwiebel, wie auch das Kraut, setz es auf ein stätes Feuer, thue daran Pfeffer und Salz, wie auch ein wenig Essig, und laß es stät dünsten, thue die Kastanien ein wenig braten, sauber putzen, und auch daran, behalt das Kraut, daß es allezeit kurz dünstet, thue zu Zeiten ein wenig fette Bouillon daran gießen, nimm ein Stücklein geselchtes Fleisch, welches halb gesotten, und das Schwarze alles weggeputzt ist, thue es auch hinein, und laß mitdünsten, auf die Letzte thue ein klein wenig feines Mehl daran stauben, und gieb ein wenig Bouillon dazu, und laß stät kochen; ist es Zeit zu serviren, thue die Fette davon, richte das Kraut in den Topf, schneide das Geselchte in kleine Stücke, leg es darauf, und servire es zur Tafel.

Une de Perdrix aux Choux bleus.
Rothes Kraut mit Feldhühnern.

Mache das Kraut auf die nämliche Manier, wie schon gemeldet ist, thue anstatt dem Geselchten

alte

alte gebratene Feldhühner hinein, wo zu Zeiten von
Braten übrig bleiben, wo aber nicht, und du mußt
frische dazu nehmen, so thue sie halb braten und hin=
ein, und laß mit dem Kraut gar kochen, und her=
nach ganzer mit dem Kraut serviren.

*Une de Choux bleus garnie d'oreilles & de
piés de Cochons.*

Rothes Kraut mit Schweinsohren und Füßen.

Mache das Kraut, wie vorher schon gemeldet
ist, nimm dazu schweinerne Ohren und Füße: wenn
sie halb gesotten sind, schneide sie in kleine Stücke,
und thue sie in das Kraut anstatt dem Geselchten,
und laß sie mitkochen, bis sie lind sind; wenn man
nun serviren will, thue das Kraut in den Topf,
und die Schweinsohren und Füße darauf garniren,
und servire es zur Tafel.

*Une de Choux a la Polonise avec de queues
de Bœufs.*

Einen Würsing mit Ochsenschweif.

Nimm den Schweif, thue schöne Stücke daraus
machen, hernach laß ihn eine Stunde in einer
Bouillon sieden, thue ihn heraus, und richte ihn
in einen Kastrol mit Speck und Wurzelwerk, wie
wir schon gemeldet haben, wie auch ein paar Zwie=
bel, ein wenig Basilicum, Thymian, und ein paar
Schnitzlein guten Schunken, gieß Bouillon dar=
auf, setz auf ein stätes Feuer, und laß ihn kochen,
den Würsing thue im Wasser blanchiren, die Köpfe
halb

halb voneinander geschnitten, wenn sie einen Sud aufgethan haben, gieß frisches Wasser daran, und thue einen nach dem andern ausdrücken, schneide die Dorschen davon, und bind ihn halb und halb zusammen, leg ihn zu dem Ochsenschweif hinein, und laß ihn auch mitkochen: wenn alles schier anfängt lind zu werden, gieß eine Coulis daran, oder mache auch einen Löffelvoll gelbes Mehl daran, und laß es hernach kochen, bis alles recht lind ist, nachdem setz ihn vom Feuer, nimm den Würsing heraus in einen saubern Kastrol, wie auch den Schweif, nimm die Fette von der Sauce wohl ab, hernach thue die Sauce an den Ochsenschweif und Würsing passiren durch ein Sieb, stell es auf einen Dreyfuß warm, bis es Zeit ist zu serviren, hernach richte ihn an in den Topf, und gieb ihn zur Tafel.

Une de Choux frisés avec de Cotelettes de mouton.

Einen blauen Kohl mit Schafscarmenat.

Nimm den Kohl, nachdem er abgestrupft und sauber gewaschen ist, durchschneide ihn mit dem Messer, nimm einen Zwiebel, thue ihn fein schneiden, lege ihn in einen Kastrol mit einem Brocken Schmalz, welches gut ist, und mach es wohl heiß auf dem Feuer, hernach thue den Zwiebel in das heiße Schmalz, und zugleich den Kohl auch hinein also roher, thue dazu Salz und Pfeffer, und ein Bröcklein Zucker, setz ihn auf das Feuer, und laß ihn stät dünsten, wende ihn zum öftern um,

brats

brate hernach Kastanien, so lange, bis du sie schälen kannst, wenn sie sauber geschält sind, thue sie auch hinein, gieß zum öftern dazu eine gute Jus, oder auch Bouillon, wenn er halb lind ist, staube ein wenig Mehl daran, und laß ihn kochen, die Carmenate von Schaffleisch thue schön rund ausmachen und gut klopfen, damit sie mürb werden, hernach thue in einen Kastrol ein Stück Butter, feine Kräuter, laß zergehen auf dem Feuer, richte die Carmenate hinein, thue sie pfeffern und salzen, laß sie ein paar Stunden stehen, hernach wärme sie wiederum ein wenig auf, und bestreue die Carmenate mit geriebenen Semmelbröseln: wenn es Zeit ist zur Tafel, setz sie auf eine schöne Glut, laß sie schön gelb grilliren, thue die Fette von dem Kohl, richte ihn in den Topf, und die Carmenate thue darauf, servire es zur Tafel; diesen blauen Winterkohl kannst du allezeit auf diese Manier kochen, denn auf solche Art ist er zum besten: man kann auch Bratwürste dazu geben, wie auch Schweinsohren und Füße, welches ebenfalls recht gut ist: ein halb geselchtes schweinernes Ribbenstück ist auch recht gut dazu, es steht in deinem Belieben, was du geben willst.

Une de Cardouer au Parmesan avec de petite salés.

Cardi mit Parmesankäs gemacht, und geselcht Fleisch.

Nimm den Cardi, thue ihn putzen, wie sichs gehört, die Stücke werden aber kleiner geschnitten, als wie es sich vor Entremets gehört, hernach

thue ihn absieden im Wasser und Salz, lege ihn
hernach in ein frisches Wasser, thue ihn sauber
abhäuteln und putzen, nachdem thue ihn in einen
Kastrol, lege auch dazu das gesalchte schweinerne
Fleisch, ein Ribbenstück sauber abgeputzt und in
kleine Stücke geschnitten, thue in einen Mörser
ein Stücklein guten Speck mit Scharlotten, Basilicum, Thymian, und stoße dieses zusammen,
nachdem thue es auch hinein zum Cardi, gieß eine
gute Bouillon daran, ein wenig Pfeffer und Salz,
laß alles zusammenkochen bis es lind ist, nach
diesem nimm den Cardi und das Fleisch heraus,
rangire es in den Topf oder Schüssel, streue ein
wenig Parmesankäs darüber, und gieß ein wenig
Coulis darauf, daß es bedeckt ist, setz es warm,
bis es Zeit ist zur Tafel zu serviren. Diese Cardi
auf solche Manier ist gut und kräftig.

Une de Cardonettes a l'italienne.

Einen Cardi auf italiänisch.

Diesen Cardi thue richten, wie schon gemeldet
ist, nichts anders, als mehrere Bouillon muß dabey seyn, und der Parmesankäs muß ganzer mit
dem Cardi kochen, und nicht gar zu lind werden
lassen, sondern um etwas früher herausnehmen,
und die übrige Bouillon durch ein Sieb passiren,
und hernach mache la Saigne von Nudelteig: weil
wir hier zu Land auf diese Art nichts haben, so
mache ein Blat Nudelteig, diesen treibe fein aus,
hernach schneide Finger breit lange Bänder daraus,
thue sie im Wasser blanchiren, und siede diese
Bänder in der Bouillon, den Cardi mit dem

Fleisch

Fleisch thue auch wiederum dazu, und laß alles zusammen aufkochen: ist es Zeit zu serviren, richte es an in den Topf oder Schüssel, und giebs zur Tafel; das ist eine Speise, welche die Italiäner gerne essen, einen geriebenen Parmesankäs mußt du auch dazu geben.

Une de Choux cabus farci au four.

Weiß Kraut faschirt im Ofen.

Mache das Kraut auf die nämliche Manier, wie schon gemeldet ist, nichts anders, als daß du das Kraut herauslässest von der Sauce, und lässest die Sauce recht kurz eingehen, so dick als wie eine Glace, und diese Sauce muß auch kalt werden, hernach thue das Kraut auf eine Tortenpfanne, begieß es mit dieser Sauce, und bestreue es mit Parmesankäs und ein wenig geriebenem Brod, gieß ein wenig frischen Butter darüber, damit es eine schöne Farbe bekömmt: wenn du es servirest, thue auf die Schüssel oder in den Topf ein wenig gute Coulis, oder eine recht starke gute Jus, und lege das Kraut darauf, servire es alsdenn zur Tafel.

Une de Choux crouttes au Faisan & au Coulis.

Sauerkraut mit Fasanen.

Erstens nimm einen Kastrol, thue etwas Butter oder gute Fette hinein, schneide einen Zwiebel fein, und passire ihn auf dem Feuer, hernach thue das Kraut hinein, gieb ein wenig Salz daran, und wenn das Kraut nicht sauer genug wäre, so thue

thue ein wenig Essig daran, setz es auf ein kleines Feuer, gieß ein wenig Jus darauf, und laß es stät dünsten, wende es zum öftern um, und wenn es trocken wird, nur allezeit ein wenig Jus darauf gegossen, hast du einen alten überblieben gebratenen Fasanen, so thue ihn in das Kraut, wie auch ein Stück halb gekocht geselchtes Fleisch, laß das Kraut allezeit kurz dünsten, so bekommt es eine Farbe wie Gold; auf die Letzte, wenn alles fast lind ist, thue ein paar Löffelvoll Coulis daran, oder auch ein wenig Mehl darauf stauben: ist es Zeit zu serviren, richte den Fasanen in die Mitte, du kannst auch das Fleisch in kleine Stücke schneiden, auf das Kraut legen, und zur Tafel geben.

Une de Choux crouttes a la Créme.
Sauerkraut mit saurem Rahm.

Das Sauerkraut wird auf die nämliche Manier gemacht, wie ich schon gemeldet habe, nur wenn es anfängt gelb zu werden, so thut man ein wenig Coulis dazu, und hernach anstatt der Jus nimmt man allezeit ein wenig sauern Rahm, und muß allezeit im Saft erhalten werden, bis es Zeit ist zu serviren: man thut gemeiniglich zu diesem Kraut ein Stück guten Schunken, oder auch etwas von einem gebratenen Hasen, es ist auch recht gut.

Une de Choux crouttes au Triffes & en filet de Faisans a la Créme.
Sauerkraut mit Tartuffeln und Fasanenbrust.

Das Sauerkraut wird gemacht auf die nämliche Manier

Manier mit Rahm, wie schon gemeldet ist, nur wenn es halb gekocht hat, so thue die Tartuffeln mit Butter passiren, und thue sie an das Kraut, laß sie mitdünsten, hernach schneide die Brust von einem Fasan, oder auch von Rebhühnern in kleine Filé; wenn es bald Zeit ist zu serviren, thue die Filé in das Kraut, laß wohl aufkochen, und richte es zur Tafel, es ist eine gute und kräftige Speise.

Une de Choux crouttes garnie de petits salés.

Sauerkraut mit halb geselcht-schweinernen Ribbenfleisch.

Dieses Kraut wird auch auf die nämliche Manier gemacht, nur das Geselchte wird blanchirt und sauber gewaschen, ehender als man es in das Kraut thut.

Une de Choux crouttes avec de Perdrix ou Coulis.

Sauerkraut mit Feldhühnern.

Dieses Sauerkraut wird auf die nämliche Manier gemacht, als wie jenes mit den Fasanen, ausgenommen, daß du statt dem Fasan ein paar Rebhühner nimmst.

Une de Choux crouttes garnies de l'Ecrevisses & de filets de Chapon.

Sauerkraut mit Krebsschweif und Filé von Kapaunen.

Dieses Kraut wird eben so gemacht, als wie dieses mit Triffel und Filé von Fasanen.

Une de Choux crouttes au four.
Sauerkraut im Ofen.

Dieses Kraut wird gemacht auf die nämliche Manier, nichts anders, als daß du es garnirest mit Filé von Fasan, von Kapaun, wie auch Triffel und Krebsschweif; wenn es keine Filé sind, kann man auch mit etwas anders, was man hat, garniren: wenn das Kraut gut gekocht, und wohl kurz und kräftig ist, mache einen Raif um die Schüssel, laß ihn trocken werden, thue das Kraut hernach in die Schüssel, bedecke es in der Höhe mit saurem Rahm, bestreue es mit geriebenem Brod, und setz es in den Bachofen bis es schöne Farbe bekömmt; mit purer Coulis kannst du es auf die nämliche Manier machen.

Une de Faseoles a la Florentine.
Weiße Fisolen auf Florentiner Art.

Diese müssen weiße Fisolen seyn, setze sie zum Feuer mit laulichtem Wasser, und auf die Art gekocht, als die Erbsen, das Geschirr muß halb mit Fisolen seyn, und allezeit geschwungen und mit Bouillon aufgefüllt, wenn sie lind sind, so passire mit Butter und einem fein geschnittenen Zwiebel in einen Kastrol, und thue die Fisolen dazu hinein, einen Pfeffer und Salz, fein geschnittenen Petersill, wie auch Basilicum, laß aufkochen: ist es Zeit zu serviren, richte die Fisolen in den Topf oder Schüssel, garnire sie mit einem Stück Schunken oder geselchten Fleisch, welches du auch mitkochen lässest, nachdem es blanchirt und sauber gepuzt geputzt ist; oder auch mit geselchten Würsten, es kömmt auf den Liebhaber an, und servire sie zur Tafel mit sammt dem Fleisch, klein geschnitten oder ganzer.

Une de Faseoles liées.
Fisolen mit Schaffleisch legirt.
Koche die Fisolen, wie schon gemeldet ist, wenn du sie aber passirest mit dem fein geschnittenen Zwiebel, so nimm dazu ein wenig Coulis, oder staube ein wenig Mehl daran, gieß auch ein wenig Jus dazu, daß sie eine gelbe Sauce bekommen: zu diesen Fisolen ist ein gutes Stück Schaffleisch am Spieß gebraten, gut, oder auch in der Brás braun gemacht: und wenn du die Fisolen serviren willst, mußt du einen fein geschnittenen Petersill hinein thun, und mit etlichen Eyerdottern legiren und anrichten, das Schaffleisch darauf legen, damit die Jus davon in die Fisolen kömmt.

Une de pois au lard.
Erbsen mit Speck durchgetrieben.
Nimm die Erbsen, setz sie zum Feuer mit Wasser wie ordinär, wenn sie aber das Auffüllen brauchen, so nimmt man eine Bouillon, thut in die Erbsen allerhand Wurzeln, als wie zu einer Bouillon, aber etwas klein geschnitten, auch ein wenig Basilicum, etwas mehr Thymian, und ein wenig Bonakraut: wenn die Erbsen wohl lind sind, so thue sie durch ein Haartuch treiben, und setz auch zum Feuer ein Stück geselchtes Fleisch; ist es Zeit zu serviren, mache die Erbsen warm, richte sie an, und

und nimm ein kleines Stücklein Speck, schneide ihn fein gewürfelt, laß ihn auf dem Feuer zergehen, bis er gelb wird, hernach gieß ihn über die Erbsen mit sammt dem Speck, schneide das Geselchte in kleine Stücklein, und leg es auf die Erbsen herum, streue ein wenig fein geschnittenen Petersill darauf, und servire sie zur Tafel.

Une de pois a la Bohemoise.

Erbsen auf böhmisch.

Nimm einen Kessel oder Hafen, worinn du die Erbsen sieden willst, dieß aber mußt du wohl merken, daß dein Geschirr just halb voll mit den Erbsen seyn muß, hernach gieß ein laulichtes Wasser daran, und laß sie stät sieden, aber zugedeckt dürfen sie nicht werden: wenn nun die Erbsen anfangen aufzuschwellen, so wird das Geschirr voll, hernach muß man nichts anders thun, als die Erbsen zu Zeiten schwingen, und mit Bouillon auffüllen, aber niemals zudecken, sondern beständig stät fortsieden lassen, bis sie lind werden, als wie Mark, und darf man auf solche Art keine Hülsen wegthun, indem sie mit sammt den Hülsen lind werden, nachdem schneide einen Zwiebel fein, und thue ihn in einen Kastrol, nimm ein Stücklein Speck, und schneide ihn klein gewürfelt, laß ihn auf dem Feuer gelb werden, passire ihn an die Zwiebel, damit der gelbe Speck wegkömmt, setz sie hernach auf das Feuer, und laß die Zwiebel ein wenig anziehen, hernach thue die Erbsen hinein, so viel du vonnöthen hast, und setze sie vom Feuer, thue ein wenig von diesen Erbsen in ein kleines Geschirr,

thue

thue dazu Wurzeln, ein wenig Basilicum, Thymian, und ein wenig Bonakraut, laß sie wiederum sieden mit einem Stücklein geräucherten Fleisch, welches Kaiserfleisch, oder besser deutsch, Bauchfleisch genennet wird, hernach passire sie durch ein Sieb oder Haartuch, und gieß sie an die ganzen Erbsen, thue auch hinein ein wenig fein geschnittenen Petersill, ein wenig Pfeffer und Salz, so viel es vonnöthen hat: ist es Zeit zu serviren, mache die Erbsen warm, und richte sie an, thue oben drauf kleine Stücklein von dem gesottenen Schweinenfleisch, welches von einer Brust seyn muß, so ein wenig fett ist, legen, und gieb sie zur Tafel.

Une de Nantilles aux petits salés.

Linsen mit geselchten Schweinfleisch.

Nachdem die Linsen sauber geklaubt sind, setze sie zum Feuer wie gewöhnlich, und laß sie sieden, nimm ein Stück geselchtes Bauchfleisch, thue es halb absieden und sauber putzen, lege es zu den Linsen, binde auch Wurzeln und Kräuter zusammen, die Kräuter in die Mitte von den Wurzeln, auch einen ganzen Zwiebel: wenn die Linsen lind sind, thue sie heraus in einen Kastrol, und nimm die Kräuter, Wurzeln und Zwiebel davon, etwas aber von den Linsen thue durchpassiren, und dieses Passirte thue hernach an die ganzen Linsen, damit sie nicht zu dick sind: ist es Zeit zu serviren, laß sie aufkochen, und richte sie an, schneide das Geselchte in kleine Stücke, und leg es auf die Linsen, streue ein wenig fein geschnittenen Petersill darauf, und servire sie zur Tafel.

Une de Nantilles avec de Perdraux aux Coulis.

Linsen mit Feldhühnern.

Die Linsen müssen gekocht seyn auf die nämliche Manier, wie schon gemeldet ist, nicht anders, als daß du anstatt dem gesellchten Fleisch, eines oder zwey halbgebratene Rebhühner hinein thust und mitkochen lässest, bis sie lind sind, nach diesem thue sie richten und serviren, wie schon gemeldet ist: willst du aber nicht sparen, und es noch kräftiger machen, so mußt du ein gebratenes Feldhuhn stoßen, und auf die Letzte in die Linsen thun, welche du durchpassiren willst, und noch kochen lassen, thue auch ein paar Schnitten Semmel ausgebachener dazu, und hernach durch ein Haartuch passiren, und an die ganzen Linsen gethan, so sind sie um so viel kräftiger.

Une de Macaroni au Parmesan.

Macronen mit Parmesankäs.

Setze viel Wasser zum Feuer mit Salz, wenn das Wasser siedet, thue die Macroni hinein, und laß sie sieden bis sie lind sind, aber nicht gar zu stark, setz sie hernach vom Feuer, und gieß ein wenig frisches Wasser daran, und laß ein wenig stehen, nachdem gieß die Macroni ab, daß das Wasser wohl davon kömmt, reibe ein Stück Parmesankäs, wo du sie hineinrichten willst, bestreue anfangs den Käs, hernach thue die Macroni darauf, und ein paar Löffelvoll recht starke gute Jus,

und wiederum mit Käs bestreuet, und sofort, bis du so viel eingerichtet hast, als du vonnöthen hast, in deinem Topf, stelle hernach den Topf oder Schüssel auf eine Glut, und laß dünsten, daß sie recht heiß werden, alsdann servire sie zur Tafel.

Une de Nudel a l'Allemande.

Geschnittene Nudeln auf deutsch.

Mache deutsche Nudeln mit einem ganzen Ey, und das andere nimm Dotter, damit sie etwas körnig sind, thue sie im Wasser sieden, aber nicht so lang, und richte sie auf die nämliche Manier, gleichwie die Macroni, sie sind auch recht gut.

Une de Fleckles a l'Allemande.

Flecklein auf deutsche Manier.

Mache einen Nudelteig, und anstatt daß du Nudeln schneidest, mache Flecklein daraus, und thue sie sieden und zurichten, gleichwie die Nudeln, du kannst auch lange Bändlein daraus schneiden, und auch wiederum auf diese nämliche Manier richten, oder du kannst auch den Teig grün machen mit Spinatdopfen, und auch daraus schneiden, was du willst, Nudeln oder Flecklein, auch Bänder, und auf diese nämliche Manier richten: es ist nur, daß man changiret, wie es oft Herrschaften giebt, die eine Veränderung haben wollen, so muß sich der Koch oder die Köchinn darnach zu helfen und zu richten wissen.

Une

Une de ris a la Caniole avec un Chapon.
Einen Reis mit einem Kapaunen.

Dreſſire einen Kapaunen, als wenn er zum ſie: den gehörte, thue ihn in einen Kaſtrol, gieß daran eine gute Bouillon, nur nicht zu viel, und ſetz ihn auf ein ſtätes Feuer, daß er nur ſtät ſiedet: wenn der Reis ſauber geklaubt iſt alſo trockner, thue ihn hinein zu dem Kapaun, und pfeffere und ſalze ihn, ſo wird endlich der Reis aufſchwellen, und dem Kapaun gleich werden; es muß wohl obſervirt werden, daß der Reis nicht umgewender oder ge: rühret wird, der Reis muß trocken werden ohne Bouillon: wenn es aber nöthig iſt, und der Reis noch nicht ſollte gekocht werden, ſo darfſt du ein wenig Bouillon daran gießen, der Reis darf auch nicht zu ſtark lind ſeyn, ſondern die Körnlein müſſen einzig weiß voneinander fallen, ſo iſt er recht gemacht, und gut; wenn du ihn zur Tafel ſervireſt, ſo lege den Kapaunen in die Mitte, und den Reis darüber, gieb auch extra auf eine Aſſiette einen geriebenen Parineſankäs: dieſer Reis wird in Italien gemacht, weil die Italiäner große Lieb: haber davon ſind.

Une de ris a la Moëlle a l'Italienne.
Einen Reis mit Mark auf italiäniſch.

Nimm Ochſenmark, ſchneide es gewürfelt, thue es in einen Kaſtrol oder Tiegel, laß es zergehen, nachdem thue den Reis hinein alſo trockner, thue auch Pfeffer und Salz dazu, und laß ihn dünſten, dieſen darfſt du zum öftern umwenden: wenn der

Reis anfängt gelblicht zu werden, gieß eine gute
Bouillon daran, und laß ihn nur stät dünster,
bis der Reis gar wird, er darf auch nicht zu lind
seyn, und muß trocken werden; ist es Zeit zu serviren, so richte etwas von dem Reis in den Topf
oder Schüssel, hernach geriebenen Parmesankäs
darauf, wiederum Reis und wiederum Käs darauf, und dieses bis die Schüssel voll ist, oder so
viel du vonnöthen hast in deiner Schüssel, oben
darauf belege ihn mit Bratwürsten in der Pfanne
gebraten, damit die Sauce davon zum Reis gegossen wird, und servirt zur Tafel.

Une de Ris d'une autre maniere.

Einen Reis auf eine andere Manier.

Dieser Reis wird gemacht auf die nämliche
Manier, gleichwie dieser mit Mark, nur daß die
Bratwürste, welche gut und fett seyn müssen, anstatt dem Mark in den Kastrol kommen mit ein
wenig Bouillon, und den Reis auch gleich dazu,
und hernach servirt auf die nämliche Manier.

Une de Knefs au lard.

Knötlein mit Speck.

Nimm die Semmel, schneide sie halb, als wie
zu einer Suppe, in ein Geschirr, feuchte diese
Semmel an mit Milch, die andere Hälfte schneide
klein gewürfelt, wie auch ein Stücklein Speck,
laß ihn auf dem Feuer gelb werden, passire hernach den Speck in den klaren Speck, thue das gewürfelte Brod schön gelb rösten: wenn es gelb ist,
thue

thue einen fein geschnittenen Zwiebel und Petersill
hinein, und laß kalt werden, nachdem schlage Eyers
dotter an das eingeweichte Brod, rühre es unter
einander, wie auch ein wenig Mehl, dazu thue
auch den gelben Speck und das geröste Brod,
und rühre alles untereinander, salze es ein wenig,
siede hernach vorher die Knötlein im Wasser, nach
diesem thue das Wasser davon, und thue eine gute
Bouillon daran, laß noch einen Sud aufthun: ist
es Zeit zu serviren, thue ein wenig Blätleinweis
blanchirten Petersill hinein, und richte sie an in
den Topf oder Schüssel, und gieb es zur Tafel mit
frischem Schweinfleisch oder auch mit gesellchtem
Fleisch.

Une de Knefs au jambon.

Knötlein mit Schunken.

Diese Knötlein werden gemacht gleichwie die
von Speck, nur die Hälfte Brod wird, anstatt
Speck, mit Butter geröst, und der Schunken wird
lind gesotten, hernach klein gewürfelt geschnitten,
und in die Knötlein statt dem Speck gethan, hernach
gemacht und angericht, gleichwie die von Speck.

Uye de Knefs au jambon d'une autre maniere.

Knötlein von Schunken auf eine andere Manier.

Nimm ein Stück lind gesottenen Schunken,
und schneide ihn mit dem Schneidmesser recht fein,
hernach nimm ein Stück frischen Butter in einer
Kastrol, und treibe ihn mit Eyern ab, nämlich

ein

ein ganzes und etliche Dotter, nachdem du viel machen willst: wenn der Butter und die Eyer alles wohl abgetrieben sind, thue den Schunken hinein, wie auch geriebene Semmel, einen fein geschnittenen Petersill, ein wenig Pfeffer und Salz, ein wenig weißes Mehl, und angefeucht mit ein wenig Milch, hernach siede sie als wie die andern Knötlein, und servire sie auch auf diese Art.

Une de Knefs de chapon a la bechamelle.
Weiße Knötlein von Kapaunen mit Rahm.

Nimm eine oder zwey Kapaunenbrüste, thue sie auf einem saubern Brett mit dem Messer recht fein schaben, hernach nimm ein wenig Petersill, Basilicum, Thymian und einen Scharlotten, alles fein geschnitten, dazu, und schneide mit dem Schneidmesser alles fein zusammen, thue es hernach in einen Mörser, und stoß es recht fein, nachdem thue es wiederum heraus, und durchschabe es mit dem Messer, um zu sehen, ob nicht noch kleine Häutlein darunter seyn, nach diesem thue es wiederum in den Mörser, thue dazu eine in Milch eingeweichte Semmel, ein wenig Pfeffer und Salz, ein Stück frischen Butter, auch etwas Mark, und stoß alles zusammen recht fein, gleichwie ein Teig, schlage hernach etliche Eyerklar zu einem Schnee, und auf die Letzte thue diesen Schnee auch hinein, stoße es wiederum untereinander, thue es hernach heraus auf ein Bachbrett mit ein wenig feinem Mehl, thue es lang rollen, und mache hernach Knötlein daraus, wie du willst, lang oder rund,

M   setz

setz eine ordinäre Bouillon in einem Kastrol auf das Feuer: ist es Zeit zu serviren, thue die Knötlein in die Bouillon, und laß sie sieden, sie dürfen nicht lang sieden, sie sind gleich gar, präparire in einen Kastrol eine Bechamelle, welches gemacht wird, wie schon gemeldet worden, gieß die Bouillon ab von den Knötlein, und thue sie in das Bechamelle, koste sie im Salz, richte sie an, und servire sie zur Tafel.

Une de Knefs d'une autre façon.

Knötlein auf eine andere Manier.

Schneide die Semmeln klein gewürfelt, und thue sie in ein Geschirr, nimm einen halbgebratenen Kapaun oder Bolart, die Brust davon, und zerschneide sie fein mit dem Schneidmesser, thue es hernach zu dem Brod, wie auch ein wenig fein geschnittenen Petersill, ein wenig Pfeffer und Salz, schlage etliche Eyer daran, gieß auch ein wenig Bouillon dazu, und laß hernach ein wenig weich werden, mache ein Schmalz heiß, und mache runde Knötlein, und thue sie schön gelb ausbachen, nachdem thue sie in einen Kastrol, gieß gute Bouillon darauf, und laß sie sieden, so werden sie recht locker und gut: ist es Zeit zu serviren, thue ein wenig blanchirten Petersill hinein, und servire sie zur Tafel: du kannst auch diese Knötlein von andern gebratenen Fleisch machen, von Rebhühnern, Fasanen, wie auch von Kalbfleisch, wie denn oft etwas Gebratenes übrig bleibt, wovon du sie machen kannst, sie werden auch gesotten mit Wurzeln, welche fein dazu müssen geschnitten, und mit sammt den Wurzeln servirt werden.

Une de Knefs meltes.
Gemischte Knötlein.

Mache einen Fasch von Kalbfleisch, nimm ein mageres Kalbfleisch, schneide es fein mit dem Schneidmesser, thue einen Scharlotten dazu, Petersill, Basilicum, Thymian, Pfeffer und Salz, eine Nierenfette, wo keine Haut dabey ist, schneide dieses alles fein zusammen, hernach thue es in den Mörser, und stoß es recht fein, thue es aus dem Mörser, und durchsuche den Fasch, daß kein Häutlein mehr darunter ist, thue dazu ein in Milch eingeweichte Semmel, ein paar Eyerdotter, stoß es untereinander, und mache hernach kleine runde oder lange Knötlein daraus, thue sie im Schmalz schön gelb ausbachen, thue sie hernach in einen Kastrol, wie auch etwas Maurachen und Triffel, gieß eine Coulis daran, oder du kannst auch die Sauce von Mehl machen, wie ich schon gemeldet habe, und laß sie aufkochen: ist es Zeit zu serviren, thue einen Lemonisaft daran drücken, und zur Tafel serviren: ist es die Zeit mit dem Spargel oder kleinen feinen Erbsen, oder auch Hopfen, Carviol, kannst du sie auch machen, da kommt aber kein Lemonisaft dazu, kannst sie auch weiß machen, mit Eyer legiren; es ist auch gut.

Une de Cotés de veau.
Knötlein von Kalbfleisch gesotten.

Nimm mageres Kalbfleisch, und thue es recht fein schneiden, nach diesem schabe es mit dem Messer, um die kleinen Häutlein davon zu thun, hernach schneide ein Stück Nietenfette allein recht fein, und durchsuche es auch, ob nicht kleine Häutlein darunter sind, nach diesem thue das Fleisch und die Fette zusammen, schneide ein wenig feinen Zwiebel, wie auch einen Scharlotten, Basilicum und Thymian, Petersill, thue alles zusammen in einen Mörser, und stoß es recht fein, thue dazu eine Semmel in Milch eingeweicht, Pfeffer und Salz, stoß es wiederum, wie auch ein wenig frischen Butter, und ein wenig frisches Wasser, hernach schlage einen Schnee von etlichen Eyern, und thue ihn unter den Fasch, stoß wiederum alles zusammen, thue es hernach auf ein Brett, und mache Knötlein daraus, rund oder lang, richte eine Bouillon in einen Kastrol auf den Windofen, daß sie siedet, und ist es Zeit zu serviren, thue die Knötlein hinein, laß sie sieden, sie brauchen nicht so lang, und servire sie zur Tafel mit ein wenig Consommé: diesen Fasch thut man auch roher in die Pasteten, oder auch in die Butterpastete, und zu den kleinen Pasteten kann man auch diesen Fasch nehmen.

Une de Cervelle de Veau a la Hollandoise.

Kalbshirn auf holländisch.

Thue das Kalbshirn in ein frisches Wasser, und häutle sie ab, setz ein Wasser mit Salz auf das Feuer, thue das Hirn hinein, und laß es einen Sud aufthun, hernach thue sie in eine Bräs, und laß sie einen Sud aufthun, hernach thue sie in eine Bräs, und laß sie auskochen, nachdem mache die Sauce, nimm ein Stück frischen Butter in

einen

einen kleinen Kaſtrol 3 Eyerdotter, ein klein wenig feines Mehl, rühre es untereinander, drücke den Saft von einer Lemoni darein, wie auch ein wenig friſches Waſſer, Pfeffer und Salz, einen ganzen Zwiebel: iſt es Zeit zu ſerviren, thue das Hirn ſchön ganzer aus der Bräs auf eine Serviette, rühre die Sauce ſchön fein ab auf dem Feuer, und richte das Hirn in den Topf oder Schüſſel, thue in die Sauce ein wenig blanchirten Peterſill, den Zwiebel davon, und gieß die Sauce darüber.

Une de Cervelles aux fines herbes.

Kalbshirn mit feinen Kräutern.

Das Hirn wird in die Bräs gerichtet, wie ſchon gemeldet iſt; zu der Sauce nimm einen halben Zwiebel, ein paar Scharlotten, Peterſill, Baſilicum, Thymian, Kapern, ſchneide dieſes alles fein zuſammen, thue es hernach in einen Kaſtrol mit ein wenig Butter, laß es auf dem Feuer paſſiren, hernach thue Coulis daran, oder thue ein wenig Mehl daran paſſiren, und mit Jus auffüllen und kochen laſſen, nachdem mache 2 Sardellen fein, und thue ſie auch in die Sauce mit ein wenig Bertrameſſig: iſt es Zeit zu ſerviren, ſo nimm das Hirn auf eine Serviette heraus, mache die Sauce heiß, richte das Hirn in den Topf, und drücke den Saft von einer Lemoni in die Sauce, und richte ſie über das Hirn an, alsdenn ſervire ſie zur Tafel.

Une de piés de Veau en fricassée.
Kalbsfüße fricassirt.

Thue die Füße flammiren und sauber putzen, schneide sie voneinander, blanchire sie im Wasser, richte sie hernach in eine Bräs ein, damit sie weiß bleiben, laß sie lind kochen, mache die Sauce, thue ein wenig Butter in einen Kastrol mit einem ganzen Zwiebel, laß den Butter zergehen, passire einen Löffelvoll Mehl darein, und füll es mit guter Bouillon auf, laß die Sauce sieden, bis sie wohl verkocht ist, thue auch ein wenig Basilicum, Thymian, und ein klein wenig Lorberblätter in die Sauce, hernach wenn die Sauce verkocht ist, passire sie durch ein Haarsieb in einen andern saubern Kastrol, thue Salz dazu, und nimm die Füße aus der Bräs, richte sie ein in die Sauce, mache einen Leson von etlichen Eyerdottern; ist es Zeit zu serviren, setz die Füße auf das Feuer, und laß sie aufkochen, legire sie mit Eyerdottern, thue auch ein wenig fein geschnittenen Petersill hinein, ein wenig Betramessia, wie auch den Saft von einer Lemoni, und richte es hernach an zur Tafel.

Une de piés de Veau fricassée verd.
Kalbsfüß grün fricassirt.

Richte die Kalbsfüße auf die nämliche Art, wie schon gemeldet ist, wie auch die Sauce, nur dieses ist zu beobachten, daß man einen Spinatdopfen machen, und ihn hernach mit 3 Eyerdottern und ein klein wenig kalte Bouillon durch ein Haar-

Haarsieb passiren, und damit auf die Letzte legiren, gleichwie die andere, so wird sie schön grün bleiben, und gut seyn.

Une de piés de Veau au Vinaigre d'estragon.
Kalbsfüße mit einer Sauce von Bertram.

Richte die Kalbsfüße, wie schon gemeldet ist, wie auch in die Brás, hernach nimm eine Coulis, thue sie in einen Kastrol, hast du aber keine Coulis, so mache die Sauce mit Mehl, wie schon gemeldet ist: nachdem man die Sauce schön fein passiret, oder auch die Coulis, (ist alles eins) so thue die Kalbsfüße, wenn sie lind sind, aus der Brás ohne Fette in die Sauce rangiren, gieb Salz dazu was sich gehört, wie auch ein wenig Pfeffer, ein wenig Bertrameßig, pflücke einen Bertram Blätleinweis, und laß ihn nur im Wasser einen Sud aufthun, gieß ihn hernach in frischem Wasser ab, und thue ihn auch zu den Füßen, wie auch eine Lemonischale ohne Weiß; ist es Zeit zu serviren, laß die Füße aufkochen, thue den Saft von einer halben Lemoni dazu, und richte sie sauber an, die Lemonischale aber thue davon.

Une fraise de Veau en blanc.
Ein Kalbsgekrös mit weißer Sauce.

Nimm das Gekrös, wasche es sauber mit Salz und Mehl durch 3 Wasser, daß es recht sauber wird, und keinen Geschmack hat oder kutteln thut, schneide in einen Kessel oder Hafen ein wenig Nierenfette, oder hast du sonsten eine alte Brás, so schneide das Mark von einer Lemoni ohne Kern und Blätleinweis hinein, thue allerhand Wurzeln und Kräuter dazu, wie auch einen Zwiebel, ein wenig frischen Butter, und ein wenig schönes Mehl, gieß ein Wasser daran, und laß auffieden, hernach thue das Gekrös hinein, und laß stät sieden, bis es lind wird, auf diese Art wird es schön weiß bleiben, zu der Sauce thue in einen Kastrol ein Stücklein Butter, ein wenig feines Mehl, 3 Eyerdotter, einen Zwiebel, ein kleines Lorberblat, Basilicum, Thymian und etwas Wurzel, rühre es ab, und gieß eine gute Bouillon daran, rühre es auf dem Feuer ab, und laß die Sauce wohl verkochen, hernach paffire die Sauce durch ein Haartuch, thue sie in einen saubern Kastrol, und nimm das Gekrös aus dem Sud, puze es sauber, und lege es ohne Fette Stückleinweis in die Sauce; ist es Zeit zu serviren, sez es auf das Feuer, und laß aufkochen, drücke den Saft von einer Lemoni dazu, und servire es zur Tafel.

Une de fraise a la poulette.

Ein Gekrös mit Petersill.

Siede das Gekrös auf die nämliche Manier, wie schon gemeldet worden, zu der Sauce nimm ein Stück frischen Butter in einen Kastrol mit einem ganzen Zwiebel, laß den Butter auf dem Feuer zergehen, rühre ein Löffelein feines Mehl darein, gieß gute Bouillon daran, sez es auf das Feuer, rühre die Sauce gut ab, und laß sie verkochen, hernach thue das Gekrös aus dem Sud, puze putze es sauber Stückleinweis, und thue es in die Sauce, salze es wie es sich gehört, und drücke den Saft von einer Lemoni darein, pflücke einen Petersill Blätleinweis, und blanchire ihn in siedendem Wasser, hernach thue ihn in das frische Wasser, und drücke ihn sauber aus; ist es Zeit zu serviren, setze das Gekrös auf das Feuer, und laß aufkochen, legire es mit 3 Eyerdottern, thue den blanchirten Petersill dazu, und servire es zur Tafel, auf diese Art ist es recht gut.

Une de fraise de Veau a la Vinaigrette.

Ein Kalbsgekrös mit einer piquanten Sauce.

Nimm das Gekrös, nachdem es sauber gewaschen ist, wie schon gemeldet worden, schneide die Rissen alle wohl daraus, gieb aber Acht, daß keine bleibt, nachdem wickle es schön in der Runde zusammen, und binde es mit Spagat, siede es lind auf die nämliche Manier, wie schon gemeldet ist, die Sauce dazu mache mit Butter und Mehl, gleichwie die von Petersill: wenn sie wohl ausgekocht ist, schneide einen Bertram fein, thue ihn in die Sauce, wie auch ein wenig Bertramessig und ein wenig Zucker, ein wenig Pfeffer und Salz; ist es Zeit zu serviren, thue das Gekrös auf die Schüssel oder in den Topf sauber abgeputzt, daß nichts von den Wurzeln daran hängen bleibt, die Sauce gieb aber extra in einer Saucière, und das Gekrös garnire mit Petersill, und servire es zur Tafel.

Une de Mou de Veau a la Liegeoise.
Eine Kalbslunge auf Lütticher Manier.

Siede die Kalbslunge mit sammt dem Herz ab, aber nicht zu viel, hernach thue sie in ein frisches Wasser, thue sie heraus, und schneide sie Blätleinweis klein und schön dünn, hernach schneide Scharlotten, Zwiebel, Petersill und Basilicum, wie auch Thymian, alles recht fein, nachdem thue diese Kräuter in einen Kastrol mit einem Stück frischen Butter, thue in die Lunge Pfeffer und Salz hinein, auch ein Lorberblat, laß es dünsten, nachdem streue ein wenig Mehl daran, gieß es mit Bouillon auf, und laß es kochen: wenn es eingekocht hat, und Zeit ist zu serviren, so koste es im Salz, gieß ein wenig Bertrameßig und den Saft von einer Lemoni daran, legire es mit 3 Eyerdottern, und servire es zur Tafel.

Une de Mou de Veau a l'Allemande.
Eine Kalbslunge auf deutsche Manier.

Nachdem die Lunge (nicht gar lind) gesotten hat, so schneide sie fein wie die Nudeln, das Herz schneide auch in kleine dünne Viertel, und laß ganz, nachdem thue in einen Kastrol ein wenig Butter mit einem Zwiebel Filéweis geschnitten, und laß ihn auf dem Feuer anziehen, thue einen Löffelvoll Mehl dazu, und laß es gelb werden, fülle sie an mit Jus oder Bouillon, und thue ein kleines Lorberblat hinein, ein wenig Basilicum und Thymian, laß

laß die Sauce wohl auskochen, hernach paſſire ſie durch ein Haarſieb an die Lunge, pfeffere und ſalze ſie, und laß ſie wiederum aufkochen, nach dem, wenn es Zeit iſt zu ſerviren, gieß ein wenig Bertrameſſig daran, und drücke den Saft von einer Lemoni hinein, und richte ſie ſauber an, ſchneide ein wenig Lemoniſchalen ganz fein in Filé, und ſtreue es auf die Lunge.

Une de Foye de Veau au ſang.

Eine Kalbsleber mit Blut.

Thue die Leber ſchön abhäuteln, und in kleine dünne Schnitze ſchneiden, die Nerven müſſen aber ſauber davon kommen, thue in einen Kaſtrol ein wenig Provenceröl, ſchneide Scharlotten, Peterſill, Thymian, alles recht fein, und beſtreue den Kaſtrolboden damit, in das Oel leg die Leber Blätleinweis hinein, und ſtreue hernach den Ueberreſt von den feinen Kräutern auf die Leber, thue auch hinein ein Lorberblat, Pfeffer und Salz, und laß es ein paar Stunden ſtehen. Die Sauce: Nimm ein wenig Butter in einen Kaſtrol mit einem Zwiebel in Filé geſchnitten, und laß auf dem Feuer anziehen, thue einen Löffelvoll Mehl hinein, und laß braun werden, doch aber nicht gar zu ſtark, thue auch hernach dazu das Uebergebliebene von der Leber, fülle es mit Jus auf, und thue ein kleines Glas rothen Wein dazu, etwas Wurzeln und Kräuter, und laß kochen, wenn es anfängt, und die Sauce will kurz werden, ſo thue ein kleines Glasvoll Schweinsblut oder auch Geflügelblut darein,

darein, und laß mitkochen, nachdem paſſire die Sauce durch ein Haartuch; iſt es Zeit zu ſerviren, ſetze die Leber auf das Feuer, und laß ſie anziehen, aber nicht zu viel, wende ſie um, und laß ſie wiederum anziehen, daß die Leber in ihrem Saft bleibt, richte ſie hernach in den Topf oder Schüſſel ſchön gleich an, laß die Sauce aufkochen, thue ein wenig Bertrameſſig und den Saft von einer halben Lemoni hinein, richte ſie über die Leber an, und ſervire ſie zur Tafel, auf ſolche Art iſt ſie lind und gut.

Une de Foye de Veau a l'eſtragon.

Eine Kalbsleber mit Bertramſauce.

Nachdem die Leber abgehäutelt iſt, ſchneide ſie in kleine und dünne Schnitze, ſalze und pfeffere ſie, die Sauce kannſt du mit Coulis oder mit Mehl braun machen, wie ſchon gemeldet iſt, in die Sauce pflücke Blätleinweis einen Bertram, und laß ihn in einem ſiedenden Waſſer nur einen Sud aufthun, damit er ſeinen Guſto nicht verliert, hernach drücke ihn aus und thue ihn in die Sauce, wie auch ein wenig Eſſig und den Saft von einer halben Lemoni; iſt es Zeit zu ſerviren, ſetze ein Schmalz auf das Feuer, und ſtäube die Leber mit Mehl ein, nachdem backe ſie ſchön gelb aus, die Sauce laß auskochen, und thue den halben Theil von der Leber dazu hinein, und richte ſie an, die andere Hälfte garnire trockner herum, und ſervire ſie zur Tafel; haſt du aber keinen friſchen Bertram, ſo thue in die Sauce ein wenig Eſſig und in Filé geſchnittene Lemoniſchalen, ſo iſt ſie auch

auch gut: du kannst sie auch auf die nämliche Manier machen, als wie die Lunge auf Lütticher Art, aber nicht viel kochen, sonsten wird sie hart, sie ist auf diese Art auch recht gut.

Une de queues de Veau a la Holandoise.

Kalbsschweife auf holländische Manier.

Nachdem die Kalbsschweife sauber gebrüht, flammirt und geputzt sind, so blanchire sie einen Sud im Wasser, hernach richte sie ein in einer Bräs, daß sie schön weiß bleiben. Die Sauce dazu: Thue ein Stück Butter in einen Kastrol, 3 oder 4 Eyerdotter, nachdem du Sauce zu machen hast, thue auch ein wenig feines Mehl dazu, rühre es untereinander, drücke den Saft von einer Lemoni hinein, einen ganzen Zwiebel, ein wenig Pfeffer und Salz, gieß eine kalte Bouillon daran; ist es Zeit zu serviren, thue die Schweife aus der Bräs, richte sie in den Topf oder Schüssel, rühre die Sauce auf dem Feuer wohl ab, gieb Obacht, daß sie nicht zusammenlauft, nachdem gieß sie über die Schweife, und bestreue sie mit ein wenig gewürfelt geschnittener Semmel in Butter ausgebachen, alsdenn servire sie zur Tafel; mit der grünen Sauce kannst du sie auch machen, wie schon gemeldet ist, die grüne Sauce zu machen von Spinatdopfen, man kann auch ein wenig Bertramessig zu der Sauce nehmen.

Une de queues de Veaux a l'Allemande.

Kalbsschweife auf deutsche Manier.

Nachdem die Schweife in der Brás sind gesotten sind, thue sie heraus, pfeffere und salze sie, und lege sie in Butter, thue sie mit fein geriebenem Brod paniren und schön grilliren auf dem Feuer, mache eine Sauce hachée dazu, wie schon gemeldet ist, die Sauce gieb unter die Schweife, und auf die Schweife drücke den Saft von einer Lemoni darein, und alsdenn servire sie zur Tafel.

Une de Langue de Veau a la Sauce hachée.

Kalbszungen in der *Sauce hachée.*

Nachdem die Zungen sauber geputzt und gewaschen sind, so richte sie in eine Brás, und laß sie lind kochen, mache hernach deine Sauce hachée, wie schon gemeldet worden, nimm die Zunge aus der Brás, drücke sie sauber ab, schneide sie in der Mitte voneinander, thue sie in die Sauce hinein, und laß sie ein wenig in der Sauce kochen, thue ein wenig Bertramessig dazu, wie auch den Saft von einer halben Lemoni, richte sie sauber an, und servire sie zur Tafel.

Une de Langue de Veau a l'Allemande.

Kalbszungen auf deutsche Manier.

Nachdem die Kalbszungen in der Brás lind gekocht sind, so thue sie heraus, und häute sie sauber ab, nachdem schneide sie Blätleinweis in der Runde, wie die Zunge ist, thue sie in einen Kastrol
hin-

hinein, thue eine Coulis oder eine Sauce von Mehl gemacht daran, wie schon gemeldet ist, thue dazu ein wenig feine Kapern, wie auch 2 Sardellen fein gehackt, und laß es nachdem aufkochen; ist es Zeit zu serviren, thue hinein ein wenig Bertram-essig, den Saft von einer halben oder ganzen Lemoni, nachdem du Sauce hast, wie auch ein wenig fein geschnittene Lemonischalen, und servire sie hernach zur Tafel.

Tendrons de Veau Sauce a l'orange.

Der Kern von der Kalbsbrust mit Pomeranzensauce.

Es muß eine schöne und große Kalbsbrust seyn, davon schneidest du nur so viel herunter, als der Kern ist, oder noch besser zu sagen, die Kruspeln, dieses thue sauber auswässern und im Wasser blanchiren, nachdem lege sie in die Bouillon, und laß sie nicht gar zu lind sieden, hernach mache eine Sauce, nimm ein wenig Butter in einen Kastrol, mache ein wenig Mehl schön gelb, passire darein ein wenig Zwiebel, fülle es halb mit Jus und halb mit Bouillon auf, daß die Sauce eine leichte, schöne gelbe Farbe bekömmt, thue auch ein Blätt-lein Basilicum darein, ein wenig Thymian, und ein wenig von einem Lorberblat, laß es wohl ver-kochen, und faume es allezeit sauber ab, hernach wenn das Fleisch nicht gar lind gekocht ist, thue es heraus, und schneide in der Breite deine Schnitze, damit Knorspeln und Fleisch beysammen bleibt, thue es hernach in einen Kastrol, passire die Sauce durch ein Haarsieb darein, und laß miteinander kochen,

kochen, bis sie gar lind wird, wie sie seyn soll, koste sie hernach im Gusto vom Salz, nimm eine bittere Pomeranze, thue die Schale davon fein abschnitzeln in ein wenig frisches Wasser, setze ein wenig Wasser auf das Feuer, und laß es sieden, hernach thue die Schalen hinein, und laß sie einen Sud aufthun, gieße sie nach diesem wiederum ab, und thue sie in ein frisches Wasser; ist es Zeit zu serviren, laß das Fleisch aufkochen, thue die Pomeranzenschalen hinein, und drücke den Saft von einer oder zwey Pomeranzen dazu, alsdenn servire sie zur Tafel.

Tendrons de Veau en blanc.
Den Kern von der Kalbsbrust mit weißer Sauce.

Richte die Brust, und schneide sie in kleine und frische Dransch, wie vorher schon gemeldet ist, zu der Sauce nimm ein wenig frischen Butter in einen Kastrol, laß ihn auf dem Feuer zergehen, passire ein wenig feines Mehl hinein, nachdem du Sauce vonnöthen hast, thue einen Zwiebel, ein Blätlein Basilicum, Thymian, und ein klein wenig von einem Lorberblat dazu, laß die Sauce wohl verkochen, nachdem rühre 3 oder 4 Eyerdotter hinein, und laß sie wiederum aufkochen, thu die Sauce hernach durch ein Haartuch passiren, und gieß sie an das Fleisch, laß wiederum aufkochen; ist es Zeit zu serviren, mache es wohl warm, drücke den Saft von einer Lemoni hinein, wie auch ein wenig fein geschnittene Lemonischalen, und servire es zur Tafel: auf die nämliche Manier kann die Brust

Brust auch weiß mit Pomeranzen gemacht werden.

Pits d'agneau a la Sauce verde.
Lammsfüße mit grüner Sauce.

Die Füße werden gemacht auf die nämliche Manier, gleichwie die Kalbsfüße mit grüner Sauce.

Pits de Mouton a la même maniere.
Schaffüße auf die nämliche Manier.

Die Schaffüße können auf die nämliche Manier gemacht werden, als wie die Kalbsfüße gemacht werden, weiß und braun.

Une Poitrine d'agneau en blanc avec du persil.
Lammsbrüste mit Petersill.

Nimm die Brüste, thu sie schön auswässern und im Wasser blanchiren, hernach schneide sie in schöne und kleine Stücklein, lege sie in einen Kastrol mit ein wenig frischen Butter, einen ganzen Zwiebel, und ein wenig Salz, passire sie auf dem Feuer, staube ein wenig feines Mehl daran, füll sie mit guter Bouillon auf, und laß sie lind kochen, nachdem nimm das Fleisch heraus in einen saubern Kastrol, wo kein langes Bein dabey bleibt, passire die Sauce durch ein Haarsieb an das Fleisch, pflücke einen Petersill Blättlein weis, und in siedendem Wasser blanchiren, bis er schier gar lind ist, drücke den Petersill hernach aus; ist es Zeit zu serviren, setz das Fleisch auf das Feuer, und laß aufkochen, und thu den Petersill hinein, wie auch den Saft von einer Lemoni und servire es zur Tafel; mit Petersillwurzeln kann es auch gemacht werden, auch gelb auf die nämliche Manier.

Une a la peluche de Celeri.

Lammsbrüste mit Zelleri.

Diese Lammsbrüste werden gemacht auf die nämliche Manier, als wie diese mit Petersill, nur daß du den Zelleri anstatt den Petersill hinein thust, wie auch den Saft von der Lemoni, sie können auch mit Wurzeln gemacht werden.

Une de Langues d'agneau aux anchois.

Lämmerzungen mit Sardellen.

Nachdem die Zungen sauber gewaschen und blanchirt sind, mach sie in eine ordinäre Bräs und laß sie lind werden, nachdem thue sie aus der Bräs in einen Kastrol, und gieß Coulis oder eine Sauce von Mehl gemacht daran, hacke 2 Sardellen fein, und mische sie mit ein wenig Butter, und nimm sie zu der Sauce; willst du sie anrichten, so laß sie aufkochen, und thue auch hinein ein wenig Bertramessig und den Saft von einer Lemoni, und servire sie zur Tafel.

Une de Langues de Mouton a la même maniere.
Schafzungen auf die nämliche Manier.

Une de queues de Bœuf sauce aux Cornichons.
Einen Ochsenschweif mit eingemachten Cucumern.

Nimm den Schweif, haue ihn in Stücke wie die Glieder sind, hernach thue ihn in einer Bouillon oder auch extra sieden etwa eine Stunde lang, nachdem thue ihn in einen Kastrol mit Speck und Nierenfette, nimm dazu ein paar ganze Zwiebel, etwas Wurzel und Kräuter, ein Lorberblat, Pfeffer und Salz, ein Glas Wein, und setz ihn auf ein stätes Feuer, und laß ihn kochen, thue zu Zeiten ein wenig Jus oder Bouillon daran gießen, mache einen Löffelvoll Mehl gelb, nimm es auch dazu, und füll es hernach mit Jus an, laß kochen bis der Schweif recht lind wird, nachdem thue den Schweif in einen saubern Kastrol, und thue etliche eingemachte Cucumern außen abschälen und Blättleinsweis oder auch Fileweis daran schneiden, nimm die Fette sauber von der Sauce ab, und thue sie hernach durch ein Haarsieb daran passiren, und setz sie warm; ist es Zeit zu serviren, laß ihn aufkochen und thue ein wenig Bertrameßig daran, drücke den Saft von einer Lemoni darein, und servire es zur Tafel: du kannst ihn auch auf solche Art mit Kapern oder Sardellen geben.

Une des amourettes au Parmesan.
Ruckmark mit Parmesankäs.

Nimm das Ruckmark, häutle es sauber ab, wie sichs gehört, hernach blanchire es im Wasser mit Salz, schneide es halben Finger lang in kleine Stücke, thue es in einen Kastrol mit Butter, und ein wenig fein geschnittenen Petersill, Scharlotten, Pfeffer und Salz, und laß es auf dem Feuer passiren, thue es hernach in den Topf oder Schüssel einrichten, ein Leg Mark und mit Käs bestreuen, und so fort bis du es angerichtet, nachdem gieß eine gute und recht starke Jus darauf, setz es auf eine Glut, bis es Zeit ist zur Tafel zu geben, so ist es gut.

Une Langue de Bœuf a l'allemande.
Eine Ochsenzunge auf deutsche Manier.

Nimm eine Rindzunge, und laß sie sieden bis sie lind ist. Die Sauce dazu: Nimm ein wenig Butter in einen Kastrol, mache einen Löffelvoll Mehl gelb, und passire ein wenig fein geschnittene Scharlotten hinein, füll es mit Jus oder Bouillon auf, und laß sieden, schneide 2 Sardellen mit ein wenig Kapern fein, thue es auch an die Sauce, salze und pfeffere, nachdem die Zunge lind ist, thue sie abhäuteln und in der Mitte voneinander schneiden, und lege sie in die Sauce, gieß auch ein wenig Bertramessig dazu; ist es Zeit zu serviren, drücke den Saft von einer Lemoni hinein, wie auch ein wenig fein geschnittene Lemonischalen, und servire sie zur Tafel.

Une Langue de Bœuf a la Polonoiſe.
Eine Rindzunge auf pohlniſch.

Die Sauce dazu: Thue ein wenig Butter in eis
nen Kaſtrol, und mache einen Löffelvoll Mehl braun
mit ſo viel Zucker als ein halbes Ey ausmachet:
wenn es ſchön braun iſt, fülle es auf mit Jus und
fülle ein Glas rothen Wein dazu, und laß kochen,
hernach thue kleine Cibeben, kleine Roſinen oder
Weinbeere genannt, ein wenig im Waſſer ſieden,
hernach ſauber putzen, und aus den Roſinen mit der
Meſſerſpitze die Kerne herausnehmen, wenn die
Sauce wohl verkocht hat, thue es hinein, wie auch
etliche Mandelkerne, nachdem ſie geſchält und fein
in Filé geſchnitten ſind, von der Zunge, nachdem ſie
lind geſotten hat, die Haut abſchälen, in der Mitte
von einander ſchneiden, und thue ſie in die Sauce,
gieß ein wenig Eſſig darein; iſt es Zeit zu ſerviren,
ſchneide etwas feine Lemoniſchalen darein, und ſers
vire ſie zur Tafel.

Une Abbattis d'oiſon a l'allemande.
Das Junge von der Gans auf deutſch.

Nimm das Junge von der Gans, thue es flam̃i
miren und Gliederweiß ſchneiden, hernach im Waſſer blanchiren und ſauber putzen, die Beiner thue ets
was abhauen, und lege es in einen Kaſtrol oder Keſſel, nimm dazu Pfeffer und Salz, ein Lorberblat,
Baſilicum und Thymian, einen Zwiebel, etwas
Wurzeln, halb Waſſer und Eſſig, ſetz ſie zum Feuer,
und laß ſieden bis lind iſt, thue einen Butter in eis

nen Kastrol, mache einen Löffelvoll Mehl gelb, und füll es mit dieser Bouillon auf, wo die junge Gans darinn gesotten hat, und laß sieden, stoße etwas Cronawethbeer, thue sie in die Sauce und laß nur ein wenig mitkochen; ist es Zeit zu serviren, drücke den Saft von einer Lemoni darein, und richte sie an, streue 12 bis 18 ganze Cronawethbeer darauf und servire zur Tafel.

Une Abbattis d'oison au sang.
Das Junge von der Gans mit Blut.

Richte das Junge von der Gans zu, wie schon gemeldet ist, das Mehl aber mache braun mit einer welschen Nußgroß Zucker, hernach thue das Mehl zu der jungen Gans und laß miteinander kochen: wenn es lind ist, thue das Junge von der Gans heraus in einen saubern Kastrol, in die Sauce rühre das Blut von der Gans, oder auch ein schweinernes Blut, und laß die Sauce aufkochen, nachdem thue sie durch ein Haartuch passiren, und gieß die Sauce zu dem Gänsjung; wenn es Zeit ist zu serviren, laß sie aufkochen, drücke den Saft von einer Lemoni hinein, und servire sie zur Tafel.

Une de Pigeons en Compôte.
Tauben in Compôte.

Thue die Tauben flammiren und sauber putzen, nachdem dressire sie schön, thue einen frischen Butter in einen Kastrol, rangire die Tauben hinein mit einem ganzen Zwiebel und ein kleines Lorberblat, Salz

Salz und Pfeffer, und wenn du einen Schnitz rohen Schunken hast, setz sie auf eine Glut, und laß sie schön gelb anziehen, staube hernach ein wenig feines Mehl daran, und ein kleines Glas weißen Wein, füll sie mit Jus auf, und laß sie gar kochen, nachdem thue die Tauben heraus in einen saubern Kastrol, nimm die Fette von der Sauce hinweg, und passire die Sauce durch ein Haarsieb an die Tauben, nimm dazu Maurachen und laß aufkochen: ist es Zeit zu serviren, thue den Saft von einer halben Lemoni hinein, und servire sie zur Tafel.

Une de Rabatti de Volaille.
Flügel und Leber von dem Geflügel.

Alles thut man sauber putzen, nachdem blanchiren, die Flügel thue an der Spitze abhauen in einen Kastrol, dazu schneide auch die Mägen Blätleinweiß, wie auch ein wenig Butter, Salz und Pfeffer, ein Lorberblat, einen ganzen Zwiebel, etwas Maurachen und Triffel, frisch oder gedörrt, hernach passire dieses alles zusammen auf dem Feuer, staube ein wenig feines Mehl daran, und füll es mit Jus auf, laß kochen bis alles lind ist, hernach thue die Leber dazu; ist es Zeit zu serviren, laß aufkochen, und drücke den Saft von einer Lemoni darein, und servire sie zur Tafel, du kannst auch etwas Triffel und Maurachen dazu nehmen.

Une de Tortue en gras.
Schildkröten mit Bouillon gemacht.

Der Schildkröte thue den Kopf, Schweif und die 4 Pratzen abhauen, nachdem salze und siede sie im Wasser: wenn sie gesotten haben, löse sie sauber aus, mache 4 Viertel daraus, Leber und Eyer ist alles gut; zu der Sauce nimm einen frischen Butter in einen Kastrol, laß ihn auf dem Feuer zergehen, darein thue ein Löffelein schönes Mehl, und laß ein wenig passiren mit ein wenig fein geschnittenen Scharlotten, füll sie mit guter Bouillon an, nimm auch einen ganzen Zwiebel dazu und laß aufkochen, nachdem thue einen fein geschnittenen Petersill, ein Lorberblat, ein paar Blätlein Basilicum, Pfeffer und Salz dazu, thue hernach die Schildkröte hinein, und laß sie stehen, bis es Zeit ist zu serviren, setze sie hernach auf das Feuer und laß kochen, nachdem legire sie mit etlichen Eyerdottern und drücke den Saft von einer Lemoni hinein, thue den Zwiebel und das Blat davon, und servire es zur Tafel: wenn du sie hast, so kannst du auch etliche Champion dazu nehmen, und mit einpassiren.

Hier will ich auf mancherley Manier den Butterteig zu machen explitiren, welcher kann gemacht werden zu den Butterpasteten, zu den kleinen Pastetlein, und auch zu den süßen Tourtelets, oder deutsch zu sagen, kleine Kräpflein: man kann sich von einem dieser Butterteige nach Belieben bedienen welchen man will, und welcher am besten gefällt, es wird ein jeder, wie ich ihn erklären werde, schön und gut seyn.

Erstlich: Wenn eine warme Zeit ist, so thue den Butter Tags vorher wässern, und setz ihn in den Keller, absonderlich wenn du kein Eis haben kannst; des andern Tages frühe, wenn es noch kühl ist, mache den Teig in dem Keller, nimm ein Pfund Mehl

auf

auf ein Bachbrett, schlage ein ganzes Ey dazu, salze ihn ein wenig, thue dazu ein Bröcklein Butter eines halben Eyes groß, nimm ein frisches Wasser und mache den Teig damit an, arbeite ihn recht gut, so lang, bis er sich gern vom Bret ablöset, nimm aber in Obacht, daß der Teig nicht zu stark und auch nicht zu lind angemacht wird, eher etwas linder als härter: wenn dann der erste Teig gut gearbeitet ist, so lege ihn auf die Seite, und putze dein Bachbret sauber ab, nachdem treibe deinen Teig mit dem Nudelwalger aus, lege in die Mitte auf den Teig in der Breite 1 Pfund Butter, und bedecke hernach den Butter mit dem Teig in Vierecke, und laß ihn eine Viertelstunde ruhen, nachdem walge den Teig schön gleich aus, und schlage ihn auf beyden Seiten ein, und die zwey doppelten Blätter Teig aufeinander, nach diesem laß ihn ruhen, so lang du willst, und dir nach deiner Arbeit gelegen ist, auf diese Manier mußt du ihn dreymal schlagen: wenn nun dieses geschehen ist, so mache aus deinem Butterteig, was du zu machen hast, Butterpasteten, oder auch kleine Pastetlein: hast du aber Gelegenheit ein Eis zu haben, so darfst du, wenn es dir nicht gelegen ist, den Teig im Keller zu machen, nur den Tag, wo du einen Butterteig nöthig hast, den Butter waschen, in das Eis thun und fest werden lassen, hernach den Teig machen, wie schon gemeldet ist, auf das Eis stellen, und auf die nämliche Manier tractiren: du kannst auch, nachdem du den ersten Teig hast fertig gemacht, in der Länge auswalgen, und hernach den Butter auf das Bret thun mit ein wenig Mehl, und den

Butter mit der Hand auswirken, und hernach übereinander legen, alsdenn wieder mit ein wenig Mehl auswirken, und dieses dreymal, nachdem thue ein Stücklein von dem Butter abbrechen, leg ihn auf den Teig, und wickle ihn mit dem Teig ein, und dieses mach so fort, bis du dein Pfund Butter hast hineingewickelt, nachdem laß den Teig ruhen, und thue ihn dreymal schlagen, wie schon vorher gemeldet worden: auf diese Manier gemacht, kann der Teig stärker auflaufen.

Auf eine andere Manier.

Man nimmt die Quantität Mehl und Butter, wie schon gemeldet ist, und machet den Teig auf die nämliche Manier, nur beobachte, daß du anstatt dem ganzen Ey, 3 Eyerdotter nehmest, und anstatt dem Wasser, nimmst du einen recht guten sauren Rahm, und machst den ersten Teig damit an, und thust ihn hernach machen, wie vorher gemeldt, und auch auf die nämliche Manier tractiren. Dieser Teig kostet etwas mehreres, er ist aber um desto besser und delicater, so daß er im Maul zergehet, und die Farbe, die er im Ofen bekommt, kann nicht schöner gemalet werden: wenn er aber zu kleinen Pastetlein gehört, so muß er recht dünn ausgetrieben, und die Pastetlein gut bestrichen und gut beygedrückt werden, sonst fallen sie alle um im Ofen, weil dieser Teig, auf diese Manier gemacht, allzustark aufgehet.

Auf eine andere Manier den Teig im Winter zu machen, welcher recht schön und gut ist, er kann auch

auf

auf diese Manier im Sommer gemacht werden, wenn man die Gelegenheit hat, ein Eis zu bekommen: dieser Teig, auf solche Manier zu machen, ist gut, wenn man kleine Bachereyen zu machen hat, weil er schön gleich bleibt, und nicht umfällt, und dennoch ist er recht gut, schön und mürb.

Nimm ein Pfund Mehl und ein Pfund Butter, thue den Butter große Brockenweiß in das Mehl, 3 Eyerdotter und ein wenig Salz, mache diesen Teig zusammen mit sauren Rahm, es darf aber der Butter nicht verarbeitet werden, sondern du mußt den Teig ganz leicht zusammen machen und hernach ruhen lassen, und das Bachbret sauber abputzen; wenn der Teig eine Viertelstunde geruhet hat, so thue ihn hernach schlagen, gleichwie die andern Teige, und laß ihn allzeit wiederum ruhen, und dieses dreymal, so ist der Teig fertig; hast du ihn im Sommer zu machen, so lege den Butter vorher in das Eis, und laß ihn hart werden, hernach mache den Teig, wie schon gemeldt, lege den Teig auf das Eis in einer Tortenpfanne oder Schüssel, und laß ihn anziehen, bis du ihn arbeiten oder schlagen kannst, und dieses auch dreymal, und hernach allezeit wieder auf das Eis stellen, damit er hart bleibt: hast du aber keinen Rahm, so kannst du, den Teig auf diese Manier zu machen, 3 Eyerdotter in ein Geschirr schlagen, und halb weißen Wein und halb Wasser dazu gießen, schlage es ab, und mach hernach den Teig damit anstatt den sauren Rahm, er wird auch gut und lauft auf, doch aber wird er nicht so gut und fein, als wie mit dem sauern Rahm: auf diese
Ma-

Manier den Teig gemacht, wird er allezeit schön gleich auflaufen.

TOUTES SORTES DE PETITS PATES POUR HORS-D'OEUVRES.

Alle Sorten von kleinen Pastetlein für die *Horsd'œuvres.*

Des petits Patés a la Bechamelle.

Kleine Pastetlein mit süßen Rahm.

Man muß kleine kupferne Mödel haben, die Facon kann seyn, wie sie will, wenn sie nur etwas tief sind, thue hernach den Teig schön gleich austreiben mit dem Walger, mach ein dünnes Blat in den Model, und drücke den Teig gleich und schön aus, hernach kann man einen übrigen Teig zusammenwirken, und etwas davon in den Model thun, damit der Deckel darauf liegen bleibt, von innen aber dürfen sie mit dem Ey nicht bestrichen werden, sondern nur der Deckel oben, damit er schöne gelbe Farbe bekommt: nachdem sie im Ofen schön gebachen sind, muß man die Pastetlein gleich umstürzen auf einen Bogen saubers Papier, die Deckel herunternehmen, und innen recht sauber ausputzen, thue die Pasteten auf eine saubere Tortenpfanne oder Schüssel, bis es Zeit ist zu serviren, damit du sie warm machen kannst, nimm

her-

hernach von einem Geflügel, welches schön gebraten ist, das weiße Fleisch ohne Haut, und thue es fein in Filé schneiden, thue es in einen kleinen Kastrol, und thue eine Bechamelle dazu, welches von süßem Rahm gemacht ist, und schon gemeldet worden; ist es Zeit zu serviren, so mache es warm, und gieb ein wenig Salz dazu, so viel es leidet: hast du ein wenig Glace, ist es auch gut, wenn du etwas dazu nimmst, welches kräftiger macht, fülle hernach die leeren Pastetlein damit sauber an, decke den Deckel darauf, und gieb sie warmer zur Tafel, auf diese Art kannst du von allen Sorten Geflügel Pasteten machen, zahmes und wildes, wie auch von Kalbsbrüs, und von fein gebratenen Kalbfleisch, welches in deinem Belieben stehet; das sind kleine Pastetlein mit Bechamelle, welche man auf deutsch nicht anders expliciren kann, als etwa mit süßen Rahm, so aber die rechte Benennung nicht ist.

Des petits Patés a la Polonoise.
Kleine Pastetlein auf pohlnisch.

Diese Pastetlein werden auch in die Form gemacht, wie oben gemeldt, und ausgebachen, hernach nimm ein gebratenes Geflügel, es mag seyn was für eins es will, oder auch ein fein gebratenes Kalbfleisch, nur aber das weiße Fleisch nimmt man und thut es fein schneiden, welches ein Fasch genennet wird: nachdem es geschnitten ist, thue in einen Kastrol ein wenig frischen Butter, laß ihn zergehen, mache ein kleines Löffelein voll Mehl gelb, und

und paſſire hernach ein wenig fein geſchnittenen Zwiebel darein, nachdem thue das geſchnittene Fleiſch hinein, gieß ſo viel Bouillon daran, als es vonnöthen hat, und laß ein wenig kochen bis das Mehl verkocht iſt, puze und blanchire ſauber hernach ein wenig kleine Roſinen, thue ſie auch hinein; iſt es Zeit zu ſerviren, gieb Salz dazu wie ſichs gehört, wie auch ein wenig Lemoniſaft, und fülle die Paſtetlein damit an, decke die Deckel darauf, und gieb ſie zur Tafel.

Des petits Bouches a la Reine.
Kleine Paſtetlein von Faſch.

Nimm ein mageres Kalbfleiſch, und ſchneide es recht fein, nimm auch eine gute Nierenfette, thue ſie ſchön aushäuteln und fein ſchneiden, es muß ſo viel Fette als Fleiſch ſeyn: wenn alle beyde fein geſchnitten ſind, ſo durchſuche mit dem Meſſer, ob keine Haut mehr dabey iſt, hernach thue das Fleiſch und Fette in einen Mörſer, mit ein wenig fein geſchnittenen Scharlotten, Baſilicum und Thymian, ſtoße alles fein zuſammen, nachdem thue ein wenig eingeweichte Semmel dazu, ein wenig Pfeffer und Salz, ein wenig Muſcatnuß, und auch wiederum ſtoßen, ſchlage hernach 3 oder 4 Eyerklar zu einem Schnee, und nimm dieſen Schnee auch dazu, ſtoße es gut untereinander, alsdenn iſt der Faſch gut: hernach treibe den Butterteig ſchön gleich und dünn aus, ſteche die kleinen Blätlein, welche nicht größer ſeyn dürfen, als wie ein Zwanziger, lege ſie auf das Blech ſo viel du im Sinne haſt zu machen, beſtreiche ſie

sie mit Eyern, thue ein wenig Fasch darauf, und decke sie mit einem Deckel zu, drücke sie wohl bey, damit sie nicht krumm laufen, und bache sie schön aus, sie müßen ein wenig gähe Hitze haben.

Petits Patés a l'Espagnole.

Kleine Pastetlein auf spanisch.

Thue eine Handvoll feines Mehl auf ein Bret, schlage ein ganzes Ey darein, ein wenig Butter, einer welschen Nuß groß, und ein wenig Salz, nimm ein laulichtes Wasser, und mache den Teig nicht zu fest an, arbeite den Teig recht ab, bis er recht schön glatt wird, und nicht mehr am Bret hängen bleibt, hernach thue ihn austreiben und mit der Hand anziehen, bis daß er so fein wird als das feinste Papier, hernach nimm halb frischen Butter und halb Provenceröl, bestreiche den ganzen Teig damit gut, hernach wickele ihn zusammen, gleichwie eine dicke große Wurst, lege den Teig auf eine Tortenpfanne, und stelle ihn in Keller, bis den andern Tag, da du die Pastete machen willst, mache hernach ein Messer warm, und schneide den Teig Blätleinweis in der Runde dick wie ein Thaler, bestreiche das Blech mit frischen Butter, und lege ihn Blätleinweis darauf, so viel du im Sinn hast Pastetlein zu machen, thue hernach einen Fasch darauf, und mit dem andern Blätlein bedecken, und ohne bestreichen im Ofen ausbachen, mit ein wenig gäher Hitze, damit sie eine Farbe bekommen.

Petits

Petits Patés aux Huitres.
Kleine Austernpastetlein.

Nimm kleine kupferne oder blecherne Pasteten-schüsseln, so viel du Pastetlein vonnöthen hast, treibe den Teig schön gleich aus, und stich in der Größe, wie die Schüsseln sind, ein rundes Blat aus, und thue es schön gleich in das Schüsselein eindrücken und bestreichen, hernach mache die Austern auf in ein Geschirr, putze sie sauber wie sichs gehört, hernach thue in ein Schüsselein ein oder zwey Austern, nachdem nimm das Wasser von den Austern mit einem Stücklein frischen Butter, ein klein wenig fein geschnittenen Petersill, thue ein wenig Pfeffer und Lemonisaft dazu, gieß in ein jedes Schüsselein einen Eßlöffelvoll von der Sauce hinein, und bestreue sie mit ein wenig fein geriebenen Brod, backe sie in einen heißen Bachofen aus, sie müssen aber gäh gebachen werden, hernach servire sie warm zur Tafel.

Petits patés aux Huitres aux Coquilles.
Austernpasteten in der Schale.

Mache die Austern auf, thue sie in ein Geschirr, und behalte die schönern Schalen auf, hernach wasche die Schalen sauber, und laß bey dem Feuer trocknen, nachdem putze die Austern wie sichs gehöret, laß einen frischen Butter zergehen, thue die Austern hinein mit ein wenig Pfeffer und Lemonisaft, treibe hernach den Butterteig schön gleich aus, und stich runde Blätlein aus in der Größe

Größe von den Austernschalen, thue die Blätlein von Teig auf die Austernschalen legen und eindrücken, ringsherum mache ein kleines Raiflein von dem nämlichen Teig, bestreiche sie mit Eyern und lege in ein jedes ein oder zwey Austern, gieb einen Löffelvoll von dem Butter darauf, bestreue sie mit ein wenig fein geriebener Semmel, bache sie in einen gähen Bachofen aus, und servire sie hernach mit samint den Schalen zur Tafel,

Petits patés a l'Allemande.

Kleine Hascheepastetlein auf deutsch.

Nimm ein mageres Kalbfleisch, schneide es viereckigt in einen Kastrol, nimm dazu eine gute Nierenfette so viel als Fleisch, ein paar Schärlotten, ein wenig Basilicum und Thymian, passire es auf dem Feuer bis das Fleisch weiß wird, hernach thue es auf ein Schneidbret, und thue ein wenig Kapern dazu, wie auch ein wenig Lemonischalen, Pfeffer und Salz, schneide alles fein, auf die letzte drücke den Saft von einer Lemoni hinein und mische den Fasch, so ist er gut, nachdem treibe den Butterteig schön gleich aus, stich runde Blätlein, wie ein Thaler, heraus, lege so viel auf das Blech als du Pastetlein vonnöthen hast, bestreiche sie mit Eyern, thue hernach ein wenig Fasch darauf, und bedecke sie mit einem andern Blat, drücke sie in der Runde mit dem Finger, damit sie gleich auflaufen und beysammen bleiben, hernach bache sie im Ofen aus, aber nicht gar zu gäh, bis sie eine schöne Farbe haben, aledenn thue sie warmer serviren.

Petits patés aux Ecrevisses.
Kleine Pasteten von Krebsen.

Nimm Krebse, so viel du glaubst vonnöthen zu haben, thue sie absieden und hernach die Schweife und Eyer davon nehmen, die Schalen a parte zum Stoßen, die Nase aber muß davon geschnitten werden, weil sie bitter ist, nachdem die Schalen recht fein gestoßen mit einem Stück frischen Butter, thue sie in einen Kastrol mit ein wenig frischen Wasser, und laß sie so lang kochen, bis der Butter recht schön roth ist, presse ihn hernach durch ein Haartuch, und laß ihn kalt werden, schneide eine Schmollen von einer Semmel fein in einen Kastrol, gieß so viel Milch daran, daß die Semmeln bedeckt sind, wenn sie nun eine Stunde geweicht hat, so setz sie auf ein stätes Fauer, und laß wohl verkochen, daß es ganz dick wird, nachdem laß sie kalt werden, thue den kalten Krebsbutter in die gekochten Semmel, und zerrühre ihn wohl, hernach schlage etliche ganze Eyer daran, eines nach dem andern, und rühre es allezeit wohl, auch noch viel Eyerdotter, und allezeit muß gerühret werden bis es recht flammirt wird, nachdem schneide die Krebsschweife klein, und thue sie darein, salze sie, nimm auch ein wenig Zucker dazu, welches einen guten Gusto macht, ein wenig Muscatnuß, rühre es wohl, hernach walge ein Stück Butterteig gleich und dünn aus, und mache in tiefe Model ein Blat darein dem Model gleich, hernach thue von dem abgetriebenen Krebsteig etwas hinein, aber nicht gar voll, und schneide mit dem Bachrädlein kleine Bändlein, und bedecke sie oben, kannst sie flechten

nach

nach deinem Belieben, hernach mit Eyern bestreichen, und in einem Ofen ausbachen, welcher nicht gar zu heiß ist, bis sie eine schöne Farbe haben, und hernach warmer serviren.

Petits patés aux farces d'Ecrevisses.
Kleine Pastetlein von Krebsfasch.

Nimm Krebse, so viel du meynest Fasch zu machen, thue die Krebse absieden mit Salz, hernach nimm die Schweife davon, aus der Schale mache einen Krebsbutter, nimm von dem Krebsbutter in einen kleinen Kastrol, schneide dazu einen Scharlotten klein, wie auch ein wenig Petersill, ein klein wenig Thymian und Basilicum, ein wenig in Milch eingeweichte Semmel, ein wenig Muscatnuß, ein wenig Pfeffer und Salz, wie auch ein gesottenes Kalbseuter klein geschnitten, passire dieses alles ein wenig auf dem Feuer, und thue es hernach auf ein Schneidbrett, thue die Krebsschweife dazu und schneide sie klein, nachdem mache die kleinen Pastetlein von Butterteig, so viel du vonnöthen hast, mit diesem Fasch: wenn du sie mit Eyern bestreichest, so mische die Eyer mit ein wenig Krebsbutter, und bache sie schön auf dem Ofen, damit sie eine schöne Farbe bekommen, und servire sie warmer.

Petits patés aux Ecrevisses a l'Allemande.
Kleine Krebspastetlein auf deutsch.

Nimm Krebse, so viel du glaubst vonnöthen zu haben, thue sie absieden und die Schweife davon neh-

nehmen, und auch einen Krebsbutter machen, nach: dem schneide die Schweife hübsch klein gewürfelt, auch ein gesottenes Kalbseuter auf die nämliche Manier geschnitten, auch etliche Maurachen und ein wenig frische Triffel oder auch dürre, wenn du sie hast: nachdem nimm in einen Kastrol ein wenig Krebsbutter, darein passire einen Scharlotten fein geschnitten, wie auch ein wenig feinen Petersill, nachdem thue alles Geschnittene hinein, und laß es ein wenig passiren, staube ein wenig feines Mehl daran, und gieb eine gute Bouillon darauf, und laß es aufkochen, setz es hernach vom Feuer, thue ein wenig Muscatnuß dazu, wie auch ein wenig Pfeffer und Salz, und laß es stehen, nachdem mache den Butterteig in kleine hohe Mödel die Pastetlein, thue in ein jedes hinein ein wenig Teig, oder auch ein wenig Fasch wenn du es hast, von innen aber dürfen sie nicht bestrichen werden, mache die Deckelein daraus und bache sie aus dem Ofen, wenn sie eine schöne Farbe haben, so nimm sie aus den Mödeln, und thue das innere heraus, halte sie warm bis es Zeit ist zu serviren, mache das Ragout von den Krebsschweifen warm, und fülle die Pastetlein damit an, decke sie wiederum zu, und servire sie warmer zur Tafel.

Petits patés a la Francfort.

Frankfurter Pastetlein.

Nimm ein mageres Schaffleisch, schneide es auf einem Schneidbrett klein, thue auch eine Nierenfette dazu, so viel als Fleisch, ein paar Scharlotten, ein wenig Petersill, Thymian und Basilicum, Pfeffer

ſer und Salz, ſchneide alles zuſammen recht fein, nachdem mache einen mürben Teig mit ſaurem Rahm und Butter, auch Eyern, walge den Teig recht dünn aus, und mache hernach über einen kleinen hölzernen Form die Paſtetlein ein wenig hoch, thue von dem Faſch hinein, und decke ſie zu: wenn es bald Zeit iſt zu ſerviren, ſo bache ſie aus dem Ofen, willſt du ſie ſerviren, mache ein wenig gute Coulis warm, drücke von einer halben Lemoni den Saft darein, mache die Paſtetlein auf, und gieb ein wenig von dieſer Sauce hinein, und ſervire ſie.

Petits patés au palais de Bœuf.
Kleine Paſtetlein von Ochſengaum.

Nimm die Ochſengaumen, wenn ſie recht lind ſind, ſchneide ſie klein viereckigt, paſſire hernach einen fein geſchnittenen Scharlotten in ein wenig friſchen Butter, thue die Ochſengaumen dazu, und laß noch ein wenig paſſiren, ſtäube ein wenig feines Mehl daran, und gieb eine gute Bouillon darauf und laß aufkochen, ſalze und pfeffere es ein wenig: die Paſtetlein werden von Butterteig gemacht, gleichwie die deutſchen Krebspaſtetlein in kleine hohe Mödel, pflücke und abblanchire gut ein wenig Peterſill Blätleinweiß, und thue ihn hernach zu den Ochſengaumen; iſt es Zeit zu ſerviren, laß aufkochen und mit Eyerdottern legiren, gieb einen Lemoniſaft dazu, und fülle es hernach in die kleine Paſtetlein, und ſervire es warmer zur Tafel.

Petits patés de fraise de Veau.
Kleine Gekrospastetlein.

Werden gemacht auf die nämliche Manier gleichwie die von Ochsengaumen, nur daß das Gekrös nicht viereckigt geschnitten wird, sondern nur schöne kleine Stücklein, fein und recht warmer servirt.

Petits patés de Cervelle de Veau.
Kleine Pastetlein von Kalbshirn.

Diese werden gemacht auf die nämliche Manier, nur daß die Sauce vorher muß gemacht werden, damit daß das Hirn schön klein gewürfelt und ganz bleibt.

Petits patés de ris de Veau.
Kleine Brüspastetlein.

Werden auch auf die nämliche Manier weiß gemacht, man kann sie aber auch braun machen und mit Maurachen und Triffel mischen, aber nicht legiren, und wenn die Zeit ist, daß es Spargeln giebt, kann man sie auch weiß mit Spargel machen.

Petits patés d'amourettes.
Kleine Pastetlein von Ruckmark.

Diese werden auch auf die nämliche Manier gemacht, gleichwie die von Kalbshirn.

Petits patés de Grasdoubles.
Kleine Paſtetlein von Kuttelflecken.

Dieſe Paſtetlein werden auch auf eben ſolche Manier weiß gemacht, nur daß die Kuttelflecke recht fein, wie Nudel, müſſen geſchnitten werden.

Petits patés aux Salpicons.
Kleine Salpiconpaſtetlein.

Es werden die nämliche kleine Mödel mit Butterteig gemacht, nur was hinein kommt, nimmt man Kalbsbrüs, Kalbseuter, Ochsengaum, kleine Hühnerleber, wie auch ein wenig Schunken: dieses alles thut man recht klein gewürfelt schneiden, hernach paſſire ein wenig fein geſchnittene Scharlotten, mit ein wenig friſchen Butter, thue dieſes Geſchnittene auch dazu, ein wenig Schampignon und Maurachen, auch Triffel: wenn es paſſirt iſt, ſtaube ein wenig feines Mehl daran, und gieb eine gute Jus darauf, laß dieſes alles aufkochen; iſt es Zeit zu ſerviren, machs wiederum recht warm, thue den Saft von einer Lemoni dazu, ein wenig Pfeffer und Salz, ein wenig fein geſchnittenen Peterſill, und fülle es hernach in die Paſtetlein hinein, alsdenn ſervire ſie warmer zur Tafel.

Petits patés hachés.
Kleine Haſcheepaſtetlein.

Nimm ein mageres Kalbfleiſch, ſchneide es in kleine Stücklein, nimm ſo viel gute Nierenfette da-

O 4

zu, ein paar Scharlotten, ein wenig Thymian und Basilicum, paßire dieses auf dem Feuer bis es weiß wird, hernach thue es auf ein Schneidbrett, nimm dazu ein wenig Kapern und einen ausgehöhlten Sardellen, ein wenig Lemonischalen ohne weiß, Pfeffer und Salz, schneide dieses zusammen recht fein, auf die Letzte drücke den Saft von einer halben Lemoni in diesen Fasch, so ist er gut, hernach mache von Butterteig die kleinen Pastetlein davon.

Petits patés au Ris.
Kleine Reispastetlein.

Nimm etwas Reis, siede ihn in der Milch recht lind, nachdem laß ihn kalt werden, thue ein wenig ungeschmolzenen Butter darein, und rühre den Reis wohl ab, thue auch dazu etliche Eyerdotter, es muß allezeit wohl gerührt werden, auf die Letzte thue ein wenig Muscatnuß, ein wenig Pfeffer und Salz, nachdem thue in die kleine Pastetenschüsseln ein Blätlein Butterteig hinein, ein wenig Fasch oder feines Ragout, oder auch ein Salpicon, und bedecke es hernach mit dem abgetriebenen Reis, ein wenig hoch oben bestreichen mit ein wenig Butter und mit fein geriebenen weißen Brod bestreut, im Ofen laß sie recht schön ausbachen, bis sie schöne Farbe bekommen, und hernach servire sie warmer.

Petits patés de Cotellettes d'agneau a la Venitienne.
Carmenat von Lämmern auf venetianisch.

Nimm die Carmenate vom Lamm, und mache sie ohne Haut recht schön klein, hernach thue sie in ein wenig Provenceröl mit feinen Kräutern paßiren, schlage sie in Butterteig ein, oben und unten mit ein wenig Fasch, das Bein aber muß heraus schauen, und den Teig darüber geschlagen neben beygedrückt, und hernach mit einem warmen Messer, nach dem Form ein Carmenat, geschnitten, ringsherum mit dem Messer beygedrückt, nachdem bestreiche sie mit Eyer, und thue sie aus dem Ofen gebachen schön warm serviren.

Petits patés de faye de poulets.
Kleine Pastetlein von Kalbsleber.

Nimm kleine hohe Model, und mache ein Blat von Butter schön darein, hernach nimm etliche Hühnerleber, schneide sie fein, nachdem thue sie in einen Kastrol, thue ein klein wenig feines Mehl dazu, rühre sie ab mit einem ganzen Ey und 4 Dottern, thue dazu ein wenig Muscatnuß, ein wenig Pfeffer und Salz, rühre es mit einem halben Schöpflöffel voll Jus ab, passire es hernach durch ein Haartuch; ist es Zeit heraus zu bachen, fülle diese Sauce in die Model hinein nicht gar zu voll, laß sie schön aber nicht gar zu gäh ausbachen, servire sie warmer, und nicht lang stehen lassen, damit sie kein Wasser ziehen.

Petits patés de Saumon.
Kleine Pastetlein von Rheinsalm.

Nimm ein Stück Rheinsalm, thue ihn salzen und auf den Rost legen, daß er etwas anziehet, hernach nimm kleine Pastetenschüssel, mache ein Blat Butterteig darein, thue hernach den Salm zerpflücken in kleine Filé, und leg ihn in das Schüsselein hinein auf den Teig, thue darauf feine Kräuter, ein wenig Provenceröl, Lemonisaft, und ein wenig fein geriebene Semmel, laß sie hernach im Ofen ein wenig gäh ausbachen, auf die letzte gieb ein wenig Jus darauf, und servire sie warmer: wenn du es hast kannst du auch ein wenig Coulis anstatt der Jus nehmen.

Petits patés de filé de Mouton.
Kleine Pastetenfilee von Schaffleisch.

Mache einen Teig von Eyerdottern, gleichwie ein Nudelteig, hernach wirke ihn fein aus, als wenn du Nudel machen wolltest, nimm einen Form von Holz, wie die kleinen Pastetlein seyn müssen, thue ein Stücklein von diesem Teig darüber drücken, fest zusammen und schön rund machen, diese müssen aber einen Tag vorher gemacht werden, damit sie trocken werden, mache auch die Deckelein dazu, die werden nur darauf gelegt ohne fest zu machen, den andern Tag nimm ein Fricandeau vom Schafschlegel, häutele es gut ab, und schneide kleine Filé daraus, thue sie roh er in ein Geschirr, thue daran ein wenig Pfeffer

fer und Salz, fein geschnittene Scharlotten, Petersill, Thymian und Basilicum, etwas gutes Provenceröl und den Saft von einer Lemoni, mische es hernach wohl zusammen; wenn der Bachofen gerichtet ist zum ausbachen, thue diese Filé in die Pastetlein füllen also roher, decke die Deckelein darauf, und bache sie aus; wenn sie fertig sind und du zur Tafel serviren willst, thue die Fette davon, welche ein wenig in der Höhe seyn wird, thue über alle einen Eßlöffelvoll gute Coulis daran, decke sie wiederum zu, und servire sie warmer zur Tafel.

Petits patés a l'italienne.

Kleine Pastetlein auf italiänische Manier.

Nimm ein mageres Kalbfleisch, thue dieses halb braten, hernach fein schneiden, und nachdem in ein Geschirr, thue daran kleine Rosinen, ein wenig fein geschnittenen Petersill, ein wenig Muscatnuß und Salz, wie auch ein wenig Pfeffer und klein geschnittenes Mark, einen Löffelvoll Coulis, daß es ein wenig Saft hat, der Teig dazu muß gezogen werden, nimm ein schönes Mehl, dazu schlage ein ganzes Ey, ein wenig Salz, nimm ein laulichtes Wasser mit ein klein wenig Butter, mache den Teig damit an, und thue ihn wohl arbeiten, bis der Teig recht schön glatt wird, und sich vom Tisch selbsten ablöset, hernach mache kleine Stücklein daraus, und wirke ihn etwas aus, nimm hernach die kleinen Pastetenschüsseln zusammen,

men, thue sie mit Butter bestreichen und zieh hernach den Teig darüber, bestreiche ihn hernach wieder mit Butter, und dieses dreymal, hernach thue den Fasch hinein, und thue die andern 7 Blätter darüber ziehen, und allezeit mit Butter bestreichen, nachdem mache ein Messer warm, und thue sie, wie die Form sind, abschneiden, bestreiche sie oben auch mit Butter, und bache sie hernach im Ofen schön aus, und servire sie warmer zur Tafel.

Petits patés a la Genoise.
Kleine Pastetlein auf genuesisch.

Der Fasch wird gemacht auf die nämliche Manier, wie vorher gemeldt, zu den Teig aber nimm ein schönes Miehl, die Hälfte Zucker, ein wenig Zimmet, 2 Eyerdotter und so viel frischen Butter, daß du den Teig damit anmachen kannst, es darf sonsten nichts dazu kommen, hernach nimm kleine Pastetenform, und mache das Blat von diesem Teig hinein, thue hernach den Fasch hinein und bedecke sie, nachdem bestreiche sie mit Eyern, und streue ein wenig feinen Zucker darauf, bache sie schön aus, aber nicht zu heiß, im Herausnehmen der Mödel mußt du Obacht haben, daß du nichts zerbrechest, weil sie sehr mürb sind; diese Pastetlein werden nicht gar zu heiß servirt.

Petits patés de Laitance de Carpes.
Kleine Pastetlein von Karpfenmilch.

Nimm die Milch von einem oder zwey Karpfen, thue sie ein wenig im Salzwasser abblanchiren,

ren, hernach schneide sie in kleine Stücklein, so groß wie eine Auster, thue es in einen Kastrol mit fein geschnittenen Scharlotten und Petersill, wie auch ein paar fein gehackte Sardellen, ein wenig Pfeffer und Salz, ein Stücklein frischen Butter, etliche Tropfen Provenceröl, den Saft von einer Lemoni, passire es hernach ein wenig auf dem Feuer, nachdem mache in die kleinen Pastetenschüsseln von Butterteig Blätlein hinein, und thue hernach in ein jedes Schüsselein ein Stücklein von der Karpfenmilch, und gieb die Sauce davon überall darauf, streue ein wenig fein geriebenes Brod darauf, und bache sie im Ofen schön aus, sie dürfen schon ein wenig gäh herausgebachen und warmer servirt werden; sie haben fast den Geschmack von Austern; wenn man Austerschalen hat, so können diese Pastetlein darinnen gemacht werden, viele essen es vor Austern.

Petits patés d'Epinards.

Kleine Spinatpastetlein.

Nimm abblanchirte Kalbsbrus, thue sie abhäuteln, in kleine Stücklein schneiden und in einen Kastrol, thue dazu ein wenig fein geschnittene Scharlotten, ein wenig Petersill, Thymian und Basilicum, passire es ein wenig auf dem Feuer mit Butter, hernach stoße sie fein in einen Mörser, nachdem thue sie heraus in ein Geschirr mit einem Stücklein frischen Butter, rühre es mit einem ganzen Ey und 4 Eyerdottern wohl ab,

thue

thue ein wenig eine in Milch eingeweichte Semmel hinein, wie auch einen Spinatdopfen, so viel bis es recht grün wird, ein wenig Muscatnuß, ein wenig Pfeffer und Salz, stoß es recht untereinander, mache von Butterteig in kleine Form ein dünnes Blat hinein, fülle es mit diesem Fasch an, zieh kleine Bändlein von Teig darüber, thue sie mit Eyern bestreichen und schön ausbachen, hernach warmer serviren.

Petits patés de Cerfeuil.
Kleine Pastetlein von Körbelkraut.

Diese Pastetlein werden auf die nämliche Manier gemacht, nur daß das Körbelkraut muß fein geschnitten und hernach mit Butter passirt werden, und den Fasch gemacht, wie vorher gemeldt, von den Spinatpastetlein, wird auch auf diese Manier servirt.

Petits patés d'Asperges.
Kleine Pastetlein mit Spargel.

Nimm den Fasch, wie schon vorher gemeldet worden, den Spargel, nachdem er gesotten, thue klein schneiden und ein wenig passiren, und in Fasch hinein, alsdenn mache diese Pastetlein, wie die von Körbelkraut.

TOUTES SORTES DE BOU-
DINS POUR HORS
D'OEUVRES.

Trockenes Voressen von allerhand Sorten Würste.

Des Boudins aux Ecrevisses.
Krebswürste.

Man nimmt nur kleine ordinaire Krebse und thut sie absieden, hernach nimm die Schweife davon, von den Schalen thust du einen Krebsbutter machen, schneide eine halbe Semmel ohne Rinde klein, und gieß einen süßen Rahm daran, laß sie eine Stunde lang weich werden, nimm nachdem die Krebsschweife, ein Kalbsbrüs und 2 Kalbseuter, blanchirter zusammen alles fein geschnitten, und thue es zu der eingeweichten Semmel, wie auch ein wenig Basilicum und Thymian, ein klein wenig Majoran und Petersill, wie auch ein wenig fein geschnittenen Zwiebel im Krebsbutter passirt, und dieses alles muß sehr fein seyn, thue hernach den Krebsbutter dazu also kalter, etliche Eyerdotter, rühre dieses alles untereinander, thue ein wenig Pfeffer und Salz dazu, nachdem thue diesen Fasch in eine Wurstspritzen, und fülle die Därme damit an, mache die Würste so groß, als du sie haben willst, thue sie mit einem seinen Fäden unterbinden, stelle in einen Kastrol eine Milch auf das Feuer, wenn sie heiß ist, thue die

Würste hinein, laß sie stät aufkochen, hernach thue sie heraus, laß sie kalt werden; wenn du sie serviren willst, mußt du eine halbe Stunde vorher einen Bogen mit Krebsbutter bestreichen, dasselbe auf den Rost legen, und hernach die Würste darauf, mit einer sehr gelinden Glut schön gelb werden lassen, hernach sauber anrichten, die Schüssel aber vorhero wohl heiß machen, damit die Würste recht warm bleiben, und zur Tafel serviren.

Des Boudins verds.
Grüne Würste.

Diese Würste werden auf die nämliche Manier gemacht, gleichwie die vorbemeldte, nur daß kein Krebs und auch kein Krebsbutter dazu kommt, sondern nur etwas weißer frischer Butter, und um grün zu machen, mußt du einen Spinatdopfen machen, welche ich schon gemeldet habe, wie er zu verfertigen ist, diesen thust du hinein, so viel bis dein Fasch recht schön grün ist, und machst hernach die Würste gleich wie die andern, und auch in der Milch abgesotten auf die nämliche Manier, wie auf dem Rost das nämliche, nur nicht zu stark grilliren lassen, und warmer servirt.

Des Boudins de fraise de Veau.
Weiße große Würste.

Diese Würste werden auf die nämliche Manier gemacht, wie die erstbemeldten, nur ist der Unterschied, daß du, anstatt dem Brüs und Euter, ein schönes weißes und recht lind gesottenes Gekrös nehmest und keinen Butter dazu, wenn das

Gekrös gesotten ist, sondern nur mit wenigem Butter, wo du den Zwiebel damit passirest, und hernach mache die Würste nicht anders und minder, gleichwie die vorhergemeldte, nur ein wenig fein geschnittenen Majoran nimmst du dazu, und servire sie auch recht warm.

Des Boudins de Cervelle de Veau.

Würste von Kalbshirn.

Diese Würste werden auch auf vorbemeldte Art gemacht, nur anstatt dem Gekrös nimmst du Kalbshirn, und das übrige machst du alles, wie bey den andern Würsten auch, alsdenn servire sie warm zur Tafel.

Des Boudins a l'Italienne.

Würste auf italiänische Manier.

Diese Würste werden auch von Hirn gemacht, es gilt gleich, schweinernes oder Kalbshirn, thue etliche Kalbseuter dazu, wie auch etwas Butter, nur der Unterschied ist, daß kein Brod dazu kommt, sondern das bloße Hirn und etliche Dottern, auch ein wenig Safran: das übrige wird tractirt, gleichwie bey den andern Würsten, nur daß sie recht warm servirt werden.

Des Boudins a la Bechamelle.

Würste von weißem Geflügel mit Rahm.

Man nimmt ein gebratenes Geflügel, wenn man aber dieses nicht hat, und eines extra braten muß, es mag ein Kapaun oder Polard seyn, es gilt

gilt gleich, so wird dieses nur halb abgebraten, hernach thue die Haut davon, löse alles weiße Fleisch ab, schneide es recht fein und klein in Filé, aber nur mit dem Messer, und nicht mit dem Schneidmesser, hernach lege dieses Fleisch in einen Kastrol, thue dazu eine Bechamelle, wie ich schon gemeldet habe zu machen, ein wenig viel, rühre etliche Eyerdotter darunter, ein wenig Pfeffer und Salz, fülle es hernach in die Därme, und formire die Würste nach deinem Gutachten in der Größe, laß sie hernach in der Milch einen Sud aufthun, thue sie wiederum aus der Milch, und laß sie kalt werden: nachdem, wenn es Zeit ist, bestreiche ein Papier mit Butter, lege die Würste darauf, und setz sie auf ein stätes Feuer, welches sehr gleich seyn muß, laß sie schön gelb werden, nachdem servire sie sauber zur Tafel, auch müssen sie recht warm seyn; du kannst diese Sorten Würste von Wildgeflügel auf die nämliche Manier machen, sie sind auch recht gut.

Des Boudins au sang a l'Allemande.

Blutwürste auf deutsche Manier.

Nimm ein Pfund frischen Speck, laß ihn halb sieden, nach diesem, wenn er ein wenig kalt ist, schneide ihn klein gewürfelt, hernach schneide die Kräuter fein, als nämlich etwas Basilicum, Thymian und Maroni, hernach schneide einen großen Zwiebel fein, thue ihn in einen Kastrol, passire ihn mit einem Stücklein frischen Butter, gieß darein ein halb Maaß schweinernes Blut,

und

und ein halb Maaß süßen Rahm, thue den geschnittenen Speck auch dazu, wie auch die Kräuter, Salz und Pfeffer, wie sichs gehört, setze dieses hernach auf das Feuer, und rühre es allezeit bis es heiß wird, und anfängt ein wenig dicklicht zu werden, nachdem setz ihn vom Feuer, und fülle die Därme ein, man nimmt, wie gebräuchlich, große und fette Därme zu diesen Würsten, nach diesem setz ein Wasser auf das Feuer, und laß es sieden, thue die Würste hinein, und laß sie nur ein paar Sud aufthun, aber ganz stät, nimm die Würste hernach aus dem Wasser, und laß sie kalt werden; ist es Zeit zu serviren, thue die Würste in ein heißes Wasser oder schlechte Bouillon, laß sie warm werden, nachdem thue sie in eine Pfanne oder Kastrol mit Butter oder guter Fette, und laß sie auf einem stäten Feuer auf beyden Seiten gelb werden, hernach servire sie recht warm: diese Würste sind auf deutsche Manier, doch nicht ordinär gemacht, wie die Blutwürste von den Metzgern gemacht werden.

Des Boudins noirs.
Schwarze Würste.

Nimm ein Pfund Schweinfette von der Lenden, häutle sie sauber ab, hernach schneide die Fette klein gewürfelt, nachdem schneide 8 große Zwiebel recht fein, und thue sie in einen Kastrol mit ein halb Pfund Butter, laß sie auf einem stäten Feuer paßiren: wenn die Zwiebel lind sind, so gieß dazu ein halb Maaß Blut, und ein Quart süßen

süßen Rahm, thue die Fette, die feinen Kräuter, Basilicum, Thymian, Maroni, Pfeffer, etliche feine gestoßene Nägelein, ein wenig Muscatblüth oder Nuß auch dazu hinein, salze wie sichs gehört, und setz sie hernach auf das Feuer, rühre beständig mit einem Küchenlöffel, bis es anfängt ein wenig dick zu werden, hernach füll es also warmer in die Därme hinein, unterbinde nach diesem die Würste, setz ein Wasser auf das Feuer, laß es sieden, thue hernach die Würste hinein, laß sie ein paarmal aufsieden, thue auch ein paar Lorberblätter in das Wasser und Salz, hernach nimm sie heraus, und laß sie kalt werden; ist es Zeit zu serviren, bestreiche die Würste mit Butter, lege sie auf den Rost, setz sie auf eine leichte Glut, und laß sie grilliren, bis sie durchaus heiß werden, nachdem servire sie warm und sauber, und garnire sie mit weißer Semmel oder Petersill.

Des Boudins de Veau.
Würste von Kalbfleisch.

Nimm von einem Kalbsschlegel das magere Fleisch, häutle es aber wohl ab, hernach schneide es recht fein, durchstreiche es mit dem Messer, und nimm alle kleine Häutlein davon, nimm hernach Schweinfette, oder wenn du keine hast, Nierenfette von Ochsen, schneide sie fein a parte, hernach thue die Fette unter das geschnittene Fleisch, nimm ein Holz oder auch einen Nudelwalger, lege das Fleisch mit der Fette auf einen saubern Stock oder Tisch, und schlage es hernach so lange, bis das Fleisch einem Teig gleich wird, zu Zeiten aber gieß einen

einen Löffelvoll frisches Wasser daran, nachdem, wenn es recht fein ist, schneide ein wenig Basilicum und Thymian recht fein, thue es daran, wie auch Pfeffer und Salz, mische es gut, und fülle die Därme damit ein, man kann etwas weitere Därme nehmen, als zu den Boudins, oder schwarze Würste genannt; wenn sie eingefüllt sind, setze ein Wasser mit Salz auf das Feuer, und laß sieden, thue hernach die Würste hinein, und laß sie nur ein paar Sud aufthun, nimm sie hernach heraus, und laß sie kalt werden; willst du sie serviren, bestreiche sie mit frischem Butter, leg sie auf den Rost, und laß sie grilliren, bis sie durchaus warm werden, hernach servire sie zur Tafel: du kannst auch Bratwürste davon machen in kleine Därme, und braten, wie Bratwürste, in der Pfanne oder auf dem Rost, aber nicht sieden lassen.

Des Boudins de Mouton.
Würste von schäfernem Fleisch.

Diese Würste werden auf die nämliche Manier gemacht, gleichwie diese von Kalbfleisch, nur daß ein Petersill und ein wenig Majoran dazu kommt, auch daß diese Würste in kleine Därme eingefüllt, und nicht grillirt werden, sondern nur gesotten, doch nicht zu viel, und recht warm zur Tafel servirt.

Des Boudins aux lievres.
Würste von Hasen.

Nimm das Fleisch von einem Hasen, häutle es recht schön ab, hernach nimm ein Pfund frischen

Speck dazu, etliche Scharlotten, Basilicum und
Thymian, ein wenig Lemonischälen, schneide alles
recht fein, gieß hernach ein Stutzglässeinvoll rothen Wein daran, Pfeffer und Salz, mische es
gut, und füll es hernach in Bratwurstdärme ein,
und wenn du sie serviren willst, brate sie gleichwie
die Bratwürste, aber nur nicht zu trocken, sonst
werden sie spröd.

De Boudins de Sanglier.
Würste von Wildschwein.

Diese Würste werden auf die nämliche Manier
gemacht, gleichwie diese von Hasen, nur um etwas
fetter, weil das Fleisch etwas trockener ist.

Des Cervelats a la Milanoise.
Bratwürste auf mayländisch.

Nimm ein zahmes schweinernes Fleisch, welches
halb fett und mager ist, dieses schneide recht fein,
daß es einem Teig gleich siehet, hernach schneide
ein wenig Basilicum und Thymian recht fein,
thue ihn auch dazu, ein wenig Rockenbol, recht
feinen Pfeffer, und ein wenig gestoßene Nägelein,
Salz so viel es nöthig ist, gieß ein kleines Glas
Wasser daran, mische diesen Fasch recht gut, und
füll ihn in die Bratwurstdärme, und mache Bratwürste daraus: diese Würste sind gut grillirt,
und auch gut in Reis gesotten, wie es die Italiäner gerne essen, und auch in allen andern Gemüsern gesotten.

Des

Des Boudins a l'Italienne de Cotigni.
Würste, oder Cotigin auf italiänisch genannt.

Nimm 4 Schweinsohren, diese müssen sauber gepuzt, und von keinem alten Schwein seyn, wie auch 4 Pfund schweinerne Schwarten, wo nur ein wenig Fette daran seyn muß, dieses hacke auf einem saubern Schneidbrett oder Stock recht fein zusammen, hernach gieß ein Stutzglas Muscatenwein daran, thue auch ein wenig fein geschnittenen Basilicum, Thymian, Lemonischalen, Pfeffer und Nägelein (muß recht grob gestoßen werden) daran, salze es gut, und füll es hernach in große Därme recht fest, auf die Art wie Salanuwürste, unterbinde sie recht fest, und henke sie hernach in ein trockenes Ort, wo die Luft durchstreicht, bis daß sie recht fest werden; wenn du sie hernach serviren willst, thue die Würste in ein Geschirr, wo das Wasser darüber gehet, mit 2 Lorberblätter, und laß sie sieden bis sie lind sind: man kann diese Würste geben zu einem grünen Gemüs, oder auch alleine serviren, sie lassen sich auch lange Zeit aufbehalten, weil sie aus Italien zum öftern hier zu Lande überschickt werden.

Des Andouilles a l'Italienne.
Große Würste auf italiänisch.

Man nimmt alle Därme von einem fetten Schwein, nachdem sie recht sauber gepuzt sind, den großen und fetten Darm thut man a parte, die andern schneidet man in kleine Stücke, salzet sie gut ein, und läßt sie über Nacht im Salz, hernach nimm sie aus dem Salzwasser heraus, welches sie selbst geben, thue daran Pfeffer und Nägelein nur halb gestoßen, wie auch ein wenig Muscatblüth und ein wenig süßen Kümmel, nachdem fülle diese Därme in die fetten Därme, aber recht fest, unterbinde und salze sie wiederum, nach diesem henke sie in ein trockenes Ort auf, wo die Luft durchstreichet, bis sie recht trocken werden, hernach kannst du solche Würste mit einem grünen Gemüs sieden lassen, und serviren, oder auch allein: die Italiäner aber essen es gern mit dem Gemüs, man kann sie lind sieden lassen, und auch hernach auf dem Rost grilliren, es kommt auf den Gusto an.

Des Andouilles de fraise de Veau.
Andouilles von Kalbsgekrös.

Nimm ein frisches fettes Kalbsgekrös, nachdem es mit Salz und ein wenig Mehl sauber gewaschen ist, siede es halb, hernach nimm die Drüsen davon, und schneide das Gekrös in kleine Stücke, thue es in ein Geschirr, dazu ein wenig Basilicum und Thymian, ein wenig Majoran, Pfeffer, und ein wenig halbgestoßene Nägelein, wie auch ein wenig Muscatblüth und Salz, wie sichs gehört, füll hernach dieses Gekrös in einen großen fetten schweinernen Darm nicht gar zu fest, hernach lege diese Würste in ein Geschirr, thue daran eine alte Bräs, wenn du eine hast, mit etwas Wurzeln, ein Lorberblat und Bouillon, setz es auf ein stätes Feuer, und laß sie sieden bis sie lind werden, setz sie hernach vom Feuer, und laß kalt werden, sie
däch-

dürfen auch etliche Tage stehen; wenn du diese Würste serviren willst, nimm sie heraus, und grilliere sie auf dem Rost, servire sie alsdenn warm zur Tafel.

Des Andouilles d'une autre maniere.
Andouille auf eine andere Manier.
Mache einen guten Kalbsfasch mit Nierenfette, Kräutern und Gewürz, wie sichs gehört, hernach nimm ein Kalbsnetz, thue diesen Fasch hinein, und mache einen Form, als wie große Würste, thue sie in eine Bräs, wie schon vorher gemeldt, und laß sie kochen, bis du glaubst, daß der Fasch gar ist, hernach nimm sie heraus in ein Geschirr, gieß einen guten sauren-Rahm darüber, und laß sie kalt werden, nachdem nimm ein Stücklein frischen Butter, laß ihn zerschleichen mit ein paar Eyerdotter darunter gerührt, kehre diese Würste darinnen um, bestreue sie mit fein geriebenem Brod, lege sie auf den Rost, laß auf allen Seiten schön grilliren, und servire sie warm.

Des Boudins a la bourgeoise.
Würste auf bürgerlich.
Man nimmt die Därme von 2 fetten Schweinen, aber nur die guten großen fetten Därme, nachdem sie sauber geputzt sind, thut man sie auch mit Salz sauber waschen, hernach schneide die 2 fettern von einem Darm herunter, aber in einer Gleichheit: was die dünnern sind, müssen auch die nämliche Länge haben, nimm hernach 4 Ohren und

und 2 schweinerne Zungen, welche abgehdutelt werden müssen, schneide sie lang und dick, wie ein kleiner Finger, thue die Därme, Ohren und Zungen auf ein sauberes Schneidbrett, salze es, und thue groben Pfeffer dazu, wie auch Nägelein und ein wenig süßen Kümmel, nachdem thue so viel zusammen, als in den großen Darm hineingehen möchte, und binde die Würste mit Bindfaden, damit sie schön beysammen bleiben, hernach thue sie in eine Bräs, und etliche Füße dazu, füll sie an mit Bouillon, und laß sie auf einem stäten Feuer kochen, bis sie recht lind sind, setz sie nachdem vom Feuer, und laß sie kalt werden, man kann sie in einen Keller 14 Tage und noch länger aufbehalten: wenn du sie serviren willst, nimm sie kalt aus der Bräs, thue das Gesulzte davon weg, bestreue ein Papier mit Butter, und wickle die Wurst hinein, eine jede a parte, lege sie auf den Rost, und laß sie grilliren, bis das Papier alles schön gelb wird, hernach richte sie mit sammt dem Papier an zur Tafel.

Des Andouilles a la Veronese.

Veroneser *Andouille.*

Nimm Schweinsohren, nachdem sie sauber geputzt und flammirt sind, siede sie mit Wasser, Salz, Zwiebel und ein Lorberblat, ganz Gewürz, und ein Glasvoll weißen Wein, hernach laß die Ohren kalt werden, und schneide sie hernach fein wie grobe Nudeln, thue sie in ein Geschirr, Basilicum, Thymian, und ein wenig fein geschnittenen Majoran dazu, wie auch etwas fette frische Schweinschwarten, gieß daran ein wenig Schweinsblut,

nur

nur so viel, daß es netzen thut, salze es, und thue ein wenig groben Pfeffer dazu, fülle es hernach in weite Därme ein, unterbinde die Würste, und laß sie sieden, wo vorher die Ohren gesotten haben, etliche Sud, und laß hernach über Nacht stehen; wenn du sie hernach serviren willst, nimm sie aus dem Sud, lege sie auf den Rost, und laß sie grilliren, man kann sie auch gesotten geben.

Des Boudins de foye.

Leberwürste.

Nimm das Gelüng von einem guten Schwein, wie auch etwas von der innern Fette, laß im Wasser lind sieden, und salze sie, hernach lege das Gelüng auf ein Schneidbrett, wie auch die Fette und die rohe Schweinsleber, schneide sie recht fein, thue sie hernach in einen Kastrol, schneide einen Zwiebel, etliche Scharlotten, Basilicum, Thymian und Petersill, pfeffere und salze sie, gieß einen Schöpflöffelvoll gute Fleischsuppen daran, rühre sie wohl, nachdem nimm fette Mastdärme von Schweinen, und fülle sie ein, die Größe kannst du machen wie du willst, die Würste thue in den Sud, wo vorher das Gelüng gesotten hat, und laß etliche Sud aufthun, hernach nimm die Würste heraus, lege sie auf ein sauberes Tischtuch oder Serviette, und laß sie kalt werden: willst du sie serviren, laß einen Butter in einem Kastrol zergehen, thue die Würste hinein, und setz sie auf ein stätes Feuer, laß sie schön gelb werden auf beyden Seiten, und servire sie recht warm; auf diese Art gemacht, sind sie recht gut.

Des

Des Boudins de foye à l'Espagnôle.
Leberwürste auf spanische Manier.

Nimm ein schweinernes Gelüng mit sammt der Leber, und schneide dieses rohe recht klein gewürfelt, hernach thue es in ein Geschirr, nimm ein wenig rothen spanischen Pfeffer, schneide ihn auch recht fein dazu hinein: wenn du aber keinen hast, so nimm groben gestoßenen Pfeffer dazu, nimm ein halb Pfund Zibeben, diese laß einen Sud im Wasser aufthun, nimm hernach die Kern heraus, und thue sie auch dazu, ein Viertel Pfund Biniolen, ein wenig Basilicum und Thymian thue auch dazu, salze sie wie sichs gehört, mische sie wohl, und füll sie hernach in die Därme, sie dürfen nicht gar weit seyn, und mache die Würste hernach so lang oder groß, als du willst, unterbinde sie, und leg sie in ein Geschirr mit Lorberblättern, laß sie über Nacht stehen, hernach hänge sie in Rauch, bis sie anfangen vom Rauch gelb zu werden, nachdem siede sie, so ist die Manier, wie sie die Spanier essen.

Des Boudins aux Chapon.
Kapaunenwürste zu machen.

Nimm einen Kapaunen, und brate ihn halb im Saft, hernach laß ihn kalt werden, thue nach diesem die Haut davon, nimm das Fleisch alles auf ein sauberes Schneidbrett, schneide es recht fein, alsdenn nimm eine Schmollen von einer Semmel, schneide sie fein in einen Kastrol, gieß süßen Rahm daran,

daran, und setz sie auf das Feuer, zerrühre sie mit dem Kochlöffel, und laß die Semmel wohl verkochen, hernach thue das geschnittene Fleisch dazu, wie auch ein wenig Basilicum und Thymian fein geschnitten, ein wenig Petersill, Pfeffer und Salz, 4 Eyerdotter, ein Stücklein fein gewürfelt geschnittenes Mark, auch einen halben oder ganzen Zwiebel fein geschnitten und in frischem Butter passirt, und ein wenig Muscatnuß, rühre es untereinander, salze es auch, und fülle es hernach mit einer Spritze in die Därme ein, wie die Botindärme seyn müssen, unterbinde die Würste, setz eine Milch auf das Feuer, laß sie sieden, und thue hernach die Würste hinein, laß sie ein paar Sud aufthun, hernach nimm sie heraus, und laß sie kalt werden: willst du sie serviren, bestreiche ein Papier mit frischem Butter auf den Rost, und lege die Würste darauf, laß sie stät gehen, bis sie schön gelb werden, hernach servire sie zur Tafel.

Des Boudins aux Perdraux.
Würste von Rebhühnern.

Werden auf die nämliche Manier gemacht.

Des Boudins aux Faisands.
Würste von Fasanen.

Werden auch auf die nämliche Manier gemacht, und können von allem Geflügel auf diese Manier gemacht werden, sie mögen hernach von zahmen oder wilden Geflügel seyn, das gilt gleichviel.

DES

DES FRITURES POUR HORS-D'OEUVRES.

Ausgebachenes zum Voreſſen.

Une Bechamelle frite.

Ausgebachenes.

Schneide etliche Schambinion und Maurachen in feine Filé ohne Façon, ein wenig Spargel, wenn die Zeit dazu iſt, oder feine kleine grüne Erbſen, ein wenig gekochten Schunken oder geſelchte Zungen, dieſes thue in einen Kaſtrol mit ein wenig friſchen Butter, laß es ein wenig auf dem Feuer paſſiren, hernach bleibt oft etwas über von Brüs, Ochſengaum, auch etwas Gebratenes vom Geflügel, da ſchneide die Brüs und Ochſengaum auch in feine Filé, wie auch etwas Filé von gebratenem Geflügel von der Bruſt, und etwas Geflügel-Leber, es muß aber alles gekocht ſeyn, dieſes thue zuſammen zu den Schambinion und Maurachen, hernach thue etwas Bechamelle dazu, juſt ſo viel, daß es zuſammen hält, ſalze es wie ſichs gehört, und mache einen Form daraus länglicht oder rund, ſo groß wie du willſt, nimm ſo viel als ein kleines Hühnerey ſeyn kann, beſtreue das Brett oder den Bachtiſch mit einem Mehl, und lege es darauf, ſtreue wiederum ein wenig Mehl darauf, und gieb den Form, hernach ſchlage zwey ganze Eyer und zwey Dotter dazu, ſchlage es gut ab, kehre ſie hernach in Eyern gut herum, und

be-

bestreue sie mit fein geriebenem Brod, kehre sie um, und lege sie auf eine Schüssel, bis es Zeit ist zu serviren, alsdenn backe sie schön stät im Schmalz aus, daß sie eine Farbe wie Gold haben, garnire sie hernach mit gebachenem Petersill, und servire sie zur Tafel: es ist ein delicat Gebachenes.

Une Friture des Oreilles de Veau.

In Schmalz gebachene Kalbsohren.

Nachdem die Ohren flammirt und sauber geputzt sind, thue sie zum Feuer in einer Brás, oder in Geschirr mit Wasser, Essig, Salz und Pfeffer, Wurzeln, Kräuter, und etwas Fette oder Speck, laß sie lind sieden, hernach thue sie heraus, und halbire sie oder laß sie ganz, und wo das Dünne ist, schneide sie fein, doch aber daß das Ohr ganz bleibt, nur bey den dicken angefangen zu schneiden durchaus fein wie Nudeln, hernach thun sie sich frisiren, bestreue sie nach diesem ein wenig mit Mehl, und lege sie auf eine Schüssel, bis es Zeit ist zu serviren, nachdem backe sie schön gelb aus, richte sie sauber an, und garnire sie mit ausgebachenem Petersill, alsdenn servire sie zur Tafel.

Une Friture de fraise de Veau.

Ein gebachenes Kalbsgekrös.

Das Gekrös muß mit Mehl und Salz sauber gewaschen, hernach in einem Blanquet gekocht werden, damit es schön weiß bleibet, merke aber wohl, wie das Blanquet gemacht wird, welches zum öftern muß gebraucht werden.

Man

Man thut in einen Kastrol oder Kessel, oder in sonst ein Geschirr, wenn es nur verzinnt oder Erden ist, von allerhand Wurzeln, Zwiebel und Kräutern, wie schon gemeldet ist, von einer Lemoni das Mark Blätleinweis geschnitten, die Kern davon, ein Stücklein Butter, etwas weniges Speck oder Nierenfette, ein wenig feines Mehl, hernach ein Wasser darauf, und aufkochen lassen, nachdem das Gekrös hinein thun, und sieden lassen, daß es lind wird, nach diesem nimm es heraus, und putze es sauber, die Drüsen nimm davon, zerschneide sie in kleine Stücke, und wikle sie zusammen, daß eine jede Portion die Größe eines Thalers ausmacht, pfeffere und salze es, kehr es in Eyern um, und bestreue es mit fein geriebener Semmel, die Semmel aber mit ein wenig Mehl gemischt, und bache sie aus; wenn es Zeit ist zu serviren, garnire es mit Petersill, und bediene es zur Tafel.

Une Friture de Cervelle de Veau.
Ein gebachenes Kalbshirn.

Dieses muß vorher abgehäutelt werden, nachdem es im Wasser und Salz blanchirt worden ist, so schneide es in kleine Stücke, pfeffere und salze es, man kann es auch in einen Marginat thun, da nimmt man einen Essig in einen Kastrol mit Zwiebel, ein Lorberblat, etwas Kräuter, Pfeffer und Salz, und läßt alles zusammen aufsieden, nachdem thue das Hirn hinein, und laß es etliche Stunden darinnen stehen, thue es hernach heraus, und kehre es in den Eyern um, bannire es auch mit

mit einer Semmel, wie schon gemeldet ist; du kannst auch einen Teig dazu machen, thue ein feines Mehl in ein Geschirr, mache ein wenig weißen Wein ein klein wenig warm, mache den Teig damit an, thue ein wenig Provenceröl und Salz dazu: dieser Teig muß gut abgerührt werden, er muß so seyn, wie man ihn zu den Aepfeln zum ausbachen braucht, hernach kehre das Hirn im Teig herum, bache es schön aus, garnire es mit gebachenem Petersill, und servire es also zur Tafel.

Une Friture de Foye de Veau.
Eine gebachene Kalbsleber.

Nachdem die Kalbsleber sauber abgehäutelt ist, schneide sie in schöne Stücklein, nicht zu dick und auch nicht zu dünn, lege die Leber hernach in eine Milch, und laß sie ein paar Stunden darinnen liegen; ist es Zeit zu serviren, thue die Leber aus der Milch auf ein sauberes Tuch, drücke sie sauber ab, hernach salze und pfeffere sie ein wenig, kehre sie im Mehl um, bache sie schnell aus, garnire sie mit Petersill, und bediene sie zur Tafel. Auf italiänisch aber mußt du die Leber in fein geriebener Semmel umkehren, in einen Kastrol einen Butter zergehen lassen, und die Leber hineinlegen, auf einem starken Windofen anziehen lassen, bis sie auf einer Seite schön gelb wird, nachdem umkehren, und auch wiederum gelb werden lassen, hernach ohne Fette sauber anrichten; auf diese Manier essen es die Italiäner gern.

Q   *Une*

Une Friture a la Genoise.

Eine gebachene Leber auf genuesisch.

Die Leber muß auch in Milch eingeweicht, und hernach abgedrückt, nachdem eingemehlt, in Eyern umgekehrt, mit fein geriebenem Brod banirt, und gåh ausgebachen, mit Petersill garnirt, und zur Tafel servirt werden.

Une Friture de piés de Veau.

Kalbsfüße gebachen.

Wenn die Kalbsfüße flammirt, sauber geputzt, ausgelöst und gewaschen sind, so siede sie in einem Blanquet mit Salz ab, wenn sie lind sind, thue sie in ein Geschirr, gieß Essig darauf, Salz und Pfeffer, wie auch einen Zwiebel Blätleinweis geschnitten, ein wenig Basilicum und Thymian, laß sie ein paar Stunden in Marinat stehen, hernach banire sie mit Brod und Eyern, wie schon gemeldet ist, oder kehre sie im Teig um, gleichwie das Kalbshirn, wie schon gemeldet ist; auf die nämliche Art wird der Teig gemacht und ausgebachen, mit Petersill garnirt, und zur Tafel servirt.

Une Friture de piés d'agneau.

Gebachene Lammsfüße.

Diese werden auf die nämliche Manier gemacht, als wie die Kalbsfüße.

Une Friture de croquettes de palais de Bœuf.
Ein Gebachenes von Ochsengaum.

Die Ochsengaumen, nachdem sie in einer Bräs sind gekocht, schneide hernach in feine Filé, du kannst auch etwas anders darunter mischen; als nämlich: etwas Schambirion und Triffeln, auch Hühnerlebern, nachdem thue eine Bechamelle darunter, ein wenig Pfeffer und Salz, ein wenig fein geschnittenen Petersill, misch es untereinander, streue ein Mehl auf ein Nudelbrett, und thue es darauf, mache sie rund, kehre sie in Eyern um, bannire sie in fein geriebenem Brod, bache sie hernach schön aus, garnire sie mit Petersill, und servire sie zur Tafel.

Une Friture de croquettes melées.
Ein gebachenes Geschnitz von allerhand.

Man nimmt von allerhand fein gebratenem Fleisch, was man hat, als nämlich: gebratenes Kalbfleisch, Geflügel, es mag seyn was für eins es will, dieses thut man in kleine und feine Filés schneiden, wie auch Triffel und Maurachen, wenn man sie hat, auch klein geschnitten, thue dazu eine Bechamelle, wie ich schon explicirt habe, ein wenig Pfeffer und Salz, mische es untereinander, mache hernach einen kleinen Form daraus, rund oder lang, bestreue sie mit ein wenig feinem Mehl, kehre sie in Eyern herum, bannire sie mit Semmeln, und hernach bache sie aus, nachdem mit Petersill garnirt, und also zur Tafel servirt.

Une Friture de croquettes de laitance de Carpe.

Ein Gebachenes von Karpfenmilch.

Siede die Karpfenmilch in Essig, Salz, Wasser und Kräutern ab, wie sichs gehört einen Fisch abzusieden, hernach laß die Milch kalt werden, schneide kleine Filé von Maurachen und Schambinion, passire sie in einen Kastrol mit ein wenig frischen Butter, nachdem schneide die Milch auch klein in Filé, und thue sie hinein, wie auch das Bechamelle, wie schon bey den andern gemeldet worden, mache sie hernach aus, gleichwie die vorhergehende, so ich schon expliciret habe, wenn du eines hast, so kannst du ein Kalbseuter dazu nehmen, auf solche Art kannst du die Croquettes machen, von was du willst, wenn es nur nichts Grobes ist, sondern es gehören feine Sachen dazu, weil es etwas Delicates ist, und fein gebachen werden muß, du kannst es auch in Oblaten hineinschlagen, hernach im Teig umkehren und ausbachen: der Teig muß gemacht werden gleichwie bey dem ausgebachenen Hirn, sie sind auf diese Manier auch gut und croquant.

Une Friture de profiteroles.

Kleine ausgebachene Semmeln.

Laß kleine Semmeln machen, in der Größe eines halben Gulden, reibe sie hernach ein klein wenig ab, schneide ein kleines Blätlein heraus, thue die Schnollen mit einem kleinen Messer wohl heraus, nachdem bestreiche sie innen herum ganz fein mit einem ordinari Kalbsfasch, und fülle sie hernach an mit einem Salpico, so wird er genennet auf Kochsmanier, auf gut deutsch aber will es heißen, ein feines Ragout von Brüs, welches folgendermaßen gemacht wird: Man nimmt die Brüs und Kalbseuter, nachdem sie schön blanchirt sind, und thut sie klein gewürfelt schneiden, wie auch Triffel und Maurachen frisch oder gedörrt, nach diesem thue ein wenig frischen Butter in einen Kastrol, ein wenig fein geschnittene Scharlotten und Petersill, läßt es ein wenig passiren, nachdem thut man die geschnittenen Brüs und Euter hinein, und thut sie auch ein wenig passiren, staube ein wenig Mehl daran, und gieb eine Jus darauf, und laß kochen bis sie dicklicht wird, thue sie hernach vom Feuer, gieb Salz und ein wenig Pfeffer daran, wie auch ein wenig Lemonisaft und laß kalt werden; dieses ist womit du die kleinen Semmeln anfüllest. Nachdem mache einen linden Teig mit Mehl und einem ganzen Ey, bestreiche die Blätlein von der Semmel, welche du herausgeschnitten hast, innen mit diesem Teig, und decke es wiederum auf die Semmeln, bestreiche sie auch oben herum, so weit du sie ausgeschnitten hast, mit diesem Teig, und laß sie trocken werden, hernach thue sie in ein Geschirr, aber nicht aufeinander, gieß Milch daran, und laß sie ein wenig weich werden, nimm fein geriebene Semmeln, und etwas feines Mehl unter die Semmeln gemischt, thue sie aus der Milch heraus, und bestreue die Semmeln damit etwas gut, lege sie auf eine Schüssel, bis es Zeit ist zu serviren, hernach bache sie langsam im Schmalz aus, damit sie durchaus heiß werden, garnire sie mit ausgebachenem Petersill, und servire sie zur Tafel.

Une Friture de profitroles aux Ecrevisses.
Kleine Semmeln von Krebs gebachen.

Diese Semmeln werden auf die nämliche Manier gemacht, gleichwie die schon vorhergemeldten, nur daß du mußt einen Krebsbutter machen, und anstatt Brüs und Kalbseuter, Krebsschweife nehmen, und mit Krebsbutter einpassiren, und wenn du Schambinion hast, so nimm etliche dazu, das andere wird alles gleich gemacht, wie schon gemeldet ist.

Une Friture d'Amourettes.
Ein Gebachenes von Ruckmark.

Thue das Ruckmark wohl abhäuteln, und hernach im Wasser und Salz blanchiren, nachdem in kleine Stücke schneiden, und nach diesem in ein Geschirr legen, salze und pfeffere es, schneide einen Zwiebel daran, thue auch ein Lorberblat dazu, gieß einen Essig darüber, und laß ein paar Stunden stehen in diesem Marinat, hernach thue es heraus, bestreue es mit ein wenig Mehl, und kehre es nachdem in Eyern um, und baunire es mit fein geriebenen Semmeln; wenn es nun Zeit ist zu serviren, im Schmalz ausbachen und mit Petersill garniren, du kannst es auch mit Teig bachen, gleichwie das Kalbshirn, ein solcher Teig muß es seyn, es ist auch recht gut.

Une Friture de Veau a la Flamande.
Ein Gebachenes auf flamändisch.

Nimm eine Fricandau von Kalbfleisch, welches die innere Seite vom Schlegel ist, dieses häutle schön ab, und schneide es Blätleinweis recht dünn, hernach klopfe es mit dem Messer recht dünn, nachdem schneide es zu in einen Form, salze und pfeffere es, laß es stehen bis es Zeit ist zu serviren, nachdem bestreue es ein wenig mit schönem Mehl, tunke es in Eyern ein, und bannire es mit geriebenem Brod, hernach im Schmalz ausgebachen, sauber angericht, mit Petersill garnirt, und alsdenn zur Tafel servirt.

Une Friture a l'Andouille.
Ein Gebachenes von Fasch.

Nimm einen ordinari Fasch von Kalbfleisch, mache kleine Portiones daraus, so viel du willst, hernach bestreue das Brett mit Mehl, thue den Fasch darauf, und mache jede Portion breit, etwas dünn, doch nicht zu viel, thue hernach einen Eßlöffelvoll Bechamelle von Geflügel darauf, wickle sie schön zu, kehre sie in Eyern herum, bestreue sie nachdem mit geriebener Semmel, und wenn es Zeit ist zu serviren, bache sie schön goldgelb aus, und garnire sie mit Petersill, alsdenn servire sie zur Tafel: dieses Gebachene nennet man Andouille, sie sind recht gut und fein.

Une Friture a l'Histoire.
Ein Gebachenes melirtes.

Schneide Kalbsbrüs, Kalbseuter, Ochsengaum, Triffel und Maurachen, alles gleich, in einen Kastrol, mit ein wenig frischen Butter, fein geschnittene Scharlotten, Petersill, Salz und Pfeffer, passire es auf dem Feuer, hernach laß es kalt werden, nach diesem nimm ein wenig Kalbsfasch, neben dem Fasch ein wenig Brüs, wiederum Fasch, hernach Triffel, und allezeit wiederum ein wenig Fasch daneben, dieses mache so lang als eine Wurst Finger lang, thue es hernach ein wenig mit Mehl bestreuen, in Eyern umkehren, mit Brod banniren und ausbachen, wie schon bey den andern gemeldet worden, oder auch im Teig umkehren.

Une Friture a l'Italienne.
Gebachenes auf italiänisch.

Nimm kleine Lammsbrüs oder auch Kalbsbrüs, blanchire sie wohl im Wasser, so lang, daß sie durchaus weiß sind, hernach putze und häutle sie sauber ab, die kleinen bleiben ganz, die Kalbsbrüs aber werden in kleine viereckichte Stücklein zerschnitten, hernach salze und pfeffere sie, thue auch etwas von einer Kalbsleber fein geschnitten dazu: wenn du sie ausbachen willst, kehre die Brüs und Leber im Mehl um, und bache sie aus, gleichwie eingemehlte Fische, mische sie mit der Leber, garnire sie mit ausgebachenem Petersill, und servire es zur Tafel.

Une Friture aux Knefs.
Ein Gebachenes von feinem Fasch.

Nimm von dem Fasch, welcher Kneffasch genennet wird, dieser ist gemacht von Geflügel, wie ich ihn schon benennet habe, mache einen Form daraus, lang oder rund, wie es dir gefällt, hernach siede ihn im Wasser und ein wenig Salz oder Bouillon ab, nachdem thue ihn heraus, und laß ihn kalt werden, bestreue ihn hernach mit ein wenig Mehl, kehre ihn in Eyern um, und bannire ihn mit fein geriebenem Brod, hernach bache ihn schön gelb aus, und servire ihn zur Tafel.

Une Friture a la Duchesse.
Junge Nesttauben gebachen.

Die kleinen Täublein müssen noch keine Federn haben, aus der Ursache nennet sie der Franzos innocens, oder auf deutsch unschuldig: man nimmt diese Tauben, thut sie sauber putzen, nachdem bey dem Kropf ausnehmen, und hernach mit einem finen Fasch faschiren, nachdem thue sie in einen Kastrol mit ein wenig Pfeffer und Salz, einem Zwiebel, ein Lorberblat, Basilicum, ein wenig Thymian und etliche Blätlein Lemoni, das Weiße aber wohl davon, und laß sie auf dem Feuer ein wenig passiren, nachdem laß sie kalt werden, thue sie ein wenig einmehlen und in Eyern umkehren, mit fein geriebener Semmel bestreuen; wenn es Zeit ist zu serviren, bache sie schön aus, und garnire sie mit Petersill.

Une Friture au Miroir.
Gebachene Hühnlein.

Die Hühnlein, nachdem sie sauber flammirt und geputzt sind, müssen ausgelöst, und mit feinem Fasch faschirt werden, es muß von dem Geflügelfasch seyn, wie schon gemeldet ist, hernach thue sie in eine Bräs, und laß sie auf dem Feuer etwas anziehen, bis sie durchaus warm werden, hernach thue sie aus der Bräs, und laß sie kalt werden, alsdenn staube sie auch mit feinem Mehl ein, kehre sie in Eyern um, backe sie schön aus, und garnire sie mit Petersill: man kann sie auch in dem französischen Teig, welchen man zu den Aepfeln macht, umkehren und ausbacken ohne Brod und Eyer.

Une Friture de poulets marinées.
Marginirte Hühnlein.

Nachdem die Hühnlein flammirt, und auch sauber geputzt sind, zergliedere sie schön, wie sichs gehört, aus einem Hühnlein 5 Stücke, nämlich 2 Schenkel, 2 Flügel und der Rucken: aus den Schenkeln müssen die Beine ausgelöst werden bis an den Fuß, die 2 Flügel müssen schön rund zusammen dressirt werden, thue hernach in einen Kastrol etliche Blätlein Zwiebel, etwas Wurzel, Kräuter, ein Lorberblat, etliche Blätlein Lemoni ohne Weiß und Kern, etwas ganzen Pfeffer und Salz, gieß Essig daran, und laß sie aufsieden, hernach thue die Hühnlein hinein, und laß etliche

Stunden stehen, damit sie gut maroniren, thue sie nachdem aus dem Marinat, und drücke sie mit einer Serviette ab, hernach mehle sie ein, kehre sie in Eyern um, bestreue sie mit Semmeln, bache sie schön aus, und garnire sie mit Petersill: man kann sie auch aus dem Teig bachen, wie die andern Hühnlein, sie sind auf diese Art auch recht gut und croquant.

Une Friture au ris aux pains enchantés.

Ein Gebachenes in Oblaten.

Man macht ein Salpico, oder auf deutsch zu sagen, ein feines Ragout von Brüs und Euter, nachdem die Brüs und Euter blanchirt sind, zerschneide sie klein gewürfelt, wie auch Schambinion und Triffel, auch etwas Maurachen, hernach thue ein wenig frischen Butter in einen Kastrol mit ein wenig fein geschnittenen Petersill und Scharlotten, passire es auf dem Feuer ein klein wenig, nachdem thue dieses Geschnittene auch hinein, auch ein wenig Pfeffer und Salz, laß alles zusammen auf dem Feuer passiren, thue einen kleinen Löffelvoll Jus oder Bouillon daran, laß sie aufkochen, nachdem legire sie mit ein paar Eyerdottern, gieb ein wenig Lemonisaft dazu, und laß es kalt werden, nimm nachdem von den langen Oblaten, welche extra vor Küchen und Canditorey gemacht werden, schneide sie in der Mitte voneinander, bestreiche sie ein wenig mit Eyern, thue hernach einen Eßlöffelvoll Salpico auf die Platten, wickle es zusammen, daß es einen Form bekommt, wie eine kleine Wurst, kehre sie hernach in Eyern um, und bestreue sie

mit

mit fein geriebenem Brod, worunter aber ein wenig feines Mehl kommen muß; ist es Zeit zu serviren, bache sie schön gelb aus, und servire sie zur Tafel.

Une Friture de Crepinettes.
Ein Gebachenes im Netz.

Man nimmt ein Kalbsnetz, macht es auf die nämliche Manier, als wie mit den Oblaten, du kannst auch einen Fasch einschlagen, oben und unten binden, gleichwie eine kleine Wurst, hernach thue es in eine kleine Bräs, und laß es eine Viertelstunde stät kochen, nachdem thue es heraus, und laß es kalt werden, bestaube es hernach mit ein wenig Mehl, kehre es in Eyern um, bannire es mit fein geriebenem Brod, und bache es schön gelb aus, man kann es auch im Teig eintunken, wie schon gemeldet ist bey den andern Gebachenen, es kommt nur auf den Gusto an, garnire es auch mit ausgebachenem Petersill, und servire es zur Tafel.

Une Friture de Cotelettes d'agneau.
Lammscarmenate gebachen.

Die Lammscarmenate müssen schön rund gemacht, und wohl geklopft werden, lege sie auf eine Schüssel, pfeffere und salze sie ein wenig, hernach staube sie ein wenig mit Mehl ein, und kehre sie in Eyern um; alsdenn, wenn es Zeit ist zu serviren, bache sie schön aus, garnire sie auch mit Petersill, und bediene sie zur Tafel.

Une

Une Friture d'Omelettes farcies.
Faschirte Omelette.

Mache etliche Omelette, so viel du glaubst vonnöthen zu haben, diese Omelette mache nur auf einer Seite gelb, und so dünn, als es seyn kann, hernach bestreiche auf der gelben Seite die Omelette mit ordinari Kalbsfasch, auch nicht gar zu dick, wickle sie hernach zusammen, und schneide nachdem kleine Stücklein daraus, ein wenig größer als ein Gliedlang; ist es Zeit zu serviren, so tunke diese kleine Stücke Omelette in den Teig ein, wie ich schon explicirt habe zu machen, und bache sie hernach ganz stät aus, nur nicht geschwind, sonsten werden sie nicht durchaus heiß, nachdem garnire sie auch mit ausgebachenem Petersill, und servire sie zur Tafel.

Une Friture d'Animelles.
Kleine Lammsbrüs gebachen.

Diese Lammbrüs, wenn sie wohl blanchirt sind, richte, gleichwie die Lammscarmenate, auf die nämliche Manier, du kannst sie auch, wenn du willst, mit Essig marginiren, und mit dem Teig ausbachen, oder auch mit Brod, es ist gleich.

Une Friture de Risolles.
Kleine Risollen gebachen.

Nimm ein Mehl nach Gedünken, etwas frischen Butter, ein ganzes Ey und 2 Eyerdotter, ein wenig Salz, mache diesen Teig mit sauren

Rahm

Rahm an, hernach walge den Teig recht dünn aus, und mache mit einem ordinari Kalbsfasch oder auch feinem Fasch kleine Risollen mit dem Bachrädlein geschnitten, und schön gleich: der Teig muß mit Eyern bestrichen und gut zugedrückt werden, damit sie nicht auslaufen, und schön bleiben, auch muß man nicht zu viel Fasch hineinthun, damit sie nicht aufspringen im Bachen, und alsdenn mußt du sie auch schön warm zur Tafel serviren.

HORS D'OEUVRES AUX SAUCES.

Auf deutsch, Voressen mit Sauce.

De Grenatins de Veau piqué a la Sauce claire de la même glace.

Grenatins von Kalbfleisch mit klarer Sauce.

Nimm ein Fricandeau von Kalbsschlegel, häutle es wohl ab, hernach schneide es in der Mitte voneinander, klopfe es gut, damit es breit und auch mürb wird, nachdem spicke es schön mit feinem Speck, gleichwie ein Fricandeau, alle beyde Stücke, nach diesem wässere es wohl aus, daß sie schön weiß werden, setz ein Wasser auf das Feuer, laß sieden, thue hernach die 2 Stücke hinein, und laß etliche Sud aufthun, bis es verfaumet, nachdem

dem lege sie in ein frisches Wasser, hernach nimm sie heraus auf eine saubere Serviette oder Tischtuch, nimm einen Ausstecher, der rund ist oder ein Herz hat, und steche sie heraus: mit dem Messer mußt du helfen, daß die Form schön gleich wird, nachdem nimm einen Kastrol, der just recht ist, belege den Boden mit Speck, und lege hernach die Grenatin darauf, bedecke sie oben mit Speck, auf den Speck thue von einer Lemoni, Blätleinweis ohne Weiß und ohne Kern, etwas darauf legen, wie auch einen ganzen Zwiebel, ein wenig Thymian und Basilicum, ein Stücklein gelbe Ruben und Zelleri, eine Petersillwurzel, ein kleines Lorberblat, gieß darnach eine fette Bouillon daran, bedeck es mit weißen Papier und einem Deckel, setz sie auf ein stätes Feuer, und laß recht stät gehen, bis sie recht lind sind; ist es Zeit zu serviren, nimm eine Glace, wie Anfangs schon gemeldet worden zu machen, in einen Kastrol, lös die Glace mit ein wenig frischen Wasser auf, und thue die Grenatin heraus auf eine Serviette, daß die Fette davon gehet, lege sie hernach in die Glace, setz sie auf einen warmen Aschen, und laß anziehen, nach diesem servire es schön: zu der Glace, was überbleibt, thue ein wenig gute Jus und den Saft von einer halben Lemoni, setz sie auf das Feuer, laß sie wohl zergehen, und passire die Sauce hernach durch ein Haarsieb an die Grenatin, und servire sie warm: du kannst auch eine andere Sauce darunter geben, welche piquant seyn muß, oder auch einen Spinat, auch eine Sauerampfersauce legirt.

De petits Grenatins au gros lard & au jambon.

Grenatin mit grobem Speck und Schunken gespickt.

Nimm das Fricandeau von einem Kalbsschlegel heraus, klopfe es und schneide es in der Mitte voneinander, hernach schneide kurz groben Speck und Schunken, mische diesen Speck und Schunken mit feinen Kräutern, Pfeffer und Salz, und spicke die zwey Stücke damit, hernach thue in einen Kastrol ein wenig frischen Butter und die Hälfte Provenceröl, auch den Saft von einer Lemoni, setz sie auf das Feuer, und laß den Butter zergehen, thue hernach die zwey gespickten Stücke hinein, und laß auf beyden Seiten anziehen, bis sie lind werden, thue sie nachdem heraus auf ein sauberes Schneidbrett, nimm einen runden Ausstecher, nach der Größe, wie du sie haben willst, und steche sie schön rund aus, nachmals nimm die Sauce, wo sie vorher waren, passire sie in einen Kastrol, lege die Grenatin hinein, thue dazu feine Kräuter, bedecke sie mit Speck, und laß sie auf einem stäten Feuer stät gehen, wende sie zum öftern um, bis sie recht lind werden, nachdem thue sie auf einen Teller heraus, schöpfe die Fette gut davon, gieb ein wenig gute Coulis an die Sauce, lege die Grenatin wiederum hinein; ist es Zeit zu serviren, drücke den Saft von einer halben Lemoni daran, und servire sie warm zur Tafel.

Des Grenatins a la Chicorée.
Grenatin mit Antivi.

Die Grenatin kannst du glasirt machen, oder auch ohne Glace, wie schon vorher gemeldet worden, den Antivi putze und wasche sauber, hernach blanchire ihn in vielem Wasser, nachdem drücke ihn aus dem Wasser sauber heraus, und schneide ihn klein, aber nicht gar zu fein, thue hernach in einen Kastrol sein geschnittenen Zwiebel mit einem Stücklein frischen Butter, laß die Zwiebel ein wenig passiren, nachdem thue den Antivi hinein, gieb daran ein wenig Pfeffer und Salz, setz sie auf ein stätes Feuer und laß stät passiren, staube ein wenig feines Mehl daran, und füll es mit guter Bouillon auf, laß sie hernach kochen, bis sie kurz wird, mache eine Leson von 3 Eyerdottern; ist es Zeit zu serviren, setz die Sauce auf, und laß kochen, hernach legire sie, sie muß nicht dünn seyn, eher dicklicht, richte sie an auf eine Schüssel, und lege die Grenatin darauf, glasirt oder auch ohne Glace, und servire sie recht warm.

Des Grenatins aux Epinards.
Grenatin mit Spinat.

Die Grenatin werden auf die nämliche Manier gemacht, wie schon vorher gemeldet ist, den Spinat kann man grüner sein geschnitten machen, oder man kann ihn auch mit Eyerdottern legiren, und auch ganz passiren, auf italiänisch mit geriebenen Speck und ein wenig Scharlotten, oder auch mit sein geschnittenen Zwiebel, und die Grenatin darauf servirt.

Des Grenatins aux petits Oignons.

Grenatin mit kleinen Zwiebeln.

Nimm kleine Saucezwiebeln, putze sie schön rund, nachdem blanchire sie im Wasser, thue sie wiederum in ein frisches Wasser, thue die ersten Schalen davon, hernach thue sie in eine weiße Bräs, setz sie auf ein states Feuer, und laß sie sieden, bis sie schön lind sind, nachdem nimm eine gute Coulis, und mache die Sauce davon; thue hernach die Zwiebel von der Bräs heraus auf ein Tischtuch oder Serviette, daß die Fette davon geht, lege sie hernach in die Sauce, daß sie aber schön weiß und ganz bleiben; ist es Zeit zu serviren, laß die Sauce aufkochen, gieb den Saft von einer halben Lemoni daran, richte die Sauce auf die Schüssel, und gieb die Grenatin darauf: man kann auch die Sauce weiß machen mit den Zwiebeln, und auf die Letzte legiren, wie auch mit Lemonisaft, sie ist ebenfalls recht gut, und dient zu einer Abwechslung.

Une de Cotelettes de Veau piqué a la même maniere.

Gespickte Kalbscarmenate.

Es müssen schöne Carmenate seyn, wenn man sie auf die Manier macht, sie müssen schön rund dressirt werden, und kurz von Bein seyn, hernach gespickt, gleichwie Grenatin, nachdem kann man sie auf die nämliche Manier, gleichwie die Grenatin

natin anrichten, und auch die nämliche Sauce dazu geben, oder eine andere Sauce, und auf die nämliche Manier anrichten.

Une de Cotelettes de Veau en papillotes.

Kalbscarmenate in Papier.

Man nimmt die Carmenate, thut sie schön abhäuteln, daß kein Bissen Haut daran bleibt, hernach thut man sie recht gut klopfen, und schön rund zusammen machen, thue in einen Kastrol fein geschnittene Kräuter mit frischen Butter, und laß den Butter damit zergehen, hernach thue die Carmenate mit ein wenig Salz und Pfeffer hinein, und laß sie auf dem Feuer auf beyden Seiten anziehen, drücke nachdem den Saft von einer halben Lemoni hinein, und laß sie kalt werden, nachmals nimm schönes Papier, mache aus einem Bogen 3 Stücke doppelt, lege jedes Stück doppelt zusammen, mache in der Mitte ein kleines Loch mit dem Messer, nimm einen feinen Fasch, thue ein wenig auf das Papier, in der Mitte stecke das Bein von Carmenat dadurch, thue auch wenig Fasch darauf, und wickle es hernach rund herum zusammen, den Form von einem Carmenat, lege sie in eine Schüssel, gieß Provenceröl darüber; ist es Zeit zu serviren, lege sie auf den Rost und grillire sie, bis das Papier gelb wird, richte sie hernach in die Schüssel, gieß ein wenig gute Jus darüber, und servire sie warm.

Une de Catelettes de Veau à la Madelaine.

Kalbscarmenat mit Zwiebeln garnirt.

Mache die Kalbscarmenate klein und schön rund ohne Haut, welche wohl abgehäutelt werden muß, nachdem passire sie ein klein wenig auf dem Feuer mit feinen Kräutern und frischen Butter, hernach laß sie kalt werden, nimm einen Zwiebel, schneide ihn in der Runde schön dünn und gleich, hernach blanchire diesen Zwiebel in einem siedenden Wasser, aber nicht zu viel, daß die Kränzlein bleiben, wie sie sind, und nicht voneinander brechen, nachmals bestreiche die Carmenate auf einer Seite mit ein wenig geschlagenem Eyerklar, und nachdem mit ein wenig feinem Fasch recht dünn, und auf dem Fasch bestreiche sie wiederum mit ein wenig Eyerklar, nachdem lege ein kleines Kränzlein von dem Zwiebel in die Mitte darauf, nach diesem wiederum eins, ein jedes aber muß 2 Messerrucken dick voneinander stehen, hernach schattire sie, in der Mitte roth mit geschnittenen Schunken oder Zungen, hernach mit Spinatdopsen, nach diesem mit Triffel, und um das Carmenat herum von Spargel oder Mäulachen, richte die Carmenate auf eine Tortenpfanne mit ein wenig Provenceröl und Lemonisaft, bedecke sie oben mit feinen Speckbarten, und auf den Speck ein Papier mit Butter bestrichen; ist es bald Zeit zu serviren, thue sie in einen Bachofen, welcher nicht gar heiß ist, oder auch ein wenig Feuer oben und unten: willst du sie serviren, thue das Papier und Speck davon, und

und lege sie auf ein sauberes Serviette, daß die Fette wohl davon gehet, gieb eine klare piquante Sauce unten auf die Schüssel, und rangire hernach die Carmenate schön darauf, alsdenn servire sie warm.

Une de Cotelettes aux fines herbes.

Kalbscarmenate mit feinen Kräutern.

Nachdem du die Carmenate schön rund ausgemacht hast, schneide feine Scharlotten, ein wenig Zwiebel, Petersill, Basilicum und Thymian, thue diese Kräuter in einen Kastrol mit frischer Butter und ein wenig Provenceröl, den Saft von einer Lemoni, Pfeffer und Salz, lege die Carmenate darein, und setz sie auf ein stätes Feuer, laß sie dünsten, wende sie zum öftern um, so lang bis sie lind sind, nachdem schöpfe die Fette wohl davon ab, gieb einen Löffelvoll gute Coulis daran; ist es Zeit zu serviren, laß sie aufkochen, gieb den Saft von einer halben Lemoni daran, und servire sie warm.

De Cotelettes de Veau a la Neubauer.

Kalbscarmenate auf Neubauerische Manier.

Nachdem die Carmenate schön ausgemacht sind, rangire sie auf eine Schüssel, thue daran Salz und Pfeffer, ein paar Lorberblätter, Basilicum und Thymian, Petersill, Zelleri, gelbe Ruben und Pastenat Blätleinweis geschnitten, gieß ein

Provenceröl darüber, schneide das Mark von einer Lemoni Blätleinweis, und thue es auch daran, laß sie etliche Stunden in diesem Margonad liegen; ist es nun bald Zeit zu serviren, lege die Carmenate auf den Rost, und laß sie schön im Saft grilliren, thue in einen Kastrol ein paar Sardellen fein geschnitten und mit frischen Butter begossen, ein wenig feines Mehl, ein wenig feine Kapern, ein Stengelglas voll Champagner Wein, und ein wenig gute Jus, thue die Carmenate darein, und setz sie auf den Windofen, man muß aber beständig rütteln, als wie bey einer Fricassée; wenn es ein paarmal aufkochet, drücke den Saft von einer halben Lemoni daran, und servire sie recht warm.

De Cotelettes de Veau à la Grillade à l'allemande sauce au Citron.

Kalbscarmenate grillirt auf deutsch.

Nachdem die Carmenate schön ausgemacht sind, thue seine Kräuter in einen Kastrol mit einem Stück frischen Butter, und passire die Kräuter ein wenig, nachdem thue die Carmenate hinein, pfeffere und salze sie, wende sie auch um, laß sie ein paar Stunden stehen, nachdem mache sie ein wenig warm, bannire sie mit fein geriebener Semmel, und lege sie auf den Rost; ist es Zeit zu serviren, setz sie auf eine Glut, und laß sie schön grilliren. Die Sauce dazu: Nimm einen Löffelvoll gute Coulis, schneide das Mark von einer Lemoni Blätleinweis darein, laß die Sauce aufkochen, gieß sie auf die Schüssel, lege die Carmenate darauf, mache ein wenig frischen

Butter

Butter gelb, drücke den Saft von einer halben Lemoni darein, und gieß es über die Carmenate, hernach servire sie warm.

Une de Cotelettes de Veau sauce aux morilles.

Kalbscarmenate mit Maurachen.

Man macht die Carmenate schön rund, aber klopfet sie nicht viel, hernach blanchire sie ein wenig im Wasser, und richte sie ein in eine Bräs, daß sie schön weiß bleiben, nimm frische Maurachen, putze und wasche sie sauber, nachher thue sie in einen Kastrol mit frischen Butter und Salz, passire sie auf dem Feuer, und laß sie wohl kochen, nachdem passire die Sauce davon in ein Geschirr, nimm ein wenig frischen Butter in einen Kastrol mit einem Zwiebel und etwas Wurzeln, ein wenig Basilicum und Thymian, passire es auf dem Feuer, thue einen Löffelvoll schönes Mehl dazu, passire es auch ein wenig, gieß die Sauce von den Maurachen und eine gute Bouillon daran, laß so lang aufkochen, bis die Sauce kurz wird und wohl verkocht ist, thue hernach die Carmenate aus der Bräs auf eine Serviette, rangire sie hernach in einen Kastrol, und passire die Sauce daran; ist es Zeit zu serviren, laß die Carmenate aufkochen, drücke den Saft von einer halben Lemoni daran, servire sie warm, und garnire die Maurachen schön dazu.

Une de Cotelettes de Veau a la Provençale.
Kalbscarmenat auf Brabander Art.

Nachdem die Carmenate schön rangirt sind, thue einen frischen Butter in einen Kastrol und laß ihn gelb werden, tunke die Carmenate auf beyden Seiten in einem feinen Mehl ein, und lege sie in den Butter, thue daran Pfeffer und Salz, einen Zwiebel, ein Lorberblat und ein wenig Thymian, setz auf das Feuer, und laß sie auf beyden Seiten schön gelb werden, hernach gieß daran ein Gläslein guten weißen Wein und etwas Jus, laß sie kochen bis sie lind werden, nachdem thue sie heraus in einen saubern Kastrol, schöpfe die Sauce sauber ab, und passire sie nachmal an die Carmenate; ist es Zeit zu serviren, laß sie aufkochen, drücke den Saft von einer halben Lemoni daran, und servire sie sauber.

Une de Filets de Veau a la Dangers en forme des pommes.
Filé von Kalbfleisch dressirt.

Nimm das Fricandeau von Kalbsschlegel, häutle es sauber ab, als wenn es zum Fricandeau gehörte, nachdem schneide es in der Breite ganz dünn, und hernach in lange Filé schön gleich, thue diese Filé auf einen Teller, und feine Kräuter, ein wenig Salz und Pfeffer daran, hernach nimm eine Semmel, schneide sie dünn wie sie ist, und nimm einen runden Ausstecher, den Form so groß, als wie kleine Pastetlein, schlage ein Ey klar ab; hernach tunke das Blätlein Semmel auf einer Seite

in

in das Eyerklar, nachdem nimm einen feinen Fasch, so viel als ein kleiner Apfel, thue es auf das Brod, dreßire ihn schön rund, in der Mitte aber laß ein Loch, damit du ein wenig fein Ragout oder Salpico hineinthun kannst, mache das Loch hernach schön zu, bestreiche es mit Eyerklar, und nimm die Filé, fang unten an zu wickeln bis oben, drücke es schön bey, damit sie halten, bestreiche eine Tortenpfanne mit Butter, und setze sie nachmals drauf, nachhero bedecke sie mit feinen Speckbarten, und auf den Speck Papier, setz sie in einen Bachofen, welcher nicht gar heiß ist; wenn sie servirt werden, setze sie auf eine saubere Serviette, daß die Fette davon geht, gieb eine klare Sauce auf die Schüssel, alsdenn rangire sie darauf, und servire sie zur Tafel.

Une de filets de Veau a la Neubauer en forme de Gril.

Filé von Kalbfleisch auf Neubauerisch.

Schneide die Filé aus dem Fricandeau 2 starke Messerrucken dick, und hernach 3 zusammen, flechte sie gleichwie einen Zopf, bind oben und unten leicht zusammen, thue sie hernach in eine Schüssel mit Salz und ein wenig Pfeffer, feine Kräuter und ein paar Lorberblätter, auch das Mark von einer Lemoni Blätleinweis geschnitten, hernach gieß Provenceröl darüber, und laß sie etliche Stunden marginiren; ist es Zeit zu serviren, lege sie auf den Rost, und grillire sie auf einer schnellen Glut, daß sie aber im Saft bleiben, richte sie in die warme Schüssel an, gieß ein klein wenig gute Jus darunter, drücke den Saft von einer Lemoni dar über, und servire sie recht warm zur Tafel.

Une de filet de Veau a la Madelaine.

Filé von Kalbfleisch mit Fasch.

Schneide die Filé von Fricandeau einen starken Messerrucken dick, thue ihn in eine Schüssel mit feinen Kräutern und das Mark von einer Lemoni, gieß ein wenig Provenceröl darüber, und laß sie eine Stunde marginiren, hernach nimm ein wenig rohen Fasch von Kalbfleisch, formire daraus ein kleines Herz, oder auch einen andern Form, der Fasch aber muß nicht hoch seyn, bestreiche es nachdem oben mit Eyerklar, und mit diesem Filé bedecke es hernach schön in einer Ordnung, wo ein Ende aufhört, mit dem andern wiederum angefangen, hernach bestreiche ein Papier mit Butter, lege ganz feine Speckbarten darauf, und lege die Herz von den Filé hinauf, oben bedecke sie auch wieder mit feinen Speckbarten, die Lemoni, und das übrige, wo die Filé waren, darauf, und mache es oben auch mit Papier zu, binde es hernach mit Bindfaden, und eine halbe Stunde vor dem Serviren leg es auf den Rost, thue warme Aschen darunter, und laß stät grilliren; ist es Zeit zu serviren, thue eine klare Sauce von Bertram darunter, thue die Herz aus dem Papie , wo nichts daran bleibt, schön darauf rangiren, und so zur Tafel serviren.

Une

Une de filet de Veau a la catinette.
Filé von Kalbfleisch geschlungen.

Schneide die Filé 2 starke Messerrucken dick, und marginire sie, wie vorher gemeldt, hernach nimm die Schüssel, wo du sie darinnen zu serviren hast, bestreiche die Schüssel auf dem Boden mit feinem Fasch, und nachdem mit Eyerklar, nachher nimm die Filé, und schlinge sie darauf, gleichwie eine Kette, so viel es die Schüssel leidet, darnach thue den andern Fasch, wo keine Filé darauf liegen, wiederum hinweg, bedecke sie mit feinen Speckbarten und Papier, setz in einen Ofen, welcher nicht gar heiß ist, und laß gar werden; ist es Zeit zu serviren, thue den Speck und die Fette davon, so gut es möglich ist, gieb eine feine Coulis-Sauce mit Lemoni darüber, und servire sie zur Tafel.

Une de Veau a l'Espagnole.
Eins von Kalbfleisch auf spanisch.

Nimm ein Fricandeau von Kalb, schneide es in dünne Dransch, oder zu deutsch Schnitz, überzwerg, kolbe es gut aus, daß es 3 Finger breit wird, hernach nimm einen weißen Fasch von Kalbfleisch, thue darunter etliche Zibeben und kleine Weinbeere, auch etwas Mandeln in kleine Filé geschnitten, und ein wenig geriebenen Parmesankäs, hernach bestreiche mit dem Messer von diesem Fasch das geklopfte Kalbfleisch, wickle es hernach zusammen, und mache eines wie das andere gleich, stoß ein wenig Speck und Basilicum, thue ihn in einen Kastrol, lege die Rollée dazu, salze und pfeffere sie ein wenig, laß sie schön gelb werden, die Sauce muß wie Gold aussehen: wenn sie lind sind, und die Sauce ganz kurz ist, thue sie heraus in einen saubern Kastrol, passire die Sauce durch ein Haarsieb; ist es Zeit zu serviren, laß aufkochen, und drücke den Saft von einer halben bittern Pomeranzen daran, und servire sie warm.

Une de Veau a la Damienne.
Kalbfleisch mit Champagner Wein.

Nimm ein Fricandeau, thue es wider den Faden in kleine Schnitze, kolbe sie hernach recht fein aus, und schneide sie ein wenig klein, lege sie in eine Schüssel, thue daran Pfeffer und Salz, ein wenig Provenceröl, und ein kleines Gläslein Champagner Wein, und laß sie etliche Stunden marginiren, nimm einen Kastrol, thue ein kleines Stücklein frischen Butter darein, mit einer fein gehackten Sardelle und ein wenig fein geschnittenen Petersill, ein paar Scharlotten, ein kleines Gläslein Champagner Wein, und ein wenig gute Bouillon; ist es Zeit zu serviren, setz den Rost auf eine starke Glut, daß er heiß wird, lege die Schnitze von Kalbfleisch darauf, und laß sie auf beyden Seiten gäh anziehen, hernach thue sie in den Kastrol, wo du die Sauce präparirt hast, thue sie auf einen gähen Windofen, und laß aufkochen, aber es muß beständig geschüttelt werden, legire sie mit 3 Eyerdottern, drücke den Saft von einer halben Lemoni daran, und servire sie warm zur Tafel.

Une

Une de petits Roulades de Veau a la Sauce d'estragon.

Kleine Roladen von Kalbfleisch mit Bertram.

Mache dünne Schnitze aus einem Fricandeau, wie schon vorher gemeldet ist, bestreiche sie naturel mit einem Fasch, wickle sie zusammen, und mache schöne Roladen daraus, hernach blanchire einen Bertram Blätleinweis im Wasser, nachdem suche die schönsten Blätlein heraus, tunke sie auf einer Seite in das Eyerklar ein, und belege die Roladen damit, binde sie nachmals in Speck ein und an einen kleinen Spieß, brate sie, aber nicht zu stark, daß sie weiß bleiben; ist es Zeit zu serviren, thue den Speck davon, glasire sie ein wenig, und rangire sie in die Schüssel, gieb eine Sauce darunter mit ein wenig guter Coulis, Bertrameßig, und den Saft von einer halben Lemoni, alsdenn servire sie zur Tafel.

Une de petits Roulades masquées.

Kleine Kalbsroladen masquirt.

Mache die Roladen, wie schon vorher gemeldet worden, nachdem garnire sie mit Krebsschweifen und geselchten Zungen, wie auch mit Filé von Bollarden, und auch grün mit Spargel oder Maurachen, schneide mit dem Messer ein wenig hinein, wo du im Sinn hast die Schattirung zu machen, mit dem du sie garniren willst, tunke sie vorher in Eyerklar ein, und stecke sie hernach hinein, nach diesem bestreiche ein Papier mit Butter, und lege feine Speckbarten darauf, lege hernach die Rolade darauf, thue dazu Blátleinweis geschnittene Kräuter, wie auch das Mark von einer Lemoni Blátleinweis, bedecke sie mit feinen Speckbarten, und binde sie in Papier wohl ein, setz sie nachmals in einen Bachofen, welcher nicht gar heiß ist, auf einer Tortenpfanne hinein, oder auch auf den Rost gar werden lassen, da müssen sie aber zum öftern umgewendet werden; ist es Zeit zu serviren, gib eine klare Sauce von Pimpernel auf die Schüssel, thue das Papier, Fette und Kräuter wohl davon, rangire sie schön in die Schüssel, und servire sie zur Tafel.

Une de Veau en forme de Gobelets.

Goblet von Kalbfleisch.

Nimm ein Fricandeau von Kalbfleisch, schneide wider den Faden feine Schnitze, hernach klopfe sie, daß sie schön dünn und breit werden, nachdem marginire sie mit feinen Kräutern, wie wir zum öftern gemeldet haben, mache hernach ein feines Ragout von Brüs und Euter, Champignon und Triffel: wenn es fertig ist, laß es kalt werden, nachdem nimm Krebsbecher von Blech, sonsten aber sind die Form extra dazu gemacht: diese Form bestreiche mit Butter, hernach belege sie unten und neben herum mit feinen Speckbarten, und setze sie gleich auf eine Tortenpfanne, nachdem nimm die Schnitze von Kalbfleisch, und belege die Form damit, unten und neben herum, gleichwie mit dem Speck, hernach bestreiche es mit seinem Fasch, und in die Mitte thue das Ragout hinein, bedecke es mit

mit Kalbfleisch, thue es herum mit der Messerspitze
hinein, daß es einen schönen Form bekommt, oben,
wenn du willst, kannst du eine kleine Garnirung
darauf machen, hernach mit Speck und Papier
bedecken, und in einen Ofen thun, welcher nicht
gar heiß ist; ist es Zeit zu serviren, nimm die
Becher unten mit einem Messer, und setz sie auf
eine Serviette oder sauberes Tischtuch, daß die
Fette davon gehet, hernach ziehe die Becher da=
von, thue den Speck auch davon, setz sie nachdem
auf die Schüssel, und gieb eine klare Sauce dar=
unter von Triffeln, oder auch eine feine Coulis,
Sauce, wenn du willst.

Une de Veau en Crépenes.
Kalbsfleisch im Netz.

Mache einen rohen Kalbsfasch etwas stark von
Kräutern, nachdem nimm ein schweinernes Netz,
thue etwas davon, so groß als ein kleines Ey, auf
ein Stücklein Netz, mache es zu, und mache einen
Form daraus, rund oder ein Herz, wie du willst,
leg es nachher auf eine Schüssel, thue feine Kräu=
ter darauf, wie auch das Mark von einer Lemoni;
ist es Zeit zu serviren, lege es auf den Rost, und
laß es schön grilliren, gieb eine Sauce hachées
von Kapern darunter, man kann auch das Kalb=
fleisch in ganz kleine Filé schneiden, Glied lang,
und etwas guten rohen Schunken, auch etwas
guten Speck dazu thun, welcher aber vorher ein
wenig gesotten haben muß, dieses schneidet man
auch recht fein, hernach thue dazu Pfeffer und
Salz, feine Kräuter, nachdem schlag es in das
Netz

Netz hinein, wie schon vorher gemeldet worden, und mache es auf die nämliche Manier, die Sauce ist auch gleich.

Une de Veau a l'escaloppe.
Ein geklopftes Kalbfleisch.

Nimm ein Fricandeau, und schneide es in feine Schnitze wider den Faden, klopfe es recht fein, und mit dem Rucken vom Messer klopfe es auch, hernach schneide es in kleine Stücklein, wie ein Gulden groß, bestreiche einen großen Kastrol mit Butter, und belege den ganzen Kastrol damit, so viel du vonnöthen hast, setz es hernach aufs Feuer, und laß sie anziehen, aber nicht viel, nachdem thue sie in einen kleinen Kastrol: wenn du sie alle beysammen hast, thue feine Kräuter daran, und eine gute Coulis; ist es Zeit zu serviren, setz sie auf das Feuer, und laß sie aufkochen, aber sie dürfen nicht viel kochen, sonst werden sie hart; drücke den Saft von einer Lemoni daran, und servire sie warm zur Tafel. Du kannst sie auch weiß machen, die Sauce muß aber schon vorher gemacht seyn, nachdem thut man nichts anders, als ein wenig fein geschnittenen Petersill dazu, und legirt sie mit Eyerdotter und Lemonisaft.

Une de filets de Veau sautés sur le gril.
Ein Kalbfleisch mit Scharlotten.

Schneide von einem Fricandeau Schnitze, wie schon vorher gemeldet worden, auch recht fein geklopft, gieß in einen Kastrol ein wenig Provenceröl,

eeröl, und fein geschnittene Scharlotten, laß sie auf dem Feuer ein wenig anziehen, und thu hernach das geklopfte Kalbfleisch in kleine Stücklein, so groß als ein Zwiebel ist, hinein, thu dazu ein Lorberblat, Pfeffer und Salz; ist es Zeit zu serviren, setz sie auf einen schnellen Windofen und thu sie gut, doch nicht zu stark, passiren, nachmals thu ein wenig fein geschnittenen Petersill dazu und den Saft von einer halben Lemoni, thu sie warmer serviren, es ist ein recht gutes Ragout.

Une de Veau a la Napolitaine.

Kalbfleisch auf Neapolitanische Manier.

Nimm das Fleisch von einem Fricandeau, und thu es fein schneiden, hernach thu in einen Mörser ein gutes Stücklein Speck mit ein wenig fein geschnittenen Basilicum und Thymian, und ein wenig Zwiebel, stoße dieses recht fein, hernach thu das Fleisch auch hinein, wie auch einen abgeschälten Apfel, stoße alles dieses zusammen recht fein, nachdem thu eine eingeweichte Semmel hinein; etliche Eyerdotter, eine Handvoll geriebenen Parmesankäß, Salz und Pfeffer, thu es wohl stoßen, nach diesem thu dazu große und kleine Weinbeere, mische es zusammen, nimm einen Kastrol, lege ein Stücklein frischen Butter hinein, und laß ihn gelb werden, mache hernach aus diesem Fasch Knötlein wie ein kleines Ey, und lege sie in den Butter, thu dazu etliche Schnitze guten Schunken, setz ihn auf ein stätes Feuer, und laß sie schön gelb werden, nachdem gieß ein wenig
gute

gute Jus oder Bouillon darauf, und laß sie kochen so lang, bis eine kurze Sauce bleibt, ist es Zeit zu serviren, nimm die Knötlein auf die Schüssel heraus, und schöpfe die Fetten von der Sauce wohl ab, passire hernach die Sauce durch ein Haarsieb an die Knötlein, und thu sie warmer zur Tafel serviren.

Une d' hatelettes de farce de Veau garnis.
Spiesel von Kalbfleisch.

Nimm einen rohen Kalbsfasch, mache eine kleine Stange daraus, aber eckicht, in der Breite wie ein Daumen, schneide hernach so viel du glaubst vonnöthen zu haben, schneide nachmals mit dem Messer gleiche Stücklein, thu Maurachen, Triffel und Krebsschweife, Schambinion und Kalbseuter, von der Größe wie der Fasch, feine Kräuter und ein Stücklein frischen Butter, Salz und Pfeffer in einen Kastrol, laß dieses alles auf dem Feuer passiren, staube ein wenig feines Mehl daran, gieß eine gute Bouillon darauf, und laß kochen bis sie recht dick wird, nachdem laß sie kalt werden, hernach nimm die kleinen silbernen Spiesel, und stecke von dem Fasch von einer jeden Sorte dazwischen, sofort bis das Spiesel voll ist, wie sichs gehört, bestreiche es recht mit dieser Sauce, daß es schön gleich aussieht, thu ein geriebenes Brod hinein, thu sie wohl banniren und auf den Rost legen; ist es Zeit zu serviren, setz es auf eine stäte Glut, und laß schön gelb grilliren auf allen Seiten, nach diesem rangire sie schön in eine Schüssel, gieb ein wenig gute Jus darunter, drücke

drücke den Saft von einer Lemoni darüber, und thu sie warmer zur Tafel serviren.

Une de Ris de Veau a la broche sauce sans Echalottes.

Kalbsbrüs ohne Spieß mit Sauce.

Nachdem die Brüs blanchirt sind, thu alles fein abhäuteln und hernach einmarginiren mit Essig und feinen Kräutern, und auch das Mark von einer Lemoni, Salz und Pfeffer; 3 Viertelstunden vor dem Anrichten stecke sie an ein kleines Spießlein, allezeit ein wenig Speck mit Schunken dazwischen, binde sie nachmals auf einen großen Spieß, und thu sie zum Feuer, laß sie schön gelb braten, begieße sie mit frischen Butter, welcher aber gemischt seyn muß mit ein paar fein gehackten Sardellen, wickele nach diesen ein kleines Stücklein Speck in ein weißes Papier, halt es zum Feuer, daß es ein wenig trocken wird, nachdem thu es anzünden, und laß den Speck auf die Brüs tropfen; wenn sie eine gelbe Farbe haben, gieb eine feine Scharlottensauce unten auf die Schüssel, thu die Brüs auf der Schüssel sauber rangiren, und warmer zur Tafel serviren.

Une de Ris de Veau a l'Italienne.

Kalbsbrüs auf Italiänisch.

Thu die Brüs sauber putzen und blanchiren, wie schon vorher gemeldet, hernach thu sie schön mit feinem Schunken spicken, nachmals in eine Brüs einrichten, daß sie schön weiß bleiben, setz sie auf ein stätes Feuer, und laß sie stät gar werden,

den, aber nicht zu lind; ist es Zeit zu serviren, thu die Brås aus der Bras auf eine Serviette, daß die Fette davon geht, hernach thu sie in ein Glas und thu schön glasiren, gieb eine feine Sauce von einer guten Coulis mit Lemoni darunter, und rangire die Brüs schön darauf, alsdenn servire sie zur Tafel; man kann auch eine Triffelsauce dazu geben, die Sauce darf aber nicht dick seyn.

Une des Ris de Veau a la Paradise au Citron.

Kalbsbrüs in Papier.

Die Brüs, nachdem sie sauber blanchirt sind, wie schon gemeldet, mache eine Kapsel von Papier, gieß Provenceröl hinein, daß es den Boden bedeckt, hernach lege eine feine Speckbarten hinein, leg die Brüs darauf, thu darauf allerhand Kräuter und Wurzeln, Zwiebel, Scharlotten und das Mark von einer Lemoni, bedecke es oben auch mit Speck, und wenn du es hast, so thu etliche gute Schnitze Schunken dazu, mache oben ein Blätlein Papier darauf, bestreiche es auch mit Oel und thu es auf einen Rost, eine Stunde vor dem Anrichten setz es auf einen glühenden Aschen, und laß sie stät kochen, zu Zeiten thu sie umwenden; wenn du sie servirest, thu eine weiße oder braune Sauce von Schambinion auf die Schüssel, und rangire die Brüs sauber darauf, sie werden weiß wie Schnee seyn, man kann auch eine klare Sauce darunter geben.

Une de ris de Veau piqué & glacé avec sauce aux Champignons.

Gespickte Kalbsbrůs.

Nachdem die Brůs sauber geputzt und blanchirt sind, thu sie recht fein spicken, hernach richte sie ein in eine weiße Brås, und laß sie auf einem ståten Feuer gar werden, nachdem nimm sie heraus auf eine Serviette, thu sie gut abdrücken und schön glasiren, mache eine weiße Sauce von Schambinion, legire sie mit Eyerdottern, richte sie auf die Schüssel, und rangire die Brůs darauf, alsdenn thu sie zur Tafel serviren.

Une de ris de Veau en petites caisses.

Kalbsbrůs in kleinen Kåstlein von Papier.

Nimm die Brůs, nachdem sie blanchirt sind, thu sie in kleine runde Stücklein schneiden, und hernach in einen Kastrol mit feinen Kräutern, Schambinion, Maurachen und Triffel, Salz und Pfeffer, und ein Stücklein Butter, thu alles zusammen auf dem Feuer passiren, nach diesem mache von Papier kleine Kastrol, mache ein Schmalz heiß, und thu die Kåstlein hinein, so werden sie ein klein wenig gelb, hernach thu sie heraus, und richte die Brůs hinein, allezeit von den Schambinion und Maurachen dazwischen und die Sauce davon, thu auf die Letzte überall ein wenig darauf austheilen, bestreue sie mit ein wenig fein geriebener Semmel, thu sie auf eine Tortenpfanne, und eine Viertelstunde vor dem Anrichten in einen

Bachofen, welcher nicht gar heiß ist, oder auch auf den Rost; wenn du sie servirest, so richte sie auf die Schüssel, drücke den Saft von einer Lemoni darauf, und thu sie wärmer zur Tafel serviren.

Une de ris de Veau aux Ecrevisses.

Kalbsbrüs mit Krebsen.

Nachdem die Brüs blanchirt sind, mache einen Krebsbutter, nimm hernach den Krebsbutter in einen Kastrol, thu dazu ein wenig feines Mehl, rühre es untereinander, thu einen ganzen Zwiebel dazu, einen Löffelvoll gute Bouillon, und rühre die Sauce auf dem Feuer ab, hernach thu die Brüs in kleine Stücklein hinein, und laß sie gäh kochen, bis sie gar sind, nachdem thu die Krebsschweife auch hinein; ist es Zeit zu serviren, laß sie aufkochen, drücke den Saft von einer halben Lemoni dazu, und thu sie zur Tafel serviren.

Une de ris de Veau a la jardiniere.

Kalbsbrüs mit Petersill gespickt.

Nachdem die Brüs ein wenig blanchirt sind, thu sie mit jungen Petersill schön spicken, nachmal in Essig einmarginiren, wie schon vorher gemeldt, eine halbe Stunde vor dem Serviren lege sie zum Feuer, an einen kleinen Spieß gesteckt, und braten lassen, daß der Petersill schön grün bleibt, gieb eine piquante Sauce darunter, und thu sie zur Tafel serviren.

Une de ris de Veau sauté.

Kalbsbrüs auf dem Roſt.

Nachdem die Brüs blanchirt ſind; ſchneide ſie in der Länge halben Finger dick, und lege ſie in eine Schüſſel, thu daran Pfeffer und Salz, feine Kräuter, ein Lorberblat, und das Mark von einer Lemoni, wie auch Provenceröl, laß ſie etliche Stunden marginiren; iſt es Zeit zu ſerviren, lege ſie auf den Roſt, ſetz ſie auf ein ſchnelles Feuer, und laß ſie ſchön grilliren, richte ſie hernachmals auf die Schüſſel, gieß ein wenig Jus daran, drücke den Saft von einer Lemoni darüber, und ſervire ſie warmer.

De ris de Veau grillé.

Kalbsbrüs grillirt.

Die Brüs müſſen geſchnitten werden, wie vorher gemeldt, thu in einen Kaſtrol ein Stücklein friſchen Butter mit feinen Kräutern, die Brüs auch dazu, Pfeffer und Salz, laß ſie auf dem Feuer paſſiren, hernach nimm ſie heraus, thu ſie mit fein geriebener Semmel banniren und auf den Roſt legen; iſt es Zeit zu ſerviren, ſetz ſie auf ein ſtätes Feuer, und laß ſie ſchön grilliren, rangire ſie hübſch auf eine Schüſſel, und gieb ein wenig gute Jus mit Lemoniſaft darunter, alsdenn ſervire ſie zur Tafel, du kannſt auch zu der Jus etwas in feine Filé geſchnittene Scharlotten nehmen.

De Ris de Veau emincé.
Kalbsbrüs mit Lemonisauce.

Nachdem die Brüs blanchirt sind, schneide sie fein rund, thu ein wenig frischen Butter in einen Kastrol, ein wenig feines Mehl und einen ganzen Zwiebel, gieß eine gute Bouillon daran, setz sie auf das Feuer und thu die Sauce abrühren, drücke hernach den Saft von einer Lemoni hinein, und thu die Brüs auch dazu, laß sie schnell kochen; ist es Zeit zu serviren, laß sie wiederum aufkochen, legire sie mit 3 Eyerdotter, und thu sie zur Tafel serviren.

De Ris de Veau a l'Italienne.
Kalbsbrüs auf Italiänisch.

Nachdem die Brüs blanchirt sind, thu ein jedes anderst spicken, eines mit Triffel, eines mit gelben Ruben, eines mit Schunken, eines mit Spargel, eines mit Krebsschweif, eines mit Speck, nachdem du Brüs vonnöthen hast, hernach richte sie ein in eine weiße Bräs, und laß sie stät gar werden; ist es Zeit zu serviren, thu sie auf eine Serviette heraus, thu sie abdrücken und hernach schön glasiren, gieb auf die Schüssel eine klare Sauce mit grünen Petersill, thu die Brüs darauf rangiren, und zur Tafel serviren.

Une d'hatelettes de ris de Veau.
Kleine Spießel mit Kalbsbrüs.

Nachdem die Brüs blanchirt sind, schneide sie rund in kleine Stücke, wie auch etliche Kalbseuter,

ter, thu sie in einen Kastrol mit einem Stücklein frischen Butter, wie auch Maurachen und Schambinion, Triffel, feine Kräuter, Salz und Pfeffer, thu sie auf dem Feuer passiren, streue ein wenig feines Mehl daran, und gieß ein wenig gute Bouillon darauf, laß sie einkochen, hernach kalt werden, nachdem stecke es an die silberne kleine Spieß, thu sie mit der Sauce eben machen, und mit einer geriebenen Semmel banniren, und auf den Rost legen; ist es Zeit zu serviren, setz sie auf eine stäte Glut, und laß sie schön grilliren, rangire sie schön auf die Schüssel, und gieb ein wenig gute Jus mit Lemonisaft darunter.

Une de foye de Veau aux fines herbes.

Kalbsleber mit feinen Kräutern.

Nimm die Kalbsleber, thu sie schön abhäuteln, nachdem thu sie fein schneiden in dünne Schnitze, thu in einen Kastrol ein Provenceröl und hernach feine Kräuter, thu sie ein klein wenig passiren, hernach lege die Leber hinein, thu sie salzen und pfeffern, und bestreue sie oben auf mit Kräutern, thu ein Lorberblat dazu; ist es Zeit zu serviren, setz sie auf das Feuer und laß sie anziehen, aber nicht zu stark, damit die Leber mild bleibt, thu sie nach diesem umwenden, und wiederum anziehen lassen, nachmals rangire sie auf die Schüssel, drücke den Saft von einer Lemoni darüber, und thu sie warmer zur Tafel serviren.

Une de foye de Veau a la Genoise.

Kalbsleber auf Genuesische Manier.

Die Kalbsleber, nachdem sie abgehäutelt ist, thu in schöne Schnitze schneiden, nicht zu dünn und auch nicht zu dick, rangire sie in eine Schüssel und gieß eine süße Milch darüber, laß ein paar Stunden stehen, hernach thu sie aus der Milch auf ein sauberes Tuch oder Serviette, drücke sie ein wenig ab, thu hernach ein Stück frischen Butter in einen Kastrol und laß ihn zergehen, bis er anfangen will, gelblicht zu werden, nimm nach diesem ein Stücklein nach dem andern, thu es in fein geriebenem Brod umkehren, und leg es in den Kastrol, thu sie ein wenig salzen und pfeffern, laß stehen bis es Zeit ist zu serviren, setz sie sodann auf das Feuer und laß sie bachen, bis sie schön gelb sind, hernach thu sie umwenden und auf der andern Seite auch schön gelb werden lassen, das Feuer muß aber schnell seyn, damit sie nicht zu trocken wird, alsdenn thu sie auf die warme Schüssel anrichten ohne Butter, und zur Tafel serviren, sie ist auf diese Manier mild und gut.

Une de foye de Veau aux Crepines.

Kalbsleber im Netz.

Thu die Leber abhäuteln, und hernach mit dem Messer rabiren auf ein Schneidbrett, damit alle Haut davon kommt, thu dazu etwas Nierenfetten oder Speck, ein paar Scharlotten, ein wenig Petersill, Thymian und Basilicum, thu alles zusammen fein schneiden, thu hernach ein wenig geriebenen

ben Brod dazu und ein paar Eyerdotter, Pfeffer und Salz, hernach theile das Kalbs- oder schweinerne Netz in kleine Stücke, thu etwas von diesem Fasch hinein, thu es zusammen wickeln, bestreiche eine Tortenpfanne mit Butter, und leg es darauf, bestreiche ein Papier mit Butter, und decke es oben drauf; ist es bald Zeit zu serviren, setze es in den Ofen, oder gieb auch Feuer oben und unten und laß bachen, gieb eine Sauce von fein geschnittenen Zwiebeln dazu, und servire es zur Tafel.

De foye de Veau a l' Allemande.

Kalbsleber auf deutsche Manier.

Nachdem die Leber abgehäutelt ist, thu sie in dünne Schnitze schneiden, und in süßer Milch einweichen, ein paar Stunden hernach thu sie heraus auf ein sauberes Tuch oder Serviette, und ein wenig abdrücken, thu sie hernach salzen und ein wenig pfeffern, und einmehlen wie ein Fisch, thu hernach ein Stück Butter in einen Kastrol, und laß gelb werden, nach diesem leg die Leber hinein; ist es nun Zeit zu serviren, setz sie auf einen gähen Windofen, und laß sie auf beyden Seiten gelb werden, thu sie nach dem auf die Schüssel schön rangiren, und gieb eine piquante Sauce von Bertrameßig darüber, so thu sie zur Tafel serviren.

Auf eine andere Manier.

Thu die Leber einmehlen, wie schon gemeldt, und hernach im Schmalz ausbachen, die Hälfte in die Sauce legen und aufkochen lassen; wenn diese Leber angericht ist, thu die andere Hälfte ausgebachene

chene Leber darum garniren, und zur Tafel serviren.

Une foye de Veau au sang.

Kalbsleber mit Blut.

Thu die Leber schneiden, wie vorher gemeldt, hernach thu in einen Kastrol ein wenig Provencerdl mit fein geschnittenen Scharlotten, thu sie ein klein wenig auf dem Feuer passiren, die Leber thu ein wenig salzen und pfeffern, und lege sie hernach in den Kastrol, und laß stehen, bis es Zeit ist zu serviren, nachdem mach die Sauce, thu einen Zwiebel in einen Kastrol mit ein wenig frischen Butter, laß auf dem Feuer zergehen, thu dazu einen Löffelvoll Mehl, und laß sie schön braun werden, thu nachmals das Uebergebliebene von der Leber dazu, thu es noch ein wenig passiren mit ein wenig Basilicum und Thymian, ein kleines Lorberblat, und füll es mit Jus oder Bouillon auf, thu ein kleines Gläslein voll rothen Wein dazu, und laß wohl verkochen, auf die Letzte thu ein schweinernes Blut mit ein wenig Bertramessig hinein rühren, oder auch ein Blut von Geflügel, laß es nachmal aufkochen, und thu es hernach durch ein Haartuch oder Sieb passiren; ist es Zeit zu serviren, setz die Leber auf, und laß auf beyden Seiten anziehen, rangire sie hernach in die Schüssel, laß die Sauce aufkochen, drücke den Saft von einer halben Lemoni darein, gieß sie nachmals über die Leber, und thu sie warmer serviren.

De Foye de Veau a la Flamands.

Kalbsleber auf Niederländer Manier.

Nachdem die Leber abgehäutelt ist, thu sie recht fein in kleine Stücke schneiden, nicht grösser als ein Gulden dick, thu in einen Kastrol feine Kräuter mit frischen Butter, und laß sie passiren, Scharlotten müssen auch dabey seyn, wie auch ein Lorberblat, thu die Leber hernach hinein, thu sie salzen und pfeffern, und laß sie stehen bis es Zeit ist zu serviren, nach diesem setz sie auf das Feuer, und thu sie schnell passiren, drücke den Saft von einer Lemoni daran, und thu sie warmer zur Tafel serviren.

De Foye de Veau q la Liégeoise.

Kalbsleber auf Lütticher Manier.

Schneide die Leber, wie vorher gemeldet, schneide ein paar grosse Zwiebel fein viereckicht, thu sie in einen Kastrol mit frischen Butter, und laß die Zwiebel schön gelb werden, hernach thu die Leber hinein, thu sie salzen und pfeffern, auch ein Lorberblat dazu, und laß stehen bis es Zeit ist zu serviren, nachmals setz sie auf das Feuer, und thu sie passiren, bis die Leber recht heiß wird, staube ein klein wenig Mehl daran, gieß ein klein wenig Bertrameßig und so viel gute Bouillon daran, daß es eine Sauce giebt, hernach thu sie mit 3 Eyerdottern legiren, drücke den Saft von einer Lemoni daran, und thu sie warmer zur Tafel serviren.

Une de fraise de Veau sance au marjolaine.

Kalbsgekrös auf deutsche Manier.

Thu das Gekrös mit Salz und Mehl sauber waschen, hernach richte eine schlechte Bräs ein, die Franzosen nennen es ein Blanget, schneide ein paar Speckbarten und auch etwas Nierenfetten in ein Geschirr, auch etwas Wurzel, ein Lorberblat und Zwiebel, das Mark von einer Lemoni, ein wenig frischen Butter mit ein wenig schönen Mehl vermischt, füll es nach diesem auf mit schlechter Buillon oder Wasser, laß auf dem Feuer aufkochen, thu das Gekrös hinein und laß stät kochen bis es lind ist, nachmals mache die Sauce: thu in einen Kastrol ein Stücklein frischen Butter, ein Löffelein voll Mehl, rühre sie wohl herum, fülle sie hernach mit guter Bouillon auf, thu einen Zwiebel dazu, thu die Sauce auf dem Feuer abrühren, und laß sie wohl kochen, daß sie schön weiß bleibt, drücke den Saft von einer Lemoni hinein, putze das Gekrös sauber ab, und schneide es in kleine Stücke, alsdenn lege sie in die Sauce, thu ein wenig Majoran dazu, laß sie aufkochen, und thu sie warmer zur Tafel serviren, man kann sie auch ohne Majoran geben mit Petersill, und mit Eyern legiren, sie ist auch recht gut.

Une fraise de Veau a la poulette.

Ein Gekrös mit Petersill.

Das Gekrös muß gesotten werden, wie schon vorher gemeldet, hernach mache eine weiße Sauce, wie

wie auch schon gemeldet worden ist, thu das Gekrös sauber putzen, und in kleine Stücklein schneiden, thu es in die Sauce, thu einen Petersill Blätteinweis pflücken und im Wasser blanchiren, daß es schier lind ist, hernach thu ihn in ein frisches Wasser, und thu ihn ausdrücken; ist es Zeit zu serviren, setz das Gekrös auf das Feuer, und laß aufkochen, thu hernach den Petersill hinein, und thu es mit 4 Eyerdottern legiren, drücke den Saft von einer Lemoni hinein, und thu es zur Tafel serviren.

Une d'yeux de Veau aux Truffes.
Kalbsaugen mit Triffel.
Thu die Kalbsaugen, wie das Gekrös, absieden, aber nicht gar zu lind, hernach thu sie heraus, und thu das Schwarze davon, thu hernach ein klein wenig feinen Fasch hinein, und ein wenig Triffel, thu die Augen in eine kurze Bräs mit ein wenig Wein, und laß sie auf einem stäten Feuer noch ein wenig kochen; ist es Zeit zu serviren, nimm die Augen heraus auf eine Serviette, daß die Fette gut davon geht, gieb nach diesem eine klare Sauce auf die Schüssel, thu die Augen ein wenig glasiren, schön in die Sauce rangiren, und zur Tafel serviren.

Ine d'yeux de Veau en robe de chambre.
Kalbsaugen im Schlafrok.
Siede die Augen, wie schon vorher gemeldet, hernach nimm sie heraus und thu das Schwarze davon nehmen, anstatt dem Schwarzen thu ein Salpico

pico hinein, und das Aug bestreiche herum mit
Eyerklar und feinem Fasch, nachdem nimm kleine
Model die just die Größe haben, mache ein Blätlein Butterteig hinein, und setz das Aug darein,
nach diesem begieß es mit ein wenig frischen Butter, und bestreue sie mit Parmesankäß, mit ein wenig geriebenen Brod vermischt, thu sie im Ofen
schön ausbachen, und hernach warmer zur Tafel
serviren.

Une d'yeux de Veau masqué.
Kalbsaugen masquirt.

Richte die Augen, wie schon vorher gemeldet,
nachdem das Schwarze heraus genommen ist, thu
in ein jedes auch eine andere Farbe, als in eines
einen Triffel, in ein anderes von Spinatdopfen
grün, in eines das Weiße von Eyern, oder Filé
von weißem Geflügel, eines gelb von einer gelben
Rube, in eines roth von Schunken oder Zungen,
nachdem bestreiche das Aug mit Eyerklar, und um
das Aug herum Fasch, nachdem es sauber rangirt
ist, thu es wiederum mit Eyerklar bestreichen,
und mit Filé von allerhand Sorten garniren,
nachdem nimm eine kleine Tortenpfanne, thu feine
Speckbarten auf den Boden, leg die Augen schön
darauf, thu etwas Wurzeln und Kräuter dazu,
wie auch das Mark von einer Lemoni, bedecke es
oben auch mit Speck und Papier, setz es in einen
stäten Ofen, und laß gar werden; ist es Zeit zu
serviren, thu die Augen auf eine Serviette, daß
die Fette davon geht, gieb eine klare Sauce mit
Bertram oder auch Pimpernel auf die Schüssel,

rangire die Augen schön darauf, und thu sie serviren.

Une de queues de Veau a l'oseille.

Kalbsschweife mit Sauerampfer.

Die Schweife müssen sauber gepuzt und flammirt seyn, darnach thu sie in eine Bräs legen, daß sie schön weiß bleiben und darinn lind werden, nachdem nimm sie heraus, thu sie mit einer Serviette abtrücknen, mit ein wenig Mehl einstauben, in Eyern umkehren und mit geriebenen Brod banniren. Die Sauce dazu: nimm eine starke Handvoll Sauerampfer in einen Kastrol mit einem ganzen Zwiebel und ein Stücklein frischen Butter, laß ihn auf dem Feuer passiren, staube hernach ein wenig feines Mehl daran, füll es mit guter Bouillon auf, und laß die Sauce einkochen bis sie kurz wird; ist es Zeit zu serviren, thu die Schweife im Schmalz schön gelb ausbachen, legire die Sauce mit 3 Eyerdotter, richte sie an auf die Schüssel, rangire die Kalbsschweife darauf, und thu sie zur Tafel serviren. Die Schweife können auch einmarginirt und hernach ausgebachen werden.

Une de queues de Veau a la Hollandoise.

Kalbsschweife auf Holländisch.

Richte die Schweife, wie schon vorher gemeldet, hernach mache eine Sauce, thu ein gutes Stücklein frischen Butter in einen Kastrol mit ein wenig seinem Mehl, 3 Eyerdotter und einen ganzen Zwiebel, thu es rühren, thu dazu eine gute Bouillon, so viel du Sauce vonnöthen hast, auch ein wenig Bertrameſſig, Salz und Pfeffer; ist es Zeit zu ſerviren, thu die Sauce auf dem Feuer abrühren, gieb einen gepflückten blanchirten Petersill in die Sauce, rangire die Schweife auf die Schüssel, drücke den Saft von einer halben Lemoni in die Sauce, gieß sie über die Schweife, und thu ſie warmer zur Tafel ſerviren.

Une d'amourettes a la poulette.

Ruckmark mit Petersill.

Das Ruckmark muß vorher abgehäutelt werden, nachdem setz ein Wasser auf das Feuer mit Salz, wenn es siedet, thu das Mark hinein, und laß etliche Sud austhun, gieß es hernab ab, thu friſch Wasser daran, mache eine weiße Sauce, wie wir schon gemeldet haben, schneide das Mark in kleine Stücke eines starken Glieds lang, thu es in die Sauce, nachdem thu Petersill Blätleinweis pflücken und im Wasser blanchiren, daß er faſt lind wird, thu ihn nachdem in friſchem Wasser ausdrücken; iſt es Zeit zu ſerviren, setz das Mark auf das Feuer, und laß aufkochen, thu den blanchirten Petersill hinein, und legire es mit 3 Eyerdottern, drücke den Saft von einer Lemoni hinein, und thu es zur Tafel ſerviren.

Une d'amourettes aux Ecrevisses.

Ruckmark mit Krebſen.

Das Mark wird blanchirt, wie schon vorher gemeldet, hernach mache einen Krebsbutter, thu ihn in einen Kaſtrol mit ein wenig feinem Mehl, und

und mache eine kurze Sauce mit guter Bouillon, thu hernach das Mark in kleine Stücklein hinein, wie auch die Kreboschweise; ist es Zeit zu serviren, laß es aufkochen, legire es mit 3 Eyerdottern, drücke den Saft von einer halben Lemoni daran, und thu es warmer zur Tafel serviren.

Une d'Amourettes au Gratin.
Ruckmark mit Rahm.
Das Mark wird gepuzt und blanchirt, wie schon vorher gemeldet worden, nachdem mache eine Beschamelle, nimm davon so viel als es Ruckmark ist, thu es in einen Kastrol mit etwas Glas oder Consommé, laß es aufkochen, thu es hernach salzen und nur ein wenig pfeffern, nachdem thu es auf die silberne Schüssel, allwo du es zu serviren hast, oben bestreue es mit fein geriebenen Brod, und setz es in Bachofen, laß es oben und unten schön gelb werden, damit es unten eine Krusten bekommt, nachmals thu es serviren.

Une de ris d'agneau au melange.
Lammsbrüs melirt.
Nachdem die Brüs schön weiß blanchirt und sauber abgehäutelt sind, thu sie in einen Kastrol mit einem Stücklein frischen Butter und einem ganzen Zwiebel, thu dazu Triffel und Maurachen, thu sie auf dem Feuer passiren, staube hernach ein wenig schönes Mehl daran, füll es mit Jus an, und laß nach diesem kurz einkochen; man kann auch die Leber von Geflügel dazu thun, und die Magen, wenn sie recht lind sind, dünn in der

Brüs

Breite hinein geschnitten; ist es Zeit zu serviren, laß aufkochen, drücke den Saft von einer Lemoni daran, und thu es warmer zur Tafel serviren. Man kann es auch weiß anstatt braun geben, das kommt bloß auf den Gusto an.

Une de Cotelettes d'agneau a la Sauce blanche.

Lammscarmenad in weißer Sauce.

Nachdem die Carmenade schön ausgemacht sind, setze ein Wasser auf das Feuer und laß sieden, thu sie hernach hinein, und laß sie einen Sud aufthun, hernach thu sie in ein frisches Wasser, mache eine weiße Sauce, thu die Carmenade hinein, und laß sie schnell einkochen, doch daß sie nicht lind werden, nachdem thu die Carmenade in einen andern saubern Kastrol, passire die Sauce daran, thu auch einen blanchirten Petersill dazu; ist es Zeit zu serviren, lege die Sauce mit 3 Eyerdotter, drücke den Saft von einer Lemoni daran, und thu sie warmer zur Tafel serviren.

Une de Cotelettes d'agneau a la Genoise.

Lammscarmenade auf genuesische Manier.

Nachdem die Carmenade gemacht und schön dressirt sind, thu in einen Kastrol einen frischen Butter, laß sie gelb werden, nach diesem thu die Carmenade hinein, thu sie salzen und pfeffern, laß sie auf dem Feuer anziehen, bis sie gelb werden, nachdem thu ein wenig geriebene Semmel darauf, und einen Löffelvoll Jus, auch ein wenig weißen Wein,

Wein, laß sie einkochen; ist es Zeit zu serviren, drücke den Saft von einer bittern Pomeranzen daran, und thu sie warmer zur Tafel serviren.

Une de Cotelettes grillées.

Lammscarmenad grillirt.

Nachdem die Carmenade schön ausgemacht sind, thu in einen Kastrol ein Stücklein Butter mit seinen Kräutern, thu sie auf dem Feuer ein wenig paßiren, thu hernach die Carmenade hinein; thu sie pfeffern und salzen, laß sie ein paar Stunden stehen, hernach mache sie wieder ein wenig warm, und thu sie mit fein geriebener Semmel banniren, lege sie auf den Rost; ist es nun Zeit zu serviren, setz sie auf eine Glut und laß sie schön grilliren, daß sie aber in ihrem Saft bleiben, rangire sie schön in die Schüssel, drücke den Saft von einer Lemoni darauf, und thu sie warmer zur Tafel serviren.

De Cotelettes d'une autre maniere.

Carmenade auf eine andere Manier.

Wenn die Carmenade schön ausgemacht und wohl abgehäutelt sind, lege sie in ein Geschirr, thu sie pfeffern und salzen, thu ein Stück Butter in einen Kastrol mit ein paar Schnitz Schunken, Scharlotten und Petersill, setz den Butter auf das Feuer, und laß ihn kochen bis er anfängt gelb zu werden, hernach paßire den Butter an die Carmenade, und laß sie eine Stunde stehen, nach diesem thu sie ein wenig warm machen, und thu die Carmenade mit fein geriebener Semmel b...

oder auf deutsch zu sagen bestreuen, bestreiche nachmals eine Tortenpfanne mit frischen Butter, lege die Carmenade darauf, und gieß den wenigen Butter von den Carmenaden oben drauf; ist es Zeit zu serviren, setz die Carmenade mit sammt der Tortenpfanne in einen Bachofen, oder auch auf einen gähen Windofen, und laß sie schön gelb werden, gieb eine Jus mit Scharlotten, und ein wenig Lemonisaft auf die Schüssel, richte die Carmenade darauf, drücke den Saft von einer halben Lemoni darüber, und thu sie hernach warmer zur Tafel serviren, du mußt aber wohl beobachten, daß die Carmenade nicht zu trocken werden; die Kalbscarmenade können auf die nämliche Manier gemacht werden.

Une de Cotelettes d'agneau masqué.

Lammscarmenad masquirt.

Thu die Carmenade, nachdem sie schön ausgemacht sind, in einen Kastrol mit Butter und feinen Kräutern, thu sie ein wenig passiren, hernach, wenn sie kalt sind, thu eins nach dem andern oben mit Eyerklar bestreichen, hernach mit Fasch, und schön rund machen, nach diesem wiederum mit Eyerklar bestreichen, rings herum mit Krebsschweif belegen, oben aber mit Triffel und Maurachen, mache oben eine Façon, wie es dir gefällt, auch etwas Grünes kannst du nehmen und schön ausmachen, hernach belege eine Tortenpfanne mit feinen Speckbarten, lege die Carmenade darauf, thu sie hernach auch mit Speckbarten bedecken, auch mit Papier, setz sie in einen leichten Bachofen

ofen und laß sie gar werden; wenn es Zeit ist zu serviren, thu sie auf eine Serviette legen, daß die Fette davon geht, gieb eine kleine Sauce auf die Schüssel, oder auch eine leichte Sauce von Coulis, und rangire die Carmenade darauf, sodann aber thu sie zur Tafel serviren.

Une de Cotelettes d'agneau piqué au lard & glacé.

Lammscarmenad glasirt.

Die Carmenade mußt du nicht zu dünn machen, sondern ein Bein weg thun, daß Fleisch von zweyen bleibt, thu sie schön rund rangiren, hernach fein spicken, nach diesem im Wasser ein wenig blanchiren, nachher thu sie in eine Bräs einrichten, daß sie schön weiß bleiben; ist es Zeit zu serviren, thu sie heraus auf eine Serviette, drücke sie ab, lege sie in eine Glas, und glasire sie schön, gieb eine Sauce von Zelleri darunter, und servire sie warmer zur Tafel.

Une de Cotelettes d'agneau en robe de Chambre.

Lammscarmenad im Schlafrock.

Mache die Carmenade recht schön dünn aus, und thu sie recht dünn klopfen, hernach thu sie mit Butter und feinen Kräutern ein wenig passiren, nachdem sie kalt sind, thu sie in Eyer eintunken und mit Fasch überziehen, hernach wieder in Eyern umkehren und mit fein geriebenen Brod bestreuen; ist es Zeit zu serviren, thu sie schön aus backen, gieb eine legirte Sauerampfersauce darunter,

ter, die wir schon gemeldet haben zu machen, und thu sie warmer zur Tafel serviren.

Une de Cotelettes d'agneau piqué au persil.

Geſpickte Lammscarmenade mit Peterſill.

Mache die Carmenade, wie ſchon vorher gemeldt, hernach thu ſie mit grünen Peterſill ſpicken, mache nachdem einen Marjenat mit Eſſig, lege die Carmenade hinein, und laß ſie ein paar Stunden ſtehen, drey viertel Stunden vor dem Anrichten ſtecke ſie an einen kleinen Spieß, und thu ſie zum Feuer legen, ſie müſſen ein wenig grilliren, doch daß der Peterſill ſchön grün bleibt, gieb nachmals nach deinem Guſto eine piquante Sauce darunter, und ſervire ſie zur Tafel.

Une de Cotelettes d'agneau frite aux ſauces angloiſes.

Lammscarmenade mit Engliſcher Sauce.

Nachdem die Carmenade ſchön ausgemacht ſind, thu in einen Kaſtrol Butter und feine Kräuter, und laß ein wenig paſſiren, hernach thu die Carmenade hinein, thu ſie ſalzen und pfeffern, und laß ſie ſtehen, ſiede ein Ey hart, ſobald es hart iſt, thu es fein ſchneiden, wie auch ein wenig gekochten Schunken, Scharlotten, Peterſill und ein wenig Lemoniſchalen, wenn dieſes zuſammen ſein iſt, ſo thu alles in einen Kaſtrol mit guter Coulis, ein wenig Bertrameſſig und den Saft von einer halben Lemoni; iſt es Zeit zu ſerviren, lege die

die Carmenade auf den Rost, und laß sie ohne Brod grilliren, laß die Sauce aufkochen, gieb sie unter die Carmenade, und thu sie warmer zur Tafel serviren.

Une de Cotelettes d'agneau piqué aux racines.

Lammscarmenade gespickt mit Wurzeln.

Nachdem die Carmenade schön ausgemacht sind, thu gelbe Ruben schneiden, wie auch Petersill und Triffel, gleichwie einen feinen Speck zum spicken, laß ein Wasser sieden, thu diese Wurzeln hinein, und laß sie nur einen Sud aufthun, hernach in ein frisches Wasser, thu ein jedes Carmenad mit einer Sorte spicken, oder auch auf 3 Reihen, und eine jede Reihe von einem andern, nachmals thu die Carmenade auch blanchiren, in eine Bräs einrichten, und gar werden lassen, sodenn thu sie glasiren, und gieb anstatt der Sauce einen Spinat darunter, man kann sie auch mit einer Sauce geben.

Une de Cotelettes d'agneau aux fines herbes.

Lammscarmenade mit feinen Kräutern.

Nachdem die Carmenade schön ausgemacht sind, thu sie in eine Schüssel, thu sie pfeffern und salzen, schneide daran feine Kräuter, wie auch etliche Lorbeerblätter und das Mark von einer Lemoni, gieß ein Provenceröl darüber, und laß sie hernach stehen,

stehen, bis es Zeit ist zu serviren, lege sie nachmals auf den Rost, und thu sie im Saft grilliren, rangire sie auf die Schüssel, gieb ein wenig gute Jus daran, drücke den Saft von einer Lemoni darüber, und thu sie warmer zur Tafel serviren.

Une de Cotelettes d'agneau au four.

Lammscarmenade im Ofen.

Nachdem die Carmenade schön ausgemacht sind, thu sie in Butter und Kräutern passiren, hernach nimm etwas von Geflügel, thu es stoßen, nach diesem in einen Kastrol, thu dazu gebachenes Brod, etwas Wurzeln und Kräuter, ein Gläselein Wein, und gieb eine Jus darauf, und laß kochen bis es dicklicht wird, gleichwie ein Salmi, hernach passire es durch ein Haartuch, mache kleine viereckichte Kästlein von Papier, thu sie ein wenig in heißem Schmalz ausbachen, thu von dieser Coulis ein wenig in das Kästlein, und lege das Carmenad darauf, füll es hernach voll mit dieser Coulis, setz sie auf ein Blech; eine halbe Stunde vor dem Serviren thu sie in den Ofen und laß sie bachen, bis sie eine Haut bekommen, und doch etwas saftig bleiben, hernach thu sie auf die Schüssel rangiren, und warmer zur Tafel serviren.

Une de Cotelettes de Cabri a la meme maniere.

Carmenade von Kützlein auf die nämliche Manier.

Die Carmenade von Kützlein können auf die nämnänische Manier gemacht werden, gleichwie die Lammscarmenade.

Une de Langue de Cabri au Ragout.
Eine Ragout von Kützleinzungen.

Thu die Zungen blanchiren und sauber putzen, hernach lege sie in eine Bräs und laß sie lind kochen, nachdem thu sie in einen Kastrol mit etwas Brüs und Maurachen, thu Coulis daran und laß aufkochen, drücke den Saft von einer halben Lemoni daran, und thu sie zur Tafel serviren.

Une de Langues aux petits Oignons.
Zungen mit kleinen Zwiebeln.

Die Zungen kann man von Lamm oder von Kütz nehmen; nachdem sie blanchirt und geputzt sind, thu sie in eine ordinari Bräs und laß sie lind kochen, nimm kleine Zwiebel, thu sie putzen und blanchiren, hernach lind sieden, nach diesem thu sie in einen Kastrol mit ein wenig Coulis und Bertrameßig, thu die Zungen in der Mitte von einander schneiden und thu sie glasiren, richte die Sauce auf die Schüssel und lege die Zungen darauf, alsdenn thu sie zur Tafel serviren.

Une de Cotelettes de porc sauté.
Schweinerne Carmenade auf dem Rost.

Nachdem die Carmenade schön ausgemacht sind, thu sie in eine Schüssel, und thu sie pfeffern und salzen, thu feine Kräuter dazu, wie auch Scharlotten und etliche Lorberblätter, auch Provenceröl;

ist es Zeit zu serviren, lege sie auf den Rost und thu sie schön grilliren, richte sie auf die warme Schüssel, und drücke den Saft von einer Lemoni darüber, alsdenn thu sie zur Tafel serviren.

Une de Cotelettes de porc a la poële a l'estragon.

Schweinerne Carmenade in der Pfanne gemächt.

Nachdem die Carmenade ausgemacht sind, thu sie salzen und pfeffern, und etliche Lorberblätter dazu legen; ist es Zeit zu serviren, thu ein wenig frischen Butter in eine Omoletpfanne, laß ihn gelb werden, hernach thu die Carmenade hinein, und laß sie auf beyden Seiten schön braten, auf die Letzte thu etliche fein geschnittene Scharlotten dazu, ein halbes Gläslein Bertramessig, laß aufkochen, und thu sie warmer zur Tafel serviren.

Une de Cotelettes de porc sauce au pauvre homme.

Schweinerne Carmenad mit einer Zwiebelsauce.

Die Carmenade werden gericht, wie schon vorher gemeldt, hernach schneide große Zwiebel in Filé und viel, setze ein Wasser auf das Feuer und laß sieden, thu die Zwiebel hinein, und laß sie einen Sud aufthun, gieß sie nachmals ab, und thu sie in einen Kastrol mit Butter, und laß sie schön gelb werden, gieß hernach den Butter davon, gieb eine Coulis darauf, oder staube auch ein wenig feines Mehl daran, und füll es mit Jus auf, laß

die Sauce einkochen, auf die Letzte thu ein wenig
guten Essig dazu, thu die Carmenade auf dem
Rost grilliren, gieb die Sauce darunter, und
thu sie warmer zur Tafel serviren.

Une de Cotelettes sauce a la moutarde.
Schweinerne Carmenade mit einer Senftsauce.

Die Carmenade werden gericht, wie schon vor:
her gemeldet ist, hernach nimm ein paar große
Zwiebel, thu sie fein voneinander schneiden, thu
sie nachdem in einen Kastrol mit einem Stücklein
frischen Butter, und thu sie schön gelb rösten,
staube hernach ein Mehl daran, und füll es mit
Jus auf, und laß sie einkochen, auf die Letzte thu
4 Eßlöffelvoll guten Senft dazu, thu die Carme:
nade grilliren und gieb die Sauce darunter, und
thu sie warmer zur Tafel serviren.

Une de foye de porc a la Wahl.
Schweinerne Leber im Netz.

Es muß eine gute und frische Leber seyn, diese
thu fein Blätleinweis schneiden, dick wie ein
Messerrucken, thu sie auf eine Schüssel, thu daran
Pfeffer und Salz, fein geschnittene Scharlot:
ten, Petersill, Basilicum und Thymian, und die:
ses viel, hernach nimm das Netz und thu ein Stück:
lein nach dem andern schön einwickeln, ein jedes
aparte, es muß aber ein schweinernes Netz seyn,
richte es wiederum in eine Schüssel; wenn alles
beysammen ist, thu etliche Lorberblätter dazu, und
gieß ein Provenceröl darauf; ist es Zeit zu servi:
ren,

ren, lege die Leber auf den Rost, und laß sie auf
beyden Seiten grilliren, richte sie nach diesem auf
eine warme Schüssel, drücke den Saft von einer
Lemoni darauf, und servire sie.

*Une de foye de porc a la Napolitaine a la
broche aux Crepines.*

Schweinerne Leber auf Neapolitanisch.

Die Leber muß gut und auch frisch seyn, hernach thu sie in kleine viereckichte Stücklein schneiden, groß wie ein kleines Ey, thu sie in eine
Schüssel, und präparire sie wie die vorherbemeldte, hernach thu ein Stücklein nach dem andern in ein schweinernes Netz umwickeln, nachdem
stecke sie an einen kleinen Spieß, allezeit ein Lorberblat dazwischen, thu sie eine halbe Stunde vor dem
Serviren zum Feuer legen, und laß sie schön in
ihrem Saft braten; wenn du sie servirest, muß der
Saft von einer Lemoni darüber gedrückt werden
und zur Tafel servirt.

De pits de Cochon a la St. Menehoult.

Schweinerne Füße grillirt.

Es müssen schöne und große Füße seyn, diese
sauber flammirt und geputzt, hernach voneinander
geschnitten, und wiederum zusamm gebunden,
diese thu in eine schon gebrauchte Brüs, welche gemacht ist von Speck, Wurzeln und Kräutern,
wie auch Zwiebel, gieß eine gute Portion Weinessig daran, setz sie zum Feuer, und laß sie sieden
so lang bis die Füße recht lind sind, hernach thu
sie

sie vom Feuer, und laß sie kalt werden, nimm sie nachmals aus der Bräs heraus, und thu sie auflösen und thu sie voneinander, laß einen Butter zergehen, und rühre einen Eyerdotter darein, thu die Füße darinnen wohl umkehren, und mit fein geriebenen Brod recht stark banniren; wenn du sie serviren willst, mußt du sie schön grilliren, und zur Tafel serviren.

Une de palais de Bœuf en risolles glacés.

Ochsengaum mit Fasch.

Nachdem die Ochsengaum schön weiß und lind gesotten sind in einer Bräs, thu sie heraus auf eine Serviette, thu in die Mitte ein wenig Fasch, thu sie überschlagen, und stich sie mit einem runden Ausstecher aus dem Form wie ein Schnittkräpflein, thu sie nachmals in eine Tortenpfanne, gieß eine Glas darüber, und setz sie in einen stäten Ofen, laß sie anziehen so lang, bis der wenige Fasch darinnen gekocht ist, hernach thu sie rangiren auf die Schüssel; in das, was in der Tortenpfanne bleibt, thu ein wenig Coulis und den Saft von einer Lemoni, laß aufkochen und passire diese Sauce durch ein Haarsieb darüber, und thu sie warmer zur Tafel serviren.

Une de palais de Bœuf a la Neubauer.

Ochsengaum auf eine andere Manier.

Nachdem die Ochsengaum in einer Bräs wohl lind gekocht sind, thu sie heraus und laß sie halb kalt werden, nachdem nimm kleine runde hohe Mödel, thu diese mit recht feinem Speck belegen,
nach-

nachdem nimm einen grossen Triffel, schneide ihn Blätleinweis, und stich ein jedes Blätlein rund aus in der Größe wie der Model auf dem Boden ist, lege in ein jedes eines hinein, hernach schneide den Ochsengaum in der Breite recht fein, gleichwie eine Speckbarten, belege den Model ringsherum, hernach bestreiche sie mit Eyerklar, und füll sie mit feinem Fasch an, oben bedecke sie mit einem Blätlein Ochsengaum, und setz sie nachmals auf eine Tortenpfanne zusammen, und bedecke sie alle mit Speckbarten und Papier, sodenn setze sie eine halbe Stunde vor dem Anrichten in den Bachofen, welcher nicht gar heiß ist, und laß sie stät gehen, bis es Zeit ist zum serviren, nachdem thu sie heraus und thu sie auf eine Serviette stürzen, daß die Fette davon kommt, thu auch den Speck davon und thu sie schön glasiren und auf die Schüssel rangiren, daß der Triffel in die Höhe stehet, gieb eine klare Sauce von Bertram darunter, und thu sie zur Tafel serviren.

De palais de Bœuf a la poulette.
Ochsengaum weiß mit Petersill.

Die Ochsengaum werden lind gekocht in einer Brüs, wie schon gemeldet, hernach thu sie aus der Brüs auf eine Serviette, thu sie sauber putzen, und schneide sie in kleine viereckichte Stücklein, mache eine weiße Sauce, und thu sie hinein, hernach thu grün Petersill Blätleinweis pflücken und im Wasser blanchiren, daß er schier lind ist; ist es Zeit zu serviren, laß die Gaumen aufkochen, und thu den Petersill hinein, thu sie mit 3 Eyerdottern

dottern legiren, drücke den Saft von einer Lemoni hinein, und thu sie zur Tafel serviren. Mit frischen Bertram können sie auch auf die nämliche Manier gemacht werden.

Une de palais de Bœuf à l'Italienne.
Ochsengaum auf Italiänisch.
Nachdem die Ochsengaum lind sind, thu sie aus der Bräs, und thu sie fein schneiden, gleichwie Kuttelfleck, hernach thu sie in einen Kastrol mit ein wenig Butter und fein geschnittenen Petersill, ein wenig Pfeffer und Salz, thu sie auf dem Feuer passiren, hernach gieß ein wenig gute Coulis daran, und laß aufkochen, drücke den Saft von einer halben Lemoni daran, und thu sie in die Schüssel richten, wo du zu serviren hast, nach diesem bestreue sie oben mit Parmesankäs, setz sie in Bachofen, und laß sie eine gelbe Farbe bekommen, nachdem sind sie fertig, und können zur Tafel servirt werden, daß sie aber nicht zu trocken werden.

Une de palais de Bœuf en Roulades.
Roulade von Ochsengaum.
Nachdem die Ochsengaum lind sind, nimm sie aus der Bräs, und laß sie halb kalt werden, nachdem bestreiche sie mit feinen Fasch, thu sie zusammen wickeln, schneide sie oben und unten gleich; belege einen Kastrol mit Speck, und lege sie darein, oben bedecke sie desgleichen mit Speck und Papier, gieß ein klein wenig Bouillon daran, und setz sie auf eine kleine Glut, decke sie zu, gieb auch ein wenig Glut oben drauf, und laß sie stät gehen;

ist es Zeit zu serviren, thu sie heraus auf eine Serviette, und thu sie hernach in die Schüssel rangiren, man kann sie weiß serviren oder auch glasiren, gieb eine Sauce Hachée von Lebern darunter, und thu sie warmer zur Tafel serviren.

Une de palais de Bœuf en Croustades.

Ochsengaum mit Krusten.

Nachdem die Ochsengaum lind sind, thu sie aus der Bräs, und schneide große Hühnerkämme daraus, hernach schneide von einer Semmel auch so viel, als von Ochsengaum sind, thu diese von Brod schön gelb ausbachen, nachdem thu auf die Schüssel, worinnen du sie zu serviren hast, ein wenig Fasch, bestreiche den Boden damit, nachdem thu ringsherum um die Schüssel diese Kämme stecken, allezeit eines von Brod und Gaum dazwischen, stell es auf eine Glut und laß anziehen, damit sie hälten, nach diesem schneide die Gaumen, welche überbleiben, in kleine Stücklein, nimm ein Brüs dazu, wie auch Triffel und Maurachen, mache ein Ragout daraus, mache es mit Lemonisaft piquant, und thu es hernach, wenn es kalt ist, in die Mitte hinein, und wenn es Zeit ist, setze sie in einen Bachofen, daß sie durchaus warm werden, bedecke sie oben mit Papier, wiüst du sie serviren, so thu oben die Fette davon, und gieb sie zur Tafel.

Une de palais de Bœuf au Gratin.

Ochsengaum mit Rahm.

Nachdem die Gaumen lind sind, thu sie aus der
Bräs

Bräs und schneide sie fein wie Nudel, thu sie in einen Kastrol mit einer Beschamell und auch etwas Glace dazu, ein wenig Pfeffer und Salz, und thu sie auf die silberne Schüssel, in der Höhe ein wenig fein geriebene Semmel, und setze sie in Bachofen, laß sie schön anziehen, daß sie unten eine Kruste bekommen, und oben eine schöne Farbe, hernach thu sie zur Tafel serviren.

De palais de Bœuf aux fines herbes au gril.

Ochsengaum grillirt.

Nachdem die Ochsengaum lind sind, thu sie aus der Bräs, und schneide sie in schöne Stücke eines wie das andere, thu sie in einen Kastrol mit Butter, feine Kräuter, Pfeffer und Salz, thu sie auf dem Feuer ein wenig passiren, und hernach mit fein geriebener Semmel schön banniren, und auf den Rost legen; ist es Zeit zu serviren, setz sie auf eine Glut und laß sie schön grilliren, rangire sie nach diesem auf die Schüssel, drücke darüber den Saft von einer Lemoni, und unten gieb ein wenig gute Jus, alsdenn servire sie zur Tafel.

De palais de Bœuf en petits doigts.

Ochsengaum mit Coulis klein geschnitten.

Schneide die Ochsengaum klein und Gliedlang, thu sie in einen Kastrol mit Coulis, thu auch das zu etwas kleine feine Kapern und laß aufkochen, drücke den Saft von einer halben Lemoni dazu, und thu sie warmer zur Tafel serviren.

De palais de Bœuf a la Jardiniere.
Ochsengaum mit grünem Fasch.

Nachdem die Ochsengaum lind sind, thu sie aus der Bräs, und mache einen feinen Fasch grün mit Spinatdopfen, hernach bestreiche den Gaumen damit, und wickle ihn zusammen, gleichwie ein Roulad, thu sie schön gleich schneiden, belege einen Kastrol mit Speck und thu sie hinein, bedecke sie oben auch mit Fasch und Papier, gieb ein wenig Glut oben und unten, und laß sie gar werden, hernach thu sie heraus auf eine Serviette, schneide sie in der Mitte voneinander und setze sie in die Schüssel, gieb eine klare Sauce von Petersill darunter, und thu sie zur Tafel serviren.

Une de palais de Bœuf en Crete de coq.
Ochsengaum auf Hühnerkämm-Art.

Nachdem die Ochsengaum lind sind, thu sie aus der Bräs, und thu sie mit einem kleinen runden Ausstecher ausstechen und in der Mitte voneinander schneiden, nach diesem wie ein Hühnerkamm ausschneiden, hernach nimm etliche Schambinion und thu sie in einen Kastrol mit ein wenig frischen Butter schneiden, thu sie passiren und thu die Gaumen auch dazu, staube ein wenig Mehl daran, und fülle sie mit guter Bouillon auf, und laß einkochen; wenn es Zeit ist zu serviren, thu sie mit Eyerdottern legiren, drücke den Saft von einer Lemoni daran, wie auch, thu dazu ein klein wenig fein geschnittenen Petersill, und thu sie alsdenn warmer zur Tafel serviren.

Une d'estomacs de poulets a la Jardiniere.
Hühnerbrust mit Wurzeln gespickt.

Man thut die Brust von Hühnern schön ganz auslösen, und thut die Haut davon, dressirt sie auch schön, und thut in einen Kastrol ein Stücklein frischen Butter mit dem Saft von einer Lemoni, und laß auf dem Feuer zergehen, lege hernach die Brust hinein und laß sie anziehen, nachdem laß sie kalt werden, schneide Petersillwurzeln und gelbe Ruben, wie auch Triffel; und wenn es Spargel giebt, fein, wie feiner Speck zum Spicken, muß der Spargel geschnitten werden, setz ein Wasser auf das Feuer und laß es sieden, thu diese Wurzeln nachdem hinein, und laß sie nur einen Sud auß thun, und wiederum in ein frisches Wasser, thu nachdem diese Brüste schön damit spicken, eine jede Brust von einer Sorte, nachmals richte sie schön ein in einer weißen Bräs und laß sie stät gar werden; ist es Zeit zu serviren, thu sie heraus auf eine Serviette, rangire sie schön auf die Schüssel, und gieb eine klare Sauce von Petersill darunter, alsdenn servire sie zur Tafel.

Une de cuisses de poulets piquées & glacées.
Hühnerbügel glasirt.

Man nimmt diese Hühnerbügel, und macht ein anderes Hors d'œuvre daraus, nämlich: thu die Haut herab, und thu das eine Bein davon und schön dressiren, hernach thu sie wie die Brust passiren, wie auch schon gemeldet ist, nachdem thu sie mit feinem Speck schön spicken, richte sie nachdem in eine weiße Bräs, und laß sie stät gar werden; ist es Zeit zu serviren, thu sie aus der Bräs auf eine Serviette, trückne sie schön ab, thu sie nach dem hübsch glasiren, rangire sie sauber in die Schüssel, und gieb eine klare Sauce von Bertram darunter, alsdenn thu sie zur Tafel serviren.

Une de petits Roulades de poulets.

Kleine Rolad von Hühnerbrust.

Man nimmt die Brust von Hühnern, und thut sie in feine Filé schneiden, hernach mit dem Messer in der Breite schön ausklopfen, nimm nach diesem einen feinen Fasch, thu sie bestreichen, wickle sie zusammen, und mache Rolade daraus, nachdem bestreiche ein Papier mit frischen Butter, lege darauf feine Speckbarten und nachdem die Rolad, thu das Mark von einer Lemoni darauf, und Kräuter die schon bemeldet sind, wie auch ein paar Blätlein Zwiebel, gieß ein wenig Provenceröl daran, und thu sie mit feinen Speckbarten bedecken und hernach mit Papier, und einwickeln, daß nichts heraus fließen kann, bestreiche nachdem das Papier mit Oel, und eine Stunde vor dem Anrichten lege es auf den Rost, thu eine glüende Asche darunter, wende zum öftern um, so werden sie schön weiß bleiben, und auch mürb werden, thu sie nachmals aus dem Papier, rangire sie auf die Schüssel, und gieb eine klare Sauce von Triffel darunter, alsdenn thu sie zur Tafel serviren.

Une

Une de Cotelettes de poulets sautés.

Carmenade von Hühnern im Kaſtrol.

Schneide die Bruſt von Hühnern eine jede a parte, thu die Beine davon ſauber putzen, und ein wenig abhauen, klopfe ſie hernach breit und fein, ſchneide ſie in der Runde, daß ſie den Form bekommen von einem Carmenad, nach dieſem thu feine Kräuter in einen Kaſtrol mit Provenceröl, und thu es wenig auf dem Feuer paſſiren, nachmals lege die Carmenade hinein, ſchneide das Mark von einer Lemoni Blätleinweiß darauf und laß ſtehen; iſt es Zeit zu ſerviren, ſetz ſie auf das Feuer, und laß ſie auf beyden Seiten anziehen, aber ſie müſſen ſchön weiß bleiben, dann rangire ſie in die Schüſſel, und gieb ein wenig Conſommé darunter mit ein klein wenig Lemoniſaft, und ſervire ſie zur Tafel.

Une Blanquette de poulets.

Ein Blanquet von Hühnern.

Nimm die Bruſt von Hühnern, und thu ſie in kleine Filé ſchneiden, hernach mit dem Meſſer breit klopfen, beſtreiche einen Kaſtrol mit friſchen Butter und lege die Filé hinein, aber nicht aufeinander, mache nachdem eine weiße Sauce mit Schambinion, ſetze dieſe Filé auf das Feuer, und laß ſie anziehen, ſie müſſen aber weiß bleiben, thu ſie hernach in dieſe Sauce, und laß ſie ſtehen bis es Zeit iſt zu ſerviren, ſetze ſie nach dieſem auf das Feuer, und laß ſie aufkochen, thu ſie mit Eyerdotter legiren, ſie dürfen aber nicht ſtark kochen,

drücke

drücke den Saft von einer halben Lemoni hinein, und servire sie warmer zur Tafel.

Une de poulets en robe de chambre.
Hühner im Schlafrock.

Thu aus einem Hühnlein vier Viertel machen, die Haut davon und die Beine schön geputzt, die Bügel müssen ausgelößt werden, bis das hintere Bein bleibt, thu es hernach schön breit klopfen, und in der Runde dressiren, thu feine Kräuter in einen Kastrol mit Provenceröl und Lemoni, thu die Viertel hinein, und laß sie ein klein wenig auf dem Feuer passiren, nachdem nimm einen halben Bogen weiß Papier, lege ihn doppelt zusammen, stich in der Mitte ein kleines Löchlein hinein, ein wenig Fasch in der Mitte, lege ein Viertel vom Hühnlein darauf, das Bein mußt du durchstechen, und oben auch ein wenig Fasch, alsdenn schneide das Papier in der Rundung, und wickele es in der Rundung zusammen, daß kein Saft heraus kann, lege sie auf eine Schüssel, und gieß Provenceröl darüber; ist es Zeit zu serviren, lege sie auf den Rost, gieb eine kleine Glut, aber nicht stark, und laß sie auf beyden Seiten grilliren bis das Papier gelb wird, hernach sind sie fertig, rangire sie auf die Schüssel, und gieß ein wenig gute Jus darüber, alsdenn servire sie zur Tafel.

Une de poulets grillés.
Hühnlein grillirt.

Schneide die Hühnlein in vier Viertel, thu die Viertel auslösen und schön dressiren, thu nachdem einen

einen frischen Butter mit seinen Kräutern in einem Kastrol, laß ein wenig auf dem Feuer passiren, thu die Hühnlein hernach hinein, schneide das Mark von einer Lemoni daran, ein wenig Pfeffer und Salz, wie auch ein Lorberblat, setze sie auf das Feuer und laß sie anziehen, aber nicht zu stark, nach diesem laß sie stehen; ist es bald Zeit zu serviren, thu sie mit fein geriebenem Brod banniren, auf den Rost legen, auf eine gleiche Glut setzen und schön grilliren lassen, rangire sie sauber auf die Schüssel, und gieb ein wenig gute Jus mit Lemonisaft darunter, sodenn aber thu sie warmer zur Tafel serviren.

Une de poulets aux Ecrevisses.
Hühnlein mit Krebsen.
Die Hühnlein müssen halb gebraten werden, hernach mache eine Sauce von Krebsen, thu die Krebschweife in die Filé schneiden, die Hühnlein, wenn sie kalt sind, thu die Haut davon, und löse alles weiße Fleisch herunter, thu dieses in feine Filé schneiden und zu der Krebssauce; ist es Zeit zu serviren, setze sie auf das Feuer, und laß sie aufkochen, koste sie im Salz, und thu sie warmer zur Tafel serviren.

Une de cretes de coq historiées.
Hühnerkämme melirt.
Man thut die Kämme mit heißem Wasser und Salz schön weiß putzen, hernach thu sie in eine weiße Bräs und laß sie lind sieden, schneide Trisfel und Schambinion auf die nämliche Manier;

diese thu in einen Kastrol mit frischen Butter und einen kleinen Zwiebel ganz, thu sie auf dem Feuer passiren, staube ein wenig weißes Mehl daran, und füll es mit guter Bouillon auf und laß ein kochen, hernach thu die Hühnerkämme auch dazu; wenn es Zeit ist zu serviren, laß sie aufkochen, und thu sie mit Eyerdottern legiren, drücke den Saft von einer halben Lemoni daran, und servire sie warmer zur Tafel.

Filets de poulets a la Bechamelle.

Filé von Hühnlein mit süßen Rahm.

Thu die Hühnlein oder Polarten halb braten, hernach, wenn sie kalt sind, thu die Haut davon, nimm das weiße Fleisch davon, und schneide es in feine Filé, thu sie in einen Kastrol mit Beschamelle und etwas Glace dazu, wenn es zu dick ist, gieß ein wenig süßen Rahm dazu; wenn du es serviren willst, laß aufkochen, koste es im Salz, ob es recht ist, und thu es warmer zur Tafel serviren, man kann auch mit schön ausgebachener Semmel garniren, das Brod aber auf eine Fason schneiden.

Une de poulets a l'espic.

Hühnlein mit klarer Sauce warmer.

Thu die Hühnlein halb abbraten, wenn sie kalt sind thu die Haut davon, und lös die Brust davon, schneide sie in feine Filé, und thu die Filé in die Schüssel richten, die du zu serviren hast, hernach mache eine klare Sauce von Kalbfleisch, thu das Uebergebliebene von den Hühnlein auch dazu, damit die Sauce kräftig wird und einen guten Gusto bekommt, wenn dann die Sauce klarificirt ist, so thu ein wenig Bertram blanchiren und gieb ihn hernach in die Sauce, gieß die Sauce über die Hühnlein, und laß recht heiß werden, aber nicht sieden, sansten wird die Sauce trüb, und thu sie nachmals serviren. Man kann auch die Hühnlein ohne auslösen schön zertheilen, und auf solche Art serviren; wenn man aber kalter serviren will, so muß man die Sauce kalt werden lassen, und hernach ein wenig davon in die Schüssel gießen; wenn es gestanden ist, thut man die Filé von Hühnlein schön hineinrichten, wie auch mit etlichen Blätlein Bertram, wenn die Saison ist, wo aber nicht, so nimmt man Petersill, man kann auch etwas Beere von einem Granatapfel dazu nehmen, nicht weniger frische Trüffel, gekochte Ochsenzungen, und kann eine schöne Façon machen, nach diesem thut man wiederum ein wenig von dieser Sauce darauf gießen, damit es nicht in die Höhe gehet; wenn es wiederum kalt ist, so gieß den Rest daran, und laß fest werden, thu es hernach zur Tafel serviren, aber kalter. Von Kapaunen kann man auch das nämliche machen, als wie von Hühnlein.

Une de filets de Chapon en petits Grenades a la Danger.

Filé von Kapaunen *a la Danger.*

Man nimmt einen Kapaun, welcher stark von der Brust ist, und löst die Brust herunter, schneidet feine Filé daraus, hernach muß man sie ein marginiren mit feinen Kräutern, Lemoni und Provenvenceröl, nachdem schneidet man von einer Semmel schöne dünne runde Blätlein, oder den Form von einem Herzen, hernach nimmt man einen feinen paßirten Fasch, drücket die Semmel auf einer Seiten in ein Eyerklar, nach diesem thut man von dem Fasch darauf nicht gar zu hoch, und thut ihn formiren, wie das Brod geschnitten ist, man thut den Fasch wiederum bestreichen mit Eyerklar, und nimmt nachmals die Filé, und thut den Fasch umwickeln, daß man nichts mehr von Fasch siehet; man kann auch in die Mitte von Fasch ein Salpicon geben, oder auch ein wenig Beschamelle, und hernach zumachen und umwickeln, nachdem bestreicht man eine Tortenpfanne mit frischen Butter und legt sie darauf, so viel man vonnöthen hat, bedecket sie nachher mit feinen Speckbatten und Papier darauf, setz es in den Ofen, welcher nicht zu heiß ist, und laß sie gar werden; wenn es Zeit ist zu serviren, thut man sie auf ein sauberes Tischtuch oder Serviette legen, damit die Fette davon gehet, so fort giebt man eine klare Blöschsauce, oder auch eine feine Coulissauce von Triffeln oder frischen Maurachen auf die Schüssel, thut sie nach diesem sauber darauf anrichten, und zur Tafel serviren.

Une de rolets de Chapon a la Mosaique.

Roladen von Kapaunen eingelegt.

Es muß auch ein guter Kapaun seyn und stark von der Brust, welche man herunter läßt, schneide sie in gleiche Filé und thu sie breit klopfen, hernach einmarginiren, wie vorher gemeldet, nachdem nimmt

nimmt man einen feinen paſſirten Faſch, und thut ſie damit beſtreichen, nicht zuviel, wickelt ſie zuſammen, und machet ſchöne gleiche Rolee, nach dieſem nimmt man ſchöne weiße Hühnerkämm, welche ſchon halb in einer Bräs gekocht ſeyn müſſen, auch von friſchen Triffeln ſchneidet man kleine Hühnerkämme, und auch kleine ſchöne rothe Krebsſchweife, nachdem thut man mit dem Meſſer ein wenig in die Rolee ſchneiden und tunket die Kämme in das Eyerklar, und ſteckt ſie in eine jede Rolee von einer jeden Sorte, eines oder mehr, nach Proportion von Rolee, hernach nimmt man 2 Bogen Papier, beſtreicht es mit Provenceröl, belegt nach der Größe, was man vonnöthen hat, die Rolee zu legen mit ſeinen Speckbarten, lege die Rolee darauf, thu dazu das Mark von einer Lemoni Blätleinweiß geſchnitten, etliche Blätlein Zwiebel, ein kleines Lorberblat, Baſilicum und Thymian, etwas dünn geſchnittene Wurzeln, was ſich gehört, nachdem bedecke es mit Speck, und mach es mit dem Papier zu, binde es mit dem Bindfaden, thu es gut mit Provenceröl begießen, und leg es eine kleine Stunde vor dem Serviren auf den Roſt, ſetz es auf eine heiße Aſche, und laß ſtät gehen, wende auch zum öftern um; iſt es Zeit zu ſerviren, gieb eine klare Sauce nach deinem Belieben auf die Schüſſel, nimm die Rolee von Papier daraus, und thu ſie ſauber darauf anrichten, und zur Tafel ſerviren.

Une

Une de Rolets de Chapon en Cotelettes.

Rolé von Kapaunen auf Carmenadart.

Nimm einen Kapaun, nachdem er sauber flammirt und geputzt ist, löse die Haut davon, hernach die vier Viertel, thu von den vordern die Beinlein sauber abputzen und schlag sie mit dem Messer breit, die zwey hintern muß man auslösen, das halbe Bein vom Bügel und dem Fuß wegschneiden, selbes auch sauber klopfen, hernach mit ein wenig Fasch bestreichen und umwickeln, nachmals mit dem Bindfaden binden, damit sie schön gleich bleiben, nachdem thu sie in eine schöne weiße Bräs einrichten, und laß stät gehen; wenn es Zeit ist zu serviren, thu sie heraus auf eine Serviette, daß die Fette davon gehet, schneide den Bindfaden weg, und thu sie mit einem Pinsel glasiren, gieb eine Coulissauce mit Triffel auf die Schüssel, und lege die Rolé darauf, servire sie sodenn zur Tafel.

Une de Cotelettes de Chapon sauté.

Kleine Carmenade von Kapaunen im Kastrol.

Man nimmt die Brust roher von einem Kapaunen, thu sie in gleiche kleine Stücklein schneiden, hernach ausklopfen gleichwie Carmenade, die Beinlein vom Ruckgrad löset man aus, thut sie sauber putzen, stecket sie in die Carmenade, und giebt den Form wie ein kleines Carmenad seyn muß, nachdem nimmt man einen Kastrol, thut hinein feine Kräuter mit Provenceröl, das Mark von einer

Lemoni

emont Blätlein weiß geschnitten, und ein kleines
orberblat, nach diesem leget man das Carmenad hinein, thut sie ein wenig salzen; und wenn es
Zeit ist zu serviren, setzt man sie auf eine state
Glut, und läßt sie gar werden, sie dürfen aber
nicht lang auf dem Feuer seyn, man giebt eine klare
Sauce mit ein wenig Lemonisaft auf die Schüssel,
thut die Carmenade darauf anrichten, und zur Tafel serviren.

Une de filets de Chapon en fleurs.

Filé von Kapaunen auf Blumenart.

Man nimmt die Brust von einem Kapaunen
ausgelöst, und schneidet sie in lange und gleiche
Filé, hernach thut man sie umwickeln mit ein
klein wenig Fasch und Eyerklar, macht den Form
gleich einer Rose, man kann sie auch schattiren mit
Zungen und Triffeln und Krebsschweifen, richte sie
ein ins Papier und Speck, wie schon gemeldet ist,
und auch auf diese Art auf der Asche gar werden
lassen, hernach gieb eine klare Sauce auf die
Schüssel mit ein wenig von den blauen Kornblumen, die Sauce muß aber nicht zu heiß seyn, damit die Blüth nicht die Farbe verliert, und der Gout
nicht zu stark wird, thu die Filé aus dem Papier,
gieb sie darauf, und thu sie zur Tafel serviren.

Une de filets de Chapon dressé.

Filé auf die Schüssel dressirt.

Man macht von einem Kapaunen die Filé, wie
vorher gemeldt, hernach nimm die Schüssel, welche zu serviren ist, thu ein wenig Fasch darauf,
und

und streiche den Fasch ganz fein aus, fang außen an die Filé zu dreſſiren, nachdem Filé von Zungen, wiederum von Kapaunen, nach dieſem von Triffel, wiederum von Kapaunen, das macht man ſo bis die Schüſſel voll wird, alsdenn bedecke ſie mit feinen Speckbarten, und Lemoni, und Papier, ein kleines Lorberblat kann man auch dazu thun, in einen ſtäten Bachofen ſetzen und gar werden laſſen; wenn man ſerviret, die Fette wohl davon, gieb eine klare Spaniolſauce darüber, und thu ſie ſerviren.

Une de filets a la Bechamelle.

Filé von Kapaunen mit Beſchamell.

Man thut einen ſchönen Kapaunen halb im Saft braten, hernach wenn er kalt iſt, thut man die Haut davon und nimmt das weiße Fleiſch alles weg, ſchneidet in Filé, thut es in einen Kaſtrol, giebt eine Beſchamelle dazu; wenn es Zeit iſt zu ſerviren, läßt man ſie aufkochen, nachdem koſte, ob es im Salz recht iſt, thu es alsdenn ſerviren, mit ausgebachener Semmel garniren, und zur Tafel geben, man kann auch friſche Triffel darein paſſiren mit Butter, man kann es auch auf die Schüſſel rangiren, wo eine Filé ſeyn muß, wie das andere, und mit friſchen Triffel dazwiſchen garniren, das Beſchamell darüber geben, und um das Beſchamell mit ausgebachenem Brod garniren.

Une d'estomac de Chapon en cœur.

Kapaunenbrust wie ein Herz formirt.

Man nimmt von einem oder zwey Kapaunen die vier Brüste, die Haut davon, wie auch die Beine, und formirt gleich ein Herz, hernach thu es fein picken, nachdem ein wenig blanchiren, sodenn müssen sie in eine weiße Bräs eingericht werden, man läßt es stät sieden, daß sie schön weiß bleiben; wenn es Zeit ist zu serviren, muß man sie auf eine saubere Serviette legen, daß die Fette davon gehet, hernach sauber glasiren, alle vier Herz sauber auf die Schüssel rangiren, und eine Sauce daran geben mit weißen Zwiebeln, oder auch von Sauerampfer oder von Triffel, wie man will.

Une d'estomac a la Provencale aux fines herbes.

Kapaunenbrüste auf Brabander Art mit feinen Kräutern.

Man nimmt die Brüste, wie schon vorher gemeldet ist, auf den nämlichen Form, hernach schneide feine Kräuter, als Petersill, Scharlotten, Basilicum und ein wenig Thymian, auch ein wenig Bertram, wenn sie fein sind, thu die Kräuter in einen Kastrol mit ein wenig Provenceröl und etwas Butter, laß sie passiren, nachdem lege die Brüste hinein, und drücke den Saft von einer Lemoni daran, ein wenig Salz und Pfeffer, setz sie auf ein stätes Feuer, und laß sie gehen, thu sie zum öftern umwenden; wenn sie fast lind sind, thu die Fette davon, und gieb eine Coulis daran,

X soviel

soviel als du Sauce vonnöthen hast, laß sie aufs kochen, nachmals saume sie wohl ab, und wenn es etwa vonnöthen ist, so drücke noch ein wenig Lemonisaft daran, und servire sie zur Tafel.

Une d'estomac piqué de jambons & de truffes.

Kapaunenbrüste mit Schunken und frischen Triffeln gespickt.

Man richtet die Kapaunenbrüste, wie schon vorher gemeldt, hernach thu von einem guten Schunken kleine Filé schneiden, gleichwie einen feinen Speck zum Spicken, die Triffel auf die nämliche Manier, hernach thut man die Brust damit spicken, eine Reihe mit Schunken und die andere mit Triffel, nachdem werden sie in eine weiße Brás eingericht, man läßt sie auf einem stäten Feuer gehen, bis sie lind werden, die Sauce dazu macht man von Schambinion, wenn mans hat, wo nicht, kann man auch eine klare Sauce mit Kräutern geben, oder auch eine Hachée Sauce, man kann auch eine Krebssauce dazu geben, und mit vier schönen und großen Krebsen darzwischen garniren, auch mit vier großen weißen Zwiebeln, welche schön weiß in der Brás gekocht haben, garniren, und eine piquante Sauce von Coulis dazu geben.

Une d'Escalotte de Chapon.

Kleine Fricandeau mit Kräutern.

Man nimmt die rohen Brüste von einem oder zwey Kapaunen, soviel man vonnöthen hat, schnei-

schneidet sie in kleine Fricandeau, hernach thut man sie mit dem Messer fein ausklopfen, und mit dem Rucken auch ein wenig klopfen, damit sie mürb werden, bestreiche einen Kastrol mit frischen Butter, und bestreue es mit feinen Kräutern, hernach lege die kleine Fricandeau hinein, aber keines auf den andern, setz es nachdem auf das Feuer, und laß sie nicht zu stark anziehen, damit sie weiß und im Saft bleiben; man thut sie umwenden, und auch wiederum ein wenig anziehen lassen, nachdem thu sie in einen kleinen Kastrol, gieb eine gute Coulis daran, und laß stehen, bis es Zeit ist zu serviren, hernach setz sie auf das Feuer, und laß nur aufkochen, drücke den Saft von einer Lemoni daran, und thu sie serviren, man kann auch mit Croton von ausgebachenem Brod garniren.

Une Blanquette de Chapon.
Kleine Fricando mit weißer Sauce.

Man macht es mit den Brüsten, wie vorher gemeldt, aber man nimmt keine Kräuter dazu. Die Sauce dazu: Man thut in einen Kastrol ein Stücklein frischen Butter, etwas Wurzeln und einen Zwiebel, wie auch ein halbes Lorberblat, laß es auf dem Feuer passiren, thu hernach ein kleines Löffelein feines Mehl dazu, und laß wiederum ein wenig passiren, füll es hernach mit guter Bouillon auf, und laß die Sauce wohl verkochen, thu sie nach diesem in einen saubern Kastrol passiren, thu die kleine Fricandeau hinein, und laß sie stehen, schneide nachher von einer bittern Pomeranze die Schalen klein dünn in ein frisches Wasser ab, thu nachdem dieselbe blanchiren, nur ein klein wenig, und ist es Zeit zu serviren, laß sie alsdenn aufkochen, und thu die Schalen dazu, wie auch den Saft von der Pomeranzen, und thu sie serviren.

Une de Catinet de Chapon.
Geschlungene Filé von Kapaunen.
Man nimmt die Brüste und schneidet sie in der Breite, von einer drey Theile, hernach schneide einen jeden Theil in 3 Part, daß sie an einem Ende beysammen bleiben, nachdem thu sie gleich einem Zopf flechten, bey dem Ende werden sie gebunden mit ein wenig weißen Faden, daß sie beysammen bleiben, richte sie in eine Schüssel mit feinen Kräutern, Provenceröl, und das Mark von einer Lemoni Blätlein weiß geschnitten, wie auch ein Lorberblat; ist es Zeit zu serviren, lege sie auf den Rost, und thu sie schön im Saft grilliren, richte sie in die Schüssel mit ein wenig klarer Jus, und den Saft von einer Lemoni, man kann auch von einem guten Schunken etliche Schnitze dazu grilliren und damit garniren, es ist eine gute und schöne Speise.

Une mincée de Chapon sur le plat.
Kleine Fricando auf die Schüssel.
Man macht kleine Fricandeau, und thut sie gut ausklopfen mit dem Messer, hernach nimmt man die Schüssel, bestreichet sie mit frischen Butter, und staubet ein wenig feine Kräuter darauf, nachdem legt man die Fricando schön in der Ordnung

nung drauf, wenn die Schüssel belegt ist, thu sie
ein wenig salzen und pfeffern, und wiederum feine
Kräuter darauf, alsdenn sofort belegt, bis es genug ist, nachdem gießt man ein wenig Champagner Wein daran, das Mark von einer Lemoni,
ein Lorberblat, etliche Schnitze rohen Schunken,
und ein wenig Provenceröl, bedecke sie mit feinen
Speckbarten, und mit einer Schüssel; ist es Zeit
zu serviren, setze sie eine halbe Stunde vorher auf
eine kleine Glut, und laß stät gehen, nachdem thu
den Speck und Schunken davon, wie auch die Lemoni und Lorberblätter, thu die Fette wohl davon, und gieb eine rechte gute Coulis-Sauce
darüber, alsdenn thu sie zur Tafel serviren.

Une mincée de Chapon au blanc.

Auf eine andere Manier weiß.

Man bratet einen Kapaunen nicht zu stark aus,
wenn er kalt ist, thut man die Haut davon, und
löst die Brüste aus, und schneidet sie in kleine
Fricando, die Bügel ein jedes in zwey Theile geschnitten, und die Beinlein an einer Seite schön
abgeputzt, die Flügel laß ganz mit ein wenig
Brust; die weiße Sauce wird gemacht, wie schon
vorher gemeldet worden ist, thu sie nachdem in einen Kastrol mit der Sauce; ist es Zeit zu serviren,
laß sie aufkochen, thu ein wenig blanchirten Petersill dazu, thu sie mit Eyerdottern legiren, drücke
den Saft von einer Lemoni daran, und servire sie
zur Tafel.

Une de Canapeaux filet de Chapon.

Ein Canapee von Kapaunen.

Man nimmt das Fleisch von einem gebratenen Kapaunen, thu die Haut davon, und schneide es fein, die Beiner davon thut man im Mörser zusammenstoßen, und hernach in einen Kastrol mit etlichen Schnitten Semmel im Butter ausgebachen, etwas Wurzeln, feine Kräuter, ein Gläslein guten Wein, und etwas gute Bouillon, laß es nachdem wohl verkochen, bis es recht dick wird, thu das geschnittene Fleisch in ein Haartuch, und thu es mit dieser Coulis gut passiren; wenn es kalt ist, rühre 3 Eyerdotter daran, koste es im Salz, schneide dünne Schnitten Semmel rund oder viereckicht nach Gusto, nimm von dem Fasch das auf Finger hoch, streich es gleich auf, daß es einen schönen Form hat, bestreiche eine Tortenpfanne mit frischen Butter, und lege sie darauf, laß sie im Ofen bachen, daß sie in der Höhe eine Krusten bekommen, und in der Mitte saftig bleiben, hernach richte sie an auf eine Schüssel, und gieb ein wenig Coulis-Sauce mit Lemoni darunter, alsdenn thu sie zur Tafel serviren. Man kann es auch auf die Schüssel geben, und nachdem in der Mitte rund ausnehmen, und mit einem Beschamell von Filé ohne Sauce serviren, man kann es auch mit ausgebachener Semmel garniren, und auch eine klare piquante Sauce darüber geben.

Une de Knefs a la Sultane.
Weißen Kapaunen = Fasch.

Man nimmt weißen Kapaunenfasch, und thut ihn in kleine Model einrichten, und setzet hernach die Model in einen Kastrol mit ein wenig Wasser; wenn es denn Zeit ist zu serviren, so setze sie auf einen Windofen, und laß sie sieden, nachdem thu sie auf eine Schüssel umstürzen, und mit einem Beschamell oder klarer Jus serviren.

Une Espic de Chapon.
Ein *Hors d'œuvre* kalt servirt.

Diese Espic wird auf die nämliche Manier gemacht, wie ich schon bey den Hühnlein gemeldet habe, nichts anders, als daß man auf eine andere Art changiren kann, und zu Zeiten etwas höher in der Farbe, absonderlich wenn man es von Wildpretgeflügel macht, so muß die Farbe höher seyn, und mit etlichen Oliven garniren.

Une de cuisses de Chapon a la glace.
Kapaunenbügel glasirt.

Wenn man von einem oder zwey Kapaunen die Brust brauchet, so kann doch der ganze Kapaun gebraucht werden, und dieses menagirlich: Erstens wenn er sauber flammirt und gepußt ist, aber nicht zu stark flammirt, so thut man die Haut sauber abziehen, und diese kann faschirt werden mit einem feinen Fasch, und für ein Entrée gegeben werden; die Brust wird gebraucht, wie ich schon angegeben habe, von den Bügeln kann man die erſten Beinlein auslöſen, hernach ſauber und fein ſpicken, und in ein Bras einrichten, nachdem ſchön glaſiren und mit einer Sauce geben, welche man nach Gutdünken findet; man kann ſie auch grilliren, und auch auf die nämliche Manier machen, wie die Brüſte, wenn man aber die Haut dabey läßt, ſo können ſie deſauſſirt werden, wo man mit ein wenig feinem Salpico faſchiren, und hernach mit einer Triffel- oder Schambinion-Sauce ſerviren kann.

De Dindon a la même maniere.
Einen Indianiſch auf die nämliche Manier.

Vom Stücklein oder Indianiſch zu nehmen, kann man das nämliche machen, gleichwie von Kapaunen, und einige noch ſchöner, weil die Bruſt gröſſer iſt, es müſſen aber Junge ſeyn; man kann auch die Polarden auf die nämliche Manier accommodiren.

Une de pigeons dreſſés aux petits poires.
Tauben dreſſirt wie Birne.

Wenn die Tauben ſauber flammirt und gepuzt ſind, müſſen ſie ausgelöſt werden, an einem Bügel muß ein Beinlein bleiben, welcher den Stiel von einer Birn formirt, die Taube wird mit ein wenig feinem Faſch faſchirt, hernach zuſammen gemacht wie der Form von einer Birn, mit weißen Faden zuſammen dreſſirt, daß ſie in ihrer Form bleibt, hernach thut man ſie in eine weiße Bras, und läßt ſie auf einer kleinen Glut ganz ſtät gehen,

hen, bis sie gar sind; die Sauce dazu kann gemacht werden von frischen Maurachen mit Coulis, oder auch anderst; wenn es Zeit ist zu serviren, thu die Tauben auf eine saubere Serviette, daß die Fette davon kommt, hernach schön glasiren, alsdenn gieb die Sauce erstens auf die Schüssel, und nachmals die Tauben drauf, und zur Tafel servirt; man kann auch die Tauben saussiren auf die nämliche Manier, und nur die 2 Füße lassen, hernach mit Fasch faschiren, bey dem Rucken zugenäht, und in einer Bräs stät gehen lassen, nachdem auch glasirt, und mit einer Sauce gegeben, welche man nur für gut findet, man kann sie auch mit einem Salpicon faschiren, und auf die Manier geben, auch können sie mit einem Beschamell faschirt werden, und hernach auf eine Tortenpfanne gethan, mit frischen Butter und geriebener Semmel bestreuet, und im Ofen gar werden lassen, hernach mit einer Krebssauce servirt, welche Sauce am beßten ist, weil ein Beschamell dabey ist; man kann sie auch mit einer Consomme-Sauce serviren.

Une de pigeons a la Crapaudine.
Tauben grillirt.

Wenn die Tauben sauber flammirt und gepußt sind, thut man sie bey der Hälfte von der Brust, gleichwie ein Herz formirt, voneinander schneiden, aber den Rucken nicht, thu sie nachdem sauber ausnehmen, und die beyden Füße hinein dressiren, und ein wenig klopfen, nach diesem thu feine Kräuter in einen Kastrol mit einem Stücklein frischen Butter und ein Lorberblat, wie auch das Mark von einer Lemoni Blätlein weiß geschnitten, und auf dem Feuer passirt, die Tauben thu darein mit Pfeffer und Salz, und auch ein wenig passiren lassen; wenn sie kalt sind, so thu sie mit feinge= riebener Semmel banniren, auf den Rost legen und schön grilliren lassen; man kann eine Ramo= latsauce dazu geben, oder auch eine Rabicotsauce, auch eine Scharlottensauce, die aber klar seyn muß, oder eine gute glatte Jus mit Lemonisaft.

Une de Cotelettes de pigeons sautés.

Carmenad von Tauben.

Man löst die zwey vordern Flügel aus mit sammt der Brust, die Haut muß davon, hernach muß das Beinlein sauber abgeputzt, mit dem Messer gleichwie ein Carmenad geschlagen, und rund gemacht werden, nachdem thu einen frischen Butter in einen Kastrol mit ein wenig Provenceröl und feinen Kräutern, laß es ein wenig passiren, thu die Carmenade hinein mit ein wenig Pfeffer und Salz, und das Mark von einer Lemoni; wenn es Zeit ist zu serviren, müssen sie auf das Feuer ge= setzt werden, und auf beyden Seiten anziehen lassen; zu diesen Carmenad giebt man eine klare Sauce mit Pimpernell oder auch mit Bertram.

Une de cuisses de pigeons aux Grenouilles.

Taubenbügel gebachen, und mit einer Sauce.

Man nimmt die Taubenbügel und löst das erste Beinlein daraus, und den Fuß abgeschnitten, hernach einmarginirt, wie vorher gemeldt, nach=
dem

dem thu sie im Mehl umkehren, nach diesem in Eyern, und mit fein geriebenen Brod bestreuen; wenn es Zeit ist zu serviren, ausgebachen, und mit einer Hachée-Sauce von Kapern servirt.

Une d'estomac de pigeons piqué aux Truffes.

Die Brüste von der Taube mit Triffel gespickt.

Sie werden auf die nämliche Manier gemacht, gleichwie die von Kapaun, nur ist zu beobachten, daß man fast eine Taube vor fettes Wildpret servirt, die Sauce muß allezeit in hohem Gout und auch etwas höher in der Farbe seyn.

Une d'estomac de pigeons piqué au lard & glacé.

Taubenbrust mit Speck gespickt und glasirt.

Diese werden auf die nämliche Manier gemacht, gleichwie die Kapaunen, da man eine legirte Sauce dazu geben kann, als nämlich Sauerampfer, oder auch eine feine Chicorée.

De pigeons en Compôtes.

Tauben im Ragout.

Wenn die Tauben sauber flammirt und geputzt sind, so thu sie ausnehmen und zergliedern, gleichwie ein Hühnlein, hernach blanchiren, nachdem in einen Kastrol mit frischen Butter und einen ganzen Zwiebel, auf das Feuer gesetzt und passirt, nachdem ein wenig feines Mehl daran gestaubt, mit

mit Jus aufgefüllt, und mit einem halben Gläslein weißen Wein, und gäh kochen lassen, auch zu
Zeiten abschäumen, thu nach diesem dazu ein wenig
Trüffel, Maurachen Schambinion, und zuletzt
ein wenig Spargel; ist es Zeit zu serviren, thu
den Zwiebel davon, drücke den Saft von einer Lemoni dazu, dressire sie sauber auf eine Schüssel,
und servire sie zur Tafel.

Une de filets de Perdraux mincés.

Kleine Filé von Rebhühnern.

Die Rebhühner werden halb gebraten, und wenn
sie hernach kalt sind, thu die Haut davon, löse
das Fleisch herunter, schneide es in feine lange
Filé, und rangire sie in die Schüssel, wo du sie
zu serviren hast, thu nach diesem dazu ein wenig
frischen Butter mit feinen Kräutern gemischt, ein
wenig Consommee, und ein halb Trinkglas Champagner Wein, und oben drauf ein wenig fein geriebene braune Semmel; ist es Zeit zu serviren,
deck sie zu, und laß sie aufkochen auf der Glut,
aber nur einmal, sonsten wird sie nicht gut, drücke
den Saft von einer halben Lemoni darein, und
servire sie zur Tafel.

Une de filets de Perdraux sautés.

Filé von Rebhühnern im Kastrol.

Thu die Brust von Rebhühnern roh auslösen,
die Haut davon, hernach schneide sie in kleine runde
Filé, schlage sie mit dem Messer breit, klopfe sie
ein wenig, bestreiche einen Kastrol mit frischen
Butter, und thu sie hinein, ein wenig Salz und
Pfeffer,

fer, ein Lorberblat und feine Kräuter mit
arlotten; wenn es Zeit ist zu serviren, setz sie
das Feuer, und laß sie paßiren, thu einen
elvoll gute Coulis daran, und ein wenig Bur-
der Wein, laß nur einen Wahl aufkochen,
nach drücke den Saft von zwey bittern Pome-
zen daran, thu sie auf die Schüssel serviren,
ausgebachenem Brod garniren, und zur
fel geben.

Une de filets encaissés.

Filé von Rebhühnern in Kapsel von Brod.

Thu die Rebhühner halb braten, nachdem sie
alt sind, thu die Haut davon, und löse das
leisch herunter, die Beiner müssen gestoßen und
einen Kastrol gethan werden, mit ein paar Löffel
oll Coulis, und ein halbes Glas Burgunder-
Wein, ein halbes Lorberblat, ein wenig Ber-
ram, und einen kleinen Zwiebel, alsdenn kochen
assen, hernach muß es durchpaßirt werden, nach
diesem schneide das Fleisch in kleine und feine
Filé, und thu es in die Sauce; wenn du frischen
Trüffel hast, so thu etliche in feine Filé dazu, hernach schneide von einer großen Mundsemmel,
welche einen Tag alt seyn muß, viereckicht, rund,
oder auch wie ein Herz schön geformt, und gleich
oben wo der Deckel seyn soll, thu mit der Messerspitz gleich herum schneiden, nach diesem im
Schmalz ausbachen; sobald sie schön gelb sind,
mußt du sie heraus nehmen, den Deckel gleich davon thun und sauber aushöhlern, so gehet die

Schmel-

Schmollen gern, und die Kapsel behalten ihre Form, nachmals thu sie warm und croquant halten; ist es Zeit zu serviren, laß die Filé aufkochen, drücke den Saft von einer bittern Pomeranze daran, füll es in die Kapsel, decke sie mit ihren Deckeln zu, und thu sie sauber zur Tafel serviren.

Una de filets en Croute de pain.

Filé von Rebhühnern mit Brod im Ofen.

Die Rebhühner mache, wie vorher gemeldt, auch die nämliche Sauce, hernach backe im Butter fein in Viereck geschnittene Semmel-Schnitten, thu diese nachdem in die Schüssel, wo du sie zu serviren hast, und gieß die Sauce darüber, setz sie hernach auf eine Glut, und laß solang kochen, bis sie endlich anfangen unten eine Krusten zu bekommen, nach diesem thu die Filé oben drauf, und laß sie recht anziehen; wenn du es servirest, so gieß in die Höhe ein wenig Coulis mit Lemonisaft, und servire sie zur Tafel.

Une de Gratin de Perdraux.

Filé von Rebhühnern im Ofen.

Nachdem die Rebhühner halb gebraten und kalt geworden sind, thu die Haut davon, lös das Fleisch davon ab, und schneide es in kleine feine Filé, nachdem stoß die Beiner zusammen, und mache eine Beschamell, wie schon gemeldet ist zu machen, nur daß zu diesem diese Beiner kommen, um den

Gusto

to stärker zu geben, thu auch ein wenig Consommé dazu, oder eine Glace, es muß dick seyn, dem thu die Filé dazu, und rühre es zusammen, thu es auf eine silberne Schüssel, wo du es serviren hast, streue ein wenig geriebene Semmel auf die Höhe, setz es im Ofen, laß es eine schöne Farbe bekommen, und unten muß es eine Satin haben; man kann es auch in die silberne Schüsslein geben, wie jetzt die Mode ist zu bedienen, bey die feinen Ragout.

Un Salmi de Perdraux a la Françoise.
Einen Salmi von Rebhühnern auf französisch.

Wenn man übergeblieben gebratene Rebhühner hat, so thut man sie zergliedern, und die Brüste zu Filé schneiden, nicht zu fein, richte sie in einen Kastrol, nimm die Rücken davon und thu sie fein stoßen, hernach in einen Kastrol gethan mit etlichen Schnitten ausgebachener Semmel, einen Zwiebel, ein halbes Lorberblat, ein wenig Basilicum und Thymian, ein Trinkglas Burgunder Wein, und einen Löffelvoll gute Bouillon, laß kochen, bis es einkocht als wie eine Coulis, hernach muß es durch ein Haarsieb passirt und an die Rebhühner gethan werden; ist es Zeit zu serviren, laß sie aufkochen, drücke den Saft von einer halben Lemoni daran, thu es schön serviren, und mit gebachener Semmel garniren. Man kann sie auch mit bittern Pomeranzen serviren, schneide ganz dünn und fein von zwey Pomeranzen die Schalen ab in ein frisches Wasser, hernach thu sie im Wasser blanchiren,

nach

nach diesem, wenn du das Salmi servirest, drücke anstatt der Lemoni den Saft von der Pomeranze hinein, und wenn es angerichtet ist, streue die Schalen oben herum, und garnire sie mit Semmel.

Un Salmi de Perdraux a l'Angloise.
Ein Salmi von Rebhühnern auf englisch.

Die Rebhühner werden zerschnitten, wie schon vorher gemeldt, und die Beiner zerstoßen, thu sie in einen Kastrol, gieß eine gute Bouillon daran, und laß sie kochen, hernach thu an die Rebhühner einen frischen Butter, diesen gemischt mit feinen Kräutern, Pfeffer und Salz, ein Gläslein Champagner Wein, und nachdem die wenige Bouillon von den Beinern daran passirt; ist es Zeit zu serviren, laß sie aufkochen, drücke den Saft von einer halben Lemoni daran, und thu es zur Tafel serviren; wenn du willst auch mit gebachener Semmel garniren, das steht in deinem Belieben. Das Beschamell von den Rebhühnern wird gemacht, gleichwie dieses von Kapaunen, und die Spick auch das nämliche, nur daß man die Beiner dazu nimmt, damit es den Geschmack besser davon bekommt.

Un Salmi de Becasse.
Ein Salmi von Schnepfen.

Dieses Salmi wird gemacht, wie das französische vorher lautende, nur daß der Kopf muß getheilet, und mit Pfeffer und Salz grillirt werden, wenn das Salmi nun angericht ist, so lege den Kopf in die Mitte, und kleine Saucezwiebel in der Bräs gekocht oben herum garnirt, man kann auch, so klein die Zwiebel sind, ausgebachen Brod dazwischen garniren; das Salmi auf englisch von Schnepfen wird auch auf die nämliche Manier gemacht, gleichwie das von den Rebhühnern, auch die kleine Moosschnepfen können auf die nämliche Manier tractirt werden.

Une de Grives a la Conti.
Drosseln ausgelöst.

Nachdem die Drosseln sauber, doch nicht zu stark flammirt und geputzt sind, so müssen sie hernach ausgelöst werden, nur der Kopf wird an der Haut gelassen, nachdem nimm die Leberlein davon auf ein Brett, thu dazu einen guten Speck, Schärlotten, Petersill, Basilicum und ein wenig Thymian, frische Triffel, Schambinion, Pfeffer und Salz, schneide es fein, thu dazu ein wenig geriebene Semmel und etliche Eyerdotter, auch den Saft von einer Lemoni, mische es zusammen, und thu in einen jeden Vogel ein wenig von diesem Fasch, thu sie nachmals einmarginiren mit ein wenig Pfeffer und Salz, ein Lorberblat und feine Kräuter, nachdem sie eine Stunde oder mehr marginirt haben, thu den übrigen Fasch auf die Schüssel, wo du zu serviren hast, und lege die Vögel in der Ordnung darauf, steck ihnen den halben Speck in die Brust und in die Augen, mache von gelben Ruben, Petersillwurzel und Cronaswethbeer Augen hinein, so hat ein jeder andere

Augen, und es sieht gut aus; zwischen die Vögel schneide von Semmeln Hühnerkämme, und thu sie ausbachen, und steck sie zwischen einen jeden Vogel, oder auch von einem guten Schunken, gieß den übrigen Margenad über die Vögel, und bedecke sie mit feinen Speckbarten und Papier, eine Stunde vor dem Serviren setz sie in einen Bachofen, welcher nicht zu heiß ist, und laß sie stät gehen. Die Sauce dazu: Nimm die Beiner von den Vögeln, und mache eine gute Coulis davon mit ein wenig Burgunder Wein; ist es Zeit zu serviren, nimm die Vögel aus dem Ofen, thu die Fette wohl davon, und gieß deine Coulis-Sauce mit einem Lemonisaft darüber, thu sie alsdenn zur Tafel serviren.

De Grives derossées au Gratin.
Drosseln im Ofen mit Brod.

Thu die Vögel auslösen, wie schon gemeldt, oder keine Köpfe dabey lassen, die Leber davon mache zurecht, als wie einen Schnepfenkoth, thu ihn nach diesem roher auf die Schüssel, nachdem lege ausgebachene Semmel darauf, und oben auf die Vögel, thu sie pfeffern und salzen, thu einen Butter in einen Kastrol mit ein paar Eyerdottern, laß ihn auf dem Feuer zergehen, gieß ihn über die Vögel, und bestreue sie mit sein geriebener Semmel, thu sie in den Bachofen, und laß sie gar werden, daß sie schöne Farbe bekommen; die Sauce dazu wird gemacht, gleichwie die schon vorherbemeldte.

Une de Grives a la Perrigot.
Drösseln mit Fasch.

Nimm die Vögel aus, nachdem thu sie in einen Kastrol mit geriebenen Speck und feinen Kräutern, Lemoni, Pfeffer und Salz, setz sie auf das Feuer und laß sie passiren, mache einen Fasch von einem Hasenfleisch mit Speck, und die Leber von den Vögeln dazu, etwas Triffel, eingeweicht Brod und Eyerdotter, Lemonisaft und ein wenig Burgunder Wein, mache hernach von dem Fasch auf die Schüssel einen Raif, rangire die Vögel in die Mitte, und wenn du etliche Triffel hast, thu sie auch dazu, wie auch ein Lorberblat, bedecke sie mit Speck, setz sie in den Ofen, und laß sie stät gar werden. Die Sauce dazu: Nimm eine gute Schunkencoulis mit Lemonisaft, die Fette muß wohl davon kommen, wie auch das Lorberblat, und thu sie mit der Sauce serviren.

Une de Grives aux Genevres.
Drösseln mit Cronawethbeer.

Die Vögel müssen ausgenommen und schön dressirt werden, hernach thu in einen Kastrol ein Stücklein mageres Rindfleisch in kleine Stücklein geschnitten, wie auch ein wenig Schunken, Wurzelwerk und feine Kräuter, Pfeffer und Salz, die Vögel müssen dazu, gieß 2 Eßlöffelvoll Provenceröl daran, setz sie auf ein Feuer und laß stät gehen, hernach gieß ein wenig weißen Wein daran, mache ein wenig Mehl gelb, thu es dazu mit einem Löffel Jus, und laß sie kochen, bis sie gar sind,

sind, nachher thu die Vögel in einen saubern Kastrol, schöpfe die Fette von der Sauce wohl ab, und thu sie hernach an die Vögel passiren, die Leber von den Vögeln thu fein hacken, und durch ein Haarsieb passiren, thu sie auch zu der Sauce, und fein geschnittene Cronawethbeer dazu; ist es Zeit zu serviren, setz sie auf das Feuer und laß sie aufkochen, du mußt aber allezeit den Kastrol schütteln, daß die Sauce nicht zusammen lauft, drücke den Saft von einer Lemoni hinein, und thu sie zur Tafel serviren.

Une de Grives a la Piemontoise.

Drosseln auf Turiner Manier.

Die Vögel werden ausgenommen, hernach thu in einen Kastrol einen frischen Butter, die Vögel darein mit einem Lorberblat, Pfeffer und Salz, und laß sie auf einer kleinen Glut dünsten, nachdem thu ein wenig Wein dazu, und laß noch dünsten; wenn sie lind sind, schneide ein wenig Basulicum fein, thu dazu den Saft von einer halben Lemoni, und servire sie zur Tafel.

Une de Grives aux Triffes.

Drosseln mit frischen Triffeln.

Die Vögel müssen ausgenommen und sauber dressirt werden, hernach thu in einen Kastrol Provenceröl, die Vögel dazu, ein wenig Rockenbol ganz fein zerdrückt, Pfeffer und Salz, die Triffel dazu thu auch gleich Blätleinweiß schneiden, setz sie auf eine kleine Glut, und laß sie dünsten, hernach gieß ein wenig rothen Wein daran, und laß sie

sie mehr dünsten, auf die Letzte einen Löffelvoll Coulis, ein wenig fein geschnittenen Petersill, den Saft von einer Lemoni, und nachdem servirt.

Une de Grives grillés.

Drosseln grillirt.

Die Vögel, nachdem sie flammirt und geputzt sind, thu auf dem Rucken voneinander schneiden, stecke die Füße ein, gleichwie einer Taube, löse das Brustbein heraus, thu sie hernach in einen Kastrol mit Butter rangiren, mit feinen Kräutern, Pfeffer und Salz, thu dazu frische Triffel in Stücken geschnitten, und guten Schunken, thu sie nachdem passiren, nach diesem stecke sie an einen kleinen Spieß, alle Triffel und Schunken dazwischen, thu sie mit geriebenen Brod bestreuen, auf den Rost legen und grilliren lassen; wenn du servirest, so gieb eine gute Jus darunter mit Lemonisaft.

Une de Grives a la Flamande.

Drosseln auf Flamändisch.

Nachdem die Drosseln sauber geputzt sind, nimmt man nichts davon, als die Brust ohne Bein in 2 Theile geschnitten, und ein wenig geklopft, thu hernach einen frischen Butter in einen Kastrol mit feinen Kräutern, die Brüste dazu, Pfeffer und Salz, und laß sie passiren, staube ein wenig Mehl daran, füll es mit guter Bouillon und ein wenig weißen Wein auf, setz sie auf einen Windofen, und laß sie schnell einkochen; wenn du serviren willst, so thu es mit Eyerdottern legiren, drücke den Saft von einer Lemoni hinein, wie auch ein

ein wenig recht fein geschnittene Lemonischalen, die Schüssel bestreiche ein wenig mit einem Rockenbol, und richte sie darauf an, thu sie mit ausgebachener Semmel garniren, und zur Tafel serviren.

D'Alouettes a la meme maniere.

Lerchen auf die nämliche Manier.

Die Lerchen müssen fett seyn und ausgenommen werden, die Füße abgeschnitten und eingesteckt, hernach thu sie in einen Kastrol mit frischen Butter, feinen Kräutern und ein Lorberblat, thu sie nachdem ein wenig passiren, nimm die Lebern davon, und mache einen Fasch mit ein wenig geriebenen Speck, ein wenig Petersill, Basilicum und Thymian, ein wenig Scharlotten, Schambinion und Triffel, ein wenig geriebenes Brod, aber keine Eyer, nach diesem nimm schöne große rohe Eyer, schneide das Käpplein davon so groß, daß die Lerche hineingeht, thu die Schalen sauber auswaschen und thu nachdem ein wenig Fasch hinein in die Lerchen, und mit ein wenig Fasch bedecken, setz sie nach diesem in eine warme Asche, und laß sie stät dünsten; willst du sie serviren, so drücke ein wenig Lemonisaft hinein, mache kleine Kränzlein von mürben Teig, soviel du Eyer hast, thu sie im Ofen bachen oder auch im Schmalz ausbachen, nachdem setz die Eyer darauf in die Schüssel, damit sie stehen bleiben, thu sie mit Petersill garniren und zur Tafel serviren. Die Lerchen und andere Sorten Vögel können auf die nämliche Manier tractirt werden, gleichwie die Drosseln; die

Bekofiki kann man auch in die Eyerschalen auf die nämliche Manier machen, als wie die Lerchen.

TOUTES SORTES D'ENTRÉES.

Das will auf deutsch sagen: Von allen Eingemachten, welche ganzer verarbeitet werden, und den Unterschied ausmachen zwischen einem *Hors d'œuvre* und *Entrée*, wie denn folgen wird.

Une de filet de Bœuf a l'Allemande.

Einen Lungen = oder Lendenbraten
(wie man es in der Küche nennet)
in Filé auf deutsch.

Der Lungenbraten muß fett seyn, hernach wird er schön abgehäutelt, und mit groben Speck und Schunken durchspicket, hernach thu in einem Kastrol ein paar Speckbarten, und lege den Lungenbraten darein, thu Pfeffer und Salz dazu, ein paar Gewürznägelein, einen ganzen Zwiebel, etwas Wurzel, ein Lorberblat, ein wenig Basilicum und Thymian, und ein Glas rothen Wein, deck ihn zu, und setz ihn auf eine kleine Glut, laß ihn dünsten, wende ihn zum öftern um, wenn er halb gar ist, mache ein Löffelein voll Mehl gelb in Butter, thu es daran, füll es mit Jus auf, und laß ihn stät und lind kochen, nachdem thu ihn

Y 4 heraus

heraus in einen saubern Kastrol, und nimm die Fette wohl davon hinweg von der Sauce, thu hernach die Sauce an den Lungenbraten passiren, nach diesem mit sauern Rahm legiren und kochen lassen; man kann auch etwas kleine Kapern dazu thun, das ist nach Belieben, schneide ein wenig Lemonischale fein, und wenn du servirest, so thu sie hinein, drücke auch den Saft dazu, und thu ihn zur Tafel serviren.

Une de filet de Bœuf glacé.

Einen Lungenbraten glasirt.

Dieser wird abgehäutelt, und hernach sauber gespickt, auch in eine Bräs eingerichtet mit einem Glas weißen Wein; wenn er recht lind ist, und du thust ihn serviren, thu ihn auf eine Serviette, daß die Fette wohl davon kommt, hernach schön glasiren, und mit einer Sauce von Sardellen geben; er kann auch in seiner eigenen Jus glasirt werden, man darf nur etwas Kalbfleisch dazu nehmen, so hat er keine extra Glace vonnöthen.

Une filet de Bœuf a la broche a la Sauce de Capres.

Einen Lungenbraten mit einer Kapernsauce.

Der Lungenbraten wird gespickt und rangirt, wie vorher gemeldt, hernach mache einen Marigenad mit Zwiebeln, Scharlotten, Lorberblat, Basilicum und Thymian, etwas Provenceröl, Essig, Salz und Pfeffer, laß alles zusammen aufsieden, und gieß es heißer über den Lungenbraten,

und

und dieses zwey oder dreymal, allemal wenn es wiederum kalt worden ist; eine Stunde vor dem Serviren stecke ihn an den Spieß und laß ihn schön braten, thu ihn mit Butter und Essig begießen, daß er eine schöne Farbe bekommt, nach diesem servire ihn mit einer Kapernsauce.

Une filet de Bœuf au Sang.
Einen Lungenbraten mit Blut.

Thu ihn schön abhäuteln, hernach mit groben Speck durchspicken, thu ein Stücklein guten Speck in den Mörser, dazu etliche Scharlotten und ein wenig Rockenbol, Basilicum und Thymian, stoße dieses zusammen, hernach thu es in einen Kastrol, den Lungenbraten dazu, Pfeffer und Salz und ein Lorberblat, einen ganzen Zwiebel und ein Glas Wein, setz ihn auf das Feuer, und laß stät dünsten; wenn er halb gar ist, mache mit Butter einen Löffel Mehl gelb, thu ihn daran, und füll mit Jus auf, laß ihn gar lind werden, nachdem thu das Filé in einen saubern Kastrol, und passire die Sauce darüber, legire sie mit Blut von Geflügel oder Schweinernes, wenn dieses nicht zu bekommen ist, nimm ein Kälbernes, wenn du es aufkochen lässest, mußt du dich in Obacht nehmen, daß es nicht zusammen gehet, drücke den Saft von einer halben Lemoni daran, und wenn du hast, ein wenig Bertramessig, thu es zur Tafel serviren.

Un Fricandeau de Veau glacé.

Ein Fricando von Kalbfleisch glasirt.

Man nimmt von einem großen schönen Schlegel das Fricando heraus, und dieses sauber abgehäutelt und wohl geklopft, damit es etwas breit und mürb wird, nachdem thu es schön fein spicken, lege es in ein frisches Wasser, und wenn dieses einen Tag voraus geschehen kann, ist es um soviel besser, weil es mürber wird, setz ein Wasser auf das Feuer und laß sieden, thu das Fricando hinein und laß etliche Sud aufthun, hernach thu es wiederum in ein frisches Wasser, nachdem setze es in eine weiße Bräs, setz auf ein wenig Glut, und laß stät kochen; ist es Zeit zu serviren, thu es auf eine Serviette, daß die Fette davon geht, leg es in die Glas, und setz es auf eine warme Asche, und laß es schön glasiren, nachdem leg es auf die Schüssel, thu in die Glas ein wenig Coulis mit ein klein wenig Bouillon, und den Saft von einer Lemoni, setz es auf das Feuer und laß es aufkochen, nach diesem passire diese Sauce durch ein Haarsieb an das Fricando, und servire es zur Tafel.

Un Fricandeau a l'oseille.

Ein Fricando mit Sauerampfer.

Dieses Fricando wird gemacht, wie vorher schon gemeldt. Die Sauce: Nimm eine starke Handvoll Sauerampfer, nachdem er sauber geputzt und gewaschen, thu ihn in einen Kastrol mit frischen Butter und einen ganzen Zwiebel, passire ihn auf dem

dem Feuer, und staube ein wenig feines Mehl daran, mit einem Löffel Bouillon aufgefüllt und kochen lassen, bis es zu einer Sauce wird; wenn es Zeit ist zu serviren, muß die Sauce legirt werden, auf die Schüssel gegeben, das glasirte Fricando darauf gelegt, und zur Tafel servirt werden.

Une aux Epinards.

Eines von Spinad.

Dieses wird auch gemacht auf die nämliche Manier, nur anstatt einer Sauce giebt man einen Spinad darunter, welcher gemacht wird, gleich als wollte man ihn auf Italiänisch oder Deutsch machen.

Une aux petits Oignons.

Eines mit kleinen Zwiebeln.

Diese Zwiebel müssen schön weiß in einer Bräsgekocht werden, hernach wenn das Fricando glasirt ist, lege es auf die Schüssel, und gieß einen Löffelvoll Coulis an die übrige Glas, laß es aufkochen, und passire es durch, thu nachdem die kleinen Zwiebeln auf eine Serviette oder Sieb, daß keine Fette dabey bleibt, lege sie in die Sauce, drücke den Saft von einer Lemoni daran, und thu sie zu dem Fricando serviren.

Une aux grosses Oignons.

Eines mit großen Zwiebeln.

Diese Zwiebel nennet man die weißen spanischen Zwiebeln, diese werden blanchirt, und hernach

nach in eine weiße Bras eingericht, und recht lind kochen laſſen; wenn es Zeit zu ſerviren iſt, ſo thu ſie aus der Bras auf eine Serviette, lege das Fricando in die Mitte von der Schüſſel, und die Zwiebel halb herum gelegt, zu der übrigen Glace nimm ein wenig Coulis und Lemoniſaft, laß auf⸗ kochen, und gieß die Sauce an das Fricando.

Une a la Chicorée.
Eines mit Antivi-Salat.

Dieſer Salat wird blanchirt, hernach mit dem Meſſer nur grob durchgeſchnitten, nachdem thu in einen Kaſtrol fein geſchnittene Zwiebel im Butter paſſiren, thu einen Schnitz Schunken dazu, her⸗ nach den Antivi, und dünſten laſſen, gieß nach die⸗ ſem ein paar Löffel Coulis daran, und laß kochen, bis er recht lind wird; iſt es Zeit zu ſerviren, thu es mit 3 Eyerdottern legiren, den Schunken da⸗ von, gieß es auf die Schüſſel, und lege das gla⸗ ſirte Fricando darauf, und zur Tafel ſervirt.

Un Fricandeau a la Bechamelle.
Eines mit Beſchamell.

Dieſes wird nicht geſpickt, ſondern nur in einer guten Bras gekocht, hernach ſchneide es voneinan⸗ der, die untere Seite laß dicker, thu ſie ausſchnei⸗ den als wie ein Loch, und gieb ein Beſchamell von Kalbfleiſch oder Geflügel darein, decke es mit der andern Hälfte wiederum zu, und thu es ſchön glaſiren, die Sauce mache von der nämlichen Glace dazu, du kannſt das Fricando auch ſpicken, und auf die nämliche Manier zurichten.

Un

Un Fricandeau a la bourgeoise.
Eines auf bürgerlich.

Dieses Fricando wird mit groben Speck und Schunken durchzogen, hernach thu eine Speckbarten in einen Kastrol und das Fricando dazu, einen ganzen Zwiebel, ein Lorberblat, ein wenig weißen Wein, ein wenig Pfeffer und Salz, deck es zu, und setz es auf eine starke Glut, laß langsam dünsten, wend es zum öftern um, und laß es solang gehen, bis es eine recht schöne gelbe Farbe bekommt, aber es muß allezeit im Saft gehalten werden, denn es kommt keine andere Sauce dazu, als was es selbst giebt, nur zu Zeiten gieß ein wenig Bouillon oder Jus daran; wenn es servirt wird, thu die Fette davon, und die wenige Sauce daran passirt.

Un Fricandeau aux fines herbes.
Eines mit feinen Kräutern.

Dieses Fricando wird auch durchspicket mit großen Speck und Schunken, hernach leg es in eine Schüssel, thu es ein wenig salzen und pfeffern, thu feine Kräuter dazu, ein Lorberblat, und das Mark von einer Lemoni, gieß ein Provenceröl daran, hernach nimm ein paar Bogen Papier, lege eine Speckbarten darauf, gieb das Fricando darauf, bedeck es mit Speck, gieb alles dazu, thu es gut mit Bindfaden einbinden, bestreiche hernach das Papier mit Oel, und leg es auf den Rost, setz es auf die heiße Asche, und laß stät gehen, bis es recht mürb wird, es kann auch mit sammt dem

dem Papier in den Ofen gethan werden, in einer Kastrol drücken, der Ofen muß aber nicht heiß seyn, es ist eine Hachée-Sauce von Schambinion gut dazu.

Une a la Mosaïque.
Eines eingelegt mit Triffel.
Dieses Fricando wird nicht gespickt, sondern es müssen etliche Triffel geschnitten werden auf eine Façon, wie auch etwas rohen Schunken und Kapaunenbrust, hernach schneide mit dem Messer ein kleines Glied dick eine Reihe, und stecke die Triffel hinein, daß die Hälfte herausschauet, nachdem wieder eine andere lege, bis das Fricando voll ist, nachdem richte es auf die nämliche Manier, wie es schon vorher gemeldt und angegeben ist; die Sauce kann nach Belieben gemacht werden, die beßte aber ist von kleinen Schambinion, die Quartés, oder Carmenadstücke auf deutsch genennet, werden auch auf die nämliche Manier gemacht, gleichwie die Fricando, die Kalbsbrüste können auch auf diese Façon gemacht werden, gleichwie die Fricando, es ist nur, daß man changiren kann.

Une poitrine de Veau au blanc.
Eine Kalbsbrust weiß.
Es muß eine weiße schöne Brust seyn, diese wird blanchirt, hernach schön bannirt und in eine weiße Brüs eingerichtet, und auf einem stäten Feuer lind werden lassen, die Sauce dazu mache weiß, wie schon gemeldet ist; wenn du servirest, laß die Sauce aufkochen, thu einen blanchirten

Bertram hinein, und thu die Sauce legiren, drücke den Saft von einer Lemoni dazu, gieß sie über die Brust, und servire sie zur Tafel.

Une aux Ecrevisses.
Eine Kalbsbrust mit Krebsen.

Die Brust wird gemacht, wie vorher gemeldet ist, nur anstatt daß die Sauce weiß gemacht wird, so muß diese mit Krebsbutter roth gemacht, mit etlichen Schweifen oben garnirt, und mit 6 ausgelösten Krebsen herum garnirt werden.

Un Rolad de Veau.
Eine Rolade von Kalbfleisch.

Man nimmt das Fricando vom Schlegel, thut es nach und nach recht ausklopfen, bis es lang genug wird, hernach thu es mit ordinari Fasch bestreichen und zusammenrollen, gieb einen gleichen Form, richte es ein in einen Kastrol mit Speck, und laß auf einem kleinen Feuer stät gehen, zu diesen mache eine englische Hachée-Sauce, wie wir schon gemeldet haben, willst du sie glasiren, so steht es in deinem Belieben.

Une Grenade de Veau a la Danger.
Einen Granat von Kalbfleisch.

Schneide aus dem Fricando kleine Rolade schön gleich, die Hälfte aber nur aus dem andern halben Theil, schneide Filé auch schön gleich in der Dicke, thu hernach alles einmarginiren mit feinen Kräutern, Lemoni und Provenceröl, wenn es ein paar

Stun-

Stunden marginirt hat, bestreiche die Rolade mit Fasch, und mache sie schön gleich, thu auch in die Schüssel, wo du zu serviren hast, eine Portion Fasch, mache in der Mitte den Fasch eine Faust dick, hoch und schön gleich, nachdem bestreiche den Fasch mit Eyerklar, und lege die Rolade ringsherum, die mittlere Höhe von dem Fasch, thu mit der Filé beziehen, und so genau zusammen, daß man vom Fasch nichts sieht, hernach, wenn du willst, so kann es garnirt werden mit Triffel und Krebsschweif, auch Ochsenzungen zwischen die Filé und Rolad, hernach bedeck es mit Speckbarten und Papier, setz es in den Ofen, der nicht gar heiß ist, und laß stät fertig werden; ist es Zeit zu serviren, thu den Speck und Fette wohl davon, und gieb eine schöne und gute Coulis darüber, alsdenn thu es zur Tafel serviren. Es kann auch in die Mitte von Fasch ein Beschamell gegeben, und hernach mit der Filé bedeckt werden.

Une Grenade au filet de Veau.

Einen Grenad von Filé.

Nimm einen Kastrol, welches die Größe von der Schüssel hat, wo es servirt wird, dieses bestreiche mit Butter, und belege es hernach mit Speck, nachdem nimm die Filé und belege das Kastrol ringsherum, daß man nichts von Speck sieht, füll es hernach mit Fasch auf, in die Mitte kannst du ein Beschamelle geben, mit dem Fasch muß es aber zugemacht werden, und hernach mit Speck bedeckt, und im Ofen gar werden lassen; wenn es Zeit ist zu serviren, stürze es auf einem

Deckel um, daß die Fette davon kommt, thu es auf die Schüssel, und glasire sie mit einem Pinsel, gieb auch eine piquante Coulis-Sauce darunter, und servire sie.

Une Grenade de Veau a l' Allemande.
Einen Grenad auf deutsch.
Mache etliche kleine Fricando, thu sie spicken und eine Façon geben nach deinem Belieben, und den Form wie er gemacht wird, diese müssen in der Bräs schon gekocht seyn, wie auch etwas grünes Gemüs und Wurzeln, hernach thu in das Geschirr, wo du ihn dressiren willst, eine Glace, richte die Fricando hinein in der Ordnung, und das Gemüs auch, füll es hernach auf mit Fasch, bedecke es mit Papier, und stell es in den Ofen, der nicht zu heiß ist; wenn du ihn servirest, so stürz ihn auf die Schüssel, und gieb ein wenig Coulis-Sauce darüber.

Une de Tête de Veau a l' Angloise.
Einen Kalbskopf auf Englisch.
Es muß ein schöner und weißer Kopf seyn ohne Haut, die Zunge wird erstens ausgelöset, und der Kopf in der Mitte voneinander getheilt, das Hirn wird herausgenommen und in ein frisches Wasser gethan, der Kopf und die Zunge, wenn sie sauber gewaschen sind, werden blanchirt, und hernach im Fleischkessel, oder auch allein, mit Wurzeln gesotten, bis er lind ist, aber nicht zu stark, die Hälfte von der Zunge und die Hälfte vom Kopf wird ausgelöst und in eine kleine Filé geschnitten, thu ein we-

Z nig

nig Scharlotten fein schneiden, wie auch Thymian, thu in einen Kastrol ein wenig frischen Butter mit der Scharlotten, thu sie passiren, und thu einen Löffel feines Mehl dazu, füll es nachdem mit Bouillon auf und einem halben Glaslein weißen Wein, laß die Sauce einkochen, nachmals thu den Thymian dazu, und die Filé von Kalbskopf, auch ein wenig fein geschnittenen Petersill, laß stehen bis es Zeit ist zu serviren; die andere Hälfte vom Kopf und die Zunge muß mit geriebener Semmel, Pfeffer und Salz bannirt und auf den Rost gelegt werden; das Hirn, wenn es abgehäutelt ist, muß gesotten, und die Hälfte in die Schalen vom Kopf gethan werden, mit feinen Kräutern, Pfeffer und Salz, die andere Hälfte wird in kleine Stücklein geschnitten und ausgebachen in einem Wein- oder weißen Biertig; wenn es servirt wird, muß das Ragout mit Eyerdottern legirt werden, und den Saft von einer halben Lemoni daran drücken und anrichten, auf dieses Ragout wird gelegt der halbe Kopf grillirt und das Hirn in der Schalen, das gebachene Hirn herum, und auf den grillirten Kopf und Hirn Lemonisaft gedrückt und zur Tafel servirt.

Une de Tête de Veau a l'Allemande.

Einen Kalbskopf auf deutsche Manier.

Der Kopf muß ohne Haut seyn und zertheilt gesotten, wie vorher schon gemeldt, herna b mit Pfeffer und Salz und mit geriebenen Brod garnirt, und das Hirn davon; wenn es gesotten hat,

eingericht in die Hirnschalen von Kopf mit seinen Kräutern und auch bannirt; wenn es Zeit ist zu serviren, muß er schön grillirt werden, schneide eine halbe Semmel klein viereckicht, und bach es im Butter schön gelb aus, thu ein wenig Jus in einen Kastrol mit ein wenig Essig und feinen Kräutern, laß aufkochen, hernach gieß es auf die Schüssel, und richte den grillirten Kopf sauber darauf, mache extra in einen Kastrol ein wenig Essig heiß, thu das gebachene Brod hinein, und gieß es über den Kopf, alsdenn servire ihn zur Tafel.

Une de Tête de Veau a la Holandoise.

Einen Kalbskopf auf Holländisch.

Dieser Kopf muß mit der Haut und schön weiß seyn, die Zunge wird herausgenommen, die zwey Kinnbacken herausgebrochen, hernach in ein Blanquet eingerichtet, daß er schön weiß bleibt; wenn er lind gesotten ist und du serviren willst, nimm den Kopf heraus auf eine saubere Serviette, daß die Fette und Suppe wohl davon kommt, zu der Sauce nimm ein gutes frisches Stück Butter in einen Kastrol mit 3 Eyerdottern, ein wenig feines Mehl, auch ein wenig Bertramessig und einen Löffelvoll gute Bouillon, rühre die Sauce auf dem Feuer wohl ab, drücke den Saft von einer Lemoni hinein, thu etwas blanchirten Peterfill dazu, richte den Kopf auf die Schüssel und gieb die Sauce darüber, servire ihn sodenn zur Tafel, du kannst auch etwas wenig fein gewürfelte ausgebachene Semmel darauf streuen.

Une de Tête de Veau au Vin de Champagne.
Einen Kalbskopf mit Champagner Wein.

Dieser Kopf muß mit sammt der Haut seyn, die Zunge wird ausgelöst, und die Kinnbeiner herausgenommen, hernach blanchirt und in ein Geschirr gethan, welches nicht zu groß und auch nicht zu klein ist, hernach thu daran etwas Wurzeln und ein paar ganze Zwiebeln, ein Lorberblat, ein wenig ganzen Pfeffer, Muscatblüth und etliche Nägelein, gieß eine Bouteille Champagner Wein daran, und den Rest gute Bouillon auch, thu dazu etliche Schnitze Schunken, und bedecke den Kopf mit ein paar Speckbarten, setz ihn auf ein kleines Feuer, und laß ihn stät sieden, bis er lind wird; wenn es Zeit ist zu serviren, nimm den Kopf heraus auf die Schüssel, gieb von der nämlichen Sauce in einen Kastrol, daß sie aber nicht fett ist, mische ein Stücklein Butter in ein wenig seines Mehl, und thu es in die Sauce, laß sie aufkochen, drücke den Saft von einer Lemoni daran, und gieß es über den Kopf, servire sodenn zur Tafel.

Un Fricandeau de Mouton piqué & glacé.
Ein Fricando von Schaffleisch.

Dieses Fricando wird auf die nämliche Manier, gleichwie die von Kalbfleisch gemacht, auf alle Manieren, wie auch die Quarré oder Carmenadsstücke, wie auch ein Rolad von einer Schulter; die Lamms- und Kützschlegel ist wiederum das nämli-

nämliche, nur ist im Kochen zu beobachten, daß das letztere ein Fleisch, welches jung und delicater ist.

Un Quarré de Cochon a la broche a la Sauce Robert.
Ein Schweinernes Quarré mit einer Senftsauce.

Dieses Quarré kann mit der Haut servirt werden und auch ohne Haut, mit der Haut wird es Messerspitz tief eingeschnitten, viereckicht einen Würfel groß, thu dazwischen Pfeffer und Salz und ein Lorberblat, ist es aber ohne Haut, so thu etwas Essig in einen Kastrol mit Zwiebel und Kräuter, Pfeffer und Salz und ein Lorberblat, laß aufsieden, und gieß es über das Quarré, und laß etliche Stunden margintren, wenn es Zeit ist, an Spieß gesteckt und schön braten lassen, mit dem Essig und Butter begossen, das andere aber muß nur mit Butter begossen werden, damit die Haut hart und croquant wird, zu der Sauce werden 4 große Zwiebel in Filé geschnitten, hernach im siedenden Wasser blanchirt, und trockner in einen Kastrol gethan mit Butter, und gelb werden lassen, thu nach diesem ein Löffelein Mehl dazu, und füll es mit Bouillon auf und ein wenig Essig, laß wohl verkochen; ist es nun Zeit zu serviren, so thu ein paar Eßlöffelvoll Senf daran, richte die Sauce auf die Schüssel, und lege das Quarré darauf, eines oder das andere, die Sauce ist gleich; man kann auch zu der Sauce einen Lemonisaft, oder auch ein wenig Bertramessig geben.

De Cotelettes de Cochon a la même sauce.
Schweinscarmenade in der nämlichen Sauce.

Die Carmenade werden schön rund ausgemacht, wie sichs gehört, sie müssen aber von einem fetten Schwein seyn, sonsten sind sie hart, diese thu auf eine Schüssel mit Pfeffer und Salz, etliche Lorberblätter, feine Kräuter und das Mark von einer Lemoni, gieß Provenceröl daran, und laß sie etliche Stunden marginiren; ist es Zeit zu serviren, lege sie auf den Rost und laß sie schön grilliren, gieb die nämliche Sauce Robert dazu, man kann sie auch nur mit Lemonisaft und der Jus, was sie selbst geben, serviren.

Une de gros filets de Cerf aux fines herbes.
Filé von Hirsch mit feinen Kräutern.

Diese Filé müssen aus dem Schlegel von der innern Seite genommen werden, man kann auch die innern Lungenfilé dazu nehmen, und machen als wie das Fricando von Kalbfleisch mit feinen Kräutern.

Filets de Cerf aux Genevres.
Filé mit Cronawethbeer.

Dieses Filé kann genommen werden von der äußern oder innern Seite, dieses wird durchspickt mit groben Speck und hernach in einen Kastrol eingericht mit Speck, Kräutern und Wurzeln, einem Glas Wein, ein wenig Gewürz und Salz, laß es hernach stät dünsten, mache einen Löffel Mehl gelb

gelb in Butter, thu es daran und füll es mit Jus auf, laß es wohl sind werden, hernach thu es in einen andern Kastrol, thu die Sauce abschöpfen, daß die Fette davon kömmt, passire sie durch ein Sieb, und thu ganze Cronawethbeer dazu, wie auch den Saft von einer Lemoni, laß aufkochen, und servire sie.

Eine Brust von Hirschen wird auf die nämliche Manier zugerichtet, aber nicht ganz, sondern in Stücken, man kann auch ein Filé von Hirsch spicken wie ein Fricando, und in eine Bräs einrichten, hernach glasiren, und mit einer Zwiebelsauce geben; auch kann es eingericht werden mit Kalbfleisch ganz kurz, daß es eine Glace giebt, und hernach einen Löffelvoll Coulis dazu nehmen, mit einem Lemonisaft, und die nämliche Sauce serviren. Von Reh wird es auf die nämliche Manier gemacht. Die Gems wird auch auf diese Art tractirt.

Une de cuisses de Lièvre a la Perrigord.
Schlegel von Hasen mit Triffel.

Diese Schlegel werden mit groben Speck durchzogen, der Speck aber muß mit Gewürz und feinen Kräutern gemischet seyn, hernach in einen Kastrol eingericht mit Speck und Schunken, etwas Kalbfleisch, etliche ganze Triffel, ein halbes Lorberblat, Pfeffer und Salz, ein Glas Burgunder Wein, und also dünsten lassen, es muß aber zum öftern umgewendet werden, auf die Letzte thu soviel Coulis dazu, als es Sauce vonnöthen hat, nachdem die Fette davon, und die Sauce in einen andern Kastrol passirt, die Schlegelein dazu gethan, wie auch den Saft von einer Lemoni, und die Triffel dabey müssen ganz bleiben, hernach sauber angericht, und mit ausgebachener Semmel garnirt, alsdenn zur Tafel servirt; man kann auch die Schlegelein sauber spicken, und in eine kleine Bräs richten, nachdem glasiren, und mit einer kleinen Zwiebelsauce geben.

Une de cuisses de Lièvre a l'Italienne.

Schlegelein von Hasen auf Italiänisch.

Die Schlegelein müssen mit groben Speck durchspicket werden, hernach nimmt man ein Stücklein guten Speck in einen Mörser, thut dazu ein wenig Basilicum und Thymian, ein paar Scharlotten, ein wenig Rockenbol, und einen frischen Triffel, wenn man einen hat, stoß dieses alles zusammen, nachdem thu es in einen Kastrol, die Schlegelein dazu, ein wenig Pfeffer und Salz, ein Glas rothen Wein, setz es auf eine Glut und laß stät dünsten, wenn sie lind sind, thu die Schlegelein in einen andern Kastrol, thu die Fette von der Sauce, und passire die Sauce an die Schlegelein; ist die Sauce zu wenig, thu ein klein wenig Jus oder Bouillon dazu, den Saft von einer bittern Pomeranze, und servire zur Tafel mit ganz wenig Sauce.

D'une

D'une autre maniere.

Auf eine andere Manier.

Die Schlegel werden mit groben Speck durchspickt, hernach thu sie in einen Kastrol mit feinen Kräutern, Provenceröl, einem Glas rothen Wein, ein Lorberblat, Pfeffer und Salz, ein paar Schnitze Schunken oder Cervelatwürste, decke sie zu, und laß sie auf einer kleinen Glut stät gehen, und zum öftern umwenden, bis sie recht lind werden; sollten sie zu trocken einkochen, so mußt du ein wenig Jus daran thun, und allezeit im Saft behalten; ist es Zeit zu serviren, mußt du die Fette davon nehmen, und an die Sauce einen bittern Pomeranzensaft drücken, alsdenn aber zur Tafel serviren.

Wieder auf eine andere Manier auf Italiänisch.

Thu die Schlegelein in einen Kastrol mit ein wenig Speck und Kräutern, aber ganz, ein wenig Rochenbol, ein Lorberblat, ein wenig ganz Gewürz, ein Glas rothen Wein, setz auf eine Glut, und laß stät gehen, hernach mache einen Löffel Mehl gelb in Butter, thu es dazu, füll es mit Jus auf, und laß kochen bis sie lind sind, thu nach diesem die Schlegelein in einen saubern Kastrol, schöpfe die Fette von der Sauce wohl ab, und passire sie an die Schlegelein, blanchire nachdem Cibeben und Pistazi, löse die Körner von den Cibeben heraus, die Pistazi thu abschälen und in Filé schneiden, und thu sie in die Sauce, auch ein wenig Citronat in Filé geschnitten, und ein wenig

wenig weißen Zucker auch dazu, hernach laß es
aufkochen, thu ein wenig Essig und Lemonisaft
dazu, und servire sie zur Tafel.

Une de cuisses de Liévre a la bonne femme.
Hasenschlegelein mit eigener Sauce von Coulis.

Thu in einen Kastrol Kalbfleisch fein geschnitten, wie auch etwas Schunken, etwas Wurzeln und Kräuter, ein Lorberblat, ein wenig ganz Gewürz, und ein wenig Speck, lege die Schlegelein darein mit einem ganzen Zwiebel, setze sie auf eine Glut, und laß sie dünsten, hernach gieß ein Glas rothen Wein dazu, bache etliche Schnitten Semmel in Butter gelb, und thu sie auch dazu, füll es auf mit Jus, und laß sie kochen, bis sie lind sind, thu sie nachdem in einen andern Kastrol, schöpfe die Fette wohl davon ab, und passire die Sauce nach diesem durch ein Haartuch, gieb die Sauce zu den Schlegelein, laß sie hernach aufkochen, drücke den Saft von einer Lemoni, und eine Messerspitzen Zucker dazu, und thu es serviren.

Une de Lapins aux fines herbes.
Wilde Künighasen mit feinen Kräutern.

Diese werden zugerichtet auf die nämliche Manier, gleichwie die Wildhasen, welche ich zu machen schon erkläret habe.

Une

Une de Canards sauvages a la Bruffelles.

Eine Wildente auf Brüßler Manier.

Nachdem die Ente sauber flammirt und geputzt ist, thu die Leber davon nehmen auf ein Schneidbrett mit einem Stücklein guten Speck, feinen Kräutern und Scharlotten, einem frischen Triffel und etliche Schambinion, dieses alles fein geschnitten, hernach Pfeffer und Salz, 3 Eyerdotter und ein wenig geriebener Semmel, von einer halben Lemoni den Saft, wohl gemischt und in die Ente faschirt, hernach dressirt, und in einen Kastrol eine Speckbarten mit ein paar Schnitz Rindfleisch, einen ganzen Zwiebel und ein Lorberblat hineingethan, auf eine Glut gesetzt, und anziehen lassen, gleichwie eine Jus, die Ente muß aber zum öftern umgewendet werden, auf die Letzte aber thu eine Coulis dazu, soviel du zu einer Sauce nöthig hast, und ein wenig weißen Wein, laß kochen bis die Ente recht lind ist, nachdem thu die Ente in einen saubern Kastrol, thu die Fette von der Sauce abschöpfen, und passire sie an die Ente; ist es Zeit zu serviren, thu ein wenig blanchirten Pimpernell an die Sauce, den Saft von einer Lemoni, und servire zur Tafel.

Un Canard a la broche sauce aux Oranges.

Eine Wildente mit Pomeranzensauce.

Nachdem die Ente flammirt und geputzt ist, muß sie sauber dressirt und die Füße eingesteckt wer-

werden, hernach gepfeffert und gesalzen, schneide nach diesem von zwey bittern Pomeranzen fein die Schalen ab in ein frisches Wasser, thu sie nachmals blanchiren, und in einen Kastrol mit Coulis und gut piquant gemacht mit dem Saft von der Pomeranzen, die Ente, nachdem sie gut ausgebraten ist, auf die Schüssel gericht, und die Sauce darüber gegeben, auch kannst du die Ente in einer Bräs von Fleisch einrichten, und darinnen dünsten lassen, auf die letzte eine Coulis daran gießen mit ein wenig weißen Wein, und hernach die nämliche Sauce bedienen, die Pomeranzen auch dazu thun, gleichwie bey den Enten.

Un Canard a la broche piqué.
Eine gespickte Wildente am Spieß.

Nachdem die Ente sauber flammirt und geputzt ist, so thu sie schön dressiren mit den 2 Füßen eingesteckt, hernach thu auf der Brust die Haut fein abhäuteln, formirt wie ein Herz, thu sie nachdem spicken, mache ein Margenad in einen Kastrol, thu etwas guten Essig mit Kräutern, ein Lorberblat und Zwiebel, Scharlotten, etwas Provenceröl, Pfeffer und Salz dazu, laß es aufsieden und gieß es über die Ente; eine Stunde vor dem Anrichten thu sie zum Feuer legen, mache noch etwas frischen Butter zu diesem Margenad, begieße die Ente damit, und laß sie schön braten, daß sie eine schöne Farbe bekommen. Die Sauce dazu: Nimm die Leber von der Ente mit 2 Sardellen, thu es fein hacken, passire es durch ein Haarsieb, in einen Kastrol, thu ein wenig frischen Butter dazu,

dazu, rühre es mit guter Coulis ab, thu ein wenig
Bertrameſſig dazu, den Saft von einer halben
Lemoni, rühre die Sauce auf dem Feuer wohl
ab, gieb ſie auf die Schüſſel, die Ente darauf,
und ſervire ſie zur Tafel. Die zahmen Enten können auch auf dieſe Art gemacht werden, ſo haben
ſie den Guſto von einer Wildente.

Un Canard a l'Eſpagnole.

Eine Wildente auf Spaniſch.

Die Ente, nachdem ſie ſauber gerupft und ausgenommen, wird ſauber dreſſirt, und mit groben
Speck durchzogen, thu hernach in einen Kaſtrol
mit ſammt der Ente eine Speckbarten, ein Stücklein Kalbfleiſch fein geſchnitten, und etwas Schunken, Wurzeln, Kräuter und Zwiebeln, ſetz ſie
auf eine Glut und laß ſie dünſten, hernach mache
einen Löffel Mehl gelb mit ein wenig Zucker, groß
wie eine Nuß, thu es nachdem zu der Ente mit
einem Glas rothen Wein und etwas Jus, laß ſie
kochen, bis die Ente lind wird, thu nachmal die
Ente hinein in einen ſaubern Kaſtrol, ſchöpfe die
Fette von der Sauce ab, paſſire ſie durch ein
Haarſieb an die Ente, drücke den Saft von einer
Lemoni daran, laß ſie aufkochen, und ſervire zur
Tafel.

Un Canard deſauſſt.

Eine Ente ausgelöst.

Nachdem die Ente ſauber geputzt, aber nicht
ausgenommen iſt, thu ſie auslöſen, daß ſie kein
Loch bekommt, mache hernach einen Faſch, nimm

die

die Leber dazu, thu sie nachdem faschiren und sauber mit dem Faden zunähen, und in eine kurze Bräs einrichten, nimm die Beiner davon in einen Kastrol mit einem Stücklein Rindfleisch, einem Schnitz Schunken, Wurzeln und Kräuter, Zwiebel und ein Lorberblat, setz sie auf das Feuer und laß ein wenig dünsten, gieß nach diesem ein halb Glas Burgunder Wein daran, auch ein wenig Jus oder Bouillon, und laß stät sieden, so lang, daß zu einer Sauce bleibet, passire sie hernach durch ein Sieb, daß die Fette wohl davon kommt, drücke den Saft von einer Lemoni dazu, thu nachmals mit Eyerklar die Sauce klar machen, thu sodann ein wenig blanchirten Bertram, oder auch etliche schöne grüne Oliven in die Sauce, servire sie auf die Schüssel, die Ente thu glasiren und darauf legen, sie kann auch ohne Glasiren servirt werden, und man kann auch eine andere Sauce dazu machen, du kannst auch die Ente desaussiten ohne zu faschiren, mit feinen Kräutern einrichten, gleichwie schon gemeldet ist; andere Speisen auf diese Manier zu machen, was die kleinen Enten sind, werden auch auf diese nämliche Art zubereitet, es mag von einer jeden Sorte oder Gattung seyn.

Une de Perdraux a la broche a la sauce d'Oranges.

Rebhühner am Spieß mit Pomeranzensauce.

Die Rebhühner können gerichtet werden auf die nämliche Manier, wie schon gemeldet ist, eine Wildente zu machen.

Une

Une de Perdraux a la broche aux fines herbes
a l'Angloise.

Rebhühner am Spieß auf Englisch.

Wenn die Rebhühner im Saft gebraten sind, thu sie gleich auf die Schüssel, wo du zu serviren hast, schneide mit dem Messer in die Brust, als wenn du wolltest Filé herausschneiden, sie müssen aber ganz beysammen bleiben, mahle einen recht guten frischen Butter mit seinen Kräutern, und thu ihn in die Brust also warmer hinein, drücke den Saft von einer Lemoni darüber, gieb ein klein wenig Jus auf die Schüssel, und servire sie recht heiß zur Tafel.

Une de Perdraux a la broche aux sauces
gratins.

Rebhühner mit einer Lebersauce.

Die Rebhühner werden mit seinen Kräutern, Pfeffer und Salz bestreuet, hernach schön im Saft gebraten, nimm die Leber davon mit ein wenig geriebenen guten Speck, seinen Kräutern, ein wenig geriebener Semmel, ein Eyerdotter, ein wenig Pfeffer und Salz, thu alles recht fein schneiden, drücke den Saft von einer halben Lemoni dazu, thu es nach diesem auf die Schüssel, wo du es zu serviren hast, streiche es aus, setz es auf eine Glut und laß anziehen, leg die Rebhühner darauf, und gieb ein wenig piquante Coulis-Sauce dazu, alsdenn servire zur Tafel.

Une de Perdraux a la broche sauce verd.
Rebhühner am Spieß mit grüner Sauce.

Die Rebhühner müssen im Saft gebraten werden, zu der Sauce nimm Petersill, Schnittling, Bertram, ein wenig Körbelkraut, Scharlotten, ein klein wenig von Rockenbol, ein wenig Lemonischalen, dieses alles schneide recht fein, thu es hernach in einen Kastrol mit ein wenig Bouillon und ein wenig Bertramessig, laß es warm werden, gieß die Sauce auf die Schüssel, lege die Rebhühner darauf, drücke den Saft von einer halben Lemoni darüber, servire sie zur Tafel. Man kann auch noch viele Saucen zu den Rebhühnern am Spieß gebraten, geben, gleichwie die mit Oliven, Sardellen, und Triffel, wie auch Schambinion, und mehrere, das kommt nur auf die Jahrszeit an, was man haben kann und bekommt.

Une de Perdraux au gril.
Rebhühner auf dem Rost.

Diese werden gericht, gleichwie die Tauben, auf die nämliche Manier, nur daß sie anders müssen geschnitten werden, allein der Rucken wird voneinander geschnitten, die Brust bleibt ganzer, nur das Brustbein muß ausgelöset und breit geklopft werden.

De Perdraux a l'Espagnole.
Rebhühner auf Spanisch.

Diese Hühner werden auf die nämliche Manier

nier gemacht, gleichwie die Wildenten auf spanisch.

Un de Perdraux glacés.
Rebhühner glasirt.

Die Rebhühner kannst du nach Belieben dressiren, hernach in eine Brás einrichten, und auf einer kleinen Glut stät gehen lassen, bis sie mürb sind, nachdem thu sie in die Glace legen und schön glasiren, du kannst eine Triffelsauce dazu geben, oder auch eine Olivensauce, wie auch Bertramsauce.

Un de Perdraux an Vien de Bourgogne.
Rebhühner mit Triffel.

Nachdem die Rebhühner sauber gepuzt und dressirt sind, thu in einen Kastrol mit ein paar Speckbarten und etliche Schnitz Schunken ein Dutzend Triffel sauber geschält, auch ein Lorberblat dazu, ein Glas Burgunder Wein, setz sie auf eine Glut und laß sie stät gehen, thu zu Zeiten ein wenig Bouillon daran gießen, wenn sie lind sind, thu sie in einen andern Kastrol, schöpfe die Fette von der Sauce ab, und thu sie durch ein Haartuch passiren, nimm ein kleines Stücklein frischen Butter, mische ein wenig feines Mehl darein, drücke den Saft von einer Lemoni dazu, setz sie auf das Feuer, thu den Kastrol schütteln bis es aufkochet, hernach thu sie auf eine Schüssel rangiren, mit ausgebachener Semmel garniren, und zur Tafel serviren.

Un de Perdraux en surprise.
Rebhühner in einer papiernen Kapsel.

Thu die Hühner dressiren und zurichten, gleichwie für eine warme Pastete, mache hernach einen Fasch von Kalbfleisch, thu die Leber roher auch dazu, etwas Triffel und Schambinion, wenn der Fasch fertig ist, mache von Papier einen Kasten, gleichwie eine aufgesetzte Pastete, den Form kannst du nach der Schüssel richten, mit einem Wasserteig mußt du es machen, nachdem richte die Rebhühner ein, als wie eine Pastete, mache einen Deckel von Papier darauf, bestreiche den ganzen Kasten mit Eyern, und bestreue ihn mit geriebenen Parmesankäs und geriebener Semmel, bestreiche eine Tortenpfanne mit Butter, setze den Kasten drauf, und laß es hernach im Ofen backen, gleichwie eine Pastete; ist es Zeit zu serviren, schneide den Deckel nur auf einer Seite auf, thu den Speck davon wie auch die Fette, gieb eine piquante Sauce darüber, und servire sie zur Tafel; du kannst sie auch mit Triffel auf die nämliche Manier machen; auch die Perlhühner und Haselhühner, Fasanen können auf diese Art gemacht werden, als wie die Rebhühner, du kannst sie auch auslösen, und auf vielerley Façon richten, glasiren, spicken, dieses kommt auf den Gedanken an, du kannst auch die Rebhühner ganz lassen, und mit einer Samoesauce geben, oder auch die Brust auslösen und mit einem Beschamell geben, da müssen sie gebraten werden, und die Sauce von einem andern gemacht, zum Beschamell muß es gerichtet seyn,

seyn, sobald es an den Spieß kommt, die Brust gleich davon genommen, und zu kleine Filé geschnitten in das Beschamell, und wiederum hinein gericht, auch die großen und kleinen Schnepfen kannst du auf die nämliche Manier richten, gleich wie die Rebhühner.

Un Chapon a la Marechalle.
Einen Kapaunen a la Marechalle.

Dieser muß ein schöner und großer Kapaun seyn, auch fett, nachdem er flammirt und sauber geputzt ist, mußt du ihn schön dressiren und im Speck einbinden, hernach in einer Serviette, und in einen Kessel thun, mit guter Bouillon anfüllen, zum Feuer thun und stät sieden lassen, bis er lind ist; wenn du ihn servirest, richte ihn nett auf eine Schüssel, und gieb eine Consommé darunter mit ein wenig blanchirten Petersill darinn.

Un Chapon a la Princesse.
Einen Kapaunen a la Princesse.

Nachdem er schön geputzt und dressirt ist, richte ihn ein in eine weiße Bräs und laß ihn stät auf einer kleinen Glut gehen, bis er mürb ist, hernach mache eine weiße Sauce mit Krebsschweifen, Spargel und Maurachen, zu der Sauce gehört sich ein Consommé zu nehmen, richte den Kapaunen auf die Schüssel ohne Fette, drücke den Saft von einer Lemoni in die Sauce, und servire ihn zur Tafel.

Un Chapon a la Sultanne.
Einen Kapaunen *a la Sultanne.*

Der Kapaun muß leicht flammirt, nachdem gepuzt und in Obacht genommen werden, daß kein Loch hineingerissen wird, hernach mußt du die Haut abziehen bey der Brust herunter, hinten aber darfst du ihr nicht aufschneiden, denn sie muß ganz herunter; nachdem nimm die Brust davon, und mache einen Knöpffasch, thu die Haut mit faschiren, nähe ihn oben zu und thu ihn in eine weiße Bräs, eine halbe Stunde vor dem Anrichten setz ihn auf eine Glut, und laß ihn gar werden; ist es Zeit zu serviren, thu auf einer Serviette den Faden davon, leg ihn auf die Schüssel und gieb ein Beschamell darüber, oder auch ein Consommé.

Un Chapon a la Tortue.
Einen Kapaunen auf Schildkroten Art.

Nachdem der Kapaun flammirt und gepuzt ist, thu ihn schön auslösen und ein wenig faschiren, der Kopf muß an der Haut bleiben, womit du den Schildkrotenkopf formiren mußt, von Triffeln machst du die vier Patten, vom Steiß machst du den Schweif, oben auf dem Rucken mußt du auch mit Triffeln die Façon von Schildkroten formiren, nimm hernach ein Papier, bestreiche es mit Provenceröl, nimm eine Speckbarte, lege den Kopf darauf, bedecke ihn auch mit Lemoni und Speck, etwas Wurzeln und Kräuter, ein halbes

Lorberblat, etliche Schnitzen Schunken, und etliche Blätlein Zwiebel, hernach thu ihn in Papier einwickeln, mit Bindfaden binden, und auf den Rost legen, auf eine warme Asche stät gehen lassen, zum öftern umwenden, bis er fertig wird, und nach diesem eine klare Sauce dazu geben, welche piquant seyn muß.

Un Chapon aux Huitres.
Einen Kapaunen mit Austern.

Thu den Kapaunen sauber putzen und dressiren, richte ihn hinein in eine Bräs und laß ihn auf einer kleinen Glut langsam gehen, bis er mürb wird. Die Sauce: Thu die Austern aus der Schale nehmen in einen Kastrol, gieß hernach ein wenig weißen Wein daran, setz sie auf das Feuer und laß sie ein klein wenig anziehen, nachdem thu die Austern putzen, den Bart davon, thu sie auf einen Teller, nimm nach diesem in einen Kastrol frischen Butter, ein wenig fein geriebene Semmel und ein Staubmehl, rühre es zusammen, gieß daran den wenigen Wein von den Austern, einen Löffelvoll Bouillon, einen ganzen Zwiebel thu auch dazu, und rühre die Sauce nachmals auf dem Feuer ab, laß sie wohl verkochen, thu sie sodann durch ein Haarsieb passiren, thu die Austern dazu und den Saft von einer Leimoni; ist es Zeit zu serviren, thu den Kapaunen auf eine Serviette heraus nehmen, daß die Fette wohl davon gehet, richte ihn auf die Schüssel, mache die Sauce warm, aber nicht mehr kochen lassen, und richte sie über den Kapaunen; diesen kannst du auch anstatt der Brûs am Spieß braten, nur schön einbinden, daß er weiß bleibet, du kannst ihn auch mit einem Fasch faschiren von Austern, die Sauce kann man auch von Coulis, anstatt weiß, machen, nur die Sauce niemals kochen lassen, daß die Austern nicht hart werden.

Un Chapon aux Moules.
Ein Kapaun mit Muscheln.

Dieser Kapaun wird auf die nämliche Manier gemacht, gleichwie der mit Austern, nur ist wohl zu beobachten, daß die Muscheln in einen Kastrol gethan werden, mit ein wenig weißen Wein zugedeckt, und recht gut geschüttelt, damit der Sand davon geht, hernach richte die Sauce, wie diese von Austern.

Un Chapon a la Lutherienne.
Einen Kapaunen auf Lutherisch.

Der Kapaun wird gericht vor am Spieß zu braten, er wird fasch rt mit einem Stücklein frischen Butter, Petersill, Scharlotten und vier Sardellen, ein wenig Pfeffer und Salz, dieses alles muß fein geschnitten werden, bind ihn mit Speck ein und laß ihn schön braten, hernach mache Schnecken ganzer in einer Sardellensauce mit Petersill und gut piquant, du kannst auch etliche Kalbsbrüs in kleinen Stücklein geschnitten, so groß die Krebse sind, dazu nehmen, und die Sauce nach diesem über den Kapaun anrichten.

Un Chapon a la broche a la Sauce de Nid des Indes.

Einen Kapaun mit einer Sauce von Indianischem Vogelnest.

Den Kapaun kannst du zurichten am Spieß oder in einer guten Bräs, das Indianische Nest muß Tags vorher in weißen Wein eingeweicht und auf eine warme Asche gesetzt werden, da giebt es sich voneinander und der Unflath kommt davon, auf den Boden wirst du etwas weißes finden, es gleichet einer Gorebel von Fleisch, diese thu sauber heraus, und mache eine weiße Sauce, thu es hinein, du kannst auch diese Sauce von Coulis machen, es gilt gleich, die Sauce damit aufkochen lassen, den Saft von einer Lemoni dazu gedrückt, und die Sauce mit dem Kapaun servirt, die Sauce hat einen so starken Geruch, als wie Triffel.

Un Chapon dressé en cuisses a la braise.

Einen Kapaun ausgelöst.

Nachdem der Kapaun sauber flammirt und geputzt ist, thu ihn sauber auslösen, einen Fuß davon laß dabey, faschire ihn mit ein wenig Salpicum, und formire hernach einen Schlegel daraus, nähe ihn schön zu, richte ihn in eine Bräs und laß ihn auf einer kleinen Glut stät gehen, bis er lind ist, mache nachdem eine Triffelsauce darüber und servire, du kannst ihn auch glasiren und spicken mit feinen Speck, du kannst auch eine andere Sauce dazu geben, gleichwie eine klare Sauce, oder auch eine Sauce von Maurachen und Spargel, auch von Krebsen, nachdem die Jahrszeit ist, da mans haben kann.

Un Chapon a l'Italienne.
Einen Kapaun auf Italiänisch.

Thu den Kapaun sauber dressiren, thu in einen Kastrol eine Speckbarten mit einem ganzen Zwiebel und ein Lorberblat, auch etwas Kräuter, lege den Kapaunen dazu mit etlichen Schnitz Schunken oder Cervelatwürste, setz ihn auf eine Glut und laß ihn stät dünsten bis er gelb wird, du mußt ihn allezeit im Saft erhalten, auf die letzte thu eine Sardelle fein gehackt dazu, die Fette wohl davon, drücke den Saft von einer Lemoni hinein, servire den Kapaun auf die Schüssel, und passire die Sauce daran, alsdenn servire sie zur Tafel.

Un Chapon aux fines herbes.
Einen Kapaun mit feinen Kräutern.

Dieser wird auf die nämliche Manier gemacht, gleichwie schon bey den Rebhühnern gemeldet ist.

Un Chapon a la Provençale.
Einen Kapaun auf Brabander Manier.

Dieser wird gemacht, wie bey dem andern Geflügel schon gemeldet ist.

Un Chapon en surprise.
Einen Kapaun im Papier.
Dieser wird gemacht, wie schon gemeldet ist zu machen.

Un Chapon a la Bechamelle.
Einen Kapaun mit Beschamell.
Thu den Kapaun zum Einmachen dressiren, wie sichs gehört, stecke ihn an Spieß, und laß ihn schön braten, richte ein Beschamell, nimm den Kapaun von Spieß, die ganze Brust heraus, die zwey Vögel mußt du aber lassen, schneide die Brust in kleine Filé, und thu sie in das Beschamell hinein, und richte es nach diesem wiederum in den Kapaun hinein, gieb unter den Kapaun ein wenig Consommé, mit ein wenig guter Schunken-Jus, und servire zur Tafel.

Un Chapon au gros sel.
Einen Kapaun mit groben Salz.
Den Kapaun dressire, stecke die Füße hinein, und thu ihn bardiren, hernach siede ihn in der Bouillon nicht gar zu lind, nach diesem nimm ihn heraus, und laß ihn sauber ablaufen, gieb ihn auf die Schüssel unten mit ein wenig Jus, und oben auf den Kapaun mit groben Salz bestreut und zur Tafel servirt. Die Polarden und Hühner kannst du alle auf diese nämliche Manier machen, wie beschrieben ist von den Kapaunen, wie auch die Indianische Stücklein.

De poulets a la Neubauer.

Junge Hühnlein mit einer grünen Sauce.

Die Hühner müssen sauber flammirt und gepußt werden, man muß aber wohl Obacht haben, daß es keines ist, welches schwarze Stiften hätte, weil alle schön weiß seyn müssen, thu die Hühner dreßiren mit den Füßen eingesteckt, thu sie nachdem auf ein Geschirr, schneide das Mark von einer Lemoni Blätleinweiß daraus, etwas Wurzeln und Kräuter, ein Lorberblat und etliche Schniß Schunken, gieß ein Provenceröl darüber, nimm nach diesem ein paar Bogen Papier, lege Speckbarten darauf soviel als die Hühner ausmachen, auf die Brüste von den Hühnern lege die Lemoni, hernach Speckbarten darauf, und gieß das Oel mit sammt allen daran, wickle das Papier zusammen, bind es mit dem Bindfaden, und nach diesem bind es an den Spieß, eine halbe Stunde vor dem Serviren mußt du sie zum Braten thun und gleich drehen lassen, damit sie keinen Flecken bekommen, sie müssen weiß wie eine Jus seyn. Die Sauce dazu: Blanchire eine Handvoll Petersill, drücke ihn fein gut aus, thu ihn im Mörser, thu dazu ein paar Scharlotten, ein wenig Baßlicum und Thymian, ein klein wenig Rockenbol, ein wenig Lemonischalen, 2 Sardellen, 2 hart gesottene Eyerdotter, und ein klein wenig Semmel eingeweicht, ein wenig Pfeffer und Salz, ein Bröcklein Zucker, wie eine welsche Nuß groß, dieses alles laß fein stoßen, hernach thu ein wenig Provenceröl dazu, und einen Essig mit ein wenig Wein, so viel

viel die Sauce ausmacht, wie auch ein wenig
Pfeffer und Salz, thu es nachmals durch ein Haarsieb passiren, gieb die Sauce auf die Schüssel,
und lege die Hühner schön darauf, alsdann thu
sie zur Tafel serviren.

Des Poulets servis dans une Abbesse.
Junge Hühner im Teig.

Es müssen kleine Hühner seyn, wie man pflegt
zu nehmen, Nesthühnlein, diese thu dressiren mit
den Füßen eingesteckt, hernach thu sie ein wenig
blanchiren, thu nachdem einen frischen Butter in
einen Kastrol mit einem ganzen Zwiebel und einen
Schnitz Schunken, thu die Hühner auch dazu,
und etliche Schambinion, ein Kalbsbrüs in Stücklein geschnitten, passire es zusammen, staube ein
wenig feines Mehl daran, füll es mit Bouillon
auf, und laß nachmals gäh einkochen, thu auch
etliche Maurachen hinein, thu die Zwiebel und
Schunken davon, salze es wie sichs gehört, und
laß stehen, mache einen Butterteig, von diesem
Butterteig mache ein Blat, so groß deine Schüssel ist und dieses gleich, um das Blat mache einen Reif, so dick als ein Finger, in die Mitte
thu ein Papier, damit es in seiner Gleiche bleibt,
nach diesem auf die umgekehrte Schüssel, mache
den Deckel so groß dein Abbes ist, schneide den
Deckel aus und bestreiche es, thu es schön ausbachen gleiche Farbe, und thu die Abbes sauber ausputzen; ist es Zeit zu serviren, laß die Hühner aufkochen, legire sie mit Eyerdotter, drücke den Saft
von einer Lemoni daran, thu sie nachdem in die

Abbes

Abbes sauber anrichten, decke den Deckel darauß und servire zur Tafel.

Des Poulets a l'Allemande.
Junge Hühnlein auf deutsch.

Die jungen Hühnlein thu richten, wie sichs gehört und vorher schon gemeldet worden, auf die nämliche Manier, hernach mache ein feines Butterlaiblein, und laß es stät bachen, damit es eine starke Rinde bekommt, thu es nach diesem umstürzen und den Deckel davon schön rund abschneiden, die Schmollen alles herausgenommen, und nach diesem die Hühnlein darein eingericht, zugedeckt, und zur Tafel servirt; du kannst auch die Hühnlein mit Krebs machen, und auch auf diese Façon serviren, oder auch in Fricassée, und auch mit einem Ragout zum Wechseln.

Des Poulets a l'Allemande.
Hühnlein auf deutsch.

Thu die Hühnlein dressiren und blanchiren, hernach mache eine weiße Sauce mit Lemonisaft dazu, damit die Hühnlein weiß bleiben, blanchirte Petersillwurzeln in Filé geschnitten, thu die Hühnlein mit sammt den Wurzeln in die Sauce, und laß schnell einkochen, bis die Sauce kurz ist; willst du sie serviren, thu sie salzen und schön anrichten, du kannst auch ein wenig grün blanchirten Peterfill dazu nehmen.

Des Poulets aux Ecrevisses.
Hühnlein mit Krebsen.

Mache einen feinen Fasch mit Krebsschweifen und Kalbsbrüs, thu die Hühnlein unter der Haut faschiren, nicht zu stark, stecke sie an Spieß, und laß sie schön braten, damit sie roth bleiben, die Sauce davon mache mit Krebsbutter, gleichwie die Holländersauce weiß mit ein wenig Lemonisaft, und auf die Letzte ein wenig fein geschnittenen Petersill und Krebseyer, wenn du's hast.

Des Poulets marinés.
Hühnlein im Margenad.

Thu die Hühnlein dressiren, hernach in einen Kastrol mit etlichen Speckbarten, etliche Schnitz Schunken und Kalbfleisch, Wurzeln und Kräutter, ein Lorberblat, Zwiebel, ein paar Schárlotten, etwas ganzes Gewürz und Salz, etwas Provenceröl, ein Glas Wein und ein Glas guten Essig, decke sie hernach zu, und laß sie kochen, bis sie lind sind, thu sie auf eine Schüssel sauber rangieten, von der nämlichen Sauce etwas dazu, und mit frischen Petersill garnirt, alsdenn zur Tafel servirt.

Des Poulets a la Cartouche.
Hühnlein a la Cartouche.

Thu die Hühnlein sauber dressiren, thu sie nachdem in einen Kastrol mit Wurzeln und Kräutern, ein Lorberblat und ein paar Speckbarten, etwas ganzes Gewürz, ein Glas Champagner Wein,
etwas

etwas gute Bouillon, das Mark von einer Lemoni, deck sie gut zu, und laß sie kochen, bis sie lind sind; ist es Zeit zu serviren, thu die Sauce passiren, die Fette wohl davon, mische ein Stücklein frischen Butter mit ein wenig feinem Mehl, thu die Hühnlein, den Butter und die Sauce zusammen, setz es auf das Feuer, und thu das Kastrol allezeit schütteln, als wie bey einem Fricassé, und servire zur Tafel.

Des Poulets a la Tartare.
Hühnlein a la Tartare.

Dieses müssen große Hühnlein seyn, thu sie dressiren, stecke die Füße ein, schneide sie in der Mitte voneinander, thu sie in einen Kastrol mit feinen Kräutern und frischen Butter, ein Lorbeerblat, Pfeffer und Salz, und das Mark von einer Lemoni Blätleinweiß geschnitten, thu sie nach diesem auf dem Feuer passiren; wenn sie nun etwas kalt worden sind, thu sie mit fein geriebener Semmel banniren, und auf den Rost legen, und schön grilliren lassen. Die Sauce dazu: Nimm junge Senftblätter, schneide sie recht fein, thu nachdem ein klein wenig Zucker dazu, Pfeffer, Salz und Essig, mache eine kleine Sauce daraus, auch ein wenig Provenceröl, gieß die Sauce auf die Schüssel, lege die grillirten Hühnlein darauf, und servire sie zur Tafel.

Des Poulets a la Peluche.
Hühnlein mit klarer Petersillsauce.

Diese Hühnlein werden auf die nämliche Manier

nier gericht, als wie die a la Neubauer, die Sauce muß gut eingericht werden mit Kalbfleisch, Geflügel und Schunken, damit sie stark wird, sie wird gemacht, gleichwie die klaren Saucen schon beschrieben sind, mit grün blanchirten Petersill, die Sauce auf die Schüssel und die Häutlein schön darauf gelegt, aber wohl Obacht geben, daß keine Fette daben ist, indem alle Tropfen bey einer solchen Sauce gesehen werden.

Des Poulets a l'estragon.

Hühnlein mit Bertram.

Diese Hühnlein werden auf die nämliche Manier gericht, wie auch die Sauce, nur der Unterschied ist, daß Bertram bey der Sauce seyn muß, wenn sie eingericht wird, damit sie stark davon wird, und muß hernach blanchirter Bertram bey der Sauce seyn anstatt Petersill.

Des Poulets au blanc.

Hühnlein mit weißer Sauce.

Thu die Hühnlein sauber dressiren, und nach diesem in einen Kastrol mit Wurzeln, ein wenig Salz daran, und so viel Wasser als die Hühnlein bedecket, laß sie sieden bis sie lind sind, nachdem thu in einen Kastrol ein Stücklein frischen Butter, laß ihn auf dem Feuer zergehen, thu einen Löffelvoll feines Mehl dazu, thu das Mehl hernach mit dieser Bouillon von den Hühnlein abrühren und ein wenig Essig, laß die Sauce verkochen, thu hernach die Hühnlein hinein, drücke den Saft von einer Lemoni dazu, wie auch die Schalen von einer

ner Lemoni fein abgeschält, und auch ganzer an die Hühnlein gethan, alsdenn stehen lassen, bis es Zeit ist zu serviren, laß sie nachmals aufkochen, thu die Lemoni davon, und koste sie, ob sie im Salz recht sind, nach diesem servire sie zur Tafel.

Des Poulets au Printems.
Hühnlein mit grüner Sauce.

Die Hühnlein werden sauber dressirt, nachdem ein wenig blanchirt, thu sie hernach in einen Kastrol mit frischen Butter, und einen ganzen Zwiebel, thu sie passiren, staube ein wenig schönes Mehl daran, und füll sie mit Bouillon auf, laß sie gäß einkochen, stoße nachdem einen rohen Spinad im Mörser, drücke den Saft aus und setz ihn auf das Feuer, laß ihn zu einem Dopfen werden, gieß ihn auf ein Haarsieb, daß das Wasser davon lauft, nach diesem thu zu dem Dopfen 3 Eyerdottern, und passire es miteinander durch das Haarsieb; ist es Zeit zu serviren, laß die Hühnlein aufkochen, legire sie mit dem grünen Dopfen, drücke den Saft von einer Lemoni dazu, und servire sie zur Tafel.

Des Poulets a la Cuillere.
Kleine Hühnlein mit Spargel.

Die Hühnlein werden auf die nämliche Manier gemacht, wie schon erkläret worden, thu nur etwas Spargelglieblang schneiden und blanchiren, thu ihn hernach zu den Hühnlein mit ein wenig geschnittenen Petersill, laß sie aufkochen, und thu sie

sie legiren mit Eyerdotter, drücke den Saft von einer Lemoni dazu, und servire sie zur Tafel.

Des Poulets a la Madelaine.
Hühnlein mit kleinen Zwiebeln.

Diese Hühnlein werden auch gericht, wie vorher gemeldt, thu hernach kleine Zwiebel blanchiren, schön weiß putzen, und in eine Bräs einrichten, und sind sieden lassen, thu sie hernach aus der Bräs auf ein Haarsieb, rangire sie sauber in die Sauce von den Hühnlein mit ein wenig blanchirten Petersill, thu sie legiren mit Eyerdotter, drücke den Saft von einer Lemoni daran, und servire sie zur Tafel.

Die kleinen Stücklein werden auch auf die nämliche Façon zugericht, als wie die Hühnlein; die Tauben können auch auf diese Manier gerichtet werden; was die zahmen Enten betrifft, darf man nur nachsuchen, wie bey den Wildenten explicirt ist, auf diese Façon können auch die zahmen Enten gerichtet werden, und wenn sie marginirt sind, so kann man sie vor Wildenten serviren.

D'Oisons a la broche sauce Capucine.
Junge Enten mit Capucinersauce.

Die Enten werden dressirt wie zum Braten, nur daß die Füße aufgesteckt werden, und der Kopf abgeschnitten wird, hernach bey einem gähen Feuer schön braten lassen, daß sie croquant werden. Die Sauce dazu: Thu einen Kreen reiben, und etliche süße Mandelkern fein stoßen, thu es zusammen mit einem Stück frischen Butter, und ein wenig feines Mehl, gieß einen süßen Rahm daran, soviel eine Sauce ausmacht, rühre es auf dem Feuer ab, bis es aufkochet, hernach thu diese Sauce durch ein Haartuch passiren, salze und pfeffere sie, richte sie an auf die Schüssel, lege die Enten darauf, und servire sie.

D'Oison sauce aux Concombres.
Junge Gänslein mit Cucumernsauce.

Die Gänslein werden auch am Spieß gebraten. Die Sauce dazu: Nimm frische Cucumern, thu sie schälen und in 4 Viertel schneiden, das Innere hinweg, hernach schneide sie Würfelweiß oder länglicht, thu sie in Essig, Salz, Pfeffer und Zwiebel einmarginiren, nachdem thu sie im Schmalz ausbachen ohne Mehl, thu sie in einen kleinen Kastrol, gieb eine Coulis dazu und ein wenig Bertramessig, laß sie kochen bis sie lind sind, drücke nach diesem den Saft von einer halben Lemoni darein, gieb die Sauce auf die Schüssel, die Gänslein darauf, und servire sie zur Tafel.

D'Oisons sauce ramollade.
Gänslein mit einer Ramolabsauce.

Die Gänslein werden auch am Spieß gebraten. Die Sauce dazu: Thu in einen Mörser Petersillkraut, Körbelkraut, Sauerampfer, Bertram, Basilicum und Thymian, ein wenig Brunnkreß, ein paar Scharlotten, einen Zwiebel, ein Lorberblat, vier harte Eyerdotter, stoße dieses fein zusammen, thu nachmals dazu 3 Sardellen, ein wenig

nig Provenceröl, ein wenig Senft, Salz und Pfeffer, thu es hernach durch ein Haartuch paſſiren, rühre es mit Eſſig ab, gieb die Sauce auf die Schüſſel und leg das Gänslein darauf, ſervire ſie alsdenn zur Tafel.

D'Oiſons a l'Italienne.
Gänslein auf Italiäniſch.

Thu ein halb Pfund Macronen im Waſſer mit Salz kochen, wenn ſie ſind ſind, gieß ſie ab, nimm ein Stücklein gut gekochten Schunken, thu ihn fein ſchneiden, hernach thu ihn in einen Kaſtrol mit einem Stücklein friſchen Butter, und laß ihn auf dem Feuer ein wenig paſſiren, thu die Macronen dazu, und auch wiederum paſſiren laſſen, nach dieſem thu einen gut geriebenen Parmeſankäs und ein wenig Pfeffer und Salz dazu, wenn ſie kalt ſind, fülle ſie in die Gänslein hinein, thu ſie dreſſiren, und ſchön am Spieß braten, richte ſie auf die Schüſſel, und gieb ein wenig gute Jus oder Conſommé darunter.

D'Eſturgeon a la Neubauer.
Hauſen mit einer Nußſauce.

Der Hauſen wird einmarginirt mit Salz und Pfeffer, feine Kräuter und Provenceröl, etliche Lorberblätter, Lemoni, und mit ein wenig Eſſig begoſſen, hernach auf dem Roſt gebraten. Die Sauce dazu: Nimm 30 welſche Nüſſe, thu ſie auslöſen und blanchiren, wie die Mandeln, ſchäle ſie ab, thu ſie in einen Mörſer mit 4 harten Eyer-dottern und Sardellen, nachdem paſſire ſie durch ein

ein Haartuch, thu sie in ein Geschirr, rühre sie ab mit ein wenig Provenceröl, Pfeffer und Salz, ein wenig Champagner Wein und Bertramessig, richte den Hausen auf die Schüssel, und gieb die Sauce darüber.

Un de Saumon a la Neubauer.

Rheinsalm a la Neubauer.

Nimm ein Stück Rheinsalm, schneide Filé daraus, und thu sie einmarginiren in feine Kräuter und Provenceröl, nachdem nimm eine Kapaunenbrust, und schneide auch Filé daraus, daß sie in einer Größe sind, nach diesem thu einen Fasch auf die Schüssel, wo du zu serviren hast, aufstreichen, wickle die Filé zusammen, und belege die Schüssel ringsherum damit, ein weißes, ein rothes, in der Mitte muß ein Loch bleiben, bedecke es hernach mit Speck, und laß sie im Ofen fertig werden, nach diesem nimm Kalbsbrüs in kleine Filé geschnitten, ein wenig Triffel und etliche Maurachen, thu alles zusammen in einen Kastrol, passire es mit ein wenig frischen Butter, thu eine Coulis dazu und laß kochen, thu die Schüssel aus dem Ofen und die Fette davon, drücke den Saft von einer Lemoni in die Sauce, und richte die Sauce in das Loch von der Schüssel, es ist eine schöne und gute Speise.

Un de Saumon en surprise.

Rheinsalm in Kapseln.

Mache einen Kasten von Papier, den Form von deiner Schüssel, bache ihn hernach im Schmalz ein

ein wenig, den Rheinsalm thu einmarginiren mit
seinen Kräutern und Oel, wie wir schon gemeldet
haben, nach diesem thu einen feinen Fasch von
Fleisch in den Kasten, bestreiche den Boden, und
lege den Rheinsalm hinein, bedecke ihn mit Speckbarten, setze ihn in Ofen, und laß ihn kochen bis
er fertig ist. Die Sauce dazu: Nimm eine Sardelle, ein wenig Kapern und ein wenig Bertram,
ein wenig Lemonischalen, thu alles fein schneiden,
und in einen Kastrol mit ein wenig Coulis und
ein wenig Champagnerwein, laß die Sauce aufkochen, drücke den Saft von einer Lemoni hinein,
und thu nachdem die Fette gut von dem Rheinsalm hinweg, gieb die Sauce darüber, und servire
es mit der Kapsel. Willst du einen Deckel dazu
machen, so muß er auch von Papier seyn mit einer
Façon und Zierrathen, mit Eyern bestreichen und
mit Parmesankäs bestreuet, und im Ofen eine
Farbe nehmen lassen, diesen kannst du darauf
decken, so sieht es schöner aus, und macht
mehrere Figur.

D'Anguilles a la Crofolié.

Aalfische mit drey Saucen.

Thu den Aalfisch in schöne und gleiche Stücke
schneiden, hernach thu ihn einmarginiren mit seinen Kräutern, fein geschnittenen Salbey und Provenceröl, auch Lemoni, stecke ihn an einen kleinen
Spieß, allezeit ein Lorberblat dazwischen, und laß
ihn schön braten, auf die Schüssel, wo du serviren
willst, mache von Eyerdottern einen harten Teig,
mache dreyeckicht oder viereckicht einen Reif, aber

Bb 3   einen

einen jeden abgetheilt, damit eine jede Sauce besonders ist, diesen aber nur in die Mitte, damit du den Aalfisch ringsherum legen kannst, laß den Reis im Ofen ein wenig anziehen, nachdem mache in eine Kapsel eine Ramolad-sauce, in das andere eine Beberradsauce, in das dritte eine grüne Sauce, in das vierte eine Nußsauce, welche wir schon erkläret haben zu machen, legire hernach den Aalfisch schön herum, und garnire ihn mit ausgebachenem Peterfill.

Une d'Anguilles a la Bataille.

Aalfische mit einer Oelsauce.

Der Aalfisch wird gericht, wie vorher gemeldt, und auch am Spieß gebraten, zu der Sauce hernach schneide seine Kräuter, etwas viel Scharlotten, mache ein Provenceröl heiß, thu die Scharlotten und Kräuter hinein, wie auch ein wenig Essig, und den Saft von einer Lemoni, ein wenig Pfeffer und Salz, laß aufkochen, und richte den Aal in die Schüssel, gieß die Sauce darüber, und garniere mit grün ausgebachenem Peterfill.

LES GROSSES PIECES, POUR LE SECOND SERVICE.

Die großen Stücke für den zweyten Gang.

Un Patés fròids a la françoise.

Eine kalte Pastete auf französisch.

Wenn die Pasteten von fetten Wildpret gemacht werden. Nachdem es sauber geputzt und flammirt ist, muß es dressirt werden, die Leber davon aufbehalten, schneide einen groben Speck, nachdem es die Qualität vom Geflügel erfordert, thu ihn mit feinen Kräutern und Gewürz mischen, thu hernach das Geflügel sauber damit durchspicken, thu es in einen Kastrol mit ein paar Lorberblätter, und einem Stücklein frischen Butter, auch einen ganzen Zwiebel, laß es auf dem Feuer passiren, thu ein Glas rothen Wein dazu, und laß es noch etwas dünsten, aber nicht zu viel, laß es hernach kalt werden, thu die Leber davon auf ein Brett, mit viel guten Speck, feinen Kräutern, Gewürz und Salz, ein paar Triffel, und wenn du es hast, etliche Champignon, schneide dieses recht fein, dressire nachdem deine Pastete von hartem Teig, thu nach diesem den Fasch von der Pastete auf den Boden, lege das Geflügel darauf, thu ganze Triffel dazwischen, gieß die Sauce vom Geflügel darein, bedeck es mit Speckbarten, welche aber ein wenig dick seyn müssen, mache hernach den Deckel darauf, bestreiche die Pastete mit Eyern, und laß sie ein paar Stunden im Ofen backen; sobald du sie aber aus dem Ofen nimmst, so gieß oben in das Loch ein wenig französischen Brantewein hinein, thu das Loch mit Teig gut vermachen, daß kein Dunst heraus kann, und laß sie hernach kalt werden; wenn die Pastete ein oder zwey Tage kann aufbehalten werden, ehe du sie servirest, so ist sie um so viel besser, sie bekommt mehrern Geschmack, und auf solche Art werden alle französische kalte Pasteten gemacht, es kann auch das Geflügel roher in die Pastete geschlagen werden.

Les Patés froids a l'Allemande.
Kalte Pasteten auf deutsche Manier.

Von Wildgeflügel wird es auch zugericht, wie vorher gemeldt, zu dem Fasch aber nimm ein Stücklein mageres Kalbfleisch, schneide es klein in einen Kastrol, wie auch Speck, feine Kräuter und Scharlotten, thu es hernach auf dem Feuer ein wenig passiren, nachdem auf ein Brett, thu dazu vier Sardellen und ein wenig Kapern, ein wenig Lemonischalen und die Leber vom Geflügel roher, schneide alles fein zusammen, gieß nach diesem die Sauce vom Geflügel dazu, und drücke den Saft von einer Lemoni darein, thu es gut mischen, und mache hernach die Pastete von groben Teig oder von mürben. Der grobe Teig wird also gemacht: Nimm ein Stück Nierenfette, thu sie schön weiß auslassen nachdem in ein Wasser passiren, dieses laß aufsieden, nimm die Quantität Mehl, salz es, und mache mit diesem siedenden Wasser und Fette

den

den Teig an, aber recht fest, hernach dreſſire deine
Paſtete, was für einen Form du willſt, thu auf
den Boden Faſch, lege das Geflügel hinein, von
dem Faſch dazwiſchen, bedecke ſie nach dieſem mit
Speck, und mache die Paſtete aus, thu ſie mit
Papier umbinden, und laß ſie zwey Stunden im
Ofen ſtehen; wenn ſie aber eine Stunde geſtanden
iſt, ſo thu ſie herausnehmen, und thu das Papier
davon, beſtreiche ſie mit Eyern, ſie bekommt eine
ſchönere Farbe auf dieſe Art, thu ſie wiederum in
den Ofen und laß ſie gut ausbachen. Willſt du ſie
aber mit mürben Teig machen, ſo nimm Mehl,
Butter, Eyerdotter, und ein wenig Salz, mache
nach dieſem den Teig mit ſauern Rahm an, aber
feſt, damit ſie hält und nicht zuſammen fällt, du
kannſt ſie auch dreſſiren oder ſchlagen, aber wohl
Obacht geben, daß ſie kein Loch bekommt, ſonſten
gehet die beſte Kraft weg, und ſie muß gleich einen
warmen Ofen haben, damit die Hitze den Teig
gleich zuſammen hält, du kannſt ihr aber mit Papier helfen, daß ſie nicht zu ſtarke Farbe bekommt;
auf ſolche Manier werden von allen Sorten Geflügel und Fleiſch die Paſteten auf deutſch gemacht;
es giebt aber Liebhaber, die es gern mit Sulz eſſen,
ſo mußt du auf ſolche Manier dieſelbe machen: thu
ein mageres Stück Kalbfleiſch in einen Kaſtrol mit
einem Stück Schunken, ein paar ganze Zwiebel,
Wurzeln und Kräuter, ein Lorberblat, etwas
ganzes Gewürz, ſetz es auf das Feuer und laß anziehen, blanchire etliche Kälberfüße, thu ſie auch
dazu, gieß eine halbe Bouteille weißen Wein daran, einen Löffelvoll gute Bouillon und etwas Jus,
damit ſie eine ſchöne Farbe bekommt, laß es her-

Bb 5 nach

nach einſieden, daß dir ſo viel bleibt, als du von
nöthen haſt, thu ſie ſauber abſchöpfen und durch
ein Haartuch paſſiren; wenn ſie kalt iſt, ſchlage vier
Eyerklar in einen Kaſtrol, rühre es mit dieſer Sulz
ab, thu hinein ein wenig Bertrameſſig, eine
Lemoniſchalen, und thu ſie ſalzen, wie ſichs gehört, ſetz ſie auf das Feuer und laß ſieden, aber nur
von vornen, bis ſich die Sulz bricht, ſchütte ſie
hernach auf die Serviette, und laß ſie durchlaufen;
wenn die Sulz ſtehet und die Paſtete kalt iſt, ſo
mache ſie auf, den Speck davon gethan, und die
Sulz darüber gegeben, alsdenn die Paſtete nach
Blieben ſervirt. Wenn du aber eine Schunken-
paſtete machen willſt, mußt du den Schunken einen
Tag im Waſſer weich werden laſſen, nach dieſem
die Haut davon thun und die Beiner auslöſen laſſen, ſodenn im Wein mit Kräutern und Wurzeln
einweichen, und auch einen Tag ſtehen laſſen, hernach thu ihn dünſten, wie ſchon bey den andern
gemeldet worden iſt, und mache ihn auf die nämliche Manier in die Paſtete, gleichwie die andern
mit oder ohne Sulz, er muß aber eine Stunde
länger im Ofen ſtehen bleiben, gleichwie auch ein
großes Indian.

Une Aſpique.

Eine Rummelſulz.

Thu in einen Kaſtrol ein Stück Rindfleiſch und
ein Stück mageres Kalbfleiſch, eine alte Henne,
ein Stück Schunken, etliche ganze Zwiebel, Wurzel und Kräuter, ein Lorberblat, ganz Gewürz,
und auch ein Bertramkraut, ſetz es hernach auf
eine Glut und laß dünſten, gieß eine Bouteille
Wein

395

Wein daran, ein oder zwey Löffelvoll Bouillon und etwas Jus, thu auch dazu 6 oder 8 Kälberfüße, daß die Sulz stark wird, laß etwas einkochen bis alles recht lind ist, thu sie nachdem abschöpfen und kalt werden lassen, rühre sie mit Eyerklar ab, thu einen Bertramessig dazu, eine Lemonischalen, und thu sie klar machen, wie schon gemeldet ist, nachmals gieß sie in ein Geschirr, welches die Größe von der Schüssel hat, und laß sie stehen, nach diesem thu in der Rundung ein Loch schneiden, und nimm die Sulz mit einem Löffel heraus schön gleich, nachdem kannst du sie mit Schweinsfüßen garniren, oder auch mit einem Spanferkel, welches in einem guten Margenad muß gesotten werden, der aber weiß ist, fast wie Bräs, nimm zum Garniren Lemoni und Pomeranzen, Oliven, geräucherte Ochsenzungen, welche gesotten seyn muß, du mußt es schön schattiren nach deinem Gedanken, hernach laß die ausgestochene Sulz ein wenig zerschleichen, und gieß sie wiederum in das Geschirr, laß in dem Keller oder auf dem Eis recht stark stehen; willst du sie serviren, breche eine Serviette auf die Schüssel, mache die Sulz in einem warmen Wasser ein klein wenig warm, und stürz sie geschwind auf die Schüssel um, sodenn servire sie zur Tafel. Auf solche Manier kannst du auch alle Sorten Fische machen, als wie ein Rheinsalm, eine Forelle, eine Hechtgrundel, Aalraupen, Schwarzreuter, was du hast und nach Gusto ist, die Sulz wird allezeit auf die nämliche Manier gemacht, nur daß die Fische in einem recht guten und starken Sud gesotten werden müssen, daß sie guten Gusto bekommen.

Um

Une Bise d'Ecrevisses.

Große Krebse auf einer Schüssel.

Das müssen schöne und große Krebse seyn, diese werden auf eine große Schüssel servirt, diese Krebse thu in einen Kastrol, thu dazu Zwiebel und Kräuter, ein paar Lorberblätter, etwas braunes Bier und Essig, etwas Wasser, Salz und ganzen Pfeffer, laß sie sieden, nachdem schneide die Füße davon, lege sie umgekehrter auf eine andere Schüssel schön rangirt, breche eine Serviette auf die Schüssel, wo du zu serviren hast, lege sie hernach auf die Krebse, und stürze die Schüssel um, garnire sie mit Petersill, und servire sie zur Tafel.

Une Cuisse de Veau a la Daube.

Einen Kalbsschlegel mit Sulz.

Thu den Schlegel sauber putzen, und hernach mit dem Nudelwalger klopfen, schneide groben Speck und Schunken, mische den Speck und Schunken mit feinen Kräutern und Gewürz, und durchspicke nachdem den Schlegel damit, thu ihn in einen Kastrol einrichten, den Speck auf den Boden, nachdem den Schlegel darauf, auf den Schlegel schneide das Mark von einer Lemoni Blätleinweiß, bedecke den Schlegel mit Speck, thu dazu Wurzeln und Kräuter, ein paar Zwiebel, ein Lorberblat, und, wenn du sie hast, Beiner von Geflügel, etwas ganzes Gewürz, etliche blanchirte Kälberfüße, eine Bouteille guten weißen Wein, hernach setz ihn auf eine Glut, und laß ihn stät sieden bis er lind ist, setz ihn mit sammt

dem

dem Sud zurück, und laß ihn etwas auskühlen, nimm den Schlegel heraus auf ein sauberes Geschirr, thu die Sulz abschöpfen, thu ein wenig Bertramessig dazu, und Salz, wenn es fehlen sollte, nach diesem thu die Sauce klar machen, wie schon gemeldet ist, den Schlegel thust du auf einer gebrochenen Serviette bedienen, lege den Schlegel darauf, und oben auf den Schlegel thu die Sulz; auf solche Manier werden alle Sorten Fleisch, was man will, a la Daube, wie auch Geflügel zurecht gemacht, nur wenn es klein ist, so kann es eingericht werden in ein Geschirr, und hernach mit sammt der Sulz umgestürzt, weil nicht viel Fette bey kleinen Stücken bleiben.

Un Cochon de lait en Rolad.

Ein Rolad von Spanferkeln.

Das Spanferkel wird ausgelöst, nachdem auf eine saubere Serviette gelegt, die Haut auf das Serviette, hernach thu einen Kalbesasch darauf so breit es ist, fange an zu garniren, eine Leg gesälchte Zungen, eine Leg harte Eyerdotter, eine Leg Pistazi, eine Leg das Weiße von den Eyern, eine Leg Triffel, eine Leg Krebsschweif, dieses belege ganz aus, nachdem thu es zusammenwickeln, und in das Serviette recht fest einwickeln, bind es mit Bindfaden, und richte es ein auf die Façon, als wie den Kalbsschlegel a la Daube, die Sulz mache auch auf die nämliche Manier; wenn es hernach gekocht ist, thu es heraus und mit kleinen Brettern fest zusammen binden, laß es kalt werden, nachmals kannst du es ganzer serviren, oder auch

auch in Schnitz, und die Sulz darüber geben; wird es aber ganz servirt, so gieß die Sulz in kleine Form, und thu sie nach diesem umstürzen und herum garniren; auf solche Art kann man auch eine Rolad von Kalbfleisch machen, welches der Flanken seyn muß, wie auch Rindfleisch, welches Bauchfleisch seyn muß.

Un Jambon froid ordinaire.
Einen ordinari kalten Schunken.

Diesen Schunken thu 24 Stunden einwässern, haue das hintere Bein weg, und thu ihn in ein Geschirr mit Wein und Wasser, etliche Zwiebel, etliche Lorberblätter und etwas Kräuter, ganz Gewürz, setz ihn zum Feuer und laß ihn stät sieden, bis er lind wird, thu ihn heraus und leg ihn auf die Haut, laß ihn kalt werden, thu ihn hernach sauber putzen, die Haut abziehen, und mit ein wenig fein geriebenen Semmelrinden und Petersill oben bestreuen, und auf einer Serviette zur Tafel serviren.

Un Jambon a la Champenoise.
Einen Schunken im Ofen.

Der Schunken muß 24 Stunden im Wasser llegen und auswässern, thu ihn hernach sauber putzen, die Haut unten und oben wegnehmen, thu ihn in ein Geschirr mit einem Deckel, wo der Schunken hineingeht, lege Speck auf den Boden und den Schunken darauf, thu Kalbfleisch herum legen um den Schunken, bedecke ihn nachdem mit Speck, thu Zwiebel und Wurzeln dazu, Kräuter und

und ein paar Lorberblätter, etwas ganzes Gewürz, etliche Körner Coriander, eine Bouteille Champagner Wein, deck ihn hernach zu, und mache von einem groben Teig herum einen Reif, damit der Dunst nicht heraus geht, und stell ihn in den Ofen, laß ihn 3 Stunden stät kochen, thu ihn nach diesem aus dem Ofen, und laß ihn kalt werden, ehe du ihn aufmachst; hernach, wenn du ihn serviren willst, so thu nur die Kräuter auf die Seite, den Speck laß drauf, und lege ihn auf das Serviette wie er ist, nur das Bein kann geputzt werden, und eine Manschette von Papier daran gemacht, und zur Tafel servirt.

Un Jambon a la Bourguignotte.

Einen Schunken in der Bräs.

Von dem Schunken wird gleich alle Haut geschnitten, oben und unten sauber geputzt, thu ihn hernach in ein Geschirr, schneide daran von allerhand Wurzeln, Scharlotten und Zwiebeln klein, dazu thu auch geschnittene Kräuter, etwas Knoblauch, gieß eine gute Milch darüber, und laß ihn 24 Stunden also zugedeckter stehen, nachdem thu die Milch davon, und gieß eine übrig gebliebene Bräs daran, absonderlich eine solche, wo ein Geflügel gewesen ist, gieß auch eine Bouteille Burgunder Wein daran, deck ihn zu, stell ihn auf eine Glut und laß ihn stät kochen, bis er lind wird, setz ihn nach diesem vom Feuer, und laß ihn stehen bis er kalt wird, nachdem thu ihn serviren, wie andere Schunken, zum Abwechseln kannst du ihn mit Fette oder Butter überziehen und schön garniren,

Un Gateau de Lièvre.
Einen Gateau von Hasen.

Nimm 2 Hasen, thu sie schön abhäuteln, und das Fleisch alles herunter nehmen auf ein Schneidbrett, thu dazu feine Kräuter, einen fein geschnittenen Zwiebel und etliche Scharlotten, thu auch von einem Kalbsschlegel oder Schafsschlegel noch etwas Fleisch dazu nehmen, thu alles zusammen recht fein schneiden, nimm hernach 2 Pfund Speck, diesen thu schön gewürfelt schneiden, thu ihn zu dem Fleisch mit ein wenig fein geschnittenen Lemonischalen, Gewürz und Salz, etwas Knoblauch, mische alles fein zusammen mit 2 Glas rothen Wein, nachdem nimm einen Kastrol, welches die Größe dazu hat, thu es mit frischen Butter bestreichen, und hernach mit Speck belegen, thu nach diesem den Fasch hinein, bedeck es mit Speck, setz es im Ofen, und laß 3 Stunden kochen; wenn du ihn aus dem Ofen nimmst, so thu die Fette davon, und gieß ein kleines Gläslein französischen Brantewein also warmer darüber, deck ihn gut zu und laß ihn kalt werden; willst du ihn serviren, stürz ihn auf eine Serviette um, und servire ihn zur Tafel. Du kannst ihn auch mit Schweinsfette glasiren.

Un Gateau de Chapon.
Einen Gateau von Kapaunen.

Nimm 2 Kapaunen, nachdem sie recht sauber flammirt und geputzt sind, und löse ihm die Haut schön ab, ohne sie zu zerreißen, nimm hernach das
Fleisch

Fleisch alles ab auf ein Brett, nimm dazu ein schönes weißes Fricando von Kalbfleisch, schneide dieses Fleisch recht fein, nimm nachdem ein Pfund Speck, und thu ihn schön gewürfelt schneiden, und thu ihn zu dem Fleisch, ein wenig feine Kräuter und Scharlotten, ein wenig Petersill, Gewürz und Salz, auch ein Glas Champagner Wein, thu es wohl mischen, nimm hernach einen Kastrol, welches recht dazu ist, bestreiche es mit frischer Butter, beleg es mit Speck, nachdem auf den Boden das Mark von einer Lemoni Blätlein weiß geschnitten, thu die Haut von dem Kapaun hinein und nachdem den Fasch, biege die Haut um, daß sie beysammen bleibt, bedeck es mit Speck und setz im Ofen anderthalb Stunden; wenn es aus dem Ofen kommt, thu die Fette davon gießen, aber im Kastrol lassen bis es kalt wird; willst du es serviren, stürz es um, thu den Speck davon, wie auch die Lemoni, und thu es serviren. Man kann auch zu dem Fasch Pistazi und frische Triffel nehmen, auch Schambigion gewürfelt geschnitten.

Une Hure de Sanglier boulie.

Einen Schweinskopf zu richten.

Von dem Kopf muß das Genick hinten ausgelöst werden, hernach thu mit einem Kuchenlöffel das Hirn herausnehmen; wenn es nicht gern gehen will, schütte ein wenig Wasser hinein in das Hirn und rühre mit dem Stiel vom Löffel recht herum, so wird das Hirn lauter und gehet heraus, löse auch vornen die Rüssel Handbreit auf, unten aber nur 3 Finger lang, in der Mitte auf der Schale thu einen Schnitt mit dem Messer hinein, hernach thu ihn in ein Geschirr mit Salz und Cronawethbeer, und laß den Kopf ein paar Tage im Salz stehen, nachdem thu ihn in ein langes Geschirr, thu dazu Wurzeln und Kräuter, Zwiebel, ein paar Lorberblätter, ganz Gewürz, 2 Bouteillen ordinairen Wein, eine Bouteille Essig und etwas Wasser, auch eine alte Brás, oder auch ein Pfund Nierenfette klein geschnitten, laß ihn nach diesem stät sieden, bis er lind ist, setz ihn nachmals vom Feuer, und laß ihn kalt werden; wenn du ihn servirest, mache eine Sauce extra mit feinen Kräutern und Scharlotten, ein klein wenig Cronawethbeer, eine Messerspitz Zucker, ein wenig Essig und Provenceröl, gieb sie in einer Sauciere; wenn der Kopf von der Tafel zurück kommt, thu ihn wiederum in seinen Sud hinein, und stell ihn in ein frisches Ort, auf solche Art kann er lang aufbehalten werden, es muß aber das Geschirr wohl verzinnt seyn: kannst du ein irrdenes Geschirr haben, ist es um desto besser.

D'une autre Maniere.
Auf eine andere Manier.

Thu den Kopf auslösen, und richte ihn mit Salz und Cronawethbeer ein, laß ihn sodann stehen, wie schon vorher gemeldet worden, nimm nach diesem ein Stück von Wildschweinschlegel oder von Rindfleisch, dieses thu mit groben Speck und Schunken durchspicken, mische aber feine Kräuter und Gewürz darunter, und leg es auch zu dem Kopf.

Kopf, nachdem nimm das Stück Fleisch und thu es in den Kopf hinein, anstatt der Bein, nähe es mit der Dressirnadel fest zusammen, und binde es wieder mit Bindfaden zusammen, und gieb den Form wie den Kopf vorher, nachmals richte den Kopf ein, und siede ihn wie vorher gemeldt; man kann ihn auch noch auf eine andere Manier machen, thu den Kopf auslösen, und mache hernach von Schweinwildpret, (Rindfleisch oder Schaffleisch kann man auch nehmen nach Gedünken) daß du meynest den Kopf auszufüllen, thu es auf ein Brett mit seinen Kräutern, Scharlotten und einem Zwiebel, auch ein wenig Rockenbol, schneide es recht fein, nimm nachdem eine geräucherte Zunge, thu sie ein wenig sieden, daß du die Haut davon nehmen kannst, schneide die Zunge hernach in kleine viereckichte Stücklein, wie auch etwas rohen Schunken, ein Stück Speck, mische dieses alles in den Fasch hinein, thu Salz und Gewürz dazu, faschire ihn nachmals in den Kopf, nähe ihn mit der Dressirnadel zu, verbinde ihn wohl mit Bindfaden, thu ihn hernach einrichten und kochen, gleichwie schon bey den vorhergehenden gemeldet ist, die Sauce kannst du auch extra dazu geben.

Un Boudin a l'Angloise au four.

Einen englischen *Boudin* im Ofen.

Nimm 3 oder 4 Semmel, nachdem du ihn groß machen willst, schneide von diesen Semmeln die Rinde davon, die Schmollen thu klein schneiden in einen Kastrol, gieß Milch darüber und laß es etwas weich werden, hernach setz es auf das Feuer und laß es kochen, du mußt es aber mit dem Löffel recht rühren, setz es nachdem vom Feuer und laß kalt werden, thu ein Stück frischen Butter dazu, etwas klein geschnittenes Ochsenmark, und thu es untereinander rühren, nachdem fange an die Eyer abzurühren, eines nach dem andern, nimm 8 ganze und 8 Dotter; wenn die Eyer eingerührt sind, thu dazu kleine und große Weinbeere, ein Stück klein geschnittenen Citronat, etwas Zimmet, ein paar Lemoni auf dem Zucker abgerieben und etwas Pistazi, etwas Zucker, aber nicht gar zu süß, bestreiche hernach einen Kastrol mit frischen Butter, und bestreue es nachdem mit fein geriebener Semmel, gieß die Masse hinein, und laß eine halbe Stunde stät im Ofen bachen; wenn du ihn servirest, stürze ihn auf die Schüssel, streue ein wenig Zucker darauf, und servire zur Tafel.

D'une autre Maniere.

Auf eine andere Manier.

Nimm die Semmel, nachdem die Rinde davon geschnitten ist, weiche sie in Milch: wenn sie eine Stunde geweicht hat, thu sie ausdrücken und thu sie in ein Geschirr, thu ein Stücklein frischen Butter dazu und etwas Ochsenmark klein geschnitten, ein Stück Citronad auch klein geschnitten, etwas Pistazi, klein und große Weinbeer, etwas gestoßenen Zimmet, ein paar Lemoni abgerieben auf dem Zucker, rühre alles wohl ab, schlage hernach 16 Eyer daran, eines nach dem andern, 8 ganze und 8 Dotter, es muß aber beständig gerührt werden, thu nach diesem etwas Zucker dazu und eine halbe

Maaß

Maaß recht guten süßen Rahm, rühre es, bestreiche hernach den Kastrol, die Größe, die du vonnöthen hast, mit frischen Butter, und belege es hernach mit feinen Speckbarten, daß man nichts vom Kastrol sehen muß, gieß die Masse hinein, setz es in den Ofen und laß 2 Stunden bachen; ist es Zeit zu serviren, thu es heraus, stürz es um auf die Schüssel, aber ganz stät, damit er nicht zerfällt, streue einen frischen Zucker darauf, und servire zur Tafel.

Un au Ris.
Einen von Reis.
Nimm Reis, soviel du glaubst vonnöthen zu haben, thu ihn sauber klauben, hernach laß in einen Kastrol Milch sieden, thu den Reis hinein, und setz ihn auf eine kleine Glut, laß ihn stät kochen bis er recht dick und lind ist, laß ihn hernach kalt werden, nachdem thu alles dazu, wie bey den vorhergehenden, und mache ihn auf die nämliche Manier, wie auch eben so serviren.

Un aux Ecrevisses.
Einen von Krebsen.
Man nimmt eine Quantität Krebse, diese abgesotten, die Schweife ausgelöst, und von den Schalen einen Krebsbutter gemacht, thu das Brod einweichen, du kannst es kochen, wie bey den ersten Boudin gemeldet worden, oder auch auf die zweyte Manier machen, nur ist zu beobachten, daß nichts anders hinein kommt, als die Krebsschweife klein geschnitten, und nicht so gar süß gemacht,

macht, und anstatt den weißen Butter wird der Krebsbutter genommen, und auch auf die nämliche Manier gemacht und gekocht, wie die andern Boudins.

Un Boudin sauce de Vin de Champagne.
Einen gesottenen Boudin mit Champagner Wein.

Bey diesen gesottenen Boudin wird die Sauce gemacht wie bey denen, die im Ofen gebachen werden, nur nimmst du eine saubere Serviette, dieses bestreiche mit Butter, thu es hernach in einen Kastrol, gieß die Sauce hinein, und bind es gut zu, thu es hernach in einen Kastrol, wo das Wasser schon sieden muß, thu etliche Lorberblätter in das Wasser und laß 2 Stunden sieden, er muß aber zu Zeiten umgewendet werden; ist es Zeit zu serviren, nimm ihn aus dem Wasser, und thu ihn in einen Seiger, mache das Serviette ringsherum auf, und stürz ihn um auf die Schüssel, und gieß die Sauce darüber, zu der Sauce nimm ein Stück frischen Butter in einen Kastrol, 4 Eyerdotter, ein klein wenig feines Mehl, rühre es ab, thu dazu ein Stücklein Zimmet, eine Lemonischalen und ein Stücklein Zucker, gieß daran 2 Glas Champagner Wein, und rühre die Sauce auf dem Feuer ab, aber laß nicht kochen: wenn sie anfangen will zu kochen, thu sie vom Feuer weg und servire sie; es wird auch nur eine weiße Sauce gemacht, thu ein Stück frischen Butter in einen Kastrol mit ein klein wenig feinem Mehl, 4 Eyerdotter, die Schalen von einer Lemoni, ein wenig Salz, und

ein

ein Glas frisches Wasser, rühre hernach die Sauce auf dem Feuer ab, und thu sie über den Boudin serviren, es kommt auf den Gusto an; man kann auch die Weinsauce von einem andern Wein machen, es muß just kein Champagner seyn.

Un flan au four aux Citrons.

Ein Abgetriebenes von Lemoni.

Nimm 2 Semmel, schneide die Rinde davon, die Schmollen aber klein in einen Kastrol, gieße Milch darüber, bis es bedeckt ist, laß es zwey Stunden weichen, hernach setz es auf das Feuer, welches nicht zu stark ist, laß es warm werden, thu hernach einen starken Löffelvoll Mehl hinein, ein klein wenig frischen Butter, rühre es hernach auf dem Feuer recht stark ab, daß es wie ein Brandteig wird, schlägle hernach 4 ganze Eyer ab, und gieß sie darauf, du mußt es aber allezeit rühren, setz es wieder auf das Feuer, und laß wiederum dick werden, nach diesem setz es vom Feuer und laß kalt werden, reibe von 4 Lemoni die Schalen daran, ein wenig gestoßenen Zimmet, ein halb Pfund frischen Butter, rühre es wohl ab, und fange hernach an 8 Eyer eines nach dem andern ganzer daran zu schlagen, wie hernach 8 Dotter, und wohl abgerührt, thu dazu ein Achtels Pfund Zucker gestoßen, mache nach diesem von gebrühten harten Teig einen Reif auf ein blechernes oder silbernes Schüsselein, wo du es serviren willst, 3 Finger hoch, gieß hernach diese Sauce hinein, mache es mit dem Messer eben, bestreiche es oben mit Zucker, mache einen Reif von Papier außen herum, oder auch von Blech, setz es in einen Bachofen, welcher nicht zu heiß ist, und laß es stät anderthalb Stunden sieden, hernach thu es heraus, thu das Papier oder den Blechreif davon, und servire es zur Tafel; ist es eine Blechschüssel, so muß es darauf bleiben, und mit sammt der Schüssel servirt werden; von Pomeranzen wird es auf die nämliche Manier gemacht, von der Pomeranzenblüth, welche vom Zuckerbacher eingemacht wird, oder trocken, wird auch auf diese nämliche Manier gemacht, gleichwie auch vom Citronat, dieser wird fein geschnitten und hineingethan, oben mit etwas Citronat garnirt, die du wie eine Rose machen kannst, oder auch nach dem Gusto von Caprico, oder Maulbeer läßt sich auch auf diese Manier machen.

Un d'Ecrevisses.
Eins von Krebsen.

Da wird nur ein Krebsbutter gemacht, und anstatt den weißen Butter, der Krebsbutter genommen, und die Krebsschweife klein geschnitten und hineingethan, und nicht gar zu süß machen, kannst auch zu diesen ein wenig Ochsenmark hineinschneiden, und wie die andern bachen.

Un d'Artichauts.
Eins von Artischocken.

Thu die Artischocken absieden im Wasser und Salz bis sie lind sind, nimm hernach die Blätter weg, die schönsten davon thu aufbehalten zum

Garniren, die Böden schneide klein viereckicht, nachdem du es abrühren willst, wie die andern gemacht werden, thu einen Spinatopfen hinein, daß es schön grün wird, und mach es wie die andern, auf die Letzte thu die Artischocken dazu, und sonst keinen andern Gusto als Zucker, aber nicht so gar süß, füll es in die Reif, mach es gleich, und um den Reif herum stecke die Artischockenblätter, nur die Hälfte vom Blat eingesteckt, es ist zum Garniren und zu sehen, von was es ist; du kannst auch das nämliche von Spinatopfen machen und Pistaji, die Pistaji fein hinein geschnitten oder gestoßen nach deinem Belieben, und thu sie nachdem auf die nämliche Manier bachen.

Un Gateau aux Cerisses griottes.
Einen Weichselkuchen.

Nimm schöne Weichsel, die Quantität, die du machen willst, thu die Stiel davon brocken, reibe Semmel fein, was die Hälfte von den Weichseln ausmacht, thu nachdem in einen Kastrol ein Stück frischen Butter, thu ihn abtreiben mit der Hälfte ganzen Eyern, und der Hälfte Eyerdotter, thu dazu gestoßenen Zimmet, gebachene bittere Mandellaiblein, die fein gemacht, wie auch etliche süße Mandellaiblein, eine Handvoll Biscotten, ein Stücklein Citronat, und etwas eingemachten Weichselzucker, soviel es vonnöthen hat, auch von einer oder zwey Lemoni das Abgeriebene, hernach thu die abgeriebene Semmel hinein, nach diesem die Weichsel, rühre es untereinander, bestreiche einen Kastrol, welcher die Größe hat, mit frischen

Butter, bestreue es dick mit geriebener Semmel, thu die Sauce von den Weichseln hinein, und laß es zwey Stunden im Ofen bachen, thu es nachmals heraus, hat es ein wenig Fette in der Höhe, so gieß sie ab, aber keine Weichsel-Jus, und laß sie hernach im Kastrol kalt werden, nachdem thu es umstürzen; du kannst es ganz serviren, oder auch in Stücken schneiden, dieses ist nur, wie du es zu serviren hast: gehet es gegen einen andern großen Stück, so laß du es im ganzen auf einer Serviette.

Un Gateau a la broche.
Einen Brügelkrapfen.

Erstens mußt du einen Brügel haben, welcher gemacht ist an einem hölzernen Spieß, der Brügel muß seyn wie eine Pyramide in der Rundung, aber vornen schmal und allezeit etwas dicker, daß man ihn stellen kann, die Länge von einem großen Bogen Papier in der Dicke, unten in der Weite gleich das Innere von einem Teller, diesen Brügel thu mit Papier umwickeln und mit Bindfaden fest binden, wäge ein Pfund frischen Butter, ein Pfund feines Mehl, ein halb Pfund Zucker, dieser muß fein gestoßen seyn, thu ihn in eine Schüssel, reibe 2 Lemoni auf dem Zucker ab, thu auch dazu eine süße Pomeranze, rühre hernach den Zucker mit 16 Eyerdottern ab, eines nach dem andern, das Weiße vom Ey thu in ein sauberes Geschirr zum Schneeschlagen, den Butter stelle auf ein wenig Glut und laß ihn zergehen; wenn nun der Zucker mit den Eyern eine halbe Stunde wohl abge-

abgerühret ist, so thu das Mehl hinein, und gieß ein halb Maaß guten süßen Rahm dazu, und den zerlassenen Butter, rühre es ab, thu dazu ein wenig gestoßenen Zimmet; nachdem den Schnee von Eyerklar, rühre es untereinander, hernach aber muß es nicht mehr zu stark gerühret werden, lege den Spieß an ein kleines Feuer und laß ihn wohl warm werden, nachdem fange an mit einem Löffel von dieser Masse aufzugießen, bis der Brü-gel gleich begossen ist, laß ihn hernach schöne gleiche gelbe Farbe bekommen, nachdem mußt du wiederum begießen bis es wieder Farbe hat, und dieses so oft, bis die Masse gar ist, hernach wenn er schöne gleiche gelbe Farbe hat, thu ihn vom Feuer, richte ein Tischtuch auf den Tisch, gieb mit dem Spieß an die Mauer einen kleinen Stoß, so macht er sie los, ziehe ihn, wo die schmale Seite ist, vom Spieß auf das Tischtuch, stell ihn aber gleich in die Höhe, nimm ganz stät den Bindfaden und das Papier heraus, stell ihn in ein trockenes Ort und laß ihn kalt werden, so wird er croquant und trocken bleiben; wenn du ihn servirest, so thu ihn auf eine Serviette legen oder aufstellen, thust du ihn stellen, so mußt du ihn herum garniren, du kannst auch auf eine große Schüssel ein Stück daraus machen, weil er den Form hat von einem Stück; die Paveten werden von Croquant gemacht, du kannst ihn abschneiden und ein Gstell formiren, auch einen Thurm; ist er auf der Tafel gewesen und etwas übergeblieben, so kannst du noch etwas dazu machen von Mandeln, und einen Berg daraus machen, es ist eine gute und schöne Bucherey.

Un Gateau de Compiegne.

Einen Gateau von Brandteig.

Thu die Milch in einen Kastrol, laß sie sieden, thu hernach eine Lemonischale hinein, und ein kleines Stücklein Butter, thu feines Mehl hinein, und thu es gut abbrücken, wie es einem Brandteig gehört, lege nach diesem Eyer in ein warmes Wasser, daß sie laulicht werden, rühre hernach eines nach dem andern hinein, die Hälfte ganzer und die Hälfte Dotter, thu hernach die Lemonischalen davon, thu ein wenig Zucker dazu, wie auch ein wenig Salz, bestreiche einen Kastrol mit frischen Butter, die Größe, so du vonnöthen hast, thu den Teig hinein, und laß im Bachofen ganz stät bachen, daß es schön in die Höhe gehet, und eine schöne Krusten bekommt, hernach thu es heraus und schneide von oben, wie es gestanden, den Deckel ab, nimm die Schnollen heraus, so gut es seyn kann; wenn du es serviren willst, bestreiche ihn mit Eingemachten innen herum, und stürz ihn auf den Deckel und servire ihn, du kannst ihn auch glasiren zu einer Abwechslung.

Un Gateau a la Madelaine.

Einen Gateau von Carmehl.

Mache einen Boden von mürben oder Croquantteig, nach der Größe deiner Schüssel, nachdem er schön gebachen ist, bestreiche den Boden mit Eingemachten, nimm hernach einen Kastrol, welches die Größe von dem Boden hat, laß es außen sauber putzen, hernach bestreiche es mit süßen Mandeldelöl, koche ein Stück Zucker zu Carmehl, nimm hernach ein kleines Beßel, tunke es in den Carmehl ein, und thu hernach das Kastrol damit bespinnen, nicht zu dünn, damit er nicht bricht; wenn er kalt ist, zieh ihn von dem Kastrol ab, und stell ihn auf den Boden von dem Croquant, und thu ihn zur Tafel serviren.

Un Gateau a l' Allemande.
Einen Gateau auf deutsch.

Thu ein halb Pfund Butter in eine irdene Schüssel, thu ihn wohl abrühren mit 5 ganzen Eyern und 6 Dottern, thu hernach ein Pfund feines Mehl dazu, ein wenig Hopfen und ein wenig Salz, rühre es ab mit ein wenig laulicht süßen Rahm, nicht gar zu dünn, bestreiche einen Kastrol mit Butter, und thu den Teig hinein, stell es an ein warmes Ort und laß gehen, nachdem thu es im Ofen und laß schön backen, thu es hernach aus dem Ofen, schneide von oben den Deckel ab, nimm die Schmollen heraus; wenn du es serviren willst, bestreiche ihn innen mit Eingemachten und stell ihn auf den Deckel, servire ihn zur Tafel, oben mit ein wenig feinem Zucker bestreut.

Un Gateau de savoie.
Einen Gateau von Biscuit.

Wäge 15 Eyer schwer Zucker, 11 Eyer schwer feines Mehl, schlage die 15 Eyerklar in eine Schüssel, wo du den Schnee schlagen kannst, die Dottern thu in ein sauberes Geschirr, zu diesen Dottern thu noch 8 dazu und das Weiße davon weg, hernach schlage die 15 Eyerklar zu Schnee recht stark, thu die 23 Dottern dazu, und thu es wiederum gut schlagen, nach diesem den Zucker, und wiederum recht schlagen, nachmals nur stät hinein gerührt, gieb dem Teig einen Gusto von Lemoni oder Pomeranzenblüth, bestreiche einen Kastrol mit Butter, bestreue es hernach mit fein geriebener Semmel, gieß den Teig hinein, und laß ihn im Ofen stät bachen; wenn du wissen willst, ob er gebachen ist, so stich mit dem Messer in die Mitte hinein, ziehe es aus, ist das Messer trocken, so ist es ein Zeichen, daß er gebachen ist, bleibet etwas an dem Messer, so ist es noch nicht gebachen.

Un Gateau d'Amandes.

Einen Gateau von Mandeln.

Nimm anderthalb Pfund Mandeln, thu sie blanchiren und sauber abziehen, hernach mit Eyerklar fein stoßen, thu sie in eine Schüssel, reibe 2 Lemoni auf dem Zucker ab, thu dazu ein wenig feinen Zimmet, ein Stücklein Citronat fein geschnitten, 1 Pfund feinen Zucker dazu, thu es hernach wohl untereinander rühren, rühre daran 18 Eyerdotter, und dieses eine Stunde lang, schlage einen Schnee von 8 Eyerklar, rühre den Schnee hernach hinein, bestreiche einen Kastrol mit Butter, bestreue es mit ein wenig fein geriebener Semmel, gieß den Teig hinein und thu ihn stät bachen lassen, du kannst ihn glatt serviren, oder auch nach Belieben glasiren.

Un

Un Gateau aux Piſtaches.
Einen Gateau von Piſtazi.

Nimm ein halb Pfund Piſtazi und ein Pfund Mandeln, thu ſie blanchiren, hernach recht fein ſtoßen mit Eyerklar, thu ſie in eine Schüſſel mit dreyviertel Pfund Zucker, und ein Stück Citronat fein geſchnitten, thu auch dazu etwas Spinat dopfen, daß es ſchön grün wird, mit dieſen thut man ſparen, und wird ſo gut, als wenn es von purem Piſtazi wäre, thu ihn hernach abrühren, und auf die nämliche Manier bachen, als wie die Mandeltorten.

Un Gateau de pain bis.
Einen Gateau von ſchwarzem Brod.

Thu ein ſchwarzes Hausbrod im Ofen recht trocken werden laſſen, hernach fein ſtoßen und durch ein Sieb paſſiren, wäge ein Pfund und ein viertel Pfund Zucker, ein halb Pfund fein geſtoßene Mandeln, ein Stück Citronat fein geſtoßen, ein wenig Zimmet und etliche Nägelein, ein wenig Muſcatnuß, reibe auch 2 Lemoni auf dem Zucker ab, thu hernach dieſes alles zuſammen in eine Schüſſel, wo du es abrühren kannſt, ſchlage daran 18 Eyerdotter, thu es eine Stunde rühren, ſchlage einen Schnee von 8 Eyerklar, rühre dieſen Schnee auf die Letzte hinein, aber nicht mehr ſtark rühren, beſtreiche einen Kaſtrol mit Butter, beſtreue es mit fein geriebener Semmel, gieß die Maſſe hinein, und thu es im Ofen bachen, der Ofen muß aber nicht zu heiß ſeyn.

Un Gateau de milles feuilles.
Eine französische Torte.

Mache einen guten Butterteig, nachdem die Größe von deiner Schüssel ist, mache ein Blat von Butterteig, mache hernach 10 solche Blätter, allezeit eines um etwas kleiner, thu sie hernach in Ofen bachen; wenn sie kalt sind, fange auf das Größere an eingemachte Früchte zu streuen, setze nach der Ordnung ein anderes Blat darauf, und wiederum von einer andern Sorte ein Eingemachtes darauf gestrichen, und dieses mache bis alle Blätter aufgesetzt sind, und in einem schönen gleichen Form, du kannst es auch hernach mit dem Messer gleich schneiden, mache eine schöne Glace von feinem Zucker mit Eyerklar und Lemonisaft, thu die Torten schön glasiren, und hernach mit eingemachten Nüssen und Pomeranzenschalen, Citronat, auch mit mehrern eingemachten Früchten garniren, stelle sie in den Ofen, welcher nicht heiß ist, und laß sie trücknen, bis die Glace trocken ist; thu sie nachdem in ein trockenes Ort setzen, bis du sie servirest; du kannst auch diese Torte auf eine andere Façon machen, als gleich rund, viereckicht, dreyeckicht, das stehet in deinem Belieben; man kann auch diese Torte von mürben Teig machen, als anderthalb Pfund Mehl, ein halb Pfund Zucker, ein Pfund Butter, 5 Eyerdotter, ein paar Lemoni auf dem Zucker abgerieben, ein wenig Zimmet, und nachdem diesen Teig zusammen gemacht, die nämlichen Blätter daran gethan, und auch auf die nämliche Manier glasirt und garnirt.

Une Croquante a l'Allemande.

Einen Croquant auf deutsche Manier.

Nimm so schwer Mehl als Zucker, reibe eine Lemoni dazu auf dem Zucker, ein wenig fein gestoßenen Zimmet, ein klein wenig frischen Butter, den Saft von einer halben Lemoni, und hernach mache den Teig an mit Eyerklar, aber fest, treibe den Teig hernach fein und gleich aus, thu ihn auf ein bestrichenes Blech, schneide ihn nachmals aus oder drücke ihn aus, oder auch auf einen Kastrol ausgeschnitten, und hernach schön ausbachen, aber nicht zu starke Farbe nehmen lassen; auf französisch nimmt man nur Zucker und Mehl, ein wenig Lemonisaft und ein wenig Tragant, und machet hernach den Teig mit Eyerklar an; daß man diesen Teig viel feiner ausstreichen kann, das ist wahr, aber zum Essen ist er nicht so gut, und bricht auch nicht so geschwind.

Une Croquante d'Amandes.

Einen Mandel-Croquant.

Nimm Mandeln, soviel du glaubst vonnöthen zu haben, thu sie blanchiren und sauber schälen und ausklauben, hernach recht fein stoßen mit Eyerklar, nachdem durch ein Sieb passiren, daß sie recht fein werden, wäge nachdem soviel seine Mandeln als Zucker, reibe ganz sein eine Lemoni dazu, thu die Mandeln und Zucker in einen Kastrol, setz sie auf eine kleine Glut, thu sie allezeit rühren und gut abtrücknen; wenn sie recht gut getrücknet ist, thu sie auf einen saubern Bachtisch mit Zucker bestreuen, und tractire die Mandeln wie einen Teig, aber ohne Mehl nur mit seinem Zucker, treibe sie fein aus, und mache einen Croquant auf einen Kastrol, du kannst auch kleine Abbes davon machen; im Bachen aber mußt du dich in Obacht nehmen, denn es braucht nur eine kleine Wärme im Ofen, und er darf keine Farb haben, sondern wenn du siehest, daß er nur um das Kennen eine Farbe nehmen will, mußt du ihn gleich aus dem Ofen thun, da ist er am schönsten und beßten. Die Croquant wie auch den andern kann man färben, als roth mit Cosmilien, grün mit Spinnatopfen, braun mit Chocolade; man kann auch den Geschmack geben als Caffee mit Caffeeöl, so auch die andern Geschmacke.

Un Rocher d'Amendes.

Einen Berg von Mandeln.

Nimm ein Pfund Mandeln oder auch mehr, nachdem die Größe von deiner Schüssel ist, sobald sie geschält sind, thu sie fein stoßen, hernach in eine Schüssel mit ein halb Pfund Zucker und einer Lemoni abgerieben, auf dem Zucker, ein wenig feinen Zimmet, rühre es untereinander, und rühre es mit Eyerklar ab, nicht gar dünn, eher ein wenig dicklicht, bestreiche hernach ein Blech mit Butter und streiche die Mandeln darauf, setz sie in Ofen und laß sie bachen; wenn sie anfangen eine Farbe zu bekommen, so thu sie heraus, und schneide sie mit dem Messer unten los, lege sie Stückerweiß zusammen, und laß

laß sie kalt werden, mache nachdem von Croquantteig auf einen Kastrol eine Höhe, wie du gesinnt
bist zu haben, laß ausbachen, und nachdem setz
es auf deine Schüssel, und picke hernach die Mandeln mit Carmehlzucker zu, und formire es gleich
einer Steinklippe, mache hernach 3 Sorten Glas,
glasire es dort und da, und garnire es mit
allerhand Confituren, daß es schön herauskömmt; von Biscuitteig kannst du es ausmachen auf ein Blech gestrichen, und auf die
nämliche Manier machen.

Une Broche a la Françoise.

Ein Gateau von Käs.

Treibe ein Pfund Butter ab mit 6 Eyern
ganzer und 8 Dotter, thu hernach ein Pfund
geriebenen Parmesankäs dazu, schneide ein
Pfund gekochten Schunken fein, und auch
dazu ein Pfund Mehl, ein wenig Pfeffer
und etwas Hopfen, ein wenig süßen Rahm,
schlag es wohl ab, bestreiche einen Kastrol
mit Butter, und thu diesen Teig hinein und
laß ihn gehen in einem warmen Ort; wenn
er schön gegangen ist, thu ihn ausbachen
nicht gar heiß, und laß ihn schöne Farbe bekommen, alsdenn servire ihn kalter.

TOUTES SORTES DE ROTIS.
Allerhand Gattungen von Gebratenen.

Ich habe mit allem Fleiß die Braten beysetzen wollen, weil es erstens in der Ordnung ist, und sich gehört, nach den großen Stücken auf einem Menü die Braten zu setzen, wenn einer einen Kuchenzettel macht; anbey ist es auch jungen Köchen und Köchinnen zu wissen nöthig, was zum Braten genommen wird, denn es gehört just nicht alles, was man glaubt, zum Braten. Auch habe ich weiters für gut befunden, die Braten hier anzusetzen, damit der, oder diejenige, welche nicht französisch verstehen, doch zum wenigsten wissen, wie alle Braten auf französisch genennet werden: Als nämlich:

Une Longe de Veau.	Ein Nierenbraten.
Un de Cochon.	Ein Schweinsbraten.
Un d'agneau.	Ein Lammsbraten.
Un de Chevreau.	Ein Kützbraten.
Un Faon de Cerf.	Ein Hirschkalb.
Un Faon de Chevreau.	Ein Rehkütz.
Un Faon de Chamois.	Eine Gemskütz.
Un Selle de Chevreuil.	Ein Rehziemer.
Une Cuisse de Chevreuil.	Ein Rehschlegel.
Une de Marcassins.	Ein junges Wildschwein.
Une de Levreaus.	Einen jungen Hasen.

Une

Un de Liévre.	Einen alten Hasen.
Un de Lapin.	Einen wilden Künighasen.
Une de Faisand.	Einen Fasan.
Une de Faisandeau.	Einen von jungen Fasanen.
Une de Paon.	Ein von Pfauen.
Un de Perdrix.	Ein von jungen Rebhühnern.
Un de Perdraux.	Ein von alten Rebhühnern.
Un de Perdrix grises.	Graue Feldhühner.
Un de Perdrix rouges.	Ein von rothen Feldhühnern.
Un de Francolins.	Ein von Haselhühnern.
Un de Gelinotes.	Ein von Waldhühnern.
Un de Becasses.	Ein von Waldschnepfen.
Un de Becassines.	Ein von Moosschnepfen.
Un de Becassines royales.	Ein von kleinen Mooschnepfen.
Un de Cailles.	Ein von Wachteln.
Un de Cailles royales.	Ein von Wachtelkönig.
Un de jeunes Grives.	Ein von jungen Drosseln.
Une de Grives.	Ein von grossen Drosseln.
Un de petits Canards sauvages.	Ein von kleinen Wildenten.
Un d'Alouettes.	Ein von Lerchen.
Un d'Alouettes d'hiver.	Ein von fetten Emmerlingen.
Un d'Ortolans.	Ein von Weinvögeln.
Un de Dindonneau.	Ein von jungen Indianern.
Un Dindon.	Ein grosser Indian.

Un de Chaponneaux.	Ein von jungen Kapaunen.
Un de Chapon.	Ein von großen Kapaunen.
Un de Poulardes.	Ein von Polarden.
Un d'Oisons.	Ein von jungen Gänsen.
Un de Canard.	Ein von jungen zahmen Enten.
De Poulets innocents.	Ein von Nesthühnern.
De Poulets a l'Allemande.	Hühner mit geriebener Semmel pannirt.
Un de Poulets.	Ein von jungen Hühnern.
Des Poulets aux Ecrevisses.	Junge Hühner mit Krebsfasch faschirt.
Un de Pigeons romaines.	Ein von Romanertauben.
Un de Pigeons.	Ein von ordinari Tauben.
Un de Pigeons panné.	Tauben mit Semmel pannirt.

ENTREMETS CHAUDS.
Warme Zwischentrachten.

D'Epinards a la Créme.
Spinat mit süßen Rahm.

Thu den Spinat in vielem Wasser blanchiren, hernach gut ausdrücken und fein schneiden, schneide auch einen halben Zwiebel fein, thu ihn in einen Kastrol mit einem Stücklein frischen Butter, und thu

thu ihn paſſiren, thu nachdem den Spinat dazu, und laß ihn auch ein wenig dünſten, ſtreue ein wenig feines Mehl daran, und füll ihn mit ſüßen Rahm auf, laß ihn ſchnell einkochen; iſt es Zeit zu ſerviren, thu Salz, ein wenig Pfeffer, und ein klein wenig Muſcatnuß dazu, richte ihn auf die Schüſſel an, und thu ihn mit Croton garniren.

Un a l'Italienne.
Auf welſche Manier.

Nachdem der Spinat blanchirt iſt, thu ihn mit dem Meſſer grob durchſchneiden, paſſire einen halben fein geſchnittenen Zwiebel mit einem Stück Butter in einen Kaſtrol, thu den Spinad dazu, Pfeffer und Salz, und laß ihn dünſten, gieß zu Zeiten ein wenig recht gute Bouillon daran, aber nicht zuviel, denn er muß kurz bleiben, richte ihn nach dieſem an, und mit Croton garnirt. Mit Provenceröl kanſt du ihn auf die nämliche Manier machen, da mußt du aber ein klein wenig Rockerbol dazu nehmen.

Un au four.
Spinad im Ofen.

Nachdem der Spinad blanchirt und fein geſchnitten iſt, paſſire ihn mit dem Zwiebel, wie ſchon gemeldet iſt, laß eine Semmel im Milch weich werden, thu hernach ein Stück Butter in einen Kaſtrol, treibe ihn mit 5 Eyerdottern ab, nachdem thu die Semmel, Pfeffer und ein wenig Muſcatnuß zu dem Spinad, und rühre es recht ab, ſchlage von den 5 Eyerklar einen Schnee, und thu ihn

ihn auch dazu, bestreiche einen Kastrol mit Butter, nimm 2 Bogen Papier, schneide es in der Größe, daß es in den Kastrol gehet, bestreiche es auch mit Butter, thu es in den Kastrol rangiren, gieß den Spinad hinein, setz ihn in Ofen und laß ihn stät bachen; wenn er fertig ist, thu ihn mit sammt dem Papier auf die Schüssel, und servire ihn zur Tafel.

Un de Choux fleurs à la sauce blanche.

Blumenkohl mit weißer Sauce.

Wenn die Rose sauber geputzt ist, setze ein Wasser mit Salz auf das Feuer und laß sieden, thu hernach den Blumenkohl hinein, und laß ihn ein paar Sud aufthun, nachdem in das frische Wasser, sodenn thu ihn in eine weiße Bräs, und laß ihn stät, aber lind kochen, auf diese Art machen ihn die Franzosen, ordinari aber wenn du ihn in keine Bräs thun willst, so laß ihn im Wasser sieden, und thu ein Stücklein frischen Butter dazu, damit er schön weiß bleibt; willst du ihn auf die Schüssel rangiren, thu ihn auf eine Serviete, daß das Wasser davon gehet, hernach rangire ihn schön, wie eine Rose seyn muß, auf die Schüssel. Die Sauce dazu: Thu ein Stück frischen Butter in einen Kastrol mit 3 Eyerdottern, ein klein wenig feines Mehl, ein wenig Muscatnuß, ein wenig Pfeffer, Salz und den Saft von einer halben Lemoni, ein Löffelein gute Bouillon, rühre die Sauce auf dem Feuer schön glatt ab, gieß sie über den Blumenkohl und servire zur Tafel.

Un au Parmesan au four.
Mit Parmesankäs.

Richte den Blumenkohl auf diese nämliche Manier, wie auch die Sauce, nur daß die Sauce kalt werden muß, und hernach über den Blumenkohl geschüttet, mit geriebenen Parmesankäs bestreut, und im Ofen Farb nehmen lassen.

Un aux Ecrevisses.
Mit Krebsen.

Richte den Blumenkohl, wie schon gemeldt, nur nimm einen Krebsbutter, anstatt den weißen Butter, mache die nämliche Sauce damit, und die Krebsschweife thu in Filé hineinschneiden in die Sauce, und hernach darüber servirt.

Un au Coulis.
Mit Coulis.

Er wird auch gesotten, wie schon gemeldt, nimm hernach eine gute Coulis mit Lemonisaft, und richte die Sauce darüber, du kannst auch etwas Mark, in kleine Filé geschnitten, hinein thun.

Un a l'Italienne.
Auf Italiänisch.

Er wird auch auf diese Art gesotten und angerichtet, hernach thu in einem Kastrol feine Kräuter mit Provenceröl, und ein klein wenig Rockenbol, passire sie auf dem Feuer, drücke hernach den Saft von einer Lemoni hinein, Pfeffer und Salz, und auch etliche Tropfen Essig, gieß diese Sauce über den Blumenkohl, und bestreue ihn hernach mit grün ausgebachenem Petersill.

Un en friture.
Einen ausgebachen.

Auf Französisch: Nimm ein feines Mehl, thu es mit einem weißen Wein laulicht abrühren, nimm ein Provenceröl dazu, rühre den Teig wohl ab, thu ihn auch salzen, der Blumenkohl wird gesotten wie der andere, hernach auf eine Serviette gelegt, daß er trocken wird, nachdem eingetunkt und schön ausgebachen. Auf deutsch wird er mit Mehl eingestaubt, und hernach in die Eyer getunkt; man kann auch einen Brandteig machen, nicht zu dick, und auch ausbachen.

Des Artichauts a la Sauce blanche.
Artischocken mit weißer Sauce.

Die Artischocken müssen mit vielen Wasser und Salz gesotten werden, aber nicht sind, und nachdem in ein frisches Wasser, hernach sauber innen ausgeputzt, und in ein Blanquet gelegt und gar kochen lassen, nachdem auf die Schüssel rangirt, und die nämliche Sauce, wie bey dem Blumenkohl, darüber servirt, mit ein wenig fein geschnittenen Petersill.

A la Sauce d'Anchois.
Mit Sardellensauce.

Sie werden auch auf diese Manier gesotten, und

und hernach eine Coulissauce von Sardellen gemacht und darüber gegeben.

Artichauts farci.
Artischocken faschirt.
Thu die Böden von den Artischocken schön abschneiden, mit Lemoni gerieben, daß sie weiß bleiben, thu sie nachdem in ein frisches Wasser mit Salz und Essig, hernach blanchire sie in vielem Wasser ab, thu sie in eine Bräs und laß sie sieden, nimm nach diesem 2 oder 3 von den Artischockenböden mit etlichen Schambinion, feinen Kräutern auf ein Brett, schneide sie fein zusammen, thu ein wenig fein geriebene Semmel dazu, ein paar Eyerdottern, Pfeffer und Salz, ein wenig frischen Butter, thu sie wohl mischen, hernach faschire die andern Böden damit, du mußt aber die Böden vorher mit ein wenig Eyerklar bestreichen, lege sie auf eine Tortenpfanne, gieb ein wenig Coulis darunter, und thu sie in den Ofen; wenn sie fertig sind, richte sie schön an, und drücke den Saft von einer Lemoni dazu, du kannst noch ein wenig Coulis dazu nehmen, und servire sie über die Artischocken.

A l'Italienne.
Auf Italiänisch.
Es werden auch nur die Böden genommen und gerichtet, wie schon gemeldt, ohne zu faschiren, thu hernach feine Kräuter in einen Kastrol mit 2 fein gehackten Sardellen und Provenceröl, Pfeffer und Salz, thu es auf dem Feuer passiren, thu

nachdem die Böden hinein, laß sie ein wenig dünsten, drücke den Saft von einer Lemoni dazu, und thu sie serviren; sie werden auch auf Italiänisch auf dem Rost gebraten, schneide die Artischocken die Hälfte von den Blättern ab, thu sie solang im Salzwasser blanchiren, bis du sie putzen kannst, thu sie aus dem Wasser, laß sie gut ablaufen; nachdem sie geputzt sind, thu feine Kräuter hinein mit ein wenig Rockenbol, Pfeffer und Salz, gieß auch Provenceröl darüber, setz sie auf den Rost, gieb eine Glut darunter und laß sie braten, richte sie in die Schüssel, und drücke den Saft von einer Lemoni darüber.

D'Artichauts d'une autre Maniere.
Artischockenböden auf eine andere Manier.

Nachdem die Böden schön weiß gesotten sind, wie schon gemeldet ist, mache eine weiße Sauce von guter Bouillon, thu die Böden darein, laß aufkochen, thu ein wenig fein geschnittenen Petersill dazu, legire sie mit Eyerdottern, und drücke den Saft von einer Lemoni dazu.

D'Artichauts aux fines herbes.
Artischocken mit feinen Kräutern.

Schneide Sauerampfer und Körbelkraut recht fein, passire sie hernach mit einem Stück frischen Butter, staube ein wenig Mehl daran, und fülle sie mit einem Löffel Bouillon an, laß die Kräuter verkochen, thu hernach die Böden hinein, legire sie, drücke ein wenig Lemonisaft dazu und servire sie.

D'Ar-

D'Artichauts a la Perigot.
Artischocken im Ofen.
Die Artischocken thu ein wenig abschneiden, und hernach im Wasser blanchiren, aber nicht zu viel, thu sie nachdem trocken legen, nach diesem thu sie in einen Kastrol, thu von allen Sorten Wurzeln von der Hand geschnitten daran, auch von allen Sorten Kräutern ganzer, etwas rohen Schunken Schnitzleinweiß geschnitten, ein paar Lorberblätter, brocke ein Stücklein frischen Butter darüber, Pfeffer und Salz, gieß Provenceröl darüber, setz sie hernach in den Ofen und laß sie braten; wenn du sie servirest, thu sie anrichten mit sammt den Wurzeln und Kräutern.

D'Artichauts frites.
Gebachene Artischocken.
Thu die Artischocken im Wasser und Salz sieden, schneide sie hernach in vier Stücke, thu sie sauber putzen und einmarginiren in Essig, Salz und Pfeffer, mache einen Teig, wie schon gemeldet ist, von Wein, thu das Untere von den Artischocken eintunken und schön ausbachen, und wenn du sie servirest, mit grünen Petersill garniren.

Des Asperges a la Sauce blanche.
Spargel mit weißer Sauce.
Die Spargel müssen in vielem Wasser mit Salz gesotten werden; die Sauce dazu wird auf die nämliche Manier gemacht, wie bey dem Blumenkohl; auf deutsch aber thu ein Stück frischen Butter

ter in einen Kastrol mit einem Löffelein feines Mehl, und auch soviel fein geriebene Semmel, einen ganzen Zwiebel, ein wenig Pfeffer und Muscatblüth und Salz, einen Löffel gute Bouillon, und einen Löffelvoll von Spargelwasser, thu hernach die Sauce auf dem Feuer abrühren, und einkochen lassen, passire sie durch ein Haartuch, und richte sie über den Spargel recht heiß an, und servire sie zur Tafel.

Des Asperges au beurre clair.
Spargel mit klaren Butter.

Wenn der Spargel gesotten hat und nicht gar Und ist, thu ihn auf eine Serviette oder Tischtuch, richte ihn schön an, reibe ein wenig Muscatnuß darauf und ein wenig Pfeffer und Salz, auch ein wenig fein geschnittenen Petersill, laß ein Stück frischen Butter zergehen, thu den Faum davon, und gieß ihn hernach über den Spargel; auf deutsch aber richte den Spargel auf diese nämliche Manier, nur thu eine fein geriebene Semmel auch darauf streuen, und laß hernach den Butter schön gelb werden, heißer darüber gegossen und zur Tafel, servirt. Die Italiäner nehmen auch Provenceröl anstatt den Butter, kein gerieben Brod, giessen das Oel heiß darüber, und drücken den Saft von ein paar sauren Pomeranzen daran.

Des Asperges aux petits pois.
Spargel auf Erbsen Art gemacht.

Dieser darf kein großer Spargel seyn, sondern nur ein kleiner, thu ihn mit dem Messer klein schneid

schneiden, die Größe wie die Erbsen, thu ihn in
Wasser mit Salz blanchiren, und in einen Kastrol
mit einem Stück frischen Butter und einen ganzen
Zwiebel, passire ihn, staube ein wenig seines Mehl
daran, füll ihn auf mit Bouillon, und laß ihn
gäh einkochen, thu ein wenig fein geschnittenen Petersill dazu, servire ihn mit Croton, du kannst ihn
auch mit Eyerdottern legiren, einige drücken auch
ein wenig Lemonisaft daran; auf diese Manier
wird er auch gemacht mit süßen Rahm, aber es
kommt kein Lemonisaft dazu, das ist auf deutsche
Manier; der Spargel kann auch gebacken werden
mit Teig, gleichwie die Artischocken. Auf Italiänisch wird er auch auf die Manier gemacht, aber
etwas größer geschnitten, und da wird der Schampignon dazu genommen, und diese auch von der
Größe geschnitten, und mit Croton gemacht.

Des petits pois a la Françoise.

Kleine Erbsen auf Französisch.

Thu die Erbsen schön ausklauben, die großen
und gelben davon, thu sie hernach in einen Kastrol,
nimm ein Stück frischen Butter dazu, einen Löffel
seines Mehl, und gieß ein frisches Wasser daran,
thu sie mit der Hand zusammen mischen, als wenn
du sie waschen wolltest, die Erbsen, Butter und
Mehl muß beysammen bleiben, gieß das Wasser
davon, und thu nachdem mit andern Wässern das
nämliche machen; ist es Zeit zu serviren, binde
zusammen ein paar junge Zwiebel mit ein wenig
Petersillkraut, ein Bröcklein Zucker so groß wie
2 welsche Nüsse, gieß Wasser daran, und jetzt sie
auf

auf einem gåhen Windofen, laß sie schnell einkochen, thu die Kräuter daran, salze sie, und reibe ein klein wenig Muscatnuß daran, alsdenn servire sie, thu sie mit Croton garniren. Auf deutsch aber, wenn die Erbsen ein wenig groß sind: Setz ein Wasser auf das Feuer mit Salz, wenn es siedet, so thu die Erbsen hinein, und laß sie einen Sud aufthun, nach diesem thu sie in einen Kastrol mit einem Stücklein Butter und thu sie passiren, staube ein wenig feines Mehl daran, fülle sie mit Bouillon auf, thu auch einen ganzen Zwiebel dazu und laß sie einkochen, auf die Letzte salze sie, gieb ein wenig Zucker dazu, ein wenig fein geschnittenen Petersill und ein wenig Muscatnuß, servire sie auf die Schüssel mit Croton garnirt, du kannst sie auch mit Eyerdotter legiren, auf diese nämliche Manier kannst du sie mit süßen Rahm machen, welche a la Crème genennet werden; mit Speck können sie auch gemacht werden: anstatt den Butter mußt du mit dem Messer einen Speck reiben und einpassiren, wie schon gemeldet ist, auch auf diese nämliche Manier machen, thu imgleichen einen Schnitz Schunken dazu, aber keinen Zucker. Sie können auch mit Rahm gemacht werden.

Des haricots aux fines herbes.

Grüne Fisolen mit Kräutern.

Schneide die Fisolen in Filé, hernach blanchire sie in vielen Wasser mit Salz, gieb feine Kräuter mit Scharlotten in einen Kastrol mit einem Stück frischen Butter, einem ganzen Zwiebel und einem Schnitz Schunken, wenn du einen hast, thu sie passi-

paſſiren, ſtaube ein feines Mehl daran, fülle ſie mit Bouillon auf, und laß ſie gäh einkochen; willſt du aber keine Bouillon und Mehl dazu nehmen, ſo kannſt du Coulis dazu thun, das kommt auf den Guſto an, du kannſt ſie auch richten wie die grüne Erbſen mit ſüßen Rahm, aber es darf kein Zucker dazu kommen, ſondern ein Zweig Joſephskraut iſt gut dazu, es muß aber wiederum davon kommen, du kannſt ſie auch piquant machen mit ein wenig Eſſig, du kannſt ſie auch natürlich weiß machen und mit Eyerdottern legiren, und bachen kannſt du ſie auch auf die Art, als wie die Artiſchocken, und auch einmariginiren.

Des Bourraches frites.

Gebachene Bürraſch.

Dieſe Blätter müſſen noch jung ſeyn, du kannſt ſie mit dem nämlichen Weinteig bachen, ſie müſſen bis auf den Stiel eingetunkt werden, dieſer aber muß grün bleiben, auf dieſe Manier kannſt du auch die jungen Weinblätter bachen.

Des Concombres en Sauce.

Friſche Cucumern mit Sauce.

Thu die Cucumern ſauber und gleich ſchälen, ſchneide ſie rund oder in vier Viertel, blanchire ſie ein klein wenig, richte ſie hernach in eine Bräs ein, aber gieb wohl Obacht, daß ſie nicht zu lind werden; willſt du ſie ſerviren, rangire ſie ſchön auf die Schüſſel, und gieb eine ſtarke weiße oder piquante Coulis-Sauce darüber, thu ſie mit Cruton garniren, und ſodenn ſerviren.

Concombres farci.
Faschirte Cucumern.

Schäle die Cucumern, du kannst sie hernach aushöhlern, oder auch rund schneiden und aushöhlern, thu sie ein klein wenig faschiren mit einem guten Kalbsfasch, und richte sie hernach in eine Bräs ein; wenn du sie serviren willst, so mache daß die Fette gut davon kommt, rangire sie schön auf die Schüssel, und gieb eine gute Coulis-Sauce darüber.

Concombres a la Crême.
Cucumern mit Rahm.

Wenn sie geschält sind, schneide sie in Viertel, thu sie schön putzen, hernach klein schneiden in Filé, thu sie in einen Kastrol mit einem Stück frischen Butter und ein wenig fein geschnittenen Zwiebel, passire sie, staube ein wenig feines Mehl daran, und laß sie einkochen; willst du sie serviren, thu sie salzen und ein wenig pfeffern, auch ein wenig fein geschnittenen Petersill dazu, servire sie auf die Schüssel, und garnire sie mit Cruton, sie können auch mit dem Weinteig gebachen werden, sie müssen aber vorher einmarginirt werden, gleichwie die Artischocken.

Des Champignons farcis.
Faschirte Schampignons.

Du mußt gleiche Schampignous nehmen, sauber putzen, nimm nach diesem andere Schampignons, thu sie in einen Kastrol mit seinen Kräutern, cern, ein klein wenig Rockenbol, Pfeffer und Salz, und ein Stücklein Butter, thu sie ein wenig passiren, hernach auf ein Schneidbrett und schneide sie fein, thu ein wenig fein geriebene Semmel dazu, etliche Eyerdotter, faschire nachmals die Schampignons damit, thu sie in einen Kastrol mit Butter, setz sie im Ofen, oder mit einem Deckel-Feuer oben und unten, und gar werden lassen; wenn du sie serviren willst, thu die Fette davon, gieb ein wenig gute Jus mit Lemonisaft dazu, und gieß die Jus unter die Schampignons.

Champignons a l'Italienne.

Schampignons auf Italiänisch.

Thu die Schampignons sauber putzen, und in einen Kastrol mit feinen Kräutern, ein wenig Rockenbol, Pfeffer und Salz, auch ein paar Schnitz Schunken, gieß Provenceröl dazu, setz sie auf eine kleine Glut und laß sie dünsten, auf die Letzte gieß ein wenig Jus daran und den Saft von einer halben Lemoni; willst du sie serviren, richte sie schön in die Schüssel, nimm das Oel davon, gieß die Sauce darüber, garnire sie mit Cruton, und servire sie zur Tafel.

Champignons en Sauce.

Schampignons mit Sauce.

Sie sollen alle klein seyn, nachdem thu sie in ein Wasser mit Lemonisaft, damit sie weiß bleiben, setz Wasser auf das Feuer, laß es sieden, thu die Schampignons hinein, laß sie einen Sud aufthun, gieß sie ab, thu sie in einen Kastrol mit frischen Butter und ein klein wenig Rockenbol, paßire sie auf dem Feuer, staube ein wenig feines Mehl daran, fülle sie auf mit Bouillon und laß sie ein kochen; wenn es Zeit ist zu serviren, so legire sie mit Eyerdottern, und gieb ein wenig grün blanchirten Petersill dazu, drücke den Saft von einer Lemoni hinein, und richte sie an auf die Schüssel, sodenn garnire sie mit Cruton; du kannst sie auch auf diese Manier mit süßen Rahm machen, aber es darf kein Lemonisaft dazu, und anstatt den ganzen Petersill thu ein wenig geschnittenen Petersill dazu.

Champignons a la Gril.
Schampignons auf dem Rost.

Die Schampignons müssen gleich seyn, und nachdem sie gepuzt worden, thu sie in einen Kastrol mit feinen Kräutern und frischen Butter, Pfeffer und Salz, ein klein wenig Rockenbol, thu sie paßiren, nimm hernach kleine silberne Spießel, stecke sie an, bannire sie mit fein geriebener Semmel, und laß sie auf der Glut grilliren, richte sie schön auf die Schüssel an, und gieb ein wenig Jus mit Lemonisaft darunter. Auf Italiänisch aber, wenn sie gepuzt sind, so lege sie auf eine Schüssel, und gieb feine Kräuter darauf, ein wenig Rockenbol, Pfeffer und Salz, gieß Provenceröl darüber; ist es nun Zeit zu serviren, lege sie auf den Rost und laß sie grilliren, hernach richte sie auf die Schüssel schön an, drücke den Saft von einer Lemoni darüber und servire sie zur Tafel. Du kannst sie auch mit Weinteig backen, sie müssen aber vor-

her

her paffirt und Lemonisaft daran gedrücket, oder
Essig daran gegossen werden. Die Italiäner machen auch andere Schwammen, die gut sind, auf
die nämliche Manier, gleichwie die Buchschwam-
men und Belzling; wenn sie gebachen werden, so
nehmen sie zu einem jeden Stück Schwammen ein
Blat Salven und tunken es mit in Teig ein, es
ist recht gut, es giebt auch eine Sorte, welche
Brätling genennet werden, diese sind absonderlich gut auf dem Rost grillirt, oder im Ofen mit seinen Kräutern und Oel, wie auch gebachen.

Des Morilles en Sauce.

Maurachen mit Sauce.

Diese, nachdem sie sauber gepußt und gewaschen sind; wirf in ein siedendes Wasser, sobald
es wiederum sieden will, thu sie abgießen, und in
einen Kastrol mit frischen Butter, einen ganzen
Zwiebel, ein wenig fein geschnittenen Petersill;
paßire sie auf dem Feuer, staube ein wenig feines
Mehl daran und laß sie einkochen. Hernach legire
sie mit Eyerdottern, drücke den Saft von einer
Lemoni dazu und servire sie, sodenn aber garnire
sie mit Cruton; auf diese nämliche Manier kannst
du sie mit süßen Rahm machen, aber keinen Lemonisaft dazu nehmen, du kannst sie auch auf diese
Manier passiren und Coulis dazu nehmen, und
grilliren, gleichwie die Schampignons, wenn sie
frisch sind, können sie auch gebachen werden.

De Truffes a la Françoise.
Trüffel auf Französisch.

Thu die Trüffel ganzer mit der Schelfe mit einer kleinen Bürste sauber putzen, hernach in ein Geschirr, welches du wohl zudecken kannst, thu einen ganzen Zwiebel, ein Lorberblat, und ein wenig ganz Gewürz daran, gieß Burgunder Wein darüber, deck sie zu, daß kein Dunst heraus kann, und laß sie einsieden; willst du sie serviren, richte so viel Blätlein weiß Papier, als du Trüffel hast, wickle einen jeden ins Papier ein, richte sie auf die Schüssel, und servire sie warmer zur Tafel.

Des Truffes au four.
Trüffel im Ofen.

Wasche die Trüffel auf diese nämliche Manier, lege sie einen Tag vorher in Burgunder Wein, den andern Tag zeitlich, mache einen groben ordinari Teig, schlage die Trüffel hinein mit ein wenig ganzen Gewürz, einen Zwiebel, etliche Schnitz Schunken, unten und oben Speck, mache sie gut zu, gleichwie eine Pastete, setz sie in den Ofen und laß sie eine Stunde bachen, nach diesem thu sie heraus, mache oben gleich also warmer, ein Loch, und gieß den Wein darein, wo die Trüffel gewesen sind, mache das Loch gut zu, setz sie wiederum in Ofen, und laß sie warm stehen bis du sie servirest, mache hernach die Pastete auf, nimm die Trüffel heraus, und servire sie im Papier, wie die vorhergemeldten.

Des

Des Truffes a la Provençale.
Triffel auf Brabándisch.
Schále die Triffeln ab, hernach schneide sie fein Blátleinweis in einen Kastrol mit ein wenig fein geschnittenen Petersill, ein wenig Rockenbol, Pfeffer und Salz und ein wenig Provenceröl, stelle sie auf eine kleine Glut und laß sie dünsten, gieß ein kleines Glas Burgunder Wein dazu, und laß sie kochen bis die Sauce ganz kurz wird, drücke den Saft von einer halben Lemoni daran, richte sie an und garnire sie mit Cruton.

Un de Fèves verds.
Grüne Bohnen.
Diese Bohnen werden auf gut deutsch Saubohnen genennet; wenn diese klein und noch jung sind, so thu sie in ein siedendes Wasser mit Salz werfen, laß sie etliche Sud aufthun, hernach thu feine Kráuter mit fein geschnittenen Zwiebeln in einen Kastrol mit einem Stück Butter, thu sie passiren, und nachdem die Bohnen hinein, laß sie auch auf einer kleinen Glut etwas dünsten, staube ein wenig Mehl daran, fülle sie mit Bouillon auf und laß sie gáh einkochen, hernach thu ein wenig Pfeffer und Salz daran, richte sie an und garnire sie mit Cruton, sie können auch auf die námliche Manier mit süßen Rahm gemacht und mit Eyerdottern legirt werden, die weißen Bohnen, welche noch frisch sind, werden auch auf diese námliche Manier gemacht, auf die erste Manier aber kannst du sie auch auf die Letzte mit ein wenig Senst legiren auf Flammáuder Manier.

Des Cardons à la Moëlle.

Cardi mit Mark.

Schneide den Cardi in gleiche Stücke in ein frisches Wasser, setze ein Wasser auf und laß es sieden, thu den Cardi hinein und laß ihn etliche Sud thun, thu ihn hernach in ein frisches Wasser, mache eine weiße Bräs, putze den Cardi schön, die erste Haut davon, damit er schön weiß wird, deck ihn mit Papier zu, setz ihn auf eine kleine Glut und laß ihn stät kochen bis er lind wird, thu ein paar Stücklein Mark sauber putzen und blanchiren, thu es zu dem Cardi und laß es etwas mitkochen; gieb in einen Kastrol einen Löffelvoll gute Schunkencoulis, thu dazu einen Löffel Consommé oder etwas Glace, und den Saft von einer halben Lemoni, thu den Cardi aus der Bräs auf eine saubere Serviette, putze ihn von der Fette und lege ihn in die Coulis, das Mark schneide Blätleinweiß und thu es auch dazu, laß ihn aber in der Coulis nicht mehr kochen, sondern halte ihn nur warm, damit er weiß bleibt; auf diese Manier kannst du auch den Cardi mit Coulis machen, aber nicht so stark, und hernach auf eine Schüssel rangiren, mit Parmesankäs bestreichen, und im Ofen Farbe nehmen lassen; du kannst ihn auch mit weißer Sauce im Ofen geben, und auch mit Weinteig bachen, gleichwie die Artischocken, und auch mit Eyern und geriebener Semmel.

Des Celeris a la Créme.

Zelleri mit Rahm.

Thu den Zelleri in kleine Viertel schneiden, hernach

nach schön gleich zuschneiden, eines wie das andere, thu ihn hernach im Waſſer und Salz blanchiren, nachdem in einen Kaſtrol mit einem Stück friſchen Butter und einem ganzen Zwiebel, paſſire ihn auf dem Feuer, ſtaube ein wenig feines Mehl daran, füll ſie mit ſüßen Rahm auf und laß einkochen, thu ſie nachmals ſalzen und ein wenig pfeffern, legire ſie mit Eyerdottern, garnire ſie mit Cruton und ſervire ſie, du kannſt den Zelleri auch auf eine andere Façon ſchneiden, in eine weiße Bräs thun und einkochen laſſen, hernach mit einer weißen piquanten Sauce geben, wie die zu den Artiſchocken.

Du kannſt ihn auch auf die nämliche Manier mit Coulis machen, wie die Carti, ſie können auch in Weinteig gebachen werden.

Des Oignons a l'Italienne.

Große Zwiebeln im Ofen.

Es müſſen große und weiße Zwiebeln ſeyn, dieſe thu nicht gar die Hälfte in der Runde voneinander ſchneiden und hernach im Waſſer nicht gar lind ſieden, lege ſie nachdem trocken, daß das Waſſer davon gehet, mache einen Faſch von Sardellen und feinen Kräutern, ein wenig friſchen Butter, Pfeffer und Salz, thu zwiſchen die Blätlein Zwiebel von dieſem Faſch zwiſchen einige rohe Schunken ganz fein geſchnitten, in der Größe wie die Zwiebel ſind, thu ſie in einen Kaſtrol mit Butter, ſetz ſie in den Ofen und laß recht lind werden; du kannſt auch die Zwiebel in der Mitte aushöhlern, mit Kalbsfaſch faſchiren, und auf die nämliche Manier im Ofen lind werden laſſen; wenn du ſie servirest, so rangire sie auf die Schüssel, thu die Fette von der Sauce, und gieb ein wenig gute Jus dazu; du kannst die Zwiebel auch in der Rundung Blätleinweiß schneiden und etwas sieden lassen, nicht zu lind, hernach einmarginiren und mit Weinteig backen.

Des Pommes de Terre.
Erdäpfel mit Butter.

Thu die Erdäpfel absieden bis sie lind sind, hernach sauber schälen, thu feine Kräuter in einen Kastrol mit einem Stück frischen Butter, laß sie passiren, gieb die Erdäpfel mit Salz und Pfeffer dazu, setz sie auf eine kleine Glut und laß sie dünsten, gieß eine gute Jus daran und laß sie aufkochen, legire sie nachdem mit Eyerdottern, gieß ein wenig Essig daran und servire sie; du kannst sie auch auf diese Art einpassiren, mit ein wenig Coulis anfüllen, und auf die Schüssel mit Parmesankäs richten, hernach im Ofen setzen und Farb nehmen lassen, du kannst auch 3 große Zwiebel Blätleinweiß schneiden, mit Butter passiren, nachdem die Erdäpfel mit Salz und Pfeffer dazu thun und dünsten lassen, nachmals einen Löffelvoll Coulis dazu geben und aufkochen lassen, auf die Letzte mit ein wenig fein geschnittenen Petersill, Senft und Essig legiren, und serviren.

De Polenta.

Es muß ein Mehl von türkischem Korn seyn: Setze eine Milch in einen Kastrol auf und laß sie sieden, hernach rühre das Mehl hinein und laß kochen

kochen bis es so dick wird, daß du es nicht mehr
rühren kannst, thu es gut auf dem Feuer abtrucknen,
nimm nach diesem einen kleinen Kastrol, mache es
naß mit ein wenig frischen Wasser und thu den
Teig hinein, daß er den Form bekommt, stürz ihn
nachmals umrund laß ihn kalt werden, nimm hernach deine Schüssel, lege geriebenen Parmesankäs
mit frischen Butter und ein wenig Pfeffer darauf,
nimm einen Bindfaden, schneide damit Blätlein
weiß diesen Teig durch, lege ein Blätlein auf die
Schüssel, streue wiederum Käs darauf, frischen
Butter und ein wenig Pfeffer, dieses mache so
fort, bis du genug auf deiner Schüssel hast, hernach setz es in den Ofen auf einer Tortenpfanne,
und laß Farb nehmen. Viele machen auch diese
Polenta anstatt der Milch mit Wasser, es kommt
auf den Gusto an.

Un au Ris.
Ein von Reis.

Laß den Reis in der Milch kochen, nachdem er
gekocht ist, mache ihn auf diese nämliche Manier,
die Italiäner essen ihn so gern. Von Hirschbrey
kanust du ihn auch auf die nämliche Manier
machen, auch im Kastrol, und hernach Blätleinweiß ausstechen.

D'Ecrevisses a l'Angloise.
Krebse auf Englisch.

Es müssen mittlere Krebse seyn, diese thu absü-
den wie sichs gehört, mache sie hernach zurecht,
schneide die Füße davon, wie auch die Nasen,
löse

löse die Schalen von dem Schweif weg auf beyden Seiten, schneide ein wenig Schalen weg, um die Haare wegzuputzen, nimm nachmals ein Stük frischen Butter in einen Kastrol mit einem ganzen Zwiebel, passire einen Löffel feines Mehl darein, füll es mit süßen Rahm an und rühre es auf dem Feuer ab, laß wohl verkochen, passire es durch ein Haarsieb, gieb nachmals die Krebse dazu mit fein geschnittenen Petersill, laß sie aufkochen, salze und pfeffere sie ein wenig, dressire sie schön auf die Schüssel, und servire sie zur Tafel.

D'Ecrevisses a la Crême.

Krebse mit Rahm.

Die Krebse werden gesotten und geputzt, wie vorher gemeldt, von den Schalen mache einen Krebsbutter, lege diesen Krebsbutter in einen Kastrol mit einem Löffelein feines Mehl und einen ganzen Zwiebel, füll ihn auf mit süßen Rahm und halb mit guter Bouillon, laß ihn recht gut verkochen, die Sauce passire durch ein Haarsieb in einen Kastrol, die Krebse dazu, gieb Salz, ein wenig Pfeffer und ein wenig Muscatnuß dazu, laß sie aufkochen, legire sie mit Eyerdottern, und servire sie hernach zur Tafel.

D'Ecrevisses frites.

Gebachene Krebse.

Es müssen große Krebse seyn; diese siede, wie schon gemeldet, schneide ihnen die Füße, wie auch die halbe Scheere ab, löse die Schalen vom Schweif weg, hebe den Rucken auf, und puß sie mit

mit einem kleinen Löffelein aus, mache ein gutes Salpico und fülle davon ein wenig hinein, bestreiche sie hernach am Ende ein wenig mit Fasch, thu die Krebse in Eyern umkehren, und mit fein geriebener Semmel, mit ein wenig feinem Mehl gemischet, panniren; wenn es Zeit ist zu serviren, so thu sie ausbachen und mit ausgebachenem Petersill garniren. Man kann sie auch auf eine andere Manier faschiren, die Krebse ausgelöst, und nur die Nase sauber ausputzen und aufbehalten, nimm die Schweife von den Krebsen mit ein wenig Schambinion, mache einen Fasch, fülle die Nasen damit an, pannire sie gleichwie die andern, bache sie aus und garnire sie mit Petersill; du kannst sie auch, wenn sie gebachen sind, ohne zu panniren, in einer Sauce geben, etwas piquant, und mit Maurachen garniren.

D'Ecrevisses au Gratin.

Krebse mit geriebenem Brod.

Siede die Krebse ab, wie sichs gehört, löse hernach die Schweife aus und rangire sie schön auf die Schüssel, gieb nachdem feine Kräuter in einen Kastrol mit frischen Butter, laß sie passiren, gieb Pfeffer und ein wenig Salz dazu, wie auch den Saft von einer Lemoni, gieß sie über die Krebsschweife, bestreue sie mit fein geriebener Semmel, und begieß sie nachmals oben mit einem guten sauern Rahm, setz sie auf eine Glut, und laß sie oben mit einer glüenden Schaufel Farbe nehmen, oder auch im Ofen, er muß aber heiß seyn, damit sie gähe Farbe bekommen, um nicht trocken zu werden.

D'Ecre-

D'Ecrevisses a l'Italienne.
Krebse auf Italiänisch.
Löse die Krebse aus, gleichwie die Krebse auf Englisch, gieb in einen Kastrol feine Kräuter mit fein geschnittenem Petersill, Scharlotten und ein klein wenig Rockenbol, gieß Provenceröl dazu und laß ein wenig passiren, lege die ausgelösten Krebse hinein mit Pfeffer und Salz, drücke den Saft von einer Lemoni hinein, passire sie noch hinein und thu sie hernach schön anrichten, auf Italiänisch nimm nur die Krebsschweife alleine, richte sie auf diese Art, und servire sie kälter.

Un Flan D'Ecrevisses.
Einen Krebsflan im Ofen.
Siede kleine Krebse ab und löse sie aus, von den Schalen wird ein Krebsbutter gemacht, wenn dieser kalt ist, so thu ihn mit Eyerdottern abtreiben, thu hernach eine in Milch eingeweichte Semmel hinein, die Krebsschweife fein geschnitten dazu, ein wenig Pfeffer und Salz, und ein wenig Muscatnuß, wie auch ein klein wenig Zucker, von 3 Eyerdottern den Schnee geschlagen und auf die Letzte hinein gerührt; nimm nach diesem 2 Bogen Papier, bestreiche sie mit Krebsbutter, thu sie nachdem in einen Kastrol, welches die Größe von der Schüssel hat, lege das Papier hinein, schneide es rund, thu nachmals die Dosis hinein, und laß im Ofen langsam gehen, servire es hernach mit sammt dem Papier zur Tafel; du kannst auch diese Dosis, anstatt zu backen, in eine Serviette thun

und

und ſieden laſſen, nachdem ganzer mit einer Krebs-
ſauce ſerviren, oder auch zerſchneiden, es kann
auch dieſe nämliche Doſis in kleine Form im Ofen
gebachen werden, du kannſt auch in einen Form
machen, und in die Mitte ein feines Ragout von
den Schweifen mit ein wenig Schambion und
Maurachen hinein thun.

De Saumon a la Gril.
Rheinſalm auf dem Roſt.

Mache von Papier kleine Kapſeln, dieſe thu in
ein heißes Schmalz und wiederum heraus, nimm
ein Stücklein Rheinſalm, ſchneide ihn nach der
Größe von den Kapſeln, thu den geſchnittenen Filée von Salm in einen Kaſtrol mit feinen Kräutern, Lorberblättern und Scharlotten, Pfeffer
und Salz, Provenceröl, den Saft von einer halben Lemoni, miſche hernach die Filé, und richte
ſie ſchön in die Kapſel hinein, gieß in ein jedes
von dieſem Margenad etwas, ſetz ſie, wenn es
Zeit iſt, in Ofen oder auf den Roſt, und mit einer glühenden Schaufel oben anziehen laſſen, thu
etliche Sardellen recht fein machen, miſche ſie mit
Butter, thu ſie in einen Kaſtrol, laß ſie zergehen,
drücke den Saft von einer Lemoni daran; wenn
du ſie ſervireſt, thu in eine jede Kapſel von dieſer
Sauce gießen, und ſchön zur Tafel ſerviren, du
kannſt ſie auch auf dieſe Manier mit Butter machen, und von mehreren Sorten Fiſch, abſonder-
lich wenn einer von einer Tafel überbleibt, und
wiederum muß applicirt werden vor ein Entremets.

Une de Langues Carpes.

Karpfenzungen für Entremets.

Blanchire die Karpfenzungen im Salzwasser, hernach thu sie in einen Kastrol mit frischen Butter und Lemonisaft, putze etliche kleine Schambinion schön weiß, ein klein wenig blanchiren, und auch dazu einen frischen Triffel, wenn du haben kannst, in Filé geschnitten, etliche Krebsschweife, thu dieses alles passiren, staube ein wenig Mehl daran, fülle sie auf mit guter Bouillon und laß einkochen, nimm hernach kleine Eyer, die aus der Henne genommen werden, blanchire sie, thu das Häutlein davon und thu sie auch dazu; wenn du sie servirest, so legire sie mit Eyerdottern und thu ein wenig grün blanchirten Petersill dazu, Lemonisaft und Salz, richte sie an und garnire sie mit Cruton. Austern können auf diese nämliche Manier gemacht werden, nur daß die Austern mit einwen g weißen Wein müssen blanchirt werden, und auf die Letzte mit den Eyern in die Sauce gethan, damit sie nicht zu hart werden.

Des Huitres frites.

Gebachene Austern.

Die Austern werden ein klein wenig in weißen Wein blanchirt und hernach im Weinteig ausgebachen, die Sardellen das nämliche, aber nur gewaschen und voneinander getheilt, die Greten davon.

D'Oeufs

D'Oeufs pochés.
Verlohrne Eyer mit Jus.

Diese Eyer müssen frisch seyn, welche im Wasser verlohren werden mit ein wenig Essig, hernach in ein frisches Wasser, nachdem auf ein sauberes Tuch gelegt und schön gepuhzt, daß sie gleich sind, auf die Schüssel rangirt, eine gute und klare Jus darüber geben, und ein jedes Ey mit einem blanchirten Petersill garniren, du kannst auch die nämlichen Eyer mit einer Krebssauce machen, mache von Krebsbutter eine Sauce auf die Manier, wie eine weiße, schneide die Krebsschweife in Filé, und thu sie dazu, gieß hernach diese Sauce über die Eyer, du kannst sie auch auf die nämliche Manier mit einer grünen Sauce von Spinatdopfen geben.

D'Oeufs Sauce au fer cheval.
Eyer mit brauner Buttersauce.

Die Eyer müssen gebachen werden, der Dotter muß aber lind bleiben, richte sie auf eine Schüssel, mache einen Butter gelb und gieß Essig daran, ein wenig Pfeffer und Salz, laß diese Sauce aufkochen und gieß sie über die Eyer, bestreue sie mit grün ausgebachenem Petersill, und servire sie zur Tafel; du kannst auch ausgebachene Eyer mit frischer Cucumernsauce geben, du kannst auch die Eyer im Wasser verlieren, hernach schön trocken werden lassen, und nachdem ein wenig einmehlen, in Eyern umkehren, und nachmals in Schmalz gäh ausbachen, und mit einer Sauce serviren, wo die beste, die man geben kann, eine von Cucumern, oder auch eine andere piquante Sauce ist.

Des Oeufs innocents.
Unzeitige Eyer.

Das sind Eyer, welche noch in der Henne sind, da kann man von mehrern haben, setze ein Wasser auf und laß sieden, thu die Eyer hinein, und laß einen Sud aufthun, thu sie wieder heraus in ein frisches Wasser, häutle sie ab, und mache eine Sauce von Coulis, oder auch eine weiße, nimm etwas Schambinion dazu, auch Triffel, mache die Sauce piquant, garnire sie hernach mit Cruton, servire sie alsdenn zur Tafel.

D'Omelettes aux Epinards.
Kleine Omelette mit Spinad.

Thu einen Spinad, ganz fein geschnitten, mit ein wenig fein geschnittenen Zwiebel einpassiren, mit frischen Butter und ein wenig guter Bouillon, salze und pfeffere ihn, und laß ihn hernach kalt werden, nach diesem mache kleine und feine Omelette von Eyern, bestreiche sie mit ein wenig Spinad, wickle sie zusammen und rangire sie schön in die Schüssel, gieß ein wenig süßen Rahm daran, und setze sie warm; wenn es Zeit ist zu serviren, so thu sie mit einer glüenden Schaufel oben ein wenig Farbe nehmen lassen.

D'Omelettes a la Romaine.
Omelette auf Romanisch.

Schlage Eyer aus, gieß ein wenig Milch dazu,

ju, wie auch etwas Zucker, mache hernach ganz kleine und feine Omelette, eines auf das andere; wenn aber zwey aufeinander sind, so reibe einen Lemoni auf dem Zucker ab, und thu ihn nachdem auf dieses Omelett reiben, bache nachmals 2. andere, reibe hernach eine Pomeranze auf den Zucker, mache soviel du willst, auf die Letzte schneide es mit dem Messer schön gleich, bestreue es mit Zucker, gieb mit der glüenden Schaufel Farbe, und servire hernach.

Un Omelette a l'Angloise.

Ein Omelett auf Englisch.

Schlage Eyer aus, soviel du glaubst vonnöthen zu haben, salze und pfeffere sie, gieß ein wenig süßen Rahm dazu, und ein wenig fein geschnittenen Petersill, schlage die Eyer gut ab, thu ein Stück frischen Butter in die Omelettenpfanne mit ein wenig fein geschnittenen Zwiebeln, laß sie ein wenig passiren, und gieß die Eyer hinein, laß sie nur auf einer Seite schön gelb anziehen, thu es hernach überschlagen, daß es in der Mitte lind bleibt, richte es auf die Schüssel und gieß eine gute Jus darüber, alsdenn servire es warmer zur Tafel.

Un Omelette a l'Allemande.

Ein Omelett auf deutsch.

Man nimmt eine gebratene Nieren von Kalbfleisch, schneidet sie fein, thut sie hernach in einen Kastrol mit ein wenig fein geschnittenen Zwiebel und einem Stücklein frischen Butter, thu ihn ein wenig passiren, hernach die Nieren dazu mit ein wenig

wenig fein geschnittenen Petersill, Pfeffer und Salz, schlage die Eyer daran nach Belieben, schlage sie gut ab, und mache nachmals das Omelett davon, aber auf beyden Seiten anziehen lassen und zur Tafel serviren, es kann auch mit ein wenig Jus gegeben werden, oder auch trocknet.

Un Omelette a la Genoise.
Ein Omelett auf Genuesisch.

Schlage Eyer aus nach Belieben, thu einen fein geschnittenen Petersill, ein wenig Pfeffer und ein klein wenig Salz dazu, thu sie gut abschlagen mit ein wenig süßen Rahm, wasche nach diesem 6 oder 12 Sardellen, nachdem du Eyer hast, spalte sie von einander, die Gräten davon; wenn das Omelett halb gebachen ist, so thu die Sardellen sauber hineinlegen und das Omelett, hernach umwenden und gar bachen lassen, alsdenn zur Tafel serviren; auf solche Art kannst du es auch mit einem guten und fetten Käs machen, auch mit geriebenen Parmesankäs, welchen die Italiäner sehr lieben.

Des Oeufs pochés piqué & glacé.
Verlohrne Eyer gespickt und glasirt.

Es müssen Eyer seyn, welche nur eine Haut haben, und noch nicht hart sind, diese Eyer werden von den Hühnern genommen, wenn man sie auf macht, wohl aber in Obacht genommen, daß die Haut nicht zerrissen wird, schneide hernach einen feinen Speck so fein als es seyn kann, gleichwie zu einem Lerchen zu spicken, spicke nach diesem diese Eyer auf 3 Reihen durch die Haut, mit einer feinen

nen Spicknadel, aber gieb wohl acht, daß du die Haut nicht zerreiſſeſt, ſetze ein Waſſer auf das Feuer mit Eſſig und laß ſieden, wenn es ſiedet, ſo ſetz es vom Feuer und laß ſtät von vornen ſieden, lege die Eyer hinein und laß ſie ſtät ſieden, gleichwie die verlohrne Eyer, gieß hernach ein friſches Waſſer daran, und ziehe die Haut davon, ſo wird der Speck in dem Ey bleiben, nachdem rangire ſie in die Schüſſel, und thu ſie nachmals mit einer feinen Glas mit dem Pinſel glaſiren, gieb eine piquante Jus oder auch eine andere gute Sauce darunter, es iſt ein rares und künſtliches Entremets.

Des Oeufs a l'Espic.
Eyer mit Sulz.

Es wird eine piquante Sulz von Fleiſch gemacht, wie ich ſchon gemeldet habe bey dem Geflügel, welche ein Espic genennet wird, die Eyer ſo viel du haben willſt, mußt du im Waſſer verlieren, und Obacht geben, daß es friſche Eyer ſind, daß ſie auch ſchön rund bleiben, nimm nachmals den Model von Ey, thu in den halben Model ein wenig Sulz, lege das Ey hinein und laß es ſtehen, thu nach dieſem in die andere Hälfte ein wenig Sulz, ſchlage die andere Hälfte hinüber, mach es mit Papier gut zu, und thu ſie auf das Eis bis du ſie ſervireſt, du kannſt auch dieſe Eyer auf die Schüſſel richten ohne Model, nur ein wenig mit blanchirten Bertram oder Peterſill garniren, auch mit Oliven gekochte Schunken mit Kapaunenbrüſten, das kommt auf dein Belieben und den Gedanken an, welchen ich hier nicht beysetzen kann, denn die Speisen schön zu dressiren oder einzurichten, das kommt blos auf den Gedanken und den guten Gusto an.

Un flan de Ris.
Ein Aufgeloffenes von Reis.

Siede den Reis in der Milch mit einem Stück Zimmet lind, laß ihn hernach kalt werden, treibe nach diesem ein Stück frischen Butter ab mit 6 Eyerdottern, thu den Reis dazu, und auch wie derum gut abtreiben, gieb auch etliche bittere Mandellaiblein, und etliche Biscotten fein zerrieben, dazu, wie auch ein Stücklein fein geschnittenen Citronat, ein wenig Pomeranzenblüth wie auch Zucker, schlage 4 Eyerklar zu Schnee und gieb ihn auch dazu, bestreiche nachmals 2 Bögen Papier mit Butter, thu sie in einen kleinen Kastrol, schneide sie rund, gieß diesen Reis hinein, setz ihn in Ofen und laß ihn stät bachen, gieb ihn nach diesem mit sammt dem Papier zur Tafel.

De Ris frit a l'Allemande.
Gebachenen Reis auf deutsch.

Dieser Reis muß auch in der Milch gekocht werden und recht lind, laß ihn hernach kalt werden, rühre ihn mit etlichen Eyerdottern ab, gieb ihm einen Gusto von Zimmet und Pomeranzenblüth, auch ein wenig Zucker, thu ihn nachmals auf ein Bachbrett mit ein wenig feinem Mehl, rollire ihn rund und mache kleine Stücklein daraus, oder auch sonst eine Façon, tunke ihn in Eyern ein,

ein, und kehre ihn nach diesem in sein geriebener
Semmel um, und bache ihn schön aus; wenn du
ihn servirest, so bestreue ihn mit Zucker, oder lege
ihn auf ein Blech, und bestreue ihn mit Zucker,
bedecke ihn oben mit einer glüenden Schaufel, daß
er schöne Glace bekommt und croquant bleibet.
Du kannst ihn auch auf eine andere Manier machen, wenn der Reis in der Milch gesotten hat und
hernach kalt worden ist, so thu ihn in eine Schüssel und zerrühre ihn gut, schlage ein ganzes Ey
daran und etliche Eyerdotter, ein wenig Hefen,
salze ihn, und alsdenn laß ihn gehen, in kleine
Stücklein; oder wenn er in der Schüssel gegangen
ist, so thu ihn mit einem kleinen Löffel herausnehmen und schön im Schmalz bachen lassen,
nachmals aber mit Zucker bestreuen.

Un de Ris frit a l'Italienne.

Einen gebachenen Reis auf Italiänisch.

Siede den Reis im Wasser recht dick und lind,
nachdem laß ihn kalt werden, rühre ihn mit einer
Handvoll feinem Mehl fein ab, salze ihn, hernach
lege ihn auf ein Bachbrett mit ein wenig feinem
Mehl, rolle ihn mit der Hand, so dick wie eine
Bratwurst aus, schneide kleine lange Stücklein,
oder mache runde Kränze, diese heißen die Italiäner Zobbela, bache sie nach diesem in Oel aus,
richte sie auf die Schüssel, laß ein Honig zerschleichen und begieße ihn ein wenig damit, bestreue ihn
auch mit ein wenig Zucker, und gieb ihn also warmer zur Tafel. Dieser Reis wird gemacht an

einem

einem Fasttage, wo die Italiäner keine Eyer und Butter essen.

De Pommes frites.
Gebachene Aepfel.
Den Teig zu machen, ist schon explicirt worden, mit Wein, die Aepfel müssen Maschanzker, wie man sie in Wien nennet, oder Borstorfer seyn, diese geschält, schneide sie nach deinem Belieben rund oder in Viertel, leze sie in ein Geschirr mit Zimmet und Lemonischalen, weißen Wein oder auch Brantewein, laß sie ein paar Stunden sieden, tunke sie hernach in Teig ein und laß sie schön ausbachen, lege sie auf ein Blech, bestreue sie mit feinem Zucker, und brenne sie nachmals mit der glüenden Schaufel, wende sie um, bestreue sie auch wiederum mit Zucker, und brenne sie ebenfalls, so werden sie recht croquant und gut seyn, richte sie auf eine Serviette an, ohne mit Zucker zu bestreuen; auf diese Manier kannst du auch die Appricosen, Pfirsisch und Weichseln bachen, die Weichseln werden aber nicht gebrennt, die Melonen kannst du auch mit Teig bachen, gleichwie die Aepfel, und auf die nämliche Manier glasiren.

De Pommes a la Dauphine.
Faschirte Aepfel.
Nimm von den allerbesten Aepfeln, schäle sie und höhle sie in der Mitte aus; setze halb Wasser und halb Wein mit einem Stücklein Zucker und Zimmet und Lemonischalen auf das Feuer, laß sieden, gieb hernach die Aepfel hinein und laß sie kochen,

bis

bis sie lind sind, lege sie nach diesem auf ein Haarsieb und laß sie ablaufen, mache von süßen Rahm und Eyerdottern einen Kreen, laß ihn, wenn er verkocht hat, kalt werden, nimm die Schüssel, wo du zu serviren hast, gieß von dem Kreen hinein, setz die Aepfel darauf, fülle von den Maulbeeren, welche eingemacht sind, in die Aepfel, schneide Citronat in feine Filé, bestecke die Aepfel damit aber fein, daß man sie siehet, als wenn sie gespickt wären, gieß den andern Kreen darüber, daß die Aepfel bedeckt sind, nimm etliche bittere Mandellaiblein, stoß sie fein und bestreue die Aepfel damit, setz sie in Ofen und laß sie schöne Farbe nehmen.

D'une autre Maniere.
Auf eine andere Manier.
Mache die Aepfel zurecht und koche sie, wie schon vorher gemeldt, nicht anders, als daß du, anstatt den Kreen, einen Reis in der Milch recht lind kochest, thu ihn hernach abtreiben mit etlichen Eyerdottern und frischen Butter, ein wenig Zimmet und Zucker, ein wenig Pomeranzenblüth, wenn er abgetrieben ist, so thu die Aepfel auf die nämliche Manier richten, wie schon gemeldet ist.

D'une autre Maniere.
Auf eine andere Manier.
Richte die Aepfel auch auf die nämliche Manier, mache einen Kreen von süßen Rahm und Eyerdottern, wie schon gemeldt, thu ein paar Loth fein gestoßene Pistazi dazu; wenn der Kreen gekocht hat,

har, so laß ihn kalt werden, und bestecke die Aepfel, anstatt Citronat, mit fein geschnittenen Filé von Pistazi, in den Kreen gieb einen Spinatdopfen, damit er grün wird, du mußt aber etwas von dem Kreen weißer aufbehalten, und hernach die Aepfel damit füllen anstatt dem Eingemachten, in den weißen Kreen gieb ein wenig fein geschnittenen Citronat, mache hernach die Aepfel zurecht auf die nämliche Manier, wie schon vorher gemeldet worden.

Des Pommes a la Polonoise.
Aepfel auf Pohlnische Manier.

Nimm von den beßten Aepfeln, schäle sie und schneide das Kröbs davon, thu sie hernach auf ein sauberes Schneidbrett und schneide sie klein, aber nicht gar zu fein, thu sie nach diesem in ein Geschirr, thu daran ein Stücklein fein geschnittenen Citronat, ein wenig fein gestoßenen Zimmet, eine Lemonischale auf dem Zucker abgerieben, ein wenig gestoßenen Zucker, eine Handvoll geriebene Semmel, 3 Eyerklar, rühre alles untereinander, setze ein Schmalz auf das Feuer, und mache auf diese Aepfel einen Form rund, so groß oder lang wie ein Ey, bache sie schön braun aus, nach diesem thu sie in einen Kastrol mit rothen Wein und Zucker, ein Stücklein Zimmet, laß sie kochen bis sie durchaus gekocht sind und die Sauce kurz wird, richte sie nachmals an, und servire sie mit Crouton garnirt.

Dune

D'une autre Maniere.
Auf eine andere Manier.

Es müssen auch von den allerbesten Aepfeln seyn, nachdem sie geschält sind, thu sie fein Blätlein weiß schneiden, thu sie in ein Geschirr mit Wein, Zimmet und Lemonischalen auf dem Zucker abgerieben, thu nach diesem ein schwarzes Brod reiben und im Butter rösten, nachmals nimm einen kleinen Kastrol die Größe von der Schüssel, bestreiche es mit Butter, hernach fange an zu legen, eine Leg von dem gerösten Brod, nachdem eine Leg Aepfel, dieses thu solang, bis du die Größe hast wie du sie haben willst, nach diesem gieß den Wein daran wo die Aepfel gelegen sind, er muß aber süß von Zucker seyn, setz es in Ofen, und laß es bachen; wenn es Zeit ist zu serviren, thu es aus dem Ofen, stürz es auf die Schüssel, reibe ein wenig Zucker darüber, und servire es zur Tafel.

Des Pommes au four.
Aepfel im Ofen.

Du kannst nach deinem Belieben Aepfel nehmen, wenn es nur saure sind, nachdem sie sauber geschält sind, thu sie in der Mitte voneinander schneiden und das Kröbs heraus, bestreiche eine Tortenpfanne mit frischen Butter, lege die Aepfel darauf, bestreue sie mit Zucker und Zimmet, auch mache fein etliche bittere Mandellaiblein und etliche Biscotten, bestreue sie auch damit, und setze sie hernach in Ofen, laß sie Farb nehmen, gieß nachdem ein wenig weißen Wein mit ein wenig Zucker auf

auf dem Boden, setz sie wiederum in Ofen und laß aufkochen, richte sie nach diesem sauber an, und servire sie zur Tafel.

Des Pommes a la Saxe.
Aepfel auf Sächsisch.
Nimm Maschanzker oder Borstorfer, oder andere gute Aepfel, thu sie in der Mitte aushöhlern und hernach schälen, setze ein Wasser mit Wein, Zucker, Zimmet und Lemonischalen auf das Feuer und laß kochen, thu die Aepfel hinein, und laß sie halb kochen, thu sie nach diesem auf ein Sieb und laß sie ablaufen, nimm bittere Mandellaiblein, etliche Biscuit, Citronat, etliche harte Eyerdottern, ein wenig feinen Zimmet, stoße alles dieses fein, faschire die Aepfel damit, setze sie auf die Schüssel, schneide nachdem feine Filé von Pistazi, Mandeln und Citronat, spicke die Aepfel damit, laß den Syrop, den die Aepfel gekocht haben, einkochen, wenn er kurz ist, so gieß ihn über die Aepfel, setz sie in Ofen und laß sie gar fertig werden, nachdem servire sie also warmer.

Des Pommes en Compôte.
Ein Compot von Aepfeln.
Diese müssen von den beßten Aepfeln seyn, schäle sie schön gleich und zugleich in ein frisches Wasser mit weißen Wein, Zimmet, Zucker und eine Lemonischale, setze sie hernach auf das Feuer, und laß sie sieden, bis sie lind sind, thu sie heraus auf ein Sieb, und laß sie sauber ablaufen, richte sie nachmals schön auf deine Schüssel an, laß den Syrop

Syrop ganz kurz einkochen, auf die Letzte drücke den Saft von einer halben Lemoni hinein, und laß ihn kalt werden, so wird er wie eine Sulz werden, steche ihn nachgehends mit einem Löffel aus auf die Aepfel herum, und hernach zur Tafel servirt, du kannst auch auf diese Manier die Aepfel ganzer geben, nur in der Mitte ausgehöhlert, du kannst auch die Aepfel wiederum in Syrop legen, wenn er kurz ist, und nach diesem nochmal kochen lassen, nachdem schön anrichten und den Syrop darüber gießen, auch kannst du das Compot mit Turnesol roth machen, du darfst nur auf die Letzte einen Fleck hinein thun, einmal mit aufsieden lassen, so wird es roth genug werden. Wenn man ein weißes Birncompot machen will, so muß es auch auf die nämliche Art gemacht werden, nur daß die Birne sich nicht sulzen, so thut man sie wiederum auf die Letzte, wenn der Syrop kurz ist, hinein, und läßt sie einsieden, hernach den Lemonisaft daran drücken, willst du aber die Birn gesulzt haben, so mußt du Maschanzker oder Borstorferäpfel dazu nehmen, hernach kannst du sie sulzen. Die Birne schön roth zu machen, wie auch die Quitten: sie müssen in einem Häfelein oder Kesselein, welches wohl zugedeckt seyn muß, sieden, und dieses lang, so werden sie roth werden, als wenn sie gefärbt wären; wenn du aber ein Compot von Apricot oder Pfirsisch machest, so müssen die Kerne auch dabey seyn, nachdem sie sauber geschält sind, denn die Kerne geben den guten Gusto.

Une

Une Tourte a la Saxe.
Eine Torte auf Sächsisch.

Mache einen guten mürben Teig ohne Zucker, von dem Teig mache ein Blat, so groß du haben willst, für deine Schüssel, mache von dem nämlichen Teig ein kleines Reiflein herum, nicht dick, hoch wie ein Finger, schäle die Aepfel, und lege sie in den Teig hinein, bestreue sie nach diesem dick mit gestoßenem Zucker, gieb ein Stücklein Zimmet dazu, eine Lemonischale und ein wenig weißen Wein, setz sie in Ofen und laß sie bachen, thu hernach den Zimmet und die Schalen davon nehmen. Auf diese Manier kannst du es auch von allen Sorten Früchten machen, als nur bey den Apricots und Pfirsichen thust du die Kerne dazu, von Weichseln, Kirschen, Erdbeeren wird alles auf die nämliche Manier gemacht, die Weichseln und Kirschen mit sammt den Steinen; an die Apricots oder Pfirsiche aber ist es gut, wenn du ein kleines Gläslein voll Pomeranzenrosoli gießest.

Tourtelettes d'Amandes.
Kleine aufgesetzte Mandeltourtelette.

Mache von dem feinen Mandelteig, welcher auf dem Feuer abgetrücknet wird, wie schon gemeldet ist bey den Croquant zu machen, kleine Abbes, thu ein rundes oder ein Herz ausstechen, hernach mache feine Bändlein, wie ein starker Finger breit, setz das mit Eyerklar auf, aber schön gleich, setze sie nachmals in einen Ofen, welcher schier seine völlige Hitze verlohren hat, laß sie nur ums Kennen ein

wenig

wenig gelb werden, thu sie heraus, wenn sie kalt sind, so fülle sie mit Eingemachten an, oder auch mit Sulz oder Kreen.

De paté frole.

Einen mürben Teig.

Thu ein Pfund Butter in einen Kastrol mit einem halben Pfund fein gestoßenen Mandeln, treibe diesen Butter und Mandeln mit 5 Eyerdottern gut ab, thu ein halb Pfund Mehl mit ein halb Pfund Zucker und ein wenig fein gestoßenen Zimmet auf ein Bachbrett, thu diesen Butter dazu und mache einen Teig daraus, auf den Teig kannst du allerhand machen, wie auch eine Torte mit eingemacht, oder auch kleine Bachereyen, du kannst auch unter den Teig mischen etliche hartgesottene Eyerdottern, etliche fein gestoßene bittere Mandellaiblein mit einem Stücklein fein geschnittenen Citronat, mache nachdem kleine Kränzlein daraus, bestreiche sie mit Wasser, überstreue sie mit Zucker, und laß sie im Ofen schön ausbachen.

De Paté Royale.

Einen Brandteig.

Setze ein Quart oder Seidlein weißen Wein mit einem Stücklein frischen Butter, so groß wie ein Ey, auf das Feuer, und laß sieden, gieb auch die Schalen von einer Lemoni und ein Stück Zimmet hinein, thu dieses, nachdem es gesotten hat, wiederum heraus, und rühre hernach ein feines Mehl solang hinein, bis es einen starken Teig giebt, trückne ihn recht auf dem Feuer, nachdem rühre

4 gan»

4 ganze Eyer daran und 8 Dottern, wenn er recht abgerührt ist, thu Zucker dazu, mache aus diesem Teig was dir gefällt, er ist gut im Ofen und auch gut zum Bachen im Schmalz, im Ofen mache kleine Köcherlein, groß wie eine welsche Nuß, auf ein Blech mit Butter bestrichen, drücke sie ein wenig platt, und thu in die Mitte eingemachte Weichseln oder sonst etwas, aus diesem Teig kannst du auch kleine Kränzlein machen, mit Eyern bestreichen und hernach in einen Ofen thun, welcher nicht mehr heiß ist, sondern daß sie nur ganz stät bachen, bis sie schöne Farbe haben, auf solche Manier kannst du mehrere Façons daraus machen, und auf allerhand Manier.

Des Bouchées de Fames.

Kleine Kräpflein im Schmalz ausgebachen.

Thu in einen Mörser ein viertel Pfund Ochsenmark, 4 hart gesottene Eyerdotter, 6 bittere Mandellaiblein, 6 Biscuit, ein Stück Citronat, ein wenig fein gestoßenen Zimmet, einen Apfel, welcher im Compot gemacht ist, und ein wenig Zucker, stoße dieses alles fein, hernach mache mit Zucker einen mürben Teig, treibe ihn fein aus, theile diese gestoßene Massa in kleine Stücklein, so groß eine welsche oder Häselnuß ist, bestreiche es mit Eyern und mache ein Blat darüber, nimm einen Ausstecher, welcher just die Größe von diesem Teig hat, der Ausstecher muß in der Mitte hohl seyn, weil das Faschirte hineingehen muß, mache soviel du vonnöthen hast, bache sie nach diesem im Schmalz

Schmalz schön aus, richte sie an, und bestreue sie mit Zucker.

Des Risolles.
Kleine Schneekräpflein.

Mache einen mürben Teig ohne Zucker, treibe diesen recht fein aus, thu hernach, wie der Teig ist, in der Länge das Eingemachte austheilen, so groß wie eine Haselnuß, schlage den Teig über, thu sie nach diesem mit dem Bachratter ausschneiben und schön im Schmalz ausbachen, auch mit Zucker bestreuen und serviren.

Des Caisses a l'Angloise.
Kapseln auf Englisch.

Thu in einen Kastrol ein Pfund Butter, rühre ihn wohl ab mit 6 Eyerdottern ohne Weiß, thu auch ein halb Pfund Zucker dazu, ein wenig gestoßenen Zimmet, von einer Lemoni die Schalen abgerieben, drey viertel Pfund Mehl, ein viertel Pfund Weinbeer, ein Stück Citronat fein geschnitten, dieses alles wohl abgerührt, schlage von den 6 Eyerklar einen Schnee, rühre ihn auf die letzte hinein, mache kleine Kastrol von Papier, als wie für die Biscoten, thu den Teig hinein und laß ihn stät ausbachen; wenn du sie servirest, so thu sie von dem Papier abschneiden und zur Tafel serviren.

Une Tourte a l'Italienne.

Eine Torte auf Italiänisch.

Mache einen süßen Dopfen von einer guten Milch, wo der Rahm noch dabey ist, laß ihn gut ablaufen, thu diesen Dopfen darnach in ein Geschirr, rühre ihn mit etlichen Eyerdottern ab, thu sein gestoßenen Zimmet dazu, ein Stück Citronat sein geschnitten, ein wenig Pomeranzenblüth, etliche bittere Mandellaiblein und etliche Biscuit, auch eine Handvoll gestoßenen Zucker, rühre dieses alles zusammen wohl ab, nachdem thu auf ein Schneidbrett Mehl, soviel du in 2 Händen halten kannst, ein ganzes Ey, und ein Bröcklein Butter, nimm ein laulichtes Wasser, ein wenig Salz, mache den Teig damit an, und arbeite ihn soviel dir es möglich ist, mache hernach 10 Stücklein daraus, treibe den Teig Blätleinweiß aus, laß einen frischen Butter zergehen, bestreiche eine Schüssel oder Tortenpfanne damit, treib das erste Blat mit der Hand aus, auf die Schüssel thu den Butter mit einer Feder betropfen, mache es wiederum so fort bis 4 Blätter sind, thu nach diesem den abgerührten Dopfen hinein, und bedecke ihn mit den andern Blättern, wie du es Anfangs gemacht hast, mache nachmals ein Messer warm, schneide mit diesem Messer die Torten rund, schneide oben auch etwas darauf, und laß sie hernach im Ofen stät bachen, daß sie schöne Farbe bekommt; wenn du sie servirest, so bestreue sie mit ein wenig feinem Zucker und nicht gar kalt.

Une Torte aux Marrons.
Eine Torte von Kastanien.

Thu die Kastanien im Wein lind. sieden, thu sie nachdem aus der Schale in ein Geschirr, zerrühre sie wohl, thu ein wenig fein gestoßenen Zimmet dazu, Zucker, eine abgeriebene Lemoni, etliche bittere Mandellaiblein und Biscoten, und ein Gläslein guten Wein, rühre alles wohl ab, und mache die Torte, wie die vorhergehende zu machen explicirt worden ist.

Une Créme Royale.
Einen Königscrem.

Thu in einen Kastrol 6 bittere Mandellaiblein mit 12 Biscoten, ein wenig gestoßenen Zimmet, eine Pomeranze auf dem Zucker abgerieben, wie auch eine Lemoni, thu dazu 8 Eyerdotter, eine halbe Bouteille Wein, ein viertel Pfund Zucker, laß eine Stunde weichen, hernach passire es durch ein Haartuch, gieß es auf eine Schüssel, wo du zu serviren hast, setz ihn in Ofen, und laß ihn zusammen gehen, thu ihn nachmals heraus und servire ihn kalt.

Un a la Turque.
Einen auf Türkisch.

Thu in einen Kastrol 12 Biscuit, eine abgeriebene Lemoni, ein wenig Zimmet und ein achtels Pfund Zucker, 3 ganze Eyer und 8 Dotter, zerrühre dieses alles, gieß ein halb Maaß süßen Rahm dazu, passire ihn durch ein Haartuch, gieß in die

Schüſſel, ſetz in Ofen und laß zuſammen gehen, ſervire ihn kalter, auch von Reis kann er auf die nämliche Manier gemacht werden, thu ein viertel Pfund Reis recht wohl in ſüßen Rahm verkochen, anſtatt der Biſcoten nimmſt du den Reis, und machſt den Crem auf die nämliche Manier.

Un a l'Angloiſe.
Einen auf Engliſch.

Nimm einen ſauber glaſirten Hafen, oder einen kleinen Keſſel, reibe eine ſüße Pomeranze hinein, wie auch eine Lemoni, ſchlage 8 Eyerdotter dazu, ein viertel Pfund Zucker, und deck es zu, ſtelle ein Glas Champagner Wein mit ein Loth Hauſenblattern und ein Stück Zimmet auf eine kleine Glut und laß ſieden, nachdem wenn die Hauſenblatter wohl verkocht iſt, gieß noch ein Glas Champagner Wein dazu, paſſire ihn in den Hafen durch ein Haarſieb, ſetz den Hafen auf eine Glut, die nicht zu ſtark iſt, thu ihn mit einem Chocoladeſtrudel recht ſtrudeln, bis er wie eine Chocolade anfängt zu ſaumen, da mußt du eine Form präparirt haben, mit ein wenig ſüßen Mandelöl beſtreichen, gieß den Crem hinein und laß ihn kalt werden, hernach löſe ihn ringsherum ab, ſtürz ihn auf die Schüſſel und ſervire ihn zur Tafel, von andern guten Weinen kannſt du ihn auch machen auf die nämliche Manier; viele thun auch das Eyerklar zu Schnee ſchlagen, und wenn der Crem anfängt dick zu werden, ſo rühren ſie das Eyerklar auch hinein, und gießne ihn hernach in den Model.

Un au four a l'Angloise.
Einen im Ofen auf Englisch.

Thu alles dieses zusammen, was vorher gemeldet ist, als nur keine Hausenblattern, und nimm nur die Hälfte vom Wein, rühre ihn ab auf dem Feuer und gieß ihn in die Schüssel, laß ihn hernach kalt werden, bestreue ihn mit Zucker und setz ihn in einen heißen Ofen, daß er bald eine Glace bekommt, nach diesem laß ihn wiederum kalt werden.

Une Crême veloutée.
Einen Crem von Champagner.

Gieb in einen Hafen ein viertel Pfund Zucker, 8 Eyerdotter, ein Glas Champagner Wein, dieser muß aber gut seyn, setz ihn auf eine kleine Glut; wenn es nun Zeit ist zu serviren, so thu ihn mit dem Chocoladestrudel recht strudeln, bis er Faum giebt, hernach gieß ihn gleich ins Becherlein, setz ihn auf die Schüssel und servire ihn recht warm; wenn du keine Becher hast, so kannst du ihn auch in der Schüssel serviren.

Une Crême au Ris a l'Italienne.
Einen Crem auf Italiänisch.

Du mußt ein feines weißes Mehl haben, hernach setze einen süßen Rahm auf das Feuer und laß ihn kochen mit einem Stück Zimmet und Zucker, streue das Mehl hinein, rühre beständig, es muß nicht zu dick seyn; wenn es wohl verkocht hat, so thu es auf die Seite, stoß ein wenig Pomeranzenblüth hinein, bestreiche einen Form mit ein wenig süßem Mandelöl, gieß den Crem hinein und laß ihn kalt werden, hernach stürze ihn um, garnire ihn mit Citronat, und servire ihn zur Tafel.

Un au Ris d'une autre Maniere.
Auf eine andere Manier.
Thu anderthalb Loth Hausenblattern in einem süßen Rahm kochen, wenn sie wohl verkocht ist, so thu diesen Rahm passiren, gieb ein halb Pfund Reis in einen Kastrol mit süßen Rahm und ein Stück Zimmet und Zucker, laß den Reis kochen, gieß den andern Rahm von der Hausenblattern auch dazu, setz ihn auf eine stäte Glut, und laß ihn stät kochen; der Reis wird allezeit in der Höhe einen Faum geben, welchen du mit einem Löffel abschöpfest in die Schüssel hinein, wo du den Crem zu serviren hast, schöpfe so viel hinein als es seyn muß, hernach thu das andere Weiche vom Reis hinweg, und thu mit einem Nudelscharrer die Rammeln ablösen und auf den Crem decken, bis der ganze Crem bedeckt ist, nach diesem reibe eine Lemoni auf dem Zucker ab, und reibe es ganz sein auf den Crem, alsdenn servire ihn kalter.

Un Blanc-manger.
Ein Blanmasche.
Siede eine Maaß süßen Rahm mit einem Stück von Kalbsfüßen oder Hausenblattern und ein Stücklein Zucker, auch ein Stücklein Zimmet; wenn er den vierten Theil eingesotten hat, so stell ihn auf die Seite, laß hernach ein viertel Pfund süße Mandeln mit etlichen bittern recht sein stoßen, thu

thu nachdem die Mandeln mit dem Rahm abrühren, gieb ein wenig Pomeranzenblüthwasser dazu,
und passire es nach diesem durch ein sauberes Haartuch oder Serviette, thu es in die Becher füllen,
oder auf die Schüssel gießen und stehen lassen, sodenn kalter serviren. -

Une Crême patissier.
Einen Bachmeistercrem.

Nimm soviel feines Mehl als du mit 8 Eyerdottern abrühren kannst, thu hernach ein halb
Maaß süßen Rahm dazu, wie auch Zucker, ein
Stücklein Zimmet und ein Stücklein frischen Butter, rühre diesen Crem auf dem Feuer gut ab, auf
die Letzte gieß eine Lemonischalen hinein, thu sie
nachdem auch wiederum davon und richte ihn auf
die Schüssel an. Aus diesem nämlichen Crem
wird der Crem brulle gemacht, gieb einen fein gestoßenen Zucker in die Schüssel, setz sie auf das
Feuer, laß den Zucker zu Carmehl werden, gieß
den Crem hernach hinein, und rühre ihn nicht
überall herum, sondern er muß marmorirt bleiben
weiß und braun, und wenn dieser Crem etwas stark
gemacht wird, so ist er gut zum Ausbachen, in
Eyern umgekehrt und mit geriebener Semmel
bannirt, er ist auch gut in die Torten zu machen,
es ist allezeit ein guter Crem.

Un aux Pistaches.
Einen von Pistazi.

Der Crem wird auf die nämliche Manier gemacht, nur daß die Pistazi durch ein Sieb passirt

werden, und nachdem der Crem abgerührt ist, so thu die Pistazi mit ein wenig Spinatdopfen hinein rühren, damit er schön grün bleibt, und den Geschmack muß er von verstabeln Pistazi haben. Er wird auch von Pistazi auf eine andere Manier gemacht, als nämlich: Thu die Pistazi recht fein stoßen, siede ein Maaß Rahm mit einem Stück Zucker, laß den vierten Theil einsieden, thu ihn vom Feuer, gieb die gestoßene Pistazi hinein mit einer Lemonischalen, und deck den Rahm zu, laß ihn alsdenn stehen bis er kalt wird, nur daß er ein klein wenig laulicht bleibt, passire ihn nachmals durch ein Haartuch, nimm von 6 Hühner- oder Kapaunenmägen die Häutlein, welche gedörrt oder getrücknet seyn müssen, diese stoße, wirf sie zu dem Rahm, rühre beständig, passire ihn 3mal durch ein Haartuch oder Serviette, thu hernach ein siedendes Wasser in einen Kastrol, welches die Größe von deiner Schüssel hat, setze sie darauf, gieß den Crem darein, decke diese Schüssel mit einer andern Schüssel zu, thu ein wenig Glut darauf, und laß etwan eine gute Viertelstunde stehen, mache auf und blase in die Mitte von Crem, um zu sehen, ob er gestanden genug ist, nachdem setz ihn sehr stät in einen kühlen Ort und laß ihn stehen, bis er ausgekühlt ist, hernach wird er fest seyn, wie sichs gehört; willst du Crem in die Cremhäselein machen, setze die Häselein in einen Kastrol mit ein wenig siedendem Wasser auf ein wenig Glut, decke den Kastrol zu, und gieb ein wenig Glut darauf, laß sie stehen bis du siehest, daß der Crem gestanden hat oder ferm ist.

Un-

Une Crême glacée.
Einen glasirten Crem.

Mache den Crem mit Eyerdottern, wie vorher gemeldt, ohne Pistazi oder auch mit Pistazi; nachdem der Crem auf dem Feuer abgerühret ist, so gieb ihn auf die Schüssel, und laß ihn kalt werden, nachdem schneide von Papier etwas aus, einen Stern oder Adler, was dir gefällt, lege dieses Papier auf den Crem, bestreue nachmals den Crem mit Zucker und brenne ihn mit einer glüenden Schaufel, nachdem der Zucker gelb ist, thu das Papier davon, so bleibt dieses weiß, hernach kannst du von Biscuit und Mandelbacherey etwas nehmen, dieses fein machen und den Form auf deinen Crem damit schattiren.

Une Crême aux Oranges.
Einen Crem von Pomeranzen.

Richte diesen Crem mit Eyerdottern ein, wie schon vorher explicirt ist, gieb ein wenig Zimmet dazu, rühre ihn hernach auf dem Feuer ab, nach diesem reibe 3 süße Pomeranzen auf dem Zucker ab, nachmals in den Crem hinein und wohl abgerühret, richte ihn nachgehends auf die Schüssel, und thu ihn mit einem Stücklein eingemachten Pomeranzenschalen garniren und kalter zur Tafel serviren. Du kannst ihn auch auf diese Manier mit weißen Wein machen, auch kannst du den Crem von Pomeranzen auf die Manier machen, gleichwie den von Pistazi mit Kapaunenmägen, nur wenn der Rahm mit dem Zucker eingesotten hat, wirf von

2 oder 3 Pomeranzen die Schalen hinein, und mache nach diesem den Crem, wie schon explicirt worden ist.

Une Crême au four.
Einen Crem im Ofen.

Nimm ein viertel Pfund Marmolat in eine Schüssel, koche ein viertel Pfund Zucker solang, bis er zu Carmehl wird, gieb den Zucker auch darzu, rühre beständig, schlage ein Eyerklar auf einen Teller, schlag es mit dem Messer wohl ab, thu es zu dem Marmolat, und dieses so oft, bis 8 Eyerklar hineingerührt werden, gleichwie das erste, es muß eine Stunde lang gerühret werden, thu einen blechernen Reif auf die Schüssel, gieß diesen Crem hinein, und laß ihn stät im Bachofen anziehen; wenn du diesen Crem servirest, so thu den Reif davon und servire ihn warmer, auf solche Manier kannst du von allen Sorten Früchten einen Crem machen, gleichwie den Crem von Eyerdottern mit süßen Rahm, gieb ihn auf die Schüssel, schlage noch 6 Eyerklar zu einen Schnee, thu ein wenig fein gestoßenen Zucker dazu, und eine Lemoni oder Pomeranzen auf dem Zucker abgerieben, thu hernach das Eyerklar oder den Schnee über den Crem, mache es mit dem Messer schön rund, und laß ihn im Ofen ganz stät ausbachen; auf solche Manier kannst du mehrere Sorten Crem machen.

Une Crême de fraises.
Einen Crem von Erdbeeren.

Siede ein Maaß süßen Rahm mit Zucker und Zim-

Zimmet und anderthalb Loth Hausenblattern, laß die Hälfte einsieden, nimm hernach eine halbe Maaß Erdbeer, passire sie durch ein feines Sieb, und thu den Rahm auch an die passirten Erdbeeren passiren, nachmals koste, ob der Crem süß genug ist, gieb ihn auf die Schüssel oder in die Crem häfelein, und laß ihn kalt werden.

Une aux Vanilles.

Einen von Vanilien.

Nimm eine Maaß süßen Rahm, thu ein viertel Pfund Zucker hinein, und laß ihn sieden, gieb auch einen Stengel Vanilien dazu, laß ihn ebenfalls solang mitsieden, bis fast die Hälfte einsiedet, setze den Rahm auf die Seite, bis er kalt wird, thu hernach den Vanili davon, stoße 6 Häutleln von Kapaunenmägen fein, und thu sie alle darein, allezeit gerührt und 3mal durchpassirt, nach diesem auf dem heißen Wasser fast warm werden lassen, wie ich schon bey den andern Crem explicirt habe. Man läßt auch den Zucker nicht mitsieden.

Une au Caffé.

Einen von Kaffee.

Siede den Rahm mit Zucker, wie schon gemeldet ist, brenne ein achtels Pfund Kaffee, nicht schwarz sondern schön braun, wirf ihn in Rahm und deck ihn gleich zu, laß ihn kalt werden, nach diesem passire die Kaffeekörner weg, thu die Kapaunen oder Hühnermägen hinein, und mache ihn zurecht wie die andern Crem, welche schon erklärt sind.

Une

Une des fleurs d'Oranges.
Einen von Pomeranzenblüthen.

Siede den Crem, wie schon gemeldet ist, setze ihn vom Feuer, und wirf etwas überzuckerte Pomeranzenblüth hinein, laß ihn kalt werden, und mache ihn hernach mit den Wdgen zurecht wie die andern Crem, aber nur allezeit Obacht gegeben, daß der Crem kein Wasser zieht, nur nicht knapp zugedeckt, denn er muß ein wenig Luft haben.

Une aux Roses.
Einen von Rosen.

Siede den Rahm auch wie bey den andern Cremen, mit ein wenig Zimmet, wenn du ihn vom Feuer thust, so gieb ein Stücklein Turnesol hinein und laß ihn kalt werden, hernach drücke den Turnesol aus, thu ein wenig Rosenwasser dazu, und mach den Crem zurecht gleichwie die andern.

Une au Cerfeuil.
Einen von Körbelkraut.

Siede den Rahm, wie bey den andern, mit ein klein wenig Zimmet, stoße hernach eine Handvoll Körbelkraut roher, thu es in ein sauberes Tüchlein, henk es in den Rahm und laß kalt werden, nachmals thu es davon, mache den Crem wie die andern zurecht, du kannst auch ein wenig fein gestoßene Mandeln dazu nehmen, so wird der Crem fetter.

Une aux Citrons.
Einen von Lemoni.

Siede anderthalb Loth Hausenblattern im Wein, gieb auch ein wenig Zimmet dazu, schneide von 3 Lemoni schön dünn die Schalen ab, und wenn du Hausenblattern gesotten hast, so wirf die Schalen hinein und deck es zu, schlage in einen Hafen 8 Eyerdotter, drücke den Saft von den 4 Lemoni hinein, passire den Wein auch dazu, wie auch Zucker, setz ihn auf eine Glut und strudle diesen Crem recht ab, nachdem gieß ihn in die Schüssel oder Becherlein, laß ihn kalt werden und servire ihn kalter.

Une au Chocolade.
Einen von Chocolade.

Mache einen Crem von 8 Eyerdottern, ein wenig feines Mehl, Zucker, Zimmet und süßen Rahm, rühre ihn auf dem Feuer wohl ab, zerschmelze hernach eine Tafel Chocolade auf ein kleines Feuer, schütte den Crem dazu und richte ihn auf die Schüssel, servire ihn alsdenn kalter. Du kannst auch etliche Eyerdotter in einen Hafen schlagen mit ein wenig süßen Rahm, ein wenig Zucker, und ein wenig Vanilien, thu dieses mit einem Besen schlagen, bis es Faum giebt, setze in einen kleinen Kastrol einen Rahm auf das Feuer und laß ihn sieden; wenn er siedet, so thu diesen Faum hinein und laß ihn aufkochen, thu ihn heraus auf ein Fließpapier mit einem Faumlöffel, laß ihn recht ablaufen, hernach wenn er kalt ist, so setze

die

diesen Faum mit dem Messer auf deinen Crem, es ist recht gut und sieht auch gut aus.

Gelées.

Schelee oder Sulzen.

Um die Schelee, oder Sulzen auf deutsch zu nennen, zu machen, kann man 3 Sorten Stand nehmen, Hausenblattern, oder von den Kalbsfüßen, auch von Kalbfleisch, welches die jetzige Manier ist zu machen, von den Hausenblattern ist ohnehin schon bekannt zu sieden, mit den Kalbsfüßen aber hab ich es gesehen, daß sie sie noch nicht alle recht machen, sondern sie setzen die Füße zu, wie sie aus der Bank kommen, mit sammt den Beinern, und das ist nicht gut, die Sulz wird gewiß keinen feinen Geschmack haben, sondern die Füße müssen von den Beinern ausgelöst werden, und hernach in einem siedenden Wasser einen Sud aufthun lassen, nachdem wiederum in frischem Wasser recht sauber auswaschen und zugesetzt, wohl verfaumen und stät sieden lassen: wie aber heutigs Tages bey den vornehmsten Köchen der Gebrauch ist, so nehmen sie Kalbsknochen mit einer alten Henne, und lassen es kochen, gleichwie die Kalbsfüße, davon werden nachgehends die Sulzen gemacht, als wie die von dem Stand von den Kalbsfüßen oder Hausenblattern, dieses Fleisch ist theuer, aber gut und gesund, es darf einem Kranken gegeben werden.

Une Gelée au Greſſon.

Eine Sulz von Brunnenkreß.

Nimm eine kleine Handvoll Brunnenkreß, stoß ihn

ihn im Mörser, und preß ihn hernach durch ein Tuch, gieb in einen Kastrol eine halbe Bouteille weißen Wein mit ein wenig Zimmet, 3 Nägelein und ein wenig Muscatblüth, ein Stück Zucker und den Stand dazu, was du für einen willst, wie schon gemeldet ist, auch von dem Saft von Brunnenkreß, wie auch den Saft von 6 Lemoni, wenn dieses alles beysammen ist, schlage 5 Eyerklar in einen Kastrol, wenn die Eyerschalen sauber sind, wirf sie auch dazu, und rühre die Eyerklar hernach mit dieser Sulz ab, setz auf das Feuer, und laß sie ganz stät sieden, bis sich die Sulz gebrochen hat, spanne eine Serviette auf, und laß sie nachmals durchlaufen, die Farbe wird hell seyn aber nicht grün, der Gusto wird von Brunnenkreß auch gut seyn. Jetzt aber grün zu machen, wenn die Sulz durchgeloffen ist, so nimm die Schüssel, wo du serviren willst, bestriche sie mit Berlinerblau, aber nicht zu viel, gieß deine Sulz hinein, nach diesem thu in ein feines Flecklein ein wenig Wienersaffran, tunke dieses in die Sulz und drücke ein wenig daran, so wirst du sehen, daß die Sulz grün wird als wie ein Smaragd, dann ist sie gut und schön, und die Farbe ist nicht zu befürchten.

Une de Groseilles vertes.

Eine von grünen Stachelbeeren.

Die Beere werden ausgedrückt, gleichwie der Brunnenkreß, und die Sulz wird gemacht alles auf die nämliche Manier, gleichwie die Brunnenkreßsulz, auch grün auf die nämliche Manier.

Une de Cerisses griottes.
Eine von Weichseln.

Nimm anderthalb Pfund Weichseln, thu sie im Mörser stoßen, um aber noch besser zu machen, so mußt du sie einen Tag vorher, nachdem sie gestoßen sind, in ein irrdenes Geschirr thun, eine halbe Bouteille rothen Wein daran gießen, und ein Stücklein Zimmet dazu thun, decke sie knapp zu bis den andern Tag, passire sie durch ein Haartuch, drücke die Lemoni dazu, gieb auch 3 Nägelein, ein Stück Zucker und den Stand, was es vonnöthen hat, dazu, rühre hernach die Sulz mit den Eyerklar ab, wie schon bey den andern expliciret ist, und servire sie nach Belieben.

Une de Fraises.
Eine von Erdbeeren.

Nimm auch soviel Erdbeere als Weichsel, zerdrücke sie, nimm auch das nämliche Quantum Wein dazu, und mache sie auf die nämliche Manier, gleichwie die Weichselsulz.

Une de Groseilles.
Eine von Johannisbeeren.

Diese Beere werden gesotten und hernach passirt, da darf kein Lemonisaft dazu genommen werden, weil sie ohnedem sauer genug sind, sondern nur der Wein, und wird auf die nämliche Manier gemacht, gleichwie die andern Sulzen.

Une de Bergamotte.
Eine von Bergamott.
Thu ein Bergamott mit dem Messer in den Wein hinein abreiben, und laß eine Stunde stehen, thu nachdem die Schalen abseigen, drücke den Saft von der Bergamotte dazu, wie auch die 6 Lemoni, und mache die Sulz zurecht, gleichwie die andern.

Une de Citrons.
Eine von Lemoni.
Thu von ein paar Lemoni die Schalen abreiben, thu gleich den Saft, den Wein, den Stand und Zucker alles zusammen, wie bey den andern Sulzen, diese Lemonischalen dürfen mitkochen, thu die Sulz mit Eyerklar abklären, wie schon explicirt ist.

Une d'Oranges clairs.
Eine von Pomeranzenklar.
Diese Sulz wird gemacht gleich auf die nämliche Manier, wie die von Lemoni, nur daß die 3 Pomeranzen mit dem Messer abgefiebelt werden, und der Saft wird nachgenommen wie zu den 6 Lemoni und auch etwas Blätlein Saffran.

Une d'Oranges a la françoise.
Eine auf Französische Manier.
Reibe 4 süße Pomeranzen auf dem Zucker ab in einen Kastrol, drücke den Saft hernach auch dazu, wie auch den Saft von 6 Lemoni, gieß den Wein dazu,

dazu, den Stand rühre mit einem Eyerklar ab, gieb den Zucker hinein und laß ihn kochen, damit der Faum davon geht, paßire ihn nach diesem schön klar an die Pomeranzen, die du schon mit dem Wein präparirt hast, rühre sie nachdem mit einem Anrichtlöffel auf, bis sie recht kalt wird, hernach gieß die Sulz in eine Schüssel oder Schale, oder auch in die Häfelein, wo du sie serviren willst.

Une d'Apricots.
Eine von Apricosen.

Setze die Apricosen in die halbe Bouteille Wein auf das Feuer, und laß sie einen Sud aufthun, nimm sie wieder aus dem Wein und häutle sie ab, die Haut thu wiederum in den Wein hinein, schneide die Apricosen in der Mitte voneinander, thu sie auf einen Teller, schlage die Kern voneinander, gieb die Schalen auch in den Wein hinein, schäle die Kern schön weiß, nimm hernach ein Stück Zucker, was zu der Sulz gehört, passire von dem Wein daran, und laß ihn kochen, bis der Zucker verfaumt ist, nachdem gieb die Apricosen hinein mit sammt den Kernen, wie auch ein Stücklein Zimmet und die Schalen von einer Lemoni, laß sie kochen, bis sie lind sind, nachdem thu sie heraus auf ein Sieb und laß sie ablaufen, th. nachdem den gekochten Zucker an den übrigen Wein gießen, drücke den Saft von den Lemoni dazu, und clarificire nachmals deine Sulz auf die nämliche Manier, gleichwie die andern Sulzen, nimm nach diesem die Schüssel oder Schalen,

wo

wo du die Sulz serviren willst, richte die gekochten Apricosen hinein, und stecke in eine jede halbe Apricose einen halben Kern hinein, gieß nachmals ein wenig von der klaren Sulz daran, und laß sie auf einem Eis stehen, bis sie angezogen haben, hernach gieß die andere Sulz, wenn sie recht kalt ist, darüber, und laß stehen, sie wird klar und gut seyn.

Une de Pêches.

Eine von Pfirsich.

Diese Sulz wird auf die nämliche Manier gemacht, nicht mehr und auch nicht weniger, und auch von mehrern Früchten können sie gemacht werden auf diese Manier, sie werden allezeit schön und gut seyn, man muß sich nur nach der Zeit richten, wie die Früchte zeitig werden.

Une de Melon.

Eine von Wassermelonen.

Schneide die Wassermelone voneinander, und thu etwas von dem Mark auf ein sauberes Sieb, damit das Wasser etwas abläuft, das übrige mit sammt den Kernen thu in einen Kastrol mit sammt dem Wein, dem Stand, Lemoni, Zimmet und alles, wie bey den andern Sulzen, thu sie nachmals clarificiren, wie die andern Sulzen, gieß sie in die Schüssel oder Schalen, und thu das Mark von der Wassermelone, was du aufbehalten hast, dazu, und laß sie stehen, hast du aber den Form von einer Wassermelone, so mache etwas von der Sulz grün, wie schon bey den andern grünen Sulzen

Hh 2   expli-

explicirt worden ist, thu nachdem die 2 halbe Form auf ein Eis legen, die Form mußt du vorher mit süßen Mandelöl bestreichen, und die Sulz muß von Stand stärker seyn, als bey den andern Sulzen, gieß hernach den Form an mit der grünen Sulz; wenn nun die grüne Sulz in der Form gut gestanden ist, so thu die übrige Sulz mit dem Mark von der Wassermelone einfüllen, aber diese muß auch schön halb gestanden seyn, und gleichwie die Melone schwarze Körner hat, so thu von Chocoladelaiblein etwas klein zerschneiden, von der Größe wie die Kerne, und gieb einige in die Mitte hinein, und mache die beyden Formen gut zu, verwahre sie wohl mit Papier, und thu sie in das Eis, daß sie recht fest stehen; wenn du sie servirest, so darfst du sie in kein warmes Wasser thun, sondern du kannst sie so aus dem Form nehmen, nur aber ein wenig behutsam mit umgehen; auf solche Manier, wenn du die Form hast, kannst du auch andere Früchte machen von Sulz, gleichwie eine andere Melone auch und Weintrauben, nur ist wohl zu beobachten, den Form und Gusto von den Früchten zu geben, wie ich schon explicirt habe.

Une de Melone a l'Espagnole.
Eines von den spanischen Melonen.

Schneide von den Melonen das Gute heraus, reibe es auf einem Riebeisen, gieß den Wein daran, und laß ihn eine Stunde stehen, hernach presse es durch eine Serviette, und mache deine Sulz, gleichwie die andern, bey dieser Sulz müssen auch etliche

etliche Blätlein Saffran seyn wegen der Farbe, du kannst sie nachdem auf eine Schüssel oder Schale geben, oder auch in Form machen, die Schale ist grünlicht, und gelb gegattert, diese Faden werden von ein paar Eyergelb gemacht, welches du in ein siedendes Wasser laufen lässest, so giebt es recht feine Fäden, nimm sie heraus auf eine Serviette, thu deinen Form mit süßen Mandelöl bestreichen, überziehe ihn mit diesen Fäden, lege ihn auf das Eis, und gieb ihm die Farbe mit grüner und gelber Sulz, füll ihn nach diesem an, wie schon bey den andern hinlänglich erkläret worden ist.

Une de Raisins.

Eine von Weintrauben.

Diese Weintrauben müssen Muscateller seyn, und die Quantität was eine halbe Bouteille Wein ausmacht, diese kannst du durch ein feines Haarsieb oder Serviette pressen, und hernach deine Sulz auf die nämliche Manier, wie die andern machen; willst du sie aber roth machen, so kannst du sie mit Turnesol färben, oder auch mit schwarzen Hollersaft, auch mit Holler selbst, denn der Holler macht hochroth.

Ich hätte noch mehrere Crem und Sulzen hier angemerket, aber so will ich noch einige aufbehalten, wie auch mehrere Entremets für das zweyte Buch, so ich von Fastenspeisen machen werde, gleichwie dieses von Fleisch handelt. Und wenn ich vernehme, daß meine kleine Arbeit angenehm ist;

so will ich mich um destomehr befleißen, auch eine Ehre mit dem zweyten Theile einzulegen.

Hier folgen meine Menûs oder Küchenzettel, wie man heutigs Tages auf mehrere Manier, und nach der Saison oder Jahrszeit servirt, sie sind, wie sichs gehört, die Herren zu bedienen, nach der Ordnung, auch so eingerichtet, daß sich die jungen Herren Köche und Köchinnen wohl darnach richten können, besonders die Herren Controlleurs, daß sie in einer Geschwindigkeit, ohne viel nachzudenken, nach ihrem Belieben einen Speiszettel aufsetzen können, gleichwie hier folget von 8 bis mehreren Couverts, oder zu deutsch, auf so viele Personen. Es sind keine andere, als solche Speisen hier angesetzt, wie sie im gegenwärtigen Buch gefunden, die Namen, wie sie gemacht und auch servirt werden. Die Speisen müssen sich alle in ihrer Ordnung zusammen accordiren, nicht daß ein Stück hoch ist und das andere klein, sondern was zusammen gehöret, muß accurat auf einander gehen, wie folgen wird.

Un Menû pour 8 Couverts a la Françoise au Printems.

Für 8 Personen auf französisch auf das Frühjahr.

Un Potage de santé. Eine Kräutersuppe.
Des petites bouches Kleine Pastetlein.
  a la Reine.

Des

Des palais de Bœuf a la Neubauer.	Ochsengaum in Bechern.
Piece de Bœuf pour relever la Soupe.	Das Rindfleisch für die Suppen auszuwechseln.
Seconde Service.	**Zweyter Service.**
Un Fricandeau glacé.	Ein Fricando glasirt.
Des poulets a la peluche.	Hühnlein mit klarer Sauce.
Une Bechamelle au ris.	Ein Beschamell mit Reis.
Troisieme Service.	**Dritter Service.**
Un levreau pour roti.	Einen jungen Hasen für einen Braten.
D'Epinards a l'italienne.	Spinad auf Italiänisch.
Une Crême au Cerfeuil.	Einen Crem von Körbelkraut.
Un Service a l'Angloise.	**Einen Service auf Englisch.**
Un Potage de pois a l'angloise.	Eine Erbsensuppe auf Englisch.
De petits patés a la Bechanelle.	Kleine Pastetlein mit Beschamell.
Grenatins a la Chicorée.	Granatin mit Cichori.
Un Rosbif pour relever la soupe.	Einen englischen Braten für die Suppe auszuwechseln.
Seconde Service.	**Zweyter Service.**
Une Selle de Chevreuil pour roti.	Einen Rehziemer zum Braten.

Hh 4

Un Salad verd.	Einen grünen Salat.
Un Salad a l'italienne.	Einen italiänischen Salat.

Troisieme Service. — Dritter Service.

Un Jambon au milieu.	Einen Schunken in der Mitte.
Un Boudin au four.	Einen Boudin in Ofen.
Une Crême a l'angloise.	Einen Crem auf änglisch.
Un Service a l'Allemande.	Einen Service auf deutsch.
Un Potage clair aux houblons.	Eine klare Suppe von Hopfen.
Un piece de Bœuf.	Ein Stück Rindfleisch.
De choux croutes garni de cervelats.	Sauerkraut mit Bratwürsten.

Seconde Service. — Zweyte Tracht.

Une Timbale de Macaroni.	Einen Timbal von Macaroni.
Un quarré de Veau a l'oseille.	Ein Quarre von Kalbfleisch mit sauern Rahm.
Un de Poulets a l'Allemande.	Eines von Hühnern auf deutsch.

Troisieme Service. — Dritte Tracht.

Des Becasses pour roti.	Schnepfen für Braten.
Des Asperges a la Sauce blanche.	Spargel mit weißer Sauce.
Une Gelée d'Oranges.	Eine Pomeranzensulz.

Un

Un Menû pour 12 Couvers a la Françoise.
Einen Kuchenzettel für 12 Personen auf französisch.

Un Potage an Pourpier,	Eine Suppe von Portulak.
Un Potage au ris a la Reine pour relever les Soupes.	Eine weiße Coulissuppe mit Reis die Suppen auszuwechseln.
Une Piece de Bœuf.	Das Rindfleisch.
Une Longe de Veau a la Crême.	Einen Nierenbraten mit Rahm.
Pour 2 Flanc.	Auf die 2 Seiten.
Une Tourte de pigeons.	Eine Butterpastete von Tauben.
Une de Knefs a la Bechamelle.	Weißer Fasch mit Bechamell.
Quatre Entrées.	Vier Eingemachte.
Une de ris de Veau glacé.	Gespickte Brüs glasirt.
Une de palais de Bœuf a la poulette.	Ochsengaum weiß mit Petersill.
Une de Poulets a l'espic.	Hühnlein mit klarer Beutrainsauce.
Un Fricandeau d'epinards.	Ein Fricando mit Spinad.
4 *Assiettes.*	4 Teller.
Un de beurre.	Ein mit Butter.
Un de raifort.	Ein mit Rettich.
Un de Cornichons.	Ein mit Cucumern.
Un de Betterave.	Ein mit rothen Ruben.

Seconde Service.	Zweyte Tracht.
2 *Rôtis*.	2 Braten.
Un de Becasses.	Ein von Schnepfen.
Un de Cabri.	Ein von Küßlein.
2 *Flanc*.	2 auf die Seiten.
Un Croquante.	Einen Croquant.
Un paté froids.	Eine kalte Pastete.
4 *Entremets*.	4 Entremets.
Un d'epinard au four.	Einen Spinat im Ofen.
Un de choux fleurs Sauce blanche.	Carviol mit weißer Sauce.
Une Crême aux pistaches.	Einen Crem von Pistazi.
Une Gelée de Citrons.	Eine Sulz von Lemoni.
4 *Assiettes*.	4 Teller.
2 de Salade.	2 von Salat.
Un de Canapée.	Ein mit Canapee.
Un des Olives.	Ein von Oliven.

Un Menû pour 12 Coûverts a l'Angloise.

Eine Tafel für 12 Personen auf Englisch.

Un Potage de pois.	Eine Erbsensuppe.
Un potage de Santé.	Eine Kräutersuppe.
Un rumpf de Bœuf au milieu.	Ein Rumpfböf in der Mitte.
Un tête de Veau a l'Angloise.	Einen Kalbskopf auf Englisch.
Un de Becasses au Salmi entier.	Schnepfen ganzer in Salmi.
4 *Assiettes*.	4 Teller.
Un au raifort sauvage.	Ein von rohen Kreen.

Un

n de Cornichons.	Ein mit Cucumern.
n de Raiforts.	Ein mit Rettich.
n au beurre.	Ein mit Butter.
Pour relever le Potages.	Für die Suppe auszuwechseln.
n Rosbif a l'angloise.	Einen englischen Braten.
n quissons de Cochon salé garni aux choux.	Einen gesalzenen Schweinschlegel mit Würsing oder Kölch garnirt.

Seconde Service. — Zweyte Tracht.
2 *Rôti.* — 2 Braten.

n de Levreau.	Ein von jungen Hasen.
n de Poulets.	Ein von jungen Hühnern.
n Jambon au milieu.	Einen Schunken in der Mitte.
n Boudin bouilli.	Einen gesottenen Boudin.
n des Ecrevisses a l'Angloise.	Krebse auf Englisch.

4 *Assiettes.* — 4 Teller.

de Salade verd.	2 von grünen Salat.
de Salad' a l'italienne.	2 von welschen Salat.

Troisieme Service. — Dritter Gang.

n Croquant au milieu.	Einen Croquant in der Mitte.
n des houblons.	Ein von Hopfen.
n de Morils.	Ein von Maurachen.
ne Gelée des Oranges.	Eine Sulz von Pomranzen.
ne Crême de Vin de Champagne.	Einen Champagnercrem.

4 *Assiet-*

4 *Aſſiettes.*	4 Teller.
Un de Truffes.	Ein von Truffeln.
Un de Champignons.	Ein von Schampinion.
Un d'Abbeſſes d'Amandes.	Aufgeſetzte Abbes von Mandeln.
Un de Feuiltage.	Ein von Butterteig.

Un Menû pour 12 Couverts a l'Allemande.

Eine Tafel für 12 Perſonen auf deutſch.

Un Potage de ſanté.	Eine Kräuterſuppe.
Un Potage a la Reine.	Eine weiße Coulisſuppe.
Une piece de Bœuf au milieu.	Das Rindfleiſch in der Mitte.
2 *Flanc.*	2 auf der Seite.
Un Surtout de ris.	Einen Surtut von Reis.
Un de Choux crouttes garni.	Ein von Sauerkraut garnirt.
4 *Entrées.*	4 Eingemachte.
Un de poulets a l'Eſtragon.	Hühner mit Bertram.
Un de pigeons aux fines herbes.	Tauben mit feinen Kräutern.
Un de petits patés a l'eſpagnol.	Kleine ſpaniſche Paſtetlein.
Un de Craquet.	Ein Beſchamell gebachen.
4 *Aſſiettes.*	4 Teller.
Un de railort ſauvage.	Ein von Kreen.
Un de raves.	Ein von Rettich.
Un de beurre.	Ein von Butter.
Un de pain bis.	Ein von ſchwarzen Brod.

Seconde Service. **Zweyter Gang.**

Un Gateau a la broche au milieu.	Einen Spießkuchen in die Mitte.
	2 *Rôtis.*

2 *Rôtis.*	2 Braten.
Un de Longe de Veau.	Einen Nierenbraten.
Un de Becaßins.	Ein von Schnepfen.
2 *Flanc.*	2 Seiten.
Une Crême au Vanilli.	Einen Crem von Vanillien.
Une Gelée de Citrons.	Eine Sulz von Lemoni.
4 *Entremets.*	4 Entremets.
4 *Assiettes.*	4 Teller.
Un des Asperges.	Eines von Spargel.
Un des Epinards.	Eines von Spinat.
Un des Morils.	Eines von Maurachen.
Un des houblons.	Eines von Hopfen.

Un Menû pour 18 Couverts.

Eine Tafel für 18 Personen.

Un Potage au pointe d'Asperges.	Eine Suppe von Spargel.
Un Potage au ris a l'italienne.	Eine Reissuppe auf Italiänisch.
	Für die Suppe auszuwechseln.
2 *Pour relever.*	
Un piece de Bœuf.	Das Rindfleisch.
Un quartier de Veau a la Königseck.	Ein Kalbsviertel mit Rahm.
2 *Terrines.*	2 Töpfe.
Un de piés d'agneau au verd.	Lammsfüße mit grüner Sauce.
Un de Chou frisé avec de petits salés.	Köhl mit Kaiserfleisch.
4 *Hors d'œuvres.*	4 Voressen.
Un de petits patés a la Bechamelle.	Kleine Pasterlein mit Beschamell.

Un

Un de Boudins aux Ecrevisses.	Würste von Krebsen.
Un de Craquettes melées.	Craquett von allerhand.
Un de Cotelettes.	Kleine silberne Spiesel auf dem Rost.
4 *Entrées.*	4 **Eingemachte.**
Un de poulets au printems.	Junge Hühner mit klarer Sauce.
Un de pigeons au moril.	Tauben mit Maurachen.
Un Fricandeau a l'Oseille.	Ein Fricando mit Sauerampfer.
Un des Epaules d'Agneau au Rolade.	Lammsbügel rollirt.
4 *Assiettes.*	4 **Teller.**
Un au beure.	Ein mit Butter.
Un de Cornichons.	Ein mit Cucumern.
Un au Cervelade.	Ein mit Cervelatwürsten.
Un au radics.	Ein mit kleinen Rettich.

Seconde Service.   **Zweyter Gang.**

4 *Rôtis.*	4 **Braten.**
Un de Chevreuil.	Ein von Rehziemer.
Un de Levreau.	Ein von jungen Hasen.
Un d'Oisons.	Ein von jungen Gänsen.
Un de Poulardes.	Ein von Polarden.
4 *gros Pieces.*	4 **große Stücke.**
Un Jambon.	Einen Schunken.
Un Bouillon d'Ecrevisses.	Gesottene große Krebse.
Un Roché.	Ein Berg von Mandeln.
Un Croquant.	Ein Croquant.
	4 **En-**

4 Entremets.	4 Entremets.
Un d'Asperges.	Ein von Spargel.
Un des Haricots verds.	Ein von grünen Fisolen.
Un des Truffes.	Ein von Triffel.
Un des Houblons.	Ein von Hopfen.
4 Assiettes.	4 Teller.
Un des Pommes a la Dauphine.	Aepfel mit Crem.
Un de bouchées de femmes.	Kleine Tortlet gebachen.
Une Gelée au Gresson.	Eine Brunnenkreß-Sulz.
Une Crême au Cafée.	Einen Caffeecrem.

Dieser Service ist gemacht, den Spiegel gleich zu Anfang auf die Tafel zu setzen; und dieser Service, der jetzt folgt, ist auf englische Manier, da kommt kein Spiegel auf die Tafel, als bis auf die Letzte, wo die Küche kein Service mehr hat.

Un Menú pour 18 Couverts a l'Angloise.

Eine Tafel für 18 Personen auf Englische Manier.

Un Potage au pois a la purée verd.	Eine Suppe von grünen Erbsen.
Un Potage aux fines herbes.	Eine Suppe mit feinen Kräutern.
Un quartier de Veau à l'angloise au milieu.	Ein Kalbsviertel auf englisch in die Mitte.
Pour relever le potage.	Für die Suppe auszuwechseln.
Un piece de Bœuf a l'escarlate.	Ein Stück Pöckelfleisch.

Un

Un Jambon aux Choux frisés.	Einen schweinernen Schunken mit Köhl.
4 *Entrées*.	6 Eingemachte.
Un Fricandeau aux Epinards.	Ein Fricando mit Spinad.
Une Tête de Veau a la Hollandoise.	Einen Kalbskopf auf Holländisch.
Un quarré de mouton aux fines herbes.	Schaafscarmenade mit feinen Kräutern.
Une de Cotelettes de Cochon Sauce Robert.	Schweinscarmenade mit Senftsauce.
Un de Poulets a la peluche.	Junge Hühner mit klarer Sauce.
Un de pigeons au sang.	Tauben mit Blut.
8 *Assiettes*.	8 Teller.
Un de beurre.	Ein mit Butter.
Un de Cornichons.	Ein mit Cucumern.
Un de Rasefor.	Ein mit Kreen.
Un de Radics.	Ein mit kleinen Rettich.
Un de Croquiettes.	Ein Beschamell frit.
Une Friture des Oreilles.	Gebachene Ohren.
Petits Patés au Salpicon.	Kleine Pastetlein mit Salpicon.
Petits Patés de Mouton.	Kleine Pastetlein von Schaffleisch.

Seconde Service. Zweyte Tracht.
4 *Rôtis.* 4 Braten.

Une Selle de Chevreuil.	Einen Rehzähmer.
Un de Levreau.	Einen von jungen Hasen.

Un de Poulets.	Einen mit jungen Hühnern.
Un d'oisons.	Einen von jungen Gänsen.
au milieu un aspic de Cochon de lait.	in der Mitte eine Rummelsulz von Spanferkeln.
8 *Assiettes.*	8 Teller.
Un des Olives.	Ein mit Oliven.
Un Lamproye.	Ein mit Bricken.
Un de Croustades.	Ein mit Crustad von Sardellen.
Un de Douris marines.	Ein mit marginirten Donenfisch.
Un de Salade verte.	Ein mit grünen Salat.
Un de Salade blanche.	Ein mit weißen Salat.
Un de Saleam.	Ein mit Salamiwürsten.
Un de Mortadels.	Ein mit Mortadeln.
Troisieme Service.	Dritte Tracht.
Une Croquante au milieu.	Einen Croquant in der Mitte.
4 *Entremets.*	4 Entremets.
Un d'Epinards a l'italienne.	Einen Spinat auf welsche Manier.
Un de choux fleurs Sauce blanche.	Carviol mit weißer Sauce.
Un de Salade farci.	Einen faschirten Salat.
Un des Houblons.	Einen mit Hopfen.
8 *Assiettes.*	8 Teller.
Un d'Ecrevisses a l'angloise.	Krebse auf Englisch.
Un d'Ecrevisses farci & frit.	Faschirte Krebse gebachen.

Ji   Ein

Un Salad verd. Einen grünen Salat.
Un Salad a l'italienne. Einen italiänischen Salat.

Troisieme Service. Dritter Service.

Un Jambon au milieu. Einen Schunken in der Mitte.
Un Boudin au four. Einen Boudin in Ofen.
Une Crême a l'angloise. Einen Crem auf englisch.
Un Service a l'Allemande. Einen Service auf deutsch.
Un Potage clair aux houblons. Eine klare Suppe von Hopfen.
Un piece de Bœuf. Ein Stück Rindfleisch.
De choux crouttes garni de cervelats. Sauerkraut mit Bratwürsten.

Seconde Service. Zweyte Tracht.

Une Timbale de Macaroni. Einen Timbal von Macaroni.
Un quarré de Veau a l'oseille. Ein Quarre von Kalbfleisch mit sauern Rahm.
Un de Poulets a l'Allemande. Eines von Hühnern auf deutsch.

Troisieme Service. Dritte Tracht.

Des Becasses pour roti. Schnepfen für Braten.
Des Asperges a la Sauce blanche. Spargel mit weißer Sauce.
Une Gelée d'Oranges. Eine Pomeranzensulz.

Un Menû pour 12 Couvers a la Françoise.

Einen Kuchenzettel für 12 Personen auf französisch.

Un Potage an Pourpier,	Eine Suppe von Portulak.
Un Potage au ris a la Reine pour relever les Soupes.	Eine weiße Coulissuppe mit Reis die Suppen auszuwechseln.
Une Piece de Bœuf.	Das Rindfleisch.
Une Longe de Veau a la Crême.	Einen Nierenbraten mit Rahm.
Pour 2 Flanc.	Auf die 2 Seiten.
Une Tourte de pigeons.	Eine Butterpastete von Tauben.
Une de Knefs a la Bechamelle.	Weißer Fasch mit Beschamell.
Quatre Entrées.	Vier Eingemachte.
Une de ris de Veau glacé.	Gespickte Brüs glasirt.
Une de palais de Bœuf a la poulette.	Ochsengaum weiß mit Petersill.
Une de Poulets a l'espic.	Hühnlein mit klarer Beutramsauce.
Un Fricandeau d'epinards.	Ein Fricando mit Spinab.
4 Assiettes.	4 Teller.
Un de beurre.	Ein mit Butter.
Un de raifort.	Ein mit Rettich.
Un de Cornichons.	Ein mit Cucumern.
Un de Betterave.	Ein mit rothen Ruben.

Seconde Service.	Zweyte Tracht.
2 Rôtis.	2 Braten.
Un de Becasses.	Ein von Schnepfen.
Un de Cabri.	Ein von Kützlein.
2 Flanc.	2 auf die Seiten.
Un Croquante.	Einen Croquant.
Un paté froids.	Eine kalte Pastete.
4 Entremets.	4 Entremets.
Un d'epinard au four.	Einen Spinad im Ofen.
Un de choux fleurs Sauce blanche.	Carviol mit weißer Sauce.
Une Crême aux pistaches.	Einen Crem von Pistazi.
Une Gelée de Citrons.	Eine Sulz von Lemoni.
4 Assiettes.	4 Teller.
2 de Salade.	2 von Salat.
Un de Canapée.	Ein mit Canapee.
Un des Olives.	Ein von Oliven.

Un Menû pour 12 Coûverts a l'Angloise.

Eine Tafel für 12 Personen auf Englisch.

Un Potage de pois.	Eine Erbsensuppe.
Un potage de Santé.	Eine Kräutersuppe.
Un rumpf de Bœuf au milieu.	Ein Rumpfböf in der Mitte.
Un tête de Veau a l'Angloise.	Einen Kalbskopf auf Englisch.
Un de Becasses au Salmi entier.	Schnepfen ganzer in Salmi.
4 Assiettes.	4 Teller.
Un au raifort sauvage.	Ein von rohen Kreen.

Un

Un de Cornichons.	Ein mit Cucumern.
Un de Raiforts.	Ein mit Rettich.
Un au beurre.	Ein mit Butter.
Pour relever le Potages.	Für die Suppe auszuwechseln.
Un Rosbif a l'angloise.	Einen englischen Braten.
Un quissons de Cochon salé garni aux choux.	Einen gesalzenen Schweinschlegel mit Würsing oder Kölch garnirt.

Seconde Service. — Zweyte Tracht.
2 *Rôti.* — 2 Braten.

Un de Levreau.	Ein von jungen Hasen.
Un de Poulets.	Ein von jungen Hühnern.
Un Jambon au milieu.	Einen Schunken in der Mitte.
Un Boudin bouilli.	Einen gesottenen Boudin.
Un des Ecrevisses a l'Angloise.	Krebse auf Englisch.

4 *Assiettes.* — 4 Teller.

2 de Salade verd.	2 von grünen Salat.
2 de Salad' a l'italienne.	2 von welschen Salat.

Troisieme Service. — Dritter Gang.

Un Croquant au milieu.	Einen Croquant in der Mitte.
Un des houblons.	Ein von Hopfen.
Un de Morils.	Ein von Maurachen.
Une Gelée des Oranges.	Eine Sulz von Pomeranzen.
Une Crême de Vin de Champagne.	Einen Champagnercrem.

4 Assiet-

4 *Assiettes.*	4 Teller.
Un de Truffes.	Ein von Trüffeln.
Un de Champignons.	Ein von Schambinion.
Un d'Abbesses d'A-mandes.	Aufgesetzte Abbes von Mandeln.
Un de Feuiltage.	Ein von Butterteig.

Un Menû pour 12 Couverts a l'Allemande.

Eine Tafel für 12 Personen auf deutsch.

Un Potage de santé.	Eine Kräutersuppe.
Un Potage a la Reine.	Eine weiße Coulissuppe.
Une piece de Bœuf au milieu.	Das Rindfleisch in der Mitte.

2 *Flanc.*	2 auf der Seite.
Un Surtout de ris.	Einen Surtut von Reis.
Un de Choux croutes garni.	Ein von Sauerkraut garnirt.

4 *Entrées.*	4 Eingemachte.
Un de poulets a l'Estragon.	Hühner mit Bertram.
Un de pigeons aux fines herbes.	Tauben mit feinen Kräutern.
Un de petits patés a l'espagnol.	Kleine spanische Pastetlein.
Un de Craquet.	Ein Beschanrell gebachen.

4 *Assiettes.*	4 Teller.
Un de raifort sauvage.	Ein von Kreen.
Un de raves.	Ein von Rettich.
Un de beurre.	Ein von Butter.
Un de pain bis.	Ein von schwarzen Brod.

Seconde Service.	Zweyter Gang.
Un Gateau a la broche au milieu.	Einen Spießkuchen in die Mitte.

2 *Rôtis.*

2 *Rôtis.*	2 Braten.
Un de Longe de Veau.	Einen Nierenbraten.
Un de Becaſſins.	Ein von Schnepfen.
2 *Flanc.*	2 Seiten.
Une Crême au Vanilli.	Einen Crem von Vanillien.
Une Gelée de Citrons.	Eine Sulz von Lemoni.
4 *Entremets.*	4 Entremets.
4 *Aſſiettes.*	4 Teller.
Un des Aſperges.	Eines von Spargel.
Un des Epinards.	Eines von Spinad.
Un des Morils.	Eines von Maurachen.
Un des houblons.	Eines von Hopfen.

Un Menu pour 18 Couverts.

Eine Tafel für 18 Perſonen.

Un Potage au pointe d'Aſperges.	Eine Suppe von Spargel.
Un Potage au ris a l'italienne.	Eine Reisſuppe auf Italiäniſch.
	Für die Suppe auszuwechſeln.
2 *Pour relever.*	
Un piece de Bœuf.	Das Rindfleiſch.
Un quartier de Veau a la Königseck.	Ein Kalbsviertel mit Rahm.
2 *Terrines.*	2 Töpfe.
Un de piés d'agneau au verd.	Lammsfüße mit grüner Sauce.
Un de Chou friſé avec de petits ſalés.	Köhl mit Kaiſerfleiſch.
4 *Hors d'œuvres.*	4 Voreſſen.
Un de petits patés a la Bechamelle.	Kleine Paſtetlein mit Beſchamell.

Un

Un de Boudins aux Ecrevisses.	Würste von Krebsen.
Un de Craquettes melées.	Craquett von allerhand.
Un de Cotelettes.	Kleine silberne Spiesel auf dem Rost.
4 Entrées.	4 Eingemachte.
Un de poulets au printems.	Junge Hühner mit klarer Sauce.
Un de pigeons au moril.	Tauben mit Maurachen.
Un Fricandeau a l'Oseille.	Ein Fricando mit Sauerampfer.
Un des Epaules d'Agneau au Rolade.	Lammsbügel rollirt.
4 Assiettes.	4 Teller.
Un au beure.	Ein mit Butter.
Un de Cornichons.	Ein mit Cucumern.
Un au Cervelade.	Ein mit Cervelatwürsten.
Un au radics.	Ein mit kleinen Rettich.

Seconde Service. — Zweyter Gang.

4 Rôtis.	4 Braten.
Un de Chevreuil.	Ein von Rehzähmer.
Un de Levreau.	Ein von jungen Hasen.
Un d'Oisons.	Ein von jungen Gänsen.
Un de Poulardes.	Ein von Polarden.
4 gros Pieces.	4 große Stücke.
Un Jambon.	Einen Schunken.
Un Bouillon d'Ecrevisses.	Gesottene große Krebse.
Un Roché.	Ein Berg von Mandeln.
Un Croquant.	Ein Croquant.
	4 En-

4 Entremets.	**4 Entremets.**
Un d'Asperges.	Ein von Spargel.
Un des Haricots verds.	Ein von grünen Fisolen.
Un des Truffes.	Ein von Trüffel.
Un des Houblons.	Ein von Hopfen.
4 Assiettes.	**4 Teller.**
Un des Pommes a la Dauphine.	Aepfel mit Crem.
Un de bouchées de femmes.	Kleine Tortlet gebachen.
Une Gelée au Gresson.	Eine Brunnenkreß-Sulz.
Une Crême au Cafée.	Einen Caffeecrem.

Dieser Service ist gemacht, den Spiegel gleich zu Anfang auf die Tafel zu setzen; und dieser Service, der jetzt folgt, ist auf englische Manier, da kommt kein Spiegel auf die Tafel, als bis auf die Letzte, wo die Küche kein Service mehr hat.

Un Menú pour 18 Couverts a l'Angloise.

Eine Tafel für 18 Personen auf Englische Manier.

Un Potage au pois a la purée verd.	Eine Suppe von grünen Erbsen.
Un Potage aux fines herbes.	Eine Suppe mit feinen Kräutern.
Un quartier de Veau à l'angloise au milieu.	Ein Kalbsviertel auf englisch in die Mitte.
Pour relever le potage.	**Für die Suppe auszuwechseln.**
Un piece de Bœuf a l'escarlate.	Ein Stück Pöckelfleisch.

Un

Un Jambon aux Choux frisés.	Einen schweinernen Schunken mit Köhl.
4 *Entrées*.	6 **Eingemachte**.
Un Fricandeau aux Epinards.	Ein Fricando mit Spinad.
Une Tête de Veau a la Hollandoise.	Einen Kalbskopf auf Holländisch.
Un quarré de mouton aux fines herbes.	Schaafscarmenade mit feinen Kräutern.
Une de Cotelettes de Cochon Sauce Robert.	Schweinscarmenade mit Senftsauce.
Un de Poulets a la peluche.	Junge Hühner mit klarer Sauce.
Un de pigeons au sang.	Tauben mit Blut.
8 *Assiettes*.	8 **Teller**.
Un de beurre.	Ein mit Butter.
Un de Cornichons.	Ein mit Cucumern.
Un de Rasefor.	Ein mit Kreen.
Un de Radics.	Ein mit kleinen Rettich.
Un de Croquiettes.	Ein Beschamell frit.
Une Friture des Oreilles.	Gebachene Ohren.
Petits Patés au Salpicon.	Kleine Pastetlein mit Salpicon.
Petits Patés de Mouton.	Kleine Pastetlein von Schaffleisch.
Seconde Service.	**Zweyte Tracht.**
4 *Rôtis*.	4 **Braten**.
Une Selle de Chevreuil.	Einen Rehzähmer.
Un de Levreau.	Einen von jungen Hasen.

Un

Un de Poulets.	Einen mit jungen Hühnern.
Un d'oisons.	Einen von jungen Gänsen.
au milieu un aspic de Cochon de lait.	in der Mitte eine Rummelsulz von Spanferkeln.
8 *Assiettes.*	8 Teller.
Un des Olives.	Ein mit Oliven.
Un Lamproye.	Ein mit Bricken.
Un de Croustades.	Ein mit Crustad von Sardellen.
Un de Douris marines.	Ein mit marginirten Dorrenfisch.
Un de Salade verte.	Ein mit grünen Salat.
Un de Salade blanche.	Ein mit weißen Salat.
Un de Saleam.	Ein mit Salamiwürsten.
Un de Mortadels.	Ein mit Mortadeln.
Troisieme Service.	Dritte Tracht.
Une Croquante au milieu.	Einen Croquant in der Mitte.
4 *Entremets.*	4 Entremets.
Un d'Epinards a l'italienne.	Einen Spinat auf welsche Manier.
Un de choux fleurs Sauce blanche.	Carviol mit weißer Sauce.
Un de Salade farci.	Einen faschirten Salat.
Un des Houblons.	Einen mit Hopfen.
8 *Assiettes.*	8 Teller.
Un d'Ecrevisses a l'angloise.	Krebse auf Englisch.
Un d'Ecrevisses farci & frit.	Faschirte Krebse gebachen.

Un Omelette a l'Angloise.	Ein Omolett auf Englisch.
Un Boudin au four.	Einen Boudin im Ofen.
Un Boudin bouilli.	Einen Boudin gesotten.
petits Gateau d'Amandes.	Kleine Tortlet von Mandeln.
Une Crême au Pistaches.	Einen Crem von Pistazi.
Une Crême a l'Angloise.	Einen Crem auf Englisch.

Die Engelländer thun auf diese Façon serviren, wenn nicht mehrere Personen sind, wenn aber die Tafel stärker ist, so wird sie auf französisch servirt, doch muß man sich allezeit befleißen, solche Speisen zu serviren, welche sie lieben, sowohl in die Entrées, als auch in die Entremets.

Un Menû pour 18. *Converts a l'Allemande.*

Eine Tafel für 18. Personen auf deutsch.

Un Potage de santé.	Eine Kräutersuppe.
Un Potage de ris.	Eine Suppe von Reis.
Pour relever de Potage.	Für die Suppe auszuwechseln.
Un Piece de Bœuf naturel.	Das Tafelstück Rindfleisch.
2. *Flanc.*	2. Seitenstücke.
Un Timballe de Macaroni.	Einen Timball von Macaroni.
Un Bechamelle au ris.	Ein Beschamell von Reis.
4. *Hors d'œuvres.*	4. Voressen.
Un de Boudin de fraise de Veau.	Würste von Kalbskröß.

Kleine

Un de petits Patés au Salpicon.	Kleine Paſtetlein mit Salpicon.
Un de ris de Veau sauté.	Kalbsbrüs auf dem Roſt.
Un de Palais de Bœuf a la Poulette.	Ochſengaum mit weißer Sauce.
4. *Entrées.*	4. **Eingemachte.**
Un d'agneau en ballon.	Rolad von Lamm.
Un filet de Bœuf a l'allemande.	Ein Ochſenfilé auf deutſch.
Un de Poulets a la Cartouche.	Hühnlein mit Schampagnerwein.
d'Oiſons a la broche Sauce Capucine.	Junge Gänſe mit einer Kreenſauce.
4. Aſſiettes froids.	4. Teller kalter.
Seconde Service.	**Zweyte Tracht.**
2. *groſſes Pieces.*	Zwey große Stücke.
Un Gateau de mille feuilles.	Eine franzöſiſche Torte.
Un Flanc au Citronat.	Ein abgetriebenes von Citronat.
2. *Flanc.*	2. Seitenſtücke.
Un Jambon.	Einen Schunken.
Un cuiſſe de Veau a la Daube.	Einen Kalbsſchlegel a la Daube.
4. *Rôtis.*	4. Braten.
Un de Chevreuil.	Einen Rehziemmer.
Un de Levreau.	Junge Haſen.
Un d'Agneau.	Ein von Lamm.
Un de Cochon.	Einen Schweinernen.
4. *Entremets.*	4. Entremets.
Un d'Epinards a la Crême.	Spinad mit Rahm.

Un de Houblons.	Eines von Hopfen.
Un de Morilles.	Eines mit Maurachen.
Un de Champignons.	Eines mit Schampignons.

4 *Assiettes*.   4 Teller.

Un de Ris frit a l'Allemande.	Einen gebachenen Reis.
Un de Risolles.	Kleine Schneekräpflein gebachen.
Une Crême au Café.	Einen Kaffeecrem.
Une Gelée d'Oranges.	Eine Sulz von Pomeranzen.

Un Menû pour 24. Couverts.
Eine Tafel für 24. Personen.

Un Potage de Santé.	Eine Kräutersuppe.
Un Potage de ris.	Eine Reissuppe.
Pour relever le Potage.	Für die Suppe auszuwechseln.
Un Piece de Bœuf au naturel.	Das Tafelstück Rindfleisch.
Une Selle d'agneau a la broche.	Einen lämmernen Hasen.

4 *Terrines*.   4 Töpfe.

Un de Choux croutter avec des Saucisses.	Sauerkraut mit Bratwürsten.
Un des Houblons avec des Cotelettes.	Hopfen mit Carmenad.
Un de Knefs a la Bechamelle.	Weißer Farsch mit Beschamell.
Un de Fraise de Veau au blanc.	Ein Kalbskröß in weißer Sauce.

2 *Flanc.*	2 Seitenstücke.
Un de petits patés hachés.	Kleine Haſcheerpaſtetlein.
Un de petits patés a l'eſpagnole.	Kleine ſpaniſche Paſtetlein.
4 *Hors d'œuvres.*	4 Voreſſen.
Un de Ris de Veau a la glace.	Kalbsbrüs glaſirt.
Un de Palais de Bœuf au Gratin.	Ochſengaum im Ofen.
Un de Croquettes melées.	Gemiſchte Croquet.
Un de Profitroles.	Kleine faſchirte Semmel.
4 *Entrées.*	4 Eingemachte.
Une poitrine de Veau glacé.	Eine Kalbsbruſt glaſirt.
Un de Poulets au printems.	Junge Hühner mit grüner Sauce.
Un d'Eſturgeon Sauce ramolade.	Hauſen mit Ramolabe Sauce.
des Pigeons en blanc.	Tauben in weißer Sauce.
4 *Aſſiettes.*	4 Teller.
Un de Raves.	Ein mit Rettich.
Un de Beurre.	Ein mit Butter.
Un de Cornichons.	Ein mit Cucumern.
Un de Raiforts.	Ein mit Kreen.
Seconde Service.	Zweyte Tracht.
4 *groſſes Pieces.*	4 große Stücke.
Un Roche d'Amandes.	Ein Berg von Mandeln.
Un Pouplin.	Einen Gato von Hopfen.
Un Jambon.	Einen Schunken.
Un buiſſons d'Ecreviſſes.	Große Krebſe geſotten.

4. *Plats de Rôtis.*	4. Braten.
Un de Chevreuil.	Einen Rehziemmer.
Un de Levreau.	Ein von jungen Hasen.
Un d'Oisons.	Ein von jungen Gänsen.
Un de Poulardes.	Ein von Polarden.

8. *Entremets.*	8. Entremets.
Deux d'Asperges.	Zwey von Spargel.
Un d'Haricots verds.	Ein mit grünen Fisolen.
Un d'Epinards.	Ein mit Spinat.
Un de Gelée de Citron.	Ein mit Sulz von Lemoni.
Un de Crême au l'Orange.	Ein Crem mit Pomeranzen.
Un d'Oeufs a l'Aspique.	Gesulzte Eyer.
Un de Truite a l'Aspique.	Forellen in Sulz.

4. *Assiettes.*	4. Teller.
2. de Salades verds.	2. mit grünen Salat.
2. d'Olives.	2. mit Oliven.

Un Menû pour 30. Couverts.

Eine Tafel für 30. Personen.

4. *Potages.*	4. Suppen.
Un Potage de santé.	Eine Kräutersuppe.
Un Potage aux houblons.	Eine Suppe mit Hopfen.
Un Potage de Ris.	Eine Suppe mit Reis.
Un Potage de Macaroni.	Eine Suppe mit Macaroni.

4. *Relever les Potages.*	4. Supppenauswechslungen.
Un Piece de Boeuf.	Das Rindfleisch.

Ein

Un piece a l'Escarlate.	Ein Pöckelfleisch.
Un Quartier de Veau a la Bechamelle	Ein Kalbsviertel mit Beschamell.
Un Jambon a la broche.	Einen gebratenen Schunken.

4 Terrines.   4 Töpfe.

Un de Choux frisés garnie d'Oreilles de Cochon.	Würsich oder Kölch mit schweinernen Ohren.
Un d'Asperges avec de ris de Veau.	Spargel mit Kalbsbrüs.
Un de Pois a la Bohemoise.	Erbsen auf Böhmisch.
Un de Knefs melés.	Ein von weißen Fasch melirt.

4. Hors d'œuvres secs.   4. Trockne Voreſſen.

Un de Boudins aux Ecrevisses.	Ein mit Krebswürsten.
Un de Boudins blancs.	Ein mit weißen Würsten.
Un de petits Patés a la Bechamelle.	Kleine Pastetlein mit Beschamell.
Un de petits Bouchées a la Reine.	Kleine Hascheepastetlein.

4. Hors d'œuvres aux Sauces.   4 Voreſſen mit Sauce.

Un de Filets de Veau a la Danger.	Filé van Kalbfleisch dreſſirt.
Un de Cotelettes d'Agneau a l'angloise.	Lammscarmenab auf Englisch.
Un de Palais de Bœuf en roulades.	Ochsengaum in Rolé a la braiſe.

Un de Filets de poulets en Cœur.	Filé von Hühnern dreßirt.
4. Entrées.	4 Eingemachte.
Un Fricandeau a la Chicorée.	Ein Fricando mit Cichorien.
Un d'Agneau aux fines herbes.	Ein von Lamm mit seinen Kräutern.
Un de Poulets a la sauce clair.	Hühnlein mit weißer Sauce.
Un de Pigeons en Compôte.	Tauben in Compot.
8. Assiettes froids.	8 Teller kalter.
2 d'Haranges.	2 mit Häringen.
2 de Beurre.	2 mit Butter.
2 de Raves.	2 mit Rettich.
2 de Cornichons.	2 mit Cucumern.
Seconde Service.	**Zweyte Tracht.**
4. grosses Pieces.	4. große Stücke.
Un Jambon froid.	Einen kalten Schunken.
Un Cochon de lait en Rolade.	Ein Rolad von Spanferkeln.
Un Croquante.	Einen Croquant.
Un Croquante d'Amandes.	Einen Croquant von Mandeln.
4. Rôtis.	4. Braten.
Un de Chevreuil.	Einen Rehziemmer.
Un de Levreau.	Einen von jungen Hasen.
Un de Poulets.	Einen von Hühnern.
Un d'Oisons.	Einen von jungen Gänsen.
8. Entremets chauds.	8. warme Entremets.
Un d'Epinards a la Crême.	Spinad mit Rahm.

Un des choux fleurs a l'Italienne.	Carviol auf Italiänisch.
Un de Salade.	Langen Salat mit Coulis
Un de Champignons.	Ein mit Schampignon.
Un de morilles au verd.	Ein von grün Maurachen.
Un d'oeufs pochés.	Verlohrne Eyer.
Un d'omelette aux Epinards.	Kleine Omolet mit Spinat.
Un d'ecrevisses a l'angloise.	Krebse auf Englisch.

4. Entremets froids.   4 kalte Entremets.

Une Crême au Café.	Einen Crem von Kaffee.
Une Crême aux roses.	Einen Crem von Rosen.
Une gelée au Citrons.	Eine Sulz von Lemoni.
Une gelée d'orange.	Eine Sulz von Pomeranzen.

8. Assiettes.   8. Teller.

2 de Salade verd.	2 von grünen Salat.
2 de Salade a l'Italienne.	2 mit welschen Salat.
2 de Canapée.	2 mit Canabee.
2 des Olives.	2 mit Oliven.

Un Menû pour 30. Couverts d'une autre Maniere.

Eine Tafel vor 30. Personen auf eine andere Manier.

4. Potages.   4. Suppen.

Un au ris.	Eine von Reis.
Un de santé.	Eine von Kräutern.
Un aux houblons.	Eine mit Hopfen.
Un au Macaroni.	Eine mit Macaroni.

4. Gro-

4. *Pieces pour relever.*	4. Große Stück für auszuwechseln.
Un piece de boeuf naturel.	Ein Stück Rindfleisch.
Un Rosbif a l'Angloise.	Einen englischen Braten.
Un quartier de Veau a la Crême.	Ein Kalbsviertel mit Rahm.
Un Cochon de lait a la broche.	Ein Spanferkel am Spies.
4. *Terrines.*	4. Töpf.
Un de choux frises & de petits salés.	Weiser Köhl mit Kaiserfleisch.
Un d'asperges & d'agneau.	Spargel mit Lammsfleisch.
Un de Knefs.	Ein mit weißen Farsch.
Un de Cervelle de Veau a la hollandoise.	Kalbshirn auf holländisch.
8. *Hors d'œuvres.*	8. Voreßen.
Un de boudins de Veau	Ein mit Kalbswürst.
Un des boudins aux Ecrevisses.	Ein mit Krebswürst.
Un de Cotelettes d'agneau a la gril.	Ein mit Lammscarmenad grillirt.
Un des Cotelettes de poulets en robe de Chambre.	Hünercarmenad in Papier.
4. *en Sauces.*	4. mit Sauce.
un de ris de Veau glacé.	Kalbsbrüs glasirt.
Un de fraise de Veau a l'Allemande.	Kalbskröß auf deutsch.
Un de palais de boeuf a la poulette.	Ochsengaum mit Petersill.

Hühner

	507
Un de poulets a l'espic.	Hühner mit einer Spick-sulz.

8. *Entrées.*   8. Eingemachte.

Un de filet de bœuf a l'Allemande.	Ein Ochsen-Filé auf deutsch.
Un poulet a la Marechale.	Hühner faschirt mit weissen Fasch.
Un des poitrines d'Agneau aux persil.	Lammsbrust mit Petersill.
Un de pigeons au printems.	Tauben mit grüner Sauce.
Un Bechamelle au ris.	Ein Reis mit Beschamell.
Un tête de Veau a l'Angloise.	Einen Kalbskopf auf Englisch.
Un d'esturgeon aux anchois.	Hausen mit Sardellen.
Un d'anguilles a la Crosolie.	Aalfisch mit kalter Sauce.

12. *Assiettes.*   12. Teller.

Un de Bechamelle frit.	Ein Beschamell gebachen.
Un de craquettes aux pains enchantés.	Craquirt in Oblatten.
Un de profitroles.	Kleine Semmel mit Salpicon.
Un d'omelettes farcies.	Kleine Omolets faschirt von gebachnen.
Un des petites Bouchées a la Reine.	Kleine Faschpastetlein.
Un des petits patés aux Ecrevisses.	Kleine Krebspastetlein.
Un des petits patés a la Francfort.	Kleine Frankfurter Pastetlein.

Kleine

Un de Concombre.	Kleine Pastetlein von Spargel.
Un de beurre.	Ein mit Butter.
Un de raves.	Ein mit Rettich.
2. de haranges.	Zwey mit Häring.

Seconde Service. — Zweyte Tracht.

2. grosses pieces.	2 große Stück.
Un croquant.	Einen Croquant.
Un d'un autre Manier.	Einen auf eine andere Manier.
6. Plats de Rôtis.	6 Schüssel gebraten.
Un longe de Veau.	Einen Nierenbraten.
Un d'agneau.	Einen von Lamm.
Un de levreau.	Einen von jungen Hasen.
Un de poulets.	Eine v. jungen Hühnern.
Un de Chevreuil.	Einen von Rehzähmer.
Un d'oisons.	Eine von jungen Gänsen.
16. Entremets.	16. Entremets.
Un d'epinard a l'Italienne.	Einen Spinad auf Italiänisch.
Un d'houblon.	Ein von Hopfen.
2. des Truffes.	2. mit Triffel.
2. des asperges.	2. mit Spargel.
2. des morilles.	2. mit Maurachen.
Un d'oeufs pochée.	Ein mit verlohrne Eyer.
Un d'omelette a l'angloise.	Ein Omolett auf Englisch.
Un d'ecrevisses a la Crême.	Krebse mit Rahm.
Un d'ecrevisses frit.	Gebachene Krebse.
2. de Langue fourée.	Ein mit gesalznen Zungen.
	Eine

Un aspique de saumonée.	Eine Sulz von Forellen.
Un aspique de Cochons.	Eine Sulz von Spanferkel.
12. *Assiettes*.	12. Teller.
Une Crême au Vanille.	Ein mit Vanilli Crem.
Un de Crême l'angloise.	Ein mit englischen Crem.
Un de gelée au cresson.	Ein mit Brunnenkreß sulz.
Un de gelée au ris a l'Italienne.	Ein mit Sulz auf Italiänisch.
Un des pommes a la Dauphine.	Ein mit Aepfel in Ofen faschirt.
Un de petits Tourtelettes.	Ein mit kleinen Backereyen.
Un de ris frit.	Ein mit gebachnen Reis.
4. Assiettes froid.	4. Teller kalter.

Un Menû pour 36. Couverts.
Eine Tafel vor 36. Personen.

4. *Potages*.	4. Suppen.
Un d'asperges.	Eine mit Spargel.
Un au ris.	Eine mit Reis.
Un de santé.	Eine mit Kräutern.
Un a la Reine.	Eine weise Couli-suppen.
4. *Pieces pour relever.*	4. große Stück für auszuwechseln.
Un piece de boeuf.	Das Rindfleisch.
Un a l'escalate.	Ein Stück Pöckelfleisch.
Un selle d'agneau a la broche.	Ein Lämmerhasen.

Un Carpe a la Neubauer.	Einen großen Karpfen mit schwarzer Sauce.
4. *Terrines*.	**4. Töpf.**
Un de choux croutter avec des petits falés.	Sauerkraut mit Kayfer fleisch.
Un de Nudel a l'Allemande.	Eine mit Nudeln auf deutsch.
Un Mu de Veau a l'Allemande.	Eine Kalbslunge auf deutsch.
Un de piés d'agneau a la Sauce verd.	Lammsfüße in grüner Sauce.
Un de Cotelettes de Veau a la Grillade.	Kalbscarmenad auf den Rost.
Un de pigeons a la Crapaudins.	Tauben a la Crapaudins.
Un de Cotelettes de Cochon.	Schweinscarmenad auf den Rost.
Un d'hatelettes de ris de Veau.	Kleine Spießlein mit Brüs und melirt.
4. *Pot*.	**4. von Würsten.**
Un des boudins de poulards.	Weise Würst von Po larten.
Un des boudins aux Ecrevisses.	Würst von Krebsen.
Un des boudins noir.	Schwarze Würst.
Un des boudins verd.	Grüne Würst.
8. *Hors d'œuvres aux Sauces*.	**8. Voteffen.**
Un des grenatins de Veau a l'ofeille.	Grenatins mit Sauer ampfer.
Un de Cotelettes d'agneau masqué.	Lämmercarmenad mas quirt.

Un de palais de bœuf a l'Italienne.	Ochsengaum auf Italisnisch.
Un d'oreilles d'agneau a l'espic.	Lammsohren in Spicksulz.
Un des filets de poulets a la Bechamelle.	Filé von Hühnern mit Beschamell.
Un des Cotelettes de pigeons sautés.	Carmenad von Tauben auf dem Rost.
Un de pigeons dressés aux petites poires.	Tauben ausgelöst ben Form von Birn.
Un de poulets a l'espic.	Hühner in Spicksulz.

8. *Entrées.*   8. **Eingemachte.**

Un fricandeau a la Bechamelle.	Ein Fricando mit Beschamell.
Un langue de bœuf a la polonoise.	Eine Ochsenzung auf Pohlnisch.
Un grenade de Veau.	Ein Grenad von Kalbfleisch.
Un quarré de mouton au persil.	Ein Quarré von Schaffleisch mit Petersill.
Un abbaisse de poulets.	Eine Buttertorte mit Hühnern.
Un de pigeons au sang.	Eine von Taube mit Blut.
Un d'oisons sauce ramolade.	Junge Gänse mit Ramolatsauce.
Un fricandeau de saumon.	Ein Fricando von Rheinsalm.
Un de petites bouche a la Reine.	Kleine Haschépastetlein.
Un de petites patés a la Francfort.	Kleine Frankfurter Pastetlein.

Kleine

Un de petites patés de fraise de Veau.	Kleine Paſtetlein mit Kalbskröß.
Un de petites patés au salpicon.	Kleine Paſtetlein mit Salpicon.
Un de croquettes melées.	Ein von Croquett melét.
Un de foye de Veau.	Ein von Kalbsleber.
Une bechamelle.	Ein Beſchamell.
Un d'amourettes.	Filé von Ruckmark.
2 de beurre.	2 mit Butter.
2 de raves.	2 mit Rettich.
2 de haranges.	2 mit Häring.
2 des Cornichons.	2 mit Cucumern.

Seconde Service. — Zweyte Tracht.

8 groſſes Pieces. — 8 große Stück.

Un aspique de Cochon de lait.	Eine Rummelſulz von Spanferkel.
Un de Truite en aspique.	Forellen mit Sulz garnirt.
Un Jambon.	Einen Schunken.
Un bise d'Ecrevisses.	Große Krebs geſotten.
Un croquante des amandes.	Einen Croquant von Mandeln.
Un croquante d'autre Maniere.	Einen Croquant auf eine andere Manier.
Un gateau a la broche.	Einen Spieckuchen.
Un Roche.	Ein Bergwerk.

8 *Rôtis.* — 8 Braten.

Un de pigeons.	Ein von Tauben.
Un de poulets.	Ein von Hühnern.
Un de poulardes.	Ein von poulardes.
Un de pigeons romains.	Ein von Romanertauben.

Ein

Une Longe de Veau.	Ein Nierenbraten.
Un d'Agneau.	Ein von Lammsfleisch.
Un de Selle de Chevreuil.	Einen Rehziemer.
Un de Levreau.	Ein von jungen Hasen.
8 *Entremets chauds.*	8 warme Entremets.
Un d'Epinards.	Einen Spinad.
Un de Choux fleurs.	Einen Carviol.
Un de Morilles.	Eins mit Maurachen.
Un de Truffes.	Ein mit Triffel.
4 d'Asperges.	4 mit Spargel.
8 *Entremets froids.*	8 kalte Entremets.
Une Crème a l'Angloise.	Crem auf Englisch.
Une Crème au Cerfeuille.	Ein von Körbelkraut.
Une Crème au Café.	Ein von Kaffe.
Une Crème aux Roses.	Ein von Rosen.
Un blanc-manger.	Ein Blanmansche.
Une Gelée au Cresson.	Eine Sulz von Brunnenkreß.
Une Gelée de Citrons.	Eine Sulz von Citronen.
Une Gelée d'Oranges.	Eine Sulz von Pomeranzen.
16 *Assiettes.*	16 Teller.
8 de Patisserie.	8 von Bachmeister.
8 de Salade.	8 von Salat.

Diese Tafel kann auch für 40 und 42 Personen servirt werden, aus der Ursache, weil jetzt nicht mehr der Gebrauch ist, so stark zu serviren, als wie man vor Zeiten servirt hat, nur muß wohl beobachtet werden, daß eine Tafel keinen Fehler hat, die Speisen zu mischen, und daß von einem jeden,

jeden, wie es die Jahrszeit giebt, servirt wird; damit die Herren nach der Ordnung bedienet werden. Man kann auch in meinen Küchenzetteln einige Speisen changiren, aber nur nicht aus der Regel; man kann auch die Tafel grüner machen in Schüsseln oder Tellern, das steht nach Belieben.

Un Menû pour 48. Couverts.
Eine Tafel für 48. Personen.

4. *Potages.*	4. Suppen.
Un a la Reine au Ris.	Eine weiße Coulissuppe mit Reis.
Un de Santé.	Eine feine Kräutersuppe.
Une purée verte.	Eine grüne Coulissuppe von Erbsen.
Un d'Asperges.	Eine klare Spargelsuppe.
4 *Pieces pour relever.*	4 große Stücke für die Suppe auszuwechseln.
Un Piece de Bœuf.	Das Tafelstück.
Un Quartier de Veau a la Kœnigseck.	Ein Kalbsviertel.
Un Jambon au Choufrisé.	Einen Schunken.
Un de Bœuf a l'Escarlate.	Ein Pöckelfleisch.
4 *Terrines.*	4 Töpfe.
Un de Chou croutte garni.	Ein Sauerkraut mit Kaiserfleisch.
Un de Knefs.	Ein von weißen Fasch.
Un d'Epinards a l'Italienne garni de Cotelettes.	Einen Spinad mit Carmenad.

Un

Un de Foye de Veau au Sang.	Eine Kalbsleber mit Blut.
16 *Hors d'œuvres.*	16 Voreſſen.
Un de Boudins aux Ecreviſſes.	F. swürſte.
Un de Boudins verds.	Grüne Würſte mit Brüs.
Un de Boudins a la Bechamelle.	Würſte mit Beſchamell.
Un de Boudins noirs.	Blutwürſte.
Un de Queues de Veau grillées.	Kalbsſchweife auf dem Roſt grillirt.
Un de Pigeons a la Crapaudine.	Tauben a la Crapaudine.
Un d'Hatelettes de ris de Veau.	Kleine ſilberne Spieſel melirt.
Un de poulets a la Tartare.	Hühner a la Tartare.
Un de Ris d'Agneau au melange.	Lammsbrüſe melirt.
Un de Cotelettes de Poulardes.	Carmenade von Hühnern.
Un d'yeux de Veau aux Truffes.	Kalbsaugen mit Triffel.
Un de Filets de Veau a la Catinette.	Filé von Kalbfleiſch geſchlungen.
un de Becaſſe au Salmi.	Ein Schnepf mit Salmi.
Un de palais de Bœuf a la poulette.	Ochſengaum mit Peterſill.
2 de Poulardes a l'Eſpic.	2 Spickſulzen von Poularden.
24 *Entrées.*	24 Eingemachte.
Un Filet de Bœuf glacé.	Einen Lendenbraten glaſirt.

Un de poulets a la Neubauer.	Junge Hühner mit grüner Sauce kalt.
Un Fricandeau aux Oignons.	Ein Fricando mit kleinen Zwiebeln.
Un de pigeons innocents.	Nesttauben mit Schampignon.
Un de mouton en Rolade.	Ein Rolad von Schaffleisch.
Un d'Oisons sauce Capucine.	Eine junge Gans mit Mandelkreen.
Un d'Agneau au persil.	Lamsschlegel mit Petersill.
Un Fricandeau de Saumon.	Ein Fricando von Rheinsalm.
Un Foye de Veau a la broche.	Eine Kalbsleber am Spieß.
Un de petits Canards sauce d'Oranges.	Junge Enten mit Pomeranzensauce.
Un de moutons aux fines herbes.	Einen Schlegel ausgelöst mit feinen Kräutern.
Un d'Esturgeon a l'Italienne.	Ein Stück Hausen auf Italiänisch.
Un Quarré de Cochon Sauce Robert.	Ein schweinernes Carmenadstück mit Senft Sauce.
Un de Levreau en Civé.	Einen jungen Hasen in Civé.
Un de Pigeons en Compôte.	Tauben in Compot.
Un d'Anguille a la Crosolie.	Einen Aalfisch mit der Sauce in der Mitte.
Une Tête de Veau a l'Angloise.	Einen Kalbskopf auf Englisch.

Un de poulets au printems.	Nesthühner mit warmer grüner Sauce.
Un de Truite a la Matelotte.	Eine Forelle a la Matelotte.
Un de Filets de Chevreuil Sauce genevre.	Filé von Rehzähmer mit Cronawethbeer.
Un Timballe de Macaroni.	Ein Timball von Macaroni.
Une Tourte de Godiveau.	Eine Torte von Kalbsfasch.
Un Sartout de ris au Bechamelle.	Einen Surtut von Reis mit Beschamell.
Un de Poulardes en surprise.	Polarden in einer Kapsel von Papier.
16 *Assiettes.*	16 Teller.
De petits patés a l'Espagnole.	Kleine Pastetlein auf Spanisch.
De petites bouchées a la Reine.	Kleine Haschéepastetlein.
De petits patés a l'Allemande.	Kleine Pastetlein auf deutsch.
De petits patés aux Ecrevisses.	Kleine Krebspastetlein.
Un Bechamelle frit.	Ein gebachenes Beschamell.
Des Oreilles de Veau frit.	Kalbsohren gebachen.
Des Croquettes melés frites.	Craquet melée gebachen.
Des Profitroles.	Kleine Semmeln.
8 Assiettes froids.	8 Teller kalter.

Seconde Service.	Zweyte Tracht.
8 grosses Pieces.	8 große Stücke.
4 Croquantes de diverse Maniere.	4 Croquant auf mehrere Manier.
Un Aspique de Cochon de lait.	Eine Rummelsulz von Spanferkel.
Un bise d'Ecrevisses.	Große Krebse gesotten.
Un Jambon.	Einen Schunken.
Un de Poulardes a la Daube.	Polarden a la Daube.
6 Rôtis.	6 Braten.
Un selle de Chevreuil.	Einen Rehzähmer.
Un de Poulets.	Junge Hühner.
Un de Becasses.	Schnepfen.
Un de Poulardes.	Pelarden.
Un de Levreau.	Junge Hasen.
Un de jeunes Canards.	Junge Enten.
16 Entremets chauds.	16 Warme Entremets.
4 d'Asperges.	4 von Spargel.
Un de Concombres farcis.	Ein mit Concomber farschirt.
Un de Choux fleurs.	Carviol mit weißer Sauce.
Un de morilles.	Hopfen weiß legirt.
Un d'Houblons.	Maurachen mit Petersill.
Un de Champignons.	Schampignon auf welsche Manier.
Un d'Haricots verds.	Grüne Bohnen mit Coulis.
Un de Salade farci.	Langen Salat faschirt.
Un d'Epinards a la Crème.	Spinad mit Rahm.

Un

Un d'Oeufs pochés.	Verlohrne Eyer mit klarer Jus.
Un d'Ecrevisses a l'Angloise.	Krebse auf Englisch.
Un d'Oeufs piqué & glacé.	Verlohrne Eyer gespickt und glasirt.
Un d'Anchois frit.	Sardellen mit Teig gebachen.
16 *Entremets froids.*	16 Entremets kalter.
Une Crême a l'Angloise.	Einen englischen Crem.
Une Crême au four.	Einen Crem im Ofen.
Une Crême au Vanille.	Einen Crem mit Vanilli.
une Crême au Cerfeuil.	Einen Crem von Körbelkraut.
Une Gelée au cresson.	Eine Sulz von Brunnenkreß.
Une Gelée aux Citrons.	Eine Sulz von Citronen.
Une Gelée d'Oranges.	Eine Sulz von Pomeranzen.
Une Gelée de fleurs d'Oranges.	Eine Sulz von Pomeranzenblüth.
Un Flan d'Ecrevisses.	Einen Auflauf von Krebsen.
Un Flan de ris.	Einen von Reis.
Un de petites caisses a l'Angloise.	Kleine Kapsel von Papier auf Englisch.
Un de petites caisses au Parmesan.	Kapseln mit Parmesankäs.
Un de bignets de pommes.	Aepfel gebachene glasirt.
Un de pommes a la Polonoise.	Aepfel gebachen mit Burgunder.

Un de Rissoles.	Risolen mit Eingemachten.
Un de Bouchées de Dames.	Andere Risolen de Dames.
16 *Assiettes*.	16 Teller.
8 de Patisserie & 8 froid.	8 von Bachmeister und 8. kalter.

Dieses ist eine Tafel für 48 Personen, sie ist aber auch stark genug auf 50. Ist sie zu stark, so kann etwas davon genommen werden in Schüsseln, wie auch von den Tellern; anstatt 40 können 32 Schüsseln gegeben werden. Man kann also 8 davon nehmen, es können auch von den Tellern 8 davon kommen. Diese Tafel wird oben am Tisch mit der Suppe angefangen, und gleich 2 Teller darneben, hernach ein Entrée oder Eingemachtes, nachdem ein Hors d'œuvre, oder Voressen, bis 5, nach diesem die Terrines, oder Töpfe, und 2 Teller mit dem kalten darneben gesetzt, nachmals wiederum 5 Schüsseln, alsdenn die andere Suppe und 2 Teller aus der Küche, hernach sofort, bis die ganze Tafel besetzt ist, so werden die Speisen schön und ordentlich stehen. Der zweyte Gang, wo die Suppen gestanden, da müssen die Croquant gesetzt werden; wo die Terrinen gestanden, da werden die andern 4 Stücke gesetzt, und weil allezeit 5 Schüsseln zwischen den großen Stücken stehen, so kommt in die Mitte ein Braten, 4 Entremets darneben, 2 kalte und 2 warme, und die Teller neben die großen Stücke oder auch neben die Braten, das kann nach Belieben gesetzt werden, es stehet auch recht.

Un Menú pour 60. Couverts.
Eine Tafel für 60. Personen.

4 Potages.	4 Suppen.
Un au pourpié.	Eine von Portulak.
Un a la Reine.	Eine weiße Coulisfuppe.
Un santé.	Eine Kräuterfuppe.
Un au Coulis d'ecrevisses.	Eine Coulisfuppe von Krebsen.
Un aux fines herbes.	Eine von feinen Kräutern.
Un au ris a l'italienne.	Einen Reis auf Italiänisch.

6 grosses pieces pour relever.	6 große Stück für auszuwechseln.
Un piece de Bœuf.	Das Tafelstück.
Un piece de Bœuf a la Moscovite.	Ein Stuck Rindfleisch auf Rußisch.
Un quartier de Veau a l'Angloise.	Ein Kalbsviertel auf Englisch.
Un quartier de mouton a la braise.	Ein Schafviertel a la Bras.
Un Trubon piqué & glacé.	Einen Granat von Kalbfleisch.
Un Timbale a l'Allemande.	Eine Kastrolpasteten auf deutsch.

6 Terrines.	6 Töpfe.
Un de choux frisés de petits salés.	Weißen Kohl mit Kayserfleisch.
Un de choux crouttes avec de Saucisses.	Sauerkraut mit Bratwürsten.
Un des Endiver avec d'agneau glacé.	Salat mit Lammesfleisch.

Kt 5   Un

Un des Knefs a l'Allemand.	Knötlein mit Schunken.
Un de fraise de Veau a la poulette.	Ein Kalbsbrüs weiß mit Petersill.
Un de langue de Veau sauce hachée.	Kalbszungen mit Hackeesauce.

16 *Hors d'œuvres.*   16 Voressen.

Un des boudins de fraise de Veau.	Würst von Kröß.
Un des boudins d'oreilles de Cochon.	Würst von Schweinsohren.
Un des andouilles a la bourgeoise.	Andouille auf bürgerlich.
Un des boudins a la Bechamelle.	Würst mit Beschamell.
Un de Cotelettes de Veau Grillée.	Kälberne Carmenad grillirt.
Un de Cotelettes d'agneau grillée.	Lämmerne Carmenad grillirt.
Un de palais de bœuf grillée.	Ochsengaum grillirt.
Un de ris de Veau grillée.	Kalbsbrüs grillirt.
Un de filet de bœuf a l'angloise mencée.	Einen Lungenbraten auf Englisch.
Une langue de bœuf a l'Allemande.	Eine Ochsenzung auf deutsch in Schniß.
Une langue de mouton Sauce hachée.	Schafzungen mit Hackeesauce.
Une Cervelle de Veau aux fines herbes.	Kalbshirn mit feinen Kräutern.
Un abbatis d'oison au sang.	Das Jung von der Gans mit Blut.

Un

Un d'estomac de pigeons glacé.	Die Brust von den Tauben glasirt.
2 des poulards a l'espic.	2 Spicksülz von Polarden.
24 *Entrées.*	24 Eingemachte.
Un fricandeau a l'oseille.	Ein Fricando mit Sauerampfer.
Un quarré de mouton au Concombres.	Ein Quarre von Schaffleisch.
Un d'agneau en ballon.	Ein Ballon von Lammsfleisch.
Un de filets de Chevreuil au Capre.	Filé von Rehzähmer.
Un de queues de bœuf a l'estufade.	Ochsenschweif in Stufat.
Une Tete de Veau a la hollandoise.	Einen Kalbskopf ausgelöst weiß.
Un poitrine de Veau au blanc.	Eine Kalbsbrust mit Schampignon.
Un de curpiés de Capri verd.	Einen Kitzrucken mit grüner Sauce.
Un de fillet de Veau a la Danche.	Filé von Kalbfleisch mit Fasch dreßirt.
Un quarré de Cochon au moutard.	Ein schweinernes Quarre mit Senft.
Un Tourte de grasdouble.	Eine Pasteten mit Kuttelfleck.
Un boubets de ris de Veau.	Einen Gateau mit einen Ragout.
Un de jeun Canarde sauce estragon.	Junge Enten mit Bertram.
Un de becasses au Salmi' entier.	Schnepfen ganzer in Salmi.

Un

Un de poulets sauce clair.	Hühner mit einer klaren Sauce.
Un de pigeons au printems.	Tauben mit grüner Sauce.
Un des poulardes a la Sultanne.	Polarten weiß faschirt.
Une de pigeons innocents au sang.	Nesttauben mit Blut.
Un de poulets innocents au Champignon.	Nesthühner mit Schampignon.
Un d'oisons sauce ramolade.	Junge Gänse mit Ramoladsauce.
Un de Saumon aux Capres.	Rheinsalm mit Capern.
Un d'esturgeon a la Neubauer.	Hausen mit kalter grüner Sauce.
Une de ris avec des poulets a la Sultanne.	Eine aufgesetzte Torte von Reis.
Un abbaisse avec d'abbatis de volaille.	Von Butterteig ein Abbes.
16 Assiettes.	**16 Teller.**
Des petits patés a la bechamelle.	**Kleine Pastetlein mit Beschamell.**
Des petits bouchés a la Reine.	**Kleine Haschéepastetlein.**
Des petits patés de ris de Veau.	**Kleine Pastetlein mit Kalbsbrüs.**
Des petits patés d'asperges.	**Kleine Pastetlein mit Spargel.**
Un Bechamelle frit.	Ein Beschamell gebachen.
Un aux pains enchantés.	Ein gebachnes in Oblaten.

De

De Knefs en friture.	Ein weißer Fasch gebachen.
Un d'Omelette.	Omolett gebachen.
8 Assiettes froids.	8 Teller kalter.
Seconde Service.	**Zweyte Tracht.**
12 grosses Pieces.	12 große Stück.
Un aspique de truite.	Eine Rummelsulz von Forellen.
Un aspique de piés de cochon.	Eine von Schweinsfüssen.
2 bises d'ecrevisses.	2 Schüsseln grosse Krebs.
Un rolad de Cochon du lait.	Ein Rolad von Spanferkel.
Un rolad de Veau.	Ein Rolad von Kalbfleisch.
Un Jambon ordinaire froid.	Ein ordinari Schunken kalter.
Un Jambon a la Champenoise.	Einen Schunken a la Champenois.
Un gateau de savoie.	Ein gateau de savoie.
Un gateau d'amandes.	Einen gateau von Mandeln.
2 Croquant.	2 Croquant.
12 *Rôtis.*	12 Braten.
Un de longe de Veau.	Ein Nierenbraten.
Un de Cabri.	Ein von Kitzlein.
Un des poulets.	Ein von Hühnern.
Un des poulardes.	Ein von Polarden.
Un d'oisons	Ein von jungen Gänsen.
Un de jeunes Canards.	Ein von jungen Enten.
Un de Chevreuil.	Ein von Rehzähmer.
Un de levreau.	Ein von jungen Hasen.
Un des beccasses.	Ein von Schnepfen.

Un

Un de jêunes Grives.	Ein von jungen Kramtsvögeln.
Un de pigeons romain.	Ein von Romanertauben.
Un de pigeons innocents.	Ein von Nesttauben.
28 *Entremets.*	28 **Entremets.**
4 des asperges.	4 von Spargel.
Un d'epinards, un a la Crème & un a l'italienne.	2 von Spinad.
2 de truffes.	2 von Triffel.
2 de morilles.	2 von Maurachen.
2 de Champiguons.	2 von Schampignon.
2 d'houblons.	2 von Hopfen.
2 de Salade.	2 von Salat.
Un d'œufs innocents.	Ein von Eyern in der Hennen.
Un d'œufs pochées.	Ein von verlohrnen Eyern.
2 d'œufs a l'aspique.	2 von Eyern mit Spicksulz.
4 de Crême.	4 mit Crem.
4 de Gelée.	4 mit Sulz.
16 *Assiettes.*	16 **Teller.**
8 de patisserie, & 8 de froid.	8 mit Backereyen, und 8 kalter.

Diese Tafel kann auf eine andere Manier gemacht werden, oftmals sind im serviren nicht so viel Terrins, so kann man anstatt den Terrins etwas anders geben. Jetzt folgen etliche Tafeln in den Sommer zu geben, aus dieser Ursach sind von

allen

allen 4 Jahrszeiten einige Tafeln aufgesetzt, damit sich ein junger Koch oder Köchin darnach zu richten weiß, was zu seiner Zeit kann gegeben werden, und wie sichs gehört.

Un Menú pour 8. Couvert a l'Eté.
Eine Tafel vor 8. Personen im Sommer.

Un potage de Santé.	Eine Supp von mehrern Kräutern.
Un fraise de Veau a la Vinaigrette.	Ein Kalbsfröß mit Kräutern.
Un des petits patés.	Kleine Haschéepastetlein.
Pour relever le potage.	Für die Suppe auszuwechseln.
Un piece de bœuf.	Das Rindfleisch.
2 Assiettes froid.	2 Teller kalter.
Seconde Service.	**Zweyte Tracht.**
Un de poulets a l'estragon.	Hühner mit klarer Bertramsauce.
Un hochepot.	Einen Hoschpott mit Wurzeln.
Un fricandeau au Concombres.	Ein Fricandeau mit Cucumern.
Troisieme Service.	**Dritte Tracht.**
Un de faon de Cerf pour Rôtis.	Von Hirschkalb zum braten.
Un de petits pois.	Kleine grüne Erbsen.
Une Crême de fraise.	Ein Crem von Erdbeer.
2 Assiettes Salade.	2 Teller mit Salat.

Un Menû pour 8. Couvert a l'Angloise.

Eine Tafel vor 8. Perſonen auf Engliſch.

Un potage de pois verds.	Eine Suppe von grünen Erbſen.
Une de Cotelettes de Veau aux herbes.	Kälberne Carmenad mit grüner Sauce.
Un de poulets a l'angloiſe.	Hühner auf Engliſch.
2 *Aſſiettes.*	2 Teller.
Un de petits patés.	ein mit kleinen Paſtetlein.
Un de sauciſſes.	Ein mit Bratwürſten.
un Rosbif pour relever le potage.	Ein engliſchen Braten für auszuwechſeln die Suppe.

Seconde Service. — **Zweyte Tracht.**

Un Jambon.	Einen Schunken.
Un Rôtis de faisanneau.	Junge Faſanen zum braten.
Un des poulardes.	Polarten zum braten.
2 Aſſiettes de Salade.	2 Teller Salat.

Troiſieme Service. — **Dritte Tracht.**

Un boudins l'angloiſe.	Einen engliſchen Boudin.
Un des petits pois.	Grüne Erbſen.
Un. d'aſperges Sauce blanche.	Spargel mit weiſſer Sauce.
2 *Aſſiettes.*	2 Teller.
Une Crême a l'angloiſe.	Ein mit Crem auf Engliſch.
Une gelée de cerises.	Ein mit Weichſelſulz.

Un Menû a l'Allemande pour 8 Couverts.

Eine Tafel auf deutsch für 8 Personen.

Un Potage au ris.	Eine Reißsuppe.
Un piece de bœuf.	Ein Stück Rindfleisch.
Un de choux garni de saucisses.	Würsching oder Köhl mit Bratwürsten.
Un des poulets a l'Allemandé.	Hühner auf deutsch.
Un de Cerf sauce genevre.	Hirschwildprett mit Crosnabethbeersauce.
Pour relever le Potage.	Für die Suppe auszuwechseln.
Un Tourte de ris de Veau.	Eine Butterpastete mit Brüs.
Seconde Service.	**Zweyte Tracht.**
Un Rôtis de Canard.	Junge Enten für Braten.
Un d'asperges.	Ein mit Spargel.
Un de petits pois.	Ein mit Erbsen.
Un Crême au Café.	Einen Crem von Caffee.
Une gelée de farcis.	Eine Sulz von Erdbeern, oder eine Bacherey.

Un Menû pour 12. Couverts.

Eine Tafel für 12. Personen.

Un potage a l'essence de Navets.	Eine Rubensuppe.
Un de grenatins de Veau aux Epinards.	Grenatins von Kalbfleisch.

Un de Cotelettes d'Agneau a la Sauce Capre.	Carmenad von Lamms-sauce mit Kapern.
Un de petits patés aux Asperges.	Kleine Pastetlein von Spargel.
Un de Bechamelle frit.	Ein Beschamelle gebachen.
Un piece de Bœuf pour relever le potage.	Das Rindfleisch für auszuwechseln die Suppe.
4 Assiettes froids.	4 Teller kalter.

Seconde Service.   Zweyte Tracht.

Un Hochepot avec de Tendrons de Veau.	Einen Hoschpot mit Tendrons von Kalb.
Un de poulets aux Ecrevisses.	Hühnlein mit Krebsen.
Un de pigeons Sauce verd.	Tauben mit grüner Sauce.
Un de Levreau au sang.	Hasen mit Blut.
Un de Mouton a la bourgeoise.	Schaffleisch auf bürgerlich.

Troisieme Service.   Dritte Tracht.

Un de Faisanneau pour rôtis.	Junge Fasanen für Braten.
Un de Champignons.	Schampignon weiß.
Un de Morilles.	Maurachen.
Une Gelée de Groseilles vertes.	Eine Sulz von Stachelbeeren.
Une Tourte de Fraise.	Eine Torte von Erdbeeren.

Un Menû pour 16. Couverts a l'Angloise.
Eine Tafel für 16. Perſonen auf Engliſch.

Un potage de ſanté.	Eine Kräuterſuppe.
Un potage au purée verte de pois.	Eine Coulisſuppe von grünen Erbſen.
Un de Tendrons de veau ſauce d'oranges.	Tendrons von Kalb mit Pomeranzen.
Une d'Agneau ſauce hachée.	Eine von Lamm mit Haſcheeſauce.
Un de Cochon avec de chou.	Ein ſchweinernes Quarré mit Würſig oder Kölch.
Un d'Eſturgeon aux Anchois.	Hauſen mit Sardellen.
Un bouble.	Eine Kaſtrolpaſtete.
4 Aſſiettes.	4 Teller.
Un de petits patés.	Kleine Paſtetlein.
Un de Bechamelle frit.	Ein Beſchamell gebachen.
Un de Boudins blanc.	Weiße Würſte.
Un d'Hatelettes de ris de Veau.	Kleine Spießel mit Brüs.
Pour relever le Potage.	Für die Suppe auszuwechſeln.
Un Rosbif a l'Angloiſe.	Einen Engliſchen Braten.
Un Hochepot avec de petits ſalés.	Ein Hoſchpot mit Kaiſerfleiſch.

Seconde Service.	Zweyte Tracht.
Un de Faisanneau pour rôtis.	Junge Fasanen für Braten.
Un de poulardes pour rôtis.	Polarden für Braten.
Un Jambon froid.	Einen Schunken kalter.
Un d'Ecrevisses.	Große Krebse gesotten.
Un cuisse de Veau a la Daube.	Einen Kalbsschlegel a la Daube.
4 Assiettes froid.	4 Teller kalter.
Troisieme Service.	**Dritte Tracht.**
Une Croquante.	Einen Croquant.
Un d'Artichauts a la Sauce de beurre.	Artischocken mit Buttersauce.
Un d'Asperges sauce blanche.	Spargel mit weißer Sauce.
Une de petits pois.	Ein mit kleinen Erbsen.
Un de Morilles.	Maurachen.
Une Crème a l'angloise.	Einen Crem auf Englisch.
Une Gelée de Griottes.	Eine Sulz von Weichseln.
4 Assiettes de patisserie.	4 Teller mit Bachereyen.

Un Menû pour 18. Couverts.

Eine Tafel für 18. Personen.

2 Potages.	2 Suppen.
Un de santé.	Eine Kräutersuppe.
Un de ris.	Eine Reissuppe.
Pour relever le Potage.	Für die Suppen auszuwechseln.
Un Piece de Bœuf.	Das Tafelstück.

Une

Une Croupière de Cerf a la Saxe.	Einen Hirschzähmer im Ofen.
2 *Terrines.*	2 Töpfe.
Un de Carottes avec de Mouton.	Ein mit gelben Ruben und Schaffleisch.
Un de Choux garni de petits salés.	Ein mit Würsing oder Kölch von Kaiserfleisch.
8 *Hors d'œuvres.*	8 Voressen.
Un de petits patés dressés.	Kleine Pastetlein dressirt.
Un de petits patés hachés.	Kleine Hascheepastetlein.
Une Bechamelle frite.	Ein Beschamell gebachen.
Un de Croquettes aux pains enchantés.	Croquets mit Oblaten.
Un de Boudin aux Ecrevisses.	Würste von Krebsen.
Un de Boudins de Veau.	Würste von Kalbfleisch.
Un de farci de Knefs grillés.	Einen weißen Geflügelfasch grillirt.
Un de petits Cheris.	Kleine Kapsel mit Lamscarmenad.
12 *Entrées.*	12 Eingemachte.
Un de Filet de Bœuf glacé.	Einen Lungenbraten glasirt.
Un de mouton aux fines herbes.	Ein von Schaffleisch mit Kräutern.
Un de Levreau a l'italienne.	Ein von Hasen auf Italiänisch.
Un de Chevreuil a la provençale.	Ein von Reh auf Brabandisch.

Un de poulets au printems.	Ein von Hühnlein mit grüner Sauce.
Un de petits Canards ſauce ramolade.	Junge Enten mit Ramoladſauce.
Un de perdraux aux Truffes.	Junge Feldhühner mit Triffel.
Un de pigeons a l'Eſtragon.	Tauben mit Bertram.
Une Abbaiſſe de Godiveau.	Eine Abbes mit Kalbsfaſch.
Une Timballe a la Genoiſe.	Ein Timball auf Genueſiſch.
Un Grenade.	Ein Granad von Wurzeln.
Un de Poulardes en ſurpriſe.	Polarden in Papier.
8 Aſſiettes froids.	8 Teller kalter.

Seconde Services. — **Zweyte Tracht.**

4 groſſes Pieces. — *4 große Stücke.*

Un Piece de Bœuf a l'eſcarlate.	Ein Stück Pöckelfleiſch.
Une cuiſſe de Veau a la Daube.	Ein Kalbsſchlegel a la Daube.
Un Gateau a la broche.	Einen Brügelkrapfen.
Un Gateau de mille feuilles.	Eine franzöſiſche Torte.

4 Rôtis. — 8 Braten.

Un de Faiſanneau.	Junge Faſanen.
Un de Perdrix.	Junge Rebhühner.
Un de Poulets.	Junge Hühner.
Un de Canardoneaux.	Junge Enten.

16 Entremets. — 16 Entremets.

Un de petits pois.	Kleine Erbſen.
	Un

Un de Choux fleurs sauce blanche.	Carviol.
Un d'Artichauts a la pericord.	Artischocken.
Un de Champignons.	Schampignon.
Un d'Ecreviſſes a l'Angloiſe.	Krebſe auf Engliſch.
Un d'œufs frits aux Concombres.	Gebachene Eyer mit Cucumernſauce.
Un Flan de ris.	Ein Flan von Reis im Ofen.
Un d'Omelettes aux Epinards.	Kleine Omolette mit Spinad.
Un de Bignets d'Apricots.	Apricoſen mit Teig gebachen.
Un de Cleriſes frits.	Weichſeln gebachen mit Teig.
Un d'Anguilles Sauce ramolade.	Einen Aalfiſch mit Ramoladſauce.
Un de Perches grillés.	Börſing grillirt mit Sardellen.
Une Crême de fraiſe.	Ein Crem von Erdbeeren.
Une Crême au Vanille.	Ein Crem von Vanillen.
Une Gelée de Groſeilles.	Eine Sulz von Johannesbeeren.
Une Gelée d'Oranges.	Eine Sulz von Pomeranzen.
8 *Aſſiettes.*	8 Teller kalter.
4 avec de patiſſerie.	4 mit Bacherey.
4 avec de Salade.	4 mit Salat.

Dieſe Tafel kann auch für 20 Perſonen gemacht werden, und wenn man ſparen will, ſo

so können die Teller ausbleiben, oder auch nu
4 gegeben werden kalter, als nämlich: auf di
erste Tracht Butter, Rettich, Kreen und Ranen
und auf die zweyte 4 Salat.

Un Menû pour 40. Couverts.
Eine Tafel für 40. Personen.

4 *Potages.*	4 Suppen.
Un Santé.	Eine Kräutersuppe.
Un a la Reine.	Eine weiße Coulissuppe.
Un aux Choux.	Eine Suppe mit Würsing oder Kölch.
Un a la Purée verte.	Eine grüne Erbsensuppe.
Pour relever le potage.	Für die Suppe auszuwechseln.
Un piece de Bœuf.	Das Tafelstück.
Un de Bœuf a la mode.	Buflamode.
Un Cochon de lait a la broche.	Ein Spanferkel am Spieß.
Un quartier de Veau a la Crême.	Ein Kalbsviertel mit Rahm.
4 *Terrines.*	4 Töpfe.
Un d'Endive a la Chicorée.	Ein Antivi mit Lammsfleisch.
Un de Chou rave.	Kohlrabi mit Kaisenfleisch.
Un de piés d'Agneau verd.	Lammsfüße mit grüner Fricasseesauce.
Un de Knefs a la Bechamelle.	Weißen Fasch mit Bechamell.
16 *Hors d'œuvres.*	16 Voressen.
Un de Boudins aux Ecrevisses.	Krebswürste.

Un

Un de Boudins fraise.	Krößwürste.
Un de Boudins de Veau.	Kalbswürste.
Un d'Andouilles a la bourgeoise.	Anduilli auf bürgerlich.
Un de Cervelle frite.	Kalbshirn zum Bachen.
Un de Croquettes me-lées.	Croquets melirt geba-chen.
Une Bechamelle frite.	Beschamell gebachen.
Un d'Animelles frites.	Kleine Lammsbrüs ge-bachen.
Un de Cotelettes d'A-gneau grillées.	Lammscarmenad grillirt.
Un de Cotelettes de Veau grillées.	Kalbscarmenad grillirt.
Un de Poulets grillés.	Hühner grillirt.
Un au Kneſs grillé.	Knefsfasch grillirt.
Un de petits patés a la Francfort.	Kleine Frankfurter Pa-stetlein.
Un de petits patés a l'Allemande.	Kleine Pastetlein auf deutsch.
Un de petits patés de fraise de Veau.	Kleine Krößpastetlein.
Un de petits patés a la Bechamelle.	Kleine Pastetlein a la Bechamelle.
24 *Entrées.*	24 Eingemachte.
Un Filet de Bœuf sauce aux Capres.	Einen Lungenbraten mit Kapern.
Un de Cerf a l'Alle-mande.	Filé von Hirsch auf deutsch.
Un Fricandeau a l'O-seille.	Ein Fricando mit Sauer-ampfer.

Un de levreau a l'espagnole.	Junge Hasen mit Burgunderwein.
Un d'agneau au persil.	Ein von Lamm mit Petersill.
Un de filet de chevreuil au genevre.	Filé von Reh mit Cronabethbeer.
Un hochepot de tendrons de Veau.	Einen Hochepot mit Tendrons.
un de faon de Chevreau aux fines herbes.	Ein von Rehküzlein mit feinen Kräutern.
Un de palais de bœuf en roulades.	Ochsengaum rolirt.
Un de lapin de bonne femme.	Künighasen mit Coulis.
Un abbaisse de ris de Veau.	Ein Abbes mit Kalbsbrüs.
Un surtout de ris.	Ein Sürbu von Reis.
Un Tourte de gras-double.	Eine Torte mit Kuttelfleck.
Un abbesse de poulets.	Ein Abbes mit Hühnern.
Un de Canard sauce d'oranges.	Enten mit Pomeranzensauce.
Un de perdrix sauce aux Champignons.	Junge Rebhühner mit Schampignon.
Un de poulardes a la Princesse.	Polarden ausgelöst.
Un de faisanneau a l'estragon.	Junge Fasanen mit Bertram.
Un de Dindonneau sauce a l'angloise.	Junge Indian mit Hascheesauce.
un des pigeons au sang	Nesttauben mit Blut.
Un des poulets a la peluche.	Hühner mit klarer Sauce.

Un

Un d'oisons sauce Capucine.	Junge Gänse mit Kreensauce.
Un d'esturgeon a l'italienne.	Hausen mit Provanseröl.
Un d'esturgeon en surprise.	Hausen in einer Papiernen Kapsel.
8 Assiettes froid.	8 Teller kalter.

8 *grosses pieces pour le second service.* — 8 große Stück für die zweyte Tracht.

Un aspique de piés de cochon.	Eine Rummelsulz von Schweinsfüßen.
Un aspique de truite.	Eine von Forellen.
Un Jambon.	Einen Schunken.
Un Rolade de Veau.	Ein Rolad von Kalbfleisch.
2 Croquante.	2 Croquante.
Un gateau de savoie.	Einen Gato von Bisquit.
Un gateau de mille feuilles.	Eine französische Torte.

8 *Rôtis.*   8 Braten.

Un de faisanneaux.	Einen von Fasanen.
Un de Chaponneaux.	Einen von jungen Capaunen.
Un de perdraux.	Einen von jungen Rebhühnern.
Un de Dindonneaux.	Einen von jungen Indianern.
Un de faon de Cerf.	Einen von Hirschkalb.
Un de Cabri.	Einen von Küzlein.
Un de Chevreüil.	Einen von Reh.
Une longe de Veau.	Einen Nierenbraten.

32 En-

32 *Entremets*.	32 Entremets.
Un d'epinards a l'italienne.	Spinad auf Italiänisch.
Un de Choux fleurs Sauce blanche.	Carviol mit weißer Sauce.
Un d'artichauts a la pericord.	Artischocken im Ofen.
Un d'asperges au petits pois.	Kleinen Spargel geschnitten mit Ram.
Un des Concombres a la Sauce.	Cucumern mit Coulis sauce.
un d'haricots aux fines herbes.	Fisolen mit feinen Kräutern.
Un de seves licées.	Grüne Bohnen legirt.
2 des Champignons.	2 von Schampignon.
2 des petits pois.	2 mit kleinen Erbsen.
Un de mousserons a l'italienne.	Muserani auf Italiänisch.
2 d'Ecrevisses a l'Angloise.	2 mit Krebsen auf Englisch.
Un d'œufs pochés.	Verlohrne Eyer mit Schü.
Un d'œufs innocents.	Kleine Eyer von der Hennen.
Un de bignets d'apricots.	Gebachne Apricosen.
Un de Cerisses frites.	Gebachne Weichsel.
Un de Melon frite.	Melonen gebachen.
Un de Crême frite.	Einen Crem gebachen.
Un de petites caisses a l'Angloise.	Kleine Schnitten in Papier auf Englisch.
Un de petites au fromage parmesan.	Parmesankäs in kleine Kapsel.

Un

Un flan.	Einen Flan in Ofen.
Un de ris au four.	Einen Reis in Ofen.
une Crême a l'angloise.	Einen Crem auf Englisch.
Une Crême au four.	Einen Crem in Ofen.
Une Crême au Vanille.	Einen Crem von Vanille.
Une Crême de fraise.	Einen Crem von Erdbeer.
Une gelée de Grosseilles verds.	Eine Sulz von Stachelbeer.
Une gelée de Grosseilles rouges.	Eine Sulz von Johannesbeer.
Une gelée de peches.	Eine Sulz von Pfirsching.
Une gelée de fleurs d'oranges.	Eine Sulz von Pomeranzenblüth.
8 Assiettes froids.	8 Teller kalter.

Diese Tafel kann auch für 50. Personen servirt werden, es dörfen nur noch so viel Teller mit warmen Speisen serviret werden, und auf den ersten Gang auf die Schüssel wo die Pastetlein sollen gegeben werden, und die boudins werden hernach auf die Teller gegeben, und auf die Schüsseln aus dere Voressen, auf den zweyten Gang 8 Teller von Backereyen serviren, so ist der Service complet für 50. Personen.

Un Menû pour 60. Couverts.
Eine Tafel für 60. Personen.

8 *Potages.*	8 Suppen.
Un a la santé.	Eine Kräutersuppe.
Un a la purée de pois verds.	Eine Coulissuppe von grünen Erbsen.

Un

Un chiffonade.	Eine klare Suppe von Wurzeln.
Un jonquilles.	Eine Coulissuppe von gelben Ruben.
Une purée aux Navets.	Eine Coulissuppe von weissen Ruben.
Un au ris clair.	Eine klare Suppe von Reis.
Un de ris a l'italienne.	Eine Reissuppe auf Italiänisch.
Un a la peluche.	Eine Suppe mit Petersill.
8 *Pieces pour relever les Potages.*	8 Stück für die Suppen auszuwechseln.
Un piece de bœuf.	Das Tafelstück.
Un a l'escarlate.	Ein Stück Pöckelfleisch.
Un quartier de Veau a la Crême.	Ein Kalbsviertel mit Rahm.
Un Selle d'agneau.	Einen Lammshasen mit Schü.
Un Jambon a la broche.	Einen Schunken mit Schampagner Wein gebraten.
Un quartier de mouton Sauce Concombres.	Ein Schafviertel in der Bräs mit Cucumern.
Un Timbale de Macaroni.	Ein Timbal von Macaroni.
Un Timbale a l'Allemande.	Eine Kastrolpastete auf deutsch.
8 *Terrines.*	8 Töpf.
De Choux & petits salés.	Wirsching oder Köhl mit Kaiserfleisch.

De

De choux rayes & petits salés.	Kohlrabi mit Kaiserfleisch.
De Carottes & agneau.	Gelbe Ruben mit Lammsfleisch.
De Navets & mouton.	Weiße Ruben mit Hammelfleisch.
Un de Knefs.	Weißen Geflügelfasch mit Rahm.
Un de piés d'agneau au verd.	Lammsfüß grün fricasirt.
Un de fraise de Veau a la poulette.	Ein Kalbskrös weiß mit Petersill.
Un abbatis d'oison au sang.	Eine junge Gans mit Blut.

16 *Hors d'œuvres.*   16 Voressen.

Un de boudins aux liévres.	Würst von Hasen.
un de boudins de Veau.	Würst von Kalbfleisch.
Un de boudins aux Chapons.	Weiße Würste.
Un de boudins des oreilles au sang.	Würst von Ohren mit Blut.
Un de Cotelettes de Veau a la gril.	Kalbscarmenad auf den Rost.
Un de poulets a la Tartare.	Hühner auf den Rost mit Peberratsauce.
Un de foie de porc a la Wahl.	Schweinsleber in Rest auf den Rost.
Un de pigeons a la crapaudines,	Tauben a la Crapaudine.
Un de grenatins de Veau.	Grenatin von Kalbfleisch.

Un

Un de ris de Veau glacé.	Kalbsbrüs gespickt und glasirt.
Un de palais de bœuf au gratin.	Ochsengaum in Ofen.
Un d'oreilles d'agneau Sauce blanche.	Lammsohren mit weißer Sauce.
Un des Cotelettes de poulets sautés.	Carmenad von Hühnern weiß.
Un de filet de Chapon dreſſé.	Filé von Krebsen dreſſirt.
Un Salmi de perdraux.	Ein Salmi von Rebhühnern.
Un d'eſtomac de pigeons piqués.	Taubenbrüſte gespickt mit Wurzeln.

32 *Entrées*.   32 *Eingemachte*.

Un filet de bœuf aux Oignons.	Einen Lungenbraten mit Zwiebel.
Un filet de Cerf a l'Allemande.	Ein von Filé von Hirſch auf deutſch.
Une langue de bœuf a la Polonoiſe.	Eine Ochſenzung mit Weinbeer.
Une de filet de Cerf glacé.	Ein von Reh glasirt.
Un quarré de Veau a la jachu.	Ein Quarre von Kalbfleiſch a la Jacks.
Un d'agneau en blanc.	Ein von Lamm weiß.
Un de levreau en civé.	Ein von Haſen in Civée.
Un de lapins aux fines herbes.	Ein von Künighaſen mit Kräutern.
Un de tête de Veau a la hollandoiſe.	Ein Kalbskopf auf Holländiſch.

Un de mouton au gros lard.	Ein von Schaffleisch mit groben Speck.
Un de tendreus de l'œuf en hochepot.	Ein Hoschpot mit Tendrons.
Un Grenade.	Einen Grenad.
Un quarré de Cochon sauces mutras.	Ein schweinernes Quarree.
Un d'esturgeon a la Neubauer.	Hausen mit kalter Sauce.
Une Tourte a l'Allemande.	Eine kleine deutsche Pastete.
Un surtout au ris.	Einen Sürtut von Reis.
Un des poulets a la peluche.	Hühner mit Petersill.
Un des petits poulets aux Ecrevilles.	Nesthühner mit Krebs.
Un de Poulardes a la Provençale.	Polarden auf Brabandisch.
Un de Dindonneau aux fines herbes.	Indian mit feinen Kräutern.
un de Dindonneau sauce Champignon.	Indian mit Schampignon.
Un de Caponneau a la Tortue.	Junge Kapaunen dressirt wie Schildkröten.
Un de pigeons en Compôte.	Tauben im Compot.
Un de Canards sauce ramolade.	Enten mit Ramolabsauce.
Un de perdraux aux Truffes.	Rebhühner mit Triffel.
Un de perdraux sauce claire.	Rebhühner mit klarer Sauce.

Un de Faisans a l'Espagnole.	Fasanen auf spanisch.
Un de Faisans au Champignon.	Fasanen mit Schampignon.
Un de paon sauce hachée.	Pfauen mit Haschensauce.
Un de paon a la Marecha'e.	Pfauen a la Marechale.
Un de Canards sauvages aux Anchois.	Wildenten mit Sardellen.
Un de Canards a la Brussel.	Wildenten auf Brüßler Manier.
Un de Cailles au laurier.	Wachteln mit Lorberblätter.
Un de Cailles a la Provençale.	Wachteln a la Provençale.
Un de poulets a la Bechamelle.	Ein Beschamell dressirt.
Un de Farcis a la Bechamelle.	Eines mit Fasch.
Un de Turbonne.	Einen Turbant.
2 Aspiques de Volaille.	2 Aspique von Geflügel.
Une Abbaisse.	Ein Abbes.
16 *Assiettes*.	16 Teller.
8 *froids*.	8 kalter.
Un de petits patés a la Bechamelle.	Kleine Pastetlein a la Bechamelle.
Un de petits patés a la Reine.	Kleine Hascheepastetlein.
Un de patés aux Ecrevisses.	Kleine Krebspastetlein.
Un de patés dressés.	Kleine dressirte Pastetlein.

Une

Une Bechamelle frite.	Ein Beschamell gebachen.
Un de Croquettes.	Croquett von allerhand.
Un d'Amourettes.	Amurette gebachen.
Un de Profitroles.	Kleine Semmel gebachen.

Seconde Service.	Zweyte Tracht.
16 grosses Pieces.	16 große Stück.
Un Aspique de Truite.	Eine Rummelsulz von Forellen.
Un Cuisse de Veau a la Daube.	Kalbsschlegel a la Daube.
Un bise d'Ecrevisses.	Große Krebse gesotten.
Un Gateau de Liévre.	Ein Gato von Hasen.
Un Jambon.	Einen Schunken.
Un Rolade de Cochon de lait.	Ein Rolad von Spanferkeln.
Un de Mouton a l'Ecarlate.	Einen gepöckelten Kalbsschlegel.
Un de Langue de Bœuf furré.	Ochsenzung.
Un Boudin a l'angloise.	Ein Budin auf Englisch.
Un Gateau a la broche.	Ein Gato am Spieß.
Un Gateau a la Madelaine.	Ein Gato a la Madelaine.
un Rocher d'Amandes.	Einen Berg von Mandeln.
4 Croquants differents.	4 Croquante.
16 Rôtis.	16 Braten.
Un Faon de Chevreuil.	Ein Rehkütz.
Un Marcassin.	Ein junges Wildschwein.
Un Faon de Cerf.	Ein Hirschkütz.
Un de Levreau.	Junge Hasen.
Un de Faisanneau.	Junge Fasanen.

Un de Perdrix.	Junge Rebhühner.
Un de jeunes Grives.	Junge Drosseln.
Un de Cailles.	Wachteln.
Un de Cabri.	Ein Kitzbraten.
Un d'Agneau.	Ein von Lamm.
Un de Chaponneaux.	Junge Capaunen.
Un de Dindonneaux.	Junge Indianisch.
Un de poulets.	Hühner.
Un de pigeons.	Tauben.
Un de Canards.	Junge Enten.
Un d'Oisons.	Junge Gänse.

32 Entremets. — 32 Entremets.

Un d'Epinards au four.	Spinad im Ofen.
Un de Choux fleurs au parmesan.	Carviol mit Käs.
Un d'Artichauts sauce blanche.	Artischocken mit weißer Sauce.
Un de cus d'Artichauts aux fines herbes.	Artischockenböden mit Kräutern.
Un d'Asperges a la Crême.	Spargel geschnitten mit Rahm.
Un de Concombres farcis.	Cucumern faschirt.
Un de Salade au Coulis.	Salat mit Coulis.
Un de Feves licées.	Grüne Bohnen legirt.
Un de morilles sauce verd.	Maurachen mit grüner Sauce.
Un de Musserons.	Musseroni auf Italiänisch.
Un d'Haricots a l'italienne.	Fisolen mit Oel.

Un de Navets a la Flamande.	Weiße Ruben auf Flamändisch.
2 de Champignons.	2 mit Schampignon.
2 de petits pois.	2 von kleinen Erbsen.
Un d'Oeufs pochés.	Verlohrne Eyer mit Jus.
Un d'Oeufs poché & glacé.	Verlohrne Eyer gespickt und glasirt.
Un d'Oeufs innocents.	Kleine Eyer aus der Henne.
Un d'Omelettes a l'angloise.	Ein Omolett auf Englisch.
Un d'Ecrevisses a la Crème.	Krebse mit Rahm.
Un d'Ecrevisses a l'angloise.	Krebse auf Englisch.
Un d'Anchois frites.	Sardellen gebachen.
Un de petits caisses de faumons salés.	Gesaltzene Rheinsalm in Kästlein.
Une Crème au Vin de Champagne.	Ein Crem von Champagnerwein.
Une d'Oranges chaud.	Einen wärmen mit Pomeranzen.
Une Crème aux Citrons.	Ein von Citronen.
Une Crème au Café.	Ein von Kaffee.
Une Gelée de Cresson.	Eine Sulz von Brunnenkreß.
Une Gelée de Cerisses.	Eine von Kirschen.
Une Gelée de griottes.	Eine von Weichseln.
Une Gelée de Bergamotte.	Eine von Pergamott.

16 Assiet-

16 *Assiettes.*	16 Teller.
8 froid & 8 de patisserie.	8 kalt und 8 mit Backen.

Le Menú pour Automne.
Tafelzettel in dem Herbst.

Un Menú pour 8. Couverts.
Eine Tafel für 8. Personen.

Un potage de Santé.	Eine Kräutersuppe.
Un de Cotelettes de pigeons santés.	Carmenade von Tauben.
Un de queues de Veau sauce blanche.	Kalbsschweife mit weiſſer Sauce.
Un piece de Bœuf pour relever.	Das Tafelstück für aus zuwechseln.

Seconde Service.
Zweyte Tracht.

3 *Assiettes.*	3 Teller.
Un Bouble de poulets.	Einen Gateau von Hopfen mit Hühnern.
Un Chartereuse.	Einen Grenad von Gemüß.
Un Tendrons de Veau d'Oranges.	Kalbstendrons mit Pomeranzen.

Troisieme Service.
Dritte Tracht.

Des Faisauneaux pour Rôti.	Junge Fasanen für Braten.
Un de petits pois.	Kleine Erbsen.
Une Gelée de Citrons.	Eine Sulz von Lemoni.
2 *Assiettes.*	2 Teller.

Un Menû pour 12 Couverts.	**Eine Tafel für 12. Perſonen.**
2 *Potages.*	2 Suppen.
Un Potage de Jonquilles.	Eine Couliſſuppe von gelben Ruben.
Un au ris.	Eine von Reis.
2 *pour relever.*	Für die Suppe auszuwechſeln.
Un piece de Bœuf.	Das Tafelſtück.
Un paté de Cerf.	Eine aufgeſetzte Paſtete vom Hirſch.
4 *Terrines.*	2 Töpfe.
Un de Choux avec de petits salés.	Ein mit Würſich oder Kölch und Kaiſerfleiſch.
Un de piés d'Agneau sauce verd.	Eine mit Lammsfüßen in grün Fricaſſee.
4. *Entrées.*	4 Eingemachte.
Un de Grenadins aux petits oignons.	Grenatin mit kleinen Zwiebeln.
Un de poulets a la peluche.	Hühnlein mit Bertram.
Un de Cabri aux Champignons.	2 Bügel von Kützlein mit Schampignon.
Un de perdrix aux fines herbes.	Feldhühner mit feinen Kräutern.
4 *Aſſiettes.*	4 Teller.
8 *froid.*	8 kalter.
Un de Boudins de fraiſe de Veau.	Ein mit Kröſwürſten.
Un d'Hatelettes de ris de Veau.	Ein mit Spießel von Brüs.

Un de petits bouchés a la Reine.	Kleine Hascheepastetlein.
Une Bechamelle frite.	Ein Beschamell gebachen.

Seconde Service.	Zweyte Tracht.
2 grosses Pieces.	2 große Stücke.
Un Jambon.	Einen Schunken.
Un bise d'Ecrevisses.	Große Krebse gesotten.
2 Rôtis.	2 Braten.
Un de poulardes.	Ein von Polarden.
Un de Faisanneaux.	Ein von jungen Fasanen.
4 Entremets.	4 Entremets.
Un de petits pois.	Kleine Erbsen.
Un d'Artichauts sauce Anchois.	Artischocken mit Sardellensauce.
Une Crème a l'angloise.	Ein Crem auf Englisch.
Une Gelée de Groseilles.	Eine Sulz von Johannesbeeren.
8 Assiettes.	8 Teller.
4 de Patisserie & 4 froid.	4 mit Bacherey und 4 kalter.

Un Menû pour 18. Couverts.
Eine Tafel für 18. Personen.

2 Potages.	2 Suppen.
Un Chiffonade.	Eine von Wurzeln.
Une purée verte de petits pois.	Eine Coulissuppe von grünen Erbsen.
Pour relever le Potages.	Für die Suppe auszuwechseln.
Un piece de Bœuf.	Das Tafelstück.

Une

Une Longe de Veau a la Bechamelle.	Einen Nierenbraten mit Beschamell.

2 Terrines. — **2 Töpfe.**

Un de Navets avec de petits salés.	Ein mit Ruben und Kalberfleisch.
Un hochepot a l'Espagnole.	Ein Hochpot auf Spanisch.

8 Entrées. — **8 Eingemachte.**

Un langue de bœuf a l'Allemande.	Eine Ochsenzunge auf deutsch.
Un de pigeons en Compôte.	Tauben im Compot.
Un de queues de Veau a la hollandoise.	Kalbsschweif auf Holländisch.
Un de poulets a la Madelaine.	Hühner a la Madelaine.
Un d'agneau glacé.	Lamm glasirt.
Un de perdraux a l'angloise.	Rebhüner auf Englisch.
Un de levreau au sang.	Hasen mit Blut.
Un de Canards sauce verte.	Enten mit grüner Sauce.

8 Assiettes. — **8 Teller.**

4 froid, & 4 chaud.	4 Kalter, und 4 warmer.
Un de boudins verd.	Ein mit grünen Würsten.
Un d'hatelettes de Veau.	Ein mit Spießel von Kalbfleisch.
Un de croquettes melés.	Ein mit Croquetten gebachen.
Un de petits patés au salpicon.	Ein mit kleinen Pastetlein mit Salpicon.

Seconde Service.	Zweyte Tracht.
2 *grosses Pieces.*	2 große Stücke.
Un Dindon a la Daube.	Ein welsches Stück a la Daube.
Un rolat de cochon de lait.	Ein Rolat von Spanferkel.
8 *Assiettes.*	8 Teller.
4 froid, & 4 de patisserie.	4 kalte und 4 mit Bacherey.
4 *Rôtis.*	4 Braten.
Un de poulets.	Ein von Hühnern.
Un de faisan.	Ein von Fasan.
Un de chapon.	Ein von Capaun.
Un de gelinottes.	Ein von Haselhühnern.
2 *Flanc.*	2 Seitenstücke.
Un boudin a l'angloise au four.	Ein Budin auf Englisch.
Un paté froid de beccasses.	Eine kalte Pastete von Schnepfen.
4 *Entremets.*	4 Entremets.
Un de Choux fleur a l'italienne.	Carviol auf Italiánisch.
Un d'epinards a la Crême.	Spinab mit Rahm.
Un d'artichauts sauce blanche.	Artischocken mit weißer Sauce.
Un de Cardons a la moëlle.	Carti mit Mark.

Un Menû pour 24 Couverts.

Eine Tafel für 24 Personen.

2 *Potages.* — 2 Suppen.

Un a l'essence de Navets. — Eine klare Suppe von Ruben.

une purée de Nantilles. — Eine Coulissuppe von Linsen.

Pour relever le potage. — Für die Suppe auszuwechseln.

Un piece de bœuf. — Das Tafelstück.

Un quartier de mouton a la broche. — Ein Schafviertel a la Brás.

4 *Terrines.* — 4 Töpfe.

un au choux bleus avec de petits salés. — Blaues Kraut mit Kaiserfleisch.

Un de choux crouttes avec un faisan. — Sauerkraut mit Fasan.

Un de Knefs. — Knefs von weißen Fasch.

Un de piés de Veau en fricassée. — Kalbsfüße en fricassée verd.

2 *Flanc.* — 2 Seitenstücke.

Un Dindon a la braise Sauce melé. — Einen welschen Hahn mit Haschee sauce.

Un timballe de Macaroni. — Einen Timball von Macaroni.

8 *Hors d'œuvres.* — 8 Voressen.

Un de grenatins de Veau. — Grenatins von Kalbfleisch.

Un de filets de Chevreuil. — Filé von Rehzähmer.

Un de ris de Veau glacé. — Kalbsbris glasirt.

Un de palais de bœuf aux fines herbes.	Ochsengaum mit feinen Kräutern.
Un de filets de Chapon en fleur.	Filé von Capaun dressirt.
Un Salmi de becasse.	Ein Salmi von Schnepfen.
Un de Cotelettes d'agneau.	Lammscarmenad.
Un de poulets au fricassée.	Ein weiß Fricassee von Hühnern.
12 *Entrées.*	12 Eingemachte.
Un de filet de bœuf glacé.	Ein Ochsenfilé glasirt.
Un de poitrine de Veau au blanc.	Eine Kalbsbrust weiß.
Un de mouton au persil.	Ein Quarré von Kalbfleisch mit Petersill.
Un de liévre a l'italienne.	Ein von Hasen auf Italiänisch.
Un de Cerf a l'Allemande.	Ein von Hirschen auf deutsch.
Un Grenade.	Einen Granat.
Un Canard Sauce d'oranges.	Eine wilde Ente mit Pomeranzensauce.
Un de perdraux a l'angloise.	Rebhüner auf Englisch.
Un ris au Bechamelle.	Ein Beschamell in Reis.
Un de pigeons a la peluche.	Tauben mit klarer Sauce.
Un de Chapon à la Provençale.	Einen Capaunen auf Brabändisch.
Un des poulardes a la Princesse.	Polarden a la Princesse.

12 *Assiet-*

12 *Assiettes.*	12 Teller.
4 froid.	4 kalter.
Un de boudins noirs.	Ein mit schwarzen Würsten.
Un de boudins blanches.	Ein mit weißen Würsten.
Un de profitroles.	Ein mit profitroles.
Un de Beschamelle frite.	Ein mit Beschamell.
Un de petits bouches a la Reine.	Ein mit kleinen Haschee paſtetlein.
Un de petits patés aux Ecrevisses.	Ein mit kleinen Krebs- paſtetlein.
Un de petits patés a l'espagnole.	Ein mit spanischen Pa- ſtetlein.
Un de petits patés de fraise de Veau.	Ein mit kleinen Paſtetlein von Kröß.
Seconde Service.	Zweyte Tracht.
Un hure de sanglier.	Einen wilden Schweins- kopf.
Un patés froid de perdrix.	Eine kalte Paſtete von Rebhühnern.
6 *Rôtis.*	6 Braten.
Un d'alouettes.	Ein von Lerchen.
Un d'ortolans.	Ein von die Ordolani.
Un de faisans.	Ein von Fasanen.
Un de poulets.	Ein von Hühnern.
Un de Chapon.	Ein von Capaunen.
Un de poulardes.	Ein von Polarden.
18 *Entremets.*	18 Entremets.
Un de Choux fleurs.	Carviol.
Un d'epinards.	Spinad.
Un d'artichauts.	Artischocken.

Un

Un de Cartons.	Ein von Cartl.
Un de Ciboules a l'italienne.	Spanische Zwiebel Italiänisch.
Un d'haricots.	Grüne Fisolen.
Un de Celeri.	Ein von Zelleri.
Un de feves blanches.	Weiße Bohnen.
Un d'œufs pochés.	Verlohrne Eyer.
Un d'œufs au fer a cheval.	Eyer gebachen mit brauner Buttersauce.
Un de polenta.	Polenta.
Un de ris frit a l'Allemande.	Ein Reis gebachen auf deutsch.
Un de bignets de pommes.	Aepfel gebachen und glassirt.
Un flan d'ecrevisses.	Einen Flan von Krebsen.
Une Crême a la Turc.	Ein Crem auf türkisch.
Une Crême a l'angloise.	Einen englischen Crem.
Une gelée d'oranges.	Eine Sulz von Pomeranzen.
Une gelée de Citrons.	Eine Sulz von Citronen.
8. Assiettes.	8. Teller.
4 froid.	4 kalte.
4 de patisserie.	4 mit Bacherey.

Un Menû pour 36. Couverts.

Eine Tafel für 36. Personen.

4 *Potages.*	4 Suppen.
Un a la Reine.	Eine von weißer Coulis.
Un au Celeri.	Eine von Zelleri.
Un au Merrons.	Eine von Castanien.
Un aux fines herbes.	Eine von Kräutern.

4 Re-

4 *Relever.*	4 Auswechsel-Stück.
Un piece de bœuf.	Das Tafelstück.
Un jambon a la broche.	Einen Schunken mit Schampignon.
Un hochepot.	Einen Hoschpot von Wurzeln.
Un quartier de Veau a la Crême.	Ein Kalbeviertel mit Rahm.

4 *Terrines.*	4 Töpfe.
Un de choux frisés garni d'oreilles.	Würsig oder Köhl mit Schweinsohren.
Un de Navets de Baviere & petits salés.	Bairische Ruben mit Kaiserfleisch.
Un de fraise de Veau a l'Allemande.	Ein Kalbskröß auf deutsch.
Un de ragout melé.	Ein Ragout melirt.

12 *Hors d'œuvres.*	12 Voressen.
Un abbatis d'oison au sang.	Eine junge Gans mit Blut.
Un d'amourettes au parmesan.	Ruckmark mit Parmesaukäs.
Un de langues de mouton aux anchois.	Schafzungen mit Sardellen.
Un de cervelle aux fines herbes.	Kalbshirn mit feinen Kräutern.
Un de boudins au chapon.	Weiße Würst von Capaunen.
Un de boudins de foye.	Würst von der Schweinsleber.
Un de boudins d'oreilles de Cochon.	Würst von Schweinsohren.
Un des andouilles a la bourgeoise.	Anduille auf Burgerlich.

Un

Un de Cotelettes de Cochon au gril.	Schweinscarmenad.
Une de ris de Veau grillé.	Kalbsbrüs grillirt.
Un de palais de bœuf grillé.	Ochsengaum grillirt.
Un de filets de lievre sautés.	Filé von Hasen mit Provenserôl.
20 *Entrées*.	20 Eingemachte.
Un filets de bœufs sauce d'anchois.	Einen Lungenbraten mit Sardellen.
Un langue de bœuf a la polonoise.	Eine Ochsenzung mit rothen Wein.
Un fricandeau aux petits Oignons.	Ein Fricando mit kleinen Zwiebeln.
Un grenade a la Danger.	Einen Grenad dreßirt.
Un quarré de mouton aux fines herbes.	Ein Carmenadstück von Schaffleisch.
Un Rolade de mouton.	Ein Rolad von Schaffleisch.
Un de liévre a la bonne femme.	Einen Hasen a la Bräs.
Un de Cerf a l'Allemande.	Ein von Hirsch auf deutsch.
Un de sanglier au Genevre.	Ein von Wildschwein mit Crenawethbeer.
Un de lapin au Coulis.	Ein von Künighasen mit Coulis.
Un Canard sauces d'oranges.	Eine Wildente mit Pomerauzen.
Un de perdraux a l'Espagnole,	Rebhühner mit Burgunderwein.

Un

Un de Faisans sauces aux Truffes.	Fasanen mit Triffel.
Un de Grives a la Conde.	Drosseln a la Conde.
Un de Chapon au gros sel.	Ein Kapaun gesotten.
Un de poulets a la sauce verte.	Hühner mit grüner Sauce.
un de poulardes sauces Ecrevisses.	Polarden mit Krebssauce.
Un de Dindon a l'estragon.	Ein Indianstücklein mit Bertram.
Une Abbaisse avec une Bechamelle.	Ein Abbes mit Beschamell.
Un de Ris dressé.	Reis mit Ragout dressirt.

8 froids.   8 kalter.

Un de petits patés de Veau.	Ein mit kleinen Haschee pastetlein.
Un de Salpicon.	Ein mit Salpicon.
Un de Mouton.	Ein von Schaffleisch.
Un a l'Espagnole.	Eine auf spanisch.
Une Bechamelle frite.	Ein Beschamell gebachen.
Un de Croquettes.	Croquette.
Un d'Oreilles de Veau.	Ein von Kalbsohren.
Un d'Animelles.	Ein von Lammsbrüs.

Seconde Service.   Zweyte Tracht.
8 grosses Pieces.   8 grosse Stücke.

Un paté froid.	Eine kalte Pastete.
Un Gateau de Liévre.	Einen Gato von Hasen.
Un Jambon.	Einen Schunken.
Un Hure de Sanglier.	Einen wilden Schweinskopf.
2 Croquantes.	2 Croquante.

Un Gateau de favoie.	Ein Gato von Biscuit.
Un Gateau a la broche.	Ein Gato am Spieß. |*

8 Rôtis.	8 Braten.
Un de Faifans.	Ein von Fasanen.
Un de Gelinotes.	Ein von Haselhühnern.
Un de Becaffes.	Ein von Schnepfen.
Un d'Alouettes.	Ein von Lerchen.
Un Chapon.	Ein von Kapaun.
Un de Poulets.	Ein von Hühnern.
Un de Poulardes.	Ein von Polarden.
Un de Pigeons romains.	Ein von Tauben.

24 Entremets.	24 Entremets.
Un d'Epinards.	Spinad im Ofen.
Un de Choux fleurs.	Carviol mit weißer Sauce.
Un d'Artichauts.	Artischocken mit Oel.
Un de Cardons.	Cardi mit Coulis.
Un de Celeris.	Zelleri mit Rahm.
Un d'Haricots.	Fisolen mit Kräutern.
Un de petits pois.	Kleine grüne Erbsen naturel.
Un de Féves.	Weiße Fisolen weiß legirt.
Un d'Oeufs pochés.	Verlohrne Eyer mit Jus.
2 de Truffes.	2 mit Triffel.
Un d'Omelette a l'Angloife.	Omolett auf Englisch.
Un d'Ecreviffes a la Crême.	Krebse mit Rahm.
Un d'Ecreviffes frites.	Gebachene Krebse.
Un de Saumon.	Rheinsalm auf dem Rost mit Sauce.
Un de Truite.	Forellen mit Sulz.

2 Crê-

2 Crêmes.	2 Crem.
2 Gelées.	2 süße Sulzen.
16 *Assiettes*.	16 Teller.
8 froid.	8 kalter.
8 de patisserie.	8 mit Bacherey.

Un Menû pour 50. *Couverts.*
Eine Tafel für 50. Personen.

6 *Potages*.	6 Suppen.
Un a la Reine au ris.	Eine weiße Suppe.
Un a l'essence de Navets.	Eine klare Suppe von Ruben.
Un clair au Celeri.	Eine klare Suppe von Zelleri.
une purée de Nantilles.	Eine Coulissuppe von Linsen.
Une purée au marrons.	Eine von Macaroni.
6 *Pieces pour relever*.	6 Stücke für auszuwechseln.
Un piece de Bœuf.	Ein Tafelstück.
Un Rosbif a l'angloise.	Einen englischen Braten.
Un quartier de Veau a la Königseck.	Ein Kalbsviertel a la Königseck.
Un quartier de mouton a la braise.	Ein Schafviertel am Spieß mit Schü.
Un Cochon de lait.	Ein Spanferkel.
Un Carpe a la Neubauer.	Einen Karpfen a la Neubauer.
2 *Terrines*.	2 Töpfe.
Un Oille a l'espagnole.	Eine spanische Ollie.
Un de Choux bleus avec de petits salés.	Ein blaues Kraut mit Kaiserfleisch.

16 *Hors-*

16 Hors d'œuvres.	16 Voressen.
un de Boudins au sang.	Schwarze Würste.
Un de Boudins aux perdraux.	Rebhühnerwürste.
Un de Boudins aux Chapons.	Kapaunenwürste.
Un de Boudins d'Ecrevisses.	Krebswürste.
2 de petits caisses a la Bechamelle.	2 kleine Kapseln mit Beschamell.
Un de Cotelettes d'agneau a la caisse.	Kleine Carmenade in Kästlein mit Coulis.
Un Cradins de ris de Veau.	Kleine Spiesel mit Brüs.
un de caisse de cervelle.	Kästlein mit Hirn.
Un d'Hatelettes de ris de Veau.	Kleine Spiesel von weißen Fasch.
Un de Cotelettes de Veau sauté.	Kälberne Carmenade auf dem Rost.
Un de poulets de fraise grillé.	Kleine Spiesel mit Kalbshirn.
Un de Foye de Cochon a la Wahl.	Schweinsleber a la Wahl.
Un de palais de Bœuf a la poulette.	Ein von Ochsengaum mit Petersill.
Un de petits animelles.	Kleine Brüs melirt.
Un de filets a la Bechamelle.	Filé von Kapaunen mit Beschamell.
Un de Cotelettes de pigeons sautés.	Carmenad von Tauben.
24 Entrées.	24 Eingemachte.
Un filets de Bœuf Sauces Anchois.	Ein Lendenbraten mit Sardellen.

Un

Un Fricandeau 'a la glace.	Ein Fricando glasirt.
Un Quarré de mouton a la Chicorée.	Ein Quarre von Schaffleisch mit Salat.
Une Langue de Bœuf sauce Cornichons.	Eine Ochsenzunge mit Cucumern.
Un Grenade de Veau au filets.	Einen Granat von Filee.
Un d'Agneau au blanche.	Eines von Lamm weiß.
Un de Cuisse de Liévre a la Pericorde.	Schlegelein von Hasen mit Oliven.
Un de Cerf sauce piquante.	Ein von Hirsch mit piquanter Sauce.
Un de Chevreuil.	Ein von Rehzähmer.
Un de Lapins aux fines herbes.	Ein von Künighasen mit Kräutern.
Un de filets de Cochon aux Oignons.	Schweinerne Filee mit Zwiebel.
Un d'esturgeon sauce ramolade.	Hausen mit Ramoladsauce.
Un Chapon sauce blanche aux Truffes.	Einen Kapaunen mit Triffel.
Un de poulardes au groseilles.	Polarden mit Salz gesotten.
Un de poulets sauce verd.	Hühner mit grüner Sauce.
un de pigeons a la Framason.	Tauben mit Champagner Wein.
Un de Canards a la Brusselle.	Enten ausgelöst.
Un Dindon en ballon.	Indianer ausgelöst mit klarer Sauce.

Un de Canards sauvages aux Oranges.	Wildenten mit Pomeranzen.
De Jurſelles a l'Eſpagnole.	Kleine Wildenten mit Oliven.
Un de perdraux aux fines herbes.	Rebhühner mit feinen Kräutern.
Un de Becaſſe au Salmi entier.	Schnepfen ganzer in Salmi.
Un de Grives au laurier.	Droſſeln mit Lorbeeren.
Un Coq de Bruyere a la braiſe.	Ein Berghahn a la braiſe.

16 Aſſiettes.   16 Teller.
4 froids.   4 kalter.

Un de petits patés a la Reine.	Kleine Haſcheepaſtetlein.
Un de petits patés a la polonoiſe.	Poloneſer Paſtetlein.
Un de petits patés aux Ecreviſſes.	Kleine Krebspaſtetlein.
Un de petits patés a la Bechamelle.	Paſtetlein mit Beſchamell.
Un de petits patés a la Francfort.	Frankfurter Paſtetlein.
Un de petits patés a l'Allemande.	Deutſche Paſtetlein.
Une Bechamelle frite.	Ein Beſchamell gebachen.
Un d'oreilles de Veau.	Kalbsohren.
Un de piés d'agneau.	Lammsfüße.
Un de Cranelli.	Cranelli.
Un de Profitroles.	Kleine Semmeln.
Un de Croquettes.	Croquette.

Seconde Service.	Zweyte Tracht.
8 grosses Pieces.	8 große Stücke.
Un paté froid.	Eine kalte Paſtete.
Un biſe d'Ecreviſſes.	Große Krebſe geſotten.
Un de Bœuf a l'Ecarlate.	Ein Stück Pöckelfleiſch.
Un Jambon.	Einen Schunken.
2 de Croquante.	2 Croquante.
Un Gateau de mille feuilles.	Einen Gato von Butterteig.
Un Gateau d'Amandes.	Einen Gato von Mandeln.
16 Rôtis.	16 Braten.
Un ſelle de Chevreuil.	Einen Rehzähmer.
Un de Faiſan.	Einen Faſan.
Un de Liévre.	Einen Haſen.
Un de perdraux.	Feldhühner.
Un de Grives.	Droſſeln.
Un de Gelinotes.	Haſelhühner.
Un de becaſſes.	Schnepfen.
Un d'Alouettes.	Lerchen.
Un de Veau.	Einen Nierenbraten.
Un d'Agneau.	Ein von Lamm.
Un Dindon.	Einen Indianer.
Un Chapon.	Einen Kapaunen.
Un de poulardes.	Polarden.
Un de poulets.	Hühner.
Un de Canards.	Enten.
Un de pigeons.	Tauben.
24 Entremets.	24 Entremets.
Un d'Epinards.	Ein von Spinat.
Un de Choux fleurs.	Ein von Carviol.
Un d'Artichauts.	Ein von Artiſchocken.

Un de cus d'Artichauts.	Ein von Artischockenböden.
Un de Cardons a la moëlle.	Ein von Cardi.
Un au Parmefan.	Ein von Parmefankäs.
Un de Celeri.	Ein von Zelleri.
Un de Ciboules a l'italienne.	Ein von weißen Zwiebeln.
Un d'Haricote.	Ein von Fisolen.
Un de petits pois.	Ein von grünen Erbsen.
Un de Champignons.	Ein von Schampignon.
Un de Féves.	Ein von weißen Fisolen.
2 de Truffes.	2 von Triffel.
Un d'Oeufs pochés.	Ein von verlohrnen Eyern.
Un Omolette a la Genoise.	Ein Omolett auf Genuesisch.
Un de Polenta.	Ein von Polenta.
Un flan de ris.	Einen Reis im Ofen.
Un d'Ecrevisses a l'angloise.	Krebse mit Rahm.
Un d'Ecrivesses au Salpicon.	Krebse mit Salpicon.
2 Crême.	2 mit Crem.
2 Gelée.	2 mit Sulz.
16 *Assiettes.*	16 Teller.
8 froid.	8 kalter.
8 de patisserie.	8 von Bachereyen.

De Menû pour l'hiver.

Kuchenzettel für den Winter.

Un Menû pour 8. Couverts.

Eine Tafel für 8. Personen.

Un potage de Navets.	Eine Rubensuppe.
Un de grenatins de Veau.	Grenatins von Kalbfleisch.
Un de petits patés.	Kleine Pastetlein.
Pour relever.	Für auszuwechseln.
Un piece de bœuf.	Ein Stuck Rindfleisch.
2 Assiettes.	2 Teller.
Seconde Service.	Zweyte Tracht.
Un de choux bleu avec de petits salés.	Ein blaues Kraut mit Kaiserfleisch.
Un de poulets a l'Allemande.	Hühner auf deutsch.
Un de Mouton a la bourgeoise.	Ein Schößel vom Schaffleisch auf burgerlich.
Troisieme Service.	Dritte Tracht.
Un rotis de faisan.	Einen Fasan für Braten.
Un de choux fleur.	Carviol.
Un Tourte.	Eine Torte.
2 Assiettes.	2 Teller.

Un Menû a l'Angloise pour 8. Couverts.

Eine Englische Tafel für 8. Personen.

Une purée de pois.	Eine Coulissuppe von Erbsen.

Un de boudins noirs.	Schwarze Würste.
Un de poulets a l'espic.	Hühner a l'espic.
Pour relever.	Für auszuwechseln.
Un Rosbif a l'angloise.	Einen englischen Braten.
2 Assiettes.	2 Teller.

Seconde Service.   Zweyte Tracht.

Un de faisan pour Rôtis.	Einen Fasan für Braten.
Un de chapon pour Rôtis.	Einen Capaun für Braten.
Un Jambon.	Einen Schunken.
2 Assiettes.	2 Teller.

Troisieme Service.   Dritte Tracht.

Un boudin a l'angloise.	Einen Englischen Budin.
Un de choux fleur.	Carviol.
Un d'œufs a l'espagnole.	Eyer auf Spanisch.
2 Assiettes.	2 Teller.

Un Menû pour 12. Couverts.

Eine Tafel für 12. Personen.

Une purée aux Marrons.	Eine Coulissuppe von Castanien.
Un potage au ris Celeri.	Eine klare Suppe mit Reis.
Pour relever le Potages.	Für die Suppen auszuwechseln.
Un piece de bœuf.	Ein Tafelstück.
Un paté de perdrix.	Eine aufgesetzte Pastete.
6 Entrées.	6 Eingemachte.
Un de choux crouttes avec de petits salés.	Sauerkraut mit Kaiserfleisch.

Un

Un de palais de bœuf en roulade.	Rolad von Ochsengaum.
Un de poulets sauce clair.	Hühner mit klarer Sauce.
Un fricandeau aux Oignons.	Ein Fricando mit Zwiebeln.
Un de boudins.	Würst.
Un Bechamelle frite.	Ein Beschamelle gebachen.

4 *Assiettes*.   4 Teller.
2 froid.   2 kalter.
2 de petits patés.   2 mit kleinen Pastetlein.

Seconde Service.   Zweyte Tracht.

2 *grosses Pieces*.   2 große Stück.
Un Croquante.   Einen Croquant.
Un Gateau.   Einen Gato.

2 *Rôtis*.   2 Braten.
Un faisan pour rôtis.   Einen Fasan für Braten.
Un Chapon pour Rôtis. Einen Capaun für Braten.

6 *Entremets*.   6 Entremets.
Un de Cardones.   Ein von Cardi.
Un d'epinards.   Ein von Spinad.
Un de féves vertes.   Ein von grünen Fisolen.
Un de féves blanches.   Ein von weißen Fisolen.
Une Crême.   Einen Crem.
Une Gelée.   Eine Sulz.

4 *Assiettes*.   4 Teller.
2 de Salade.   2 mit Salat.
2 de patisserie.   2 mit Bacherey.

Un Menu a l'Angloise pour 12 Couverts.

Eine Tafel auf Englisch für 12. Personen.

Un potage au pois.	Eine Coulisuppe von Erbien.
Un potage aux choux.	Eine Suppe von Würsing oder Kölch.
Un Rosbif.	Einen englischen Braten
Un de poulets a l'Angloise.	Hühner auf Englisch.
Un Civé de lievre.	Ein Civé von Hasen.
Un de Veau glacé.	Eines von Kalbfleisch glasirt.
Un de perdraux aux sauces Olives.	Ein von Rebhünern mit Olivensauce.
Un Tourte de ris de Veau.	Eine Torte mit Brüs.
Un grenades.	Ein Grenad.
4 Assiettes froids.	4 Teller kalter.
Pour relever le potage.	Für die Suppe auszuwechseln.
Un cus de cochon aux choux.	Einen Schweinsschlegel mit Wirsing oder Kölch
Un pieces de bœuf a l'ecarlate.	Ein Stück Pöckelfleisch.
Seconde Service.	Zweyte Tracht.
Un Croquante.	Einen Croquant.
Un paté froid.	Eine kalte Pastete.
Un gateau de lievre.	Einen Gato von Hasen.
4 *Rôtis.*	4 Braten.
Un faisan.	Einen Fasanen.
Un de perdraux.	Ein von Rebhünern.

Un de Chapon.	Ein von Capaun.
Un de poulets.	Ein von Hühnern.
Une Crême.	Einen Crem.
Une gelée.	Eine Sulz.
4 Assiettes froid.	4 Teller kalter.
4 *Entremets chauds pour relever le Rôtis.*	4 Entremets für auszuwechseln die Braten.
Un d'epinards.	Ein von Spinad.
Un de Cardons.	Ein von Carti.
Un d'œufs pochés.	Ein mit verlohrnen Eyer.
Un d'ecrevisses a l'angloise.	Ein mit Krebsen auf Englisch.

Un Menû pour 18. Couverts.

Eine Tafel für 18. Personen.

Un potage a la Reine.	Eine weiße Coulissuppe.
Un potage aux Navets.	Eine Suppe von weißen Ruben.
Pour relever.	Für auszuwechseln.
Un pieces de bœuf.	Ein Stück Rindfleisch.
Un Dindon a l'italienne.	Ein Indian auf Italianisch.
2 *Flanc.*	2 Seitenstücke.
Un Jambon a la broche.	Einen Schunken gebraten.
Un paté.	Eine Pastete.
4 *Hors d'œuvres.*	4 Voressen.
Un de petits patés a la Bechamelle.	Pastetlein von Bechamell.
Un des Craquet.	Ein von Craquet.
Un d'Andouille.	Ein von Anduille.

Un

Un de bouches a la Reine.	Kleine Pastetlein mit Fasch.
4 *Entrées*.	4 Eingemachte.
Un Chapon aux moulès.	Einen Capaun mit Muscheln.
Un Canard sauvage a l'orange.	Eine wilde Ente mit Pomeranzen.
Un Turbou de Veau.	Ein Grenad von Kalbfleisch.
Un d'agneau en ballon glacé.	Ein Ballon von Lamm.
4 Assiettes.	4 Teller.
Seconde Service.	Zweyte Tracht.
Un gateau a la broche.	Einen Brügelkrapfen.
Un gateau d'amandes.	Eine Mandeltorte.
2 *Flanc*.	2 Seitenstücke.
Un hure de sangiier.	Einen wilden Schweinskopf.
Un gateau de liévre.	Ein Gato von Hasen.
4 *Rôtis*.	4 Braten.
Un faisan.	Einen Fasan.
Un coq de bruyere.	Einen Auerhahn.
Un de poulets.	Ein von Hühnern.
Un des poulardes.	Ein von Polarden.
4 *Entremets*.	4 Entremets.
Un d'epinards a l'italienne.	Ein Spinad auf Italinisch.
Un des Cardons a la moëlle.	Carti mit Mark.
Un des Féves aux fines herbes.	Weiße Fisolen mit Kräutern.

Un

Un de morilles.	Maurachen.
4 *Assiettes*.	4 Teller.
2 de patisserie.	2 mit Bacherey.
2 froid.	2 kalt.

Un Menû pour 24. *Couverts.*
Eine Tafel für 24. Personen.

un potage de Nentilles.	Eine Linsensuppe.
Un potage clair.	Eine klare Suppe.
Pour relever.	Für auszuwechseln.
Un piece de Bœuf.	Das Tafelstück.
Un quartier de Veau.	Ein Kalbsviertel.
2 *Terrines*.	2 Töpfe.
Un de choux bleus.	Blaues Kraut.
Un de pois a la Bohemoise.	Böhmische Erbsen.
4 *Hors d'œuvres*.	4 trockne Voressen.
Un de boudins aux Ecrevisses.	Krebswürst.
Un de boudins noirs.	Schwarze Würst.
Un de bouche a la Reine frit.	Kleine Fisolen.
Un de Crepinette.	Fasch mit Netz.
4 *Hors d'œuvres en Sauces*.	4 Voressen mit Sauce.
Un de poulets en blanc.	Hühner mit weißer Sauce.
Un de cotelettes d'agneau.	Lammscarmenad.
Un des filets de Veau.	Filet von Kalbfleisch.
un des queues de Veau.	Kalbsschweif.

4 En-

4. *Entrées.*	4 Eingemachte.
Un Chapon sauce pimpernel.	Einen Kapaun mit Pimpernell.
Un Faisan aux huitres.	Einen Fasan mit Austern.
Un Grenad dressé.	Einen Grenad dressirt.
Un d'agneau.	Ein von Lamm.
8. *Assiettes.*	8 Teller.

Seconde Service. / Zweyte Tracht.

2 *grosses Pieces.*	2 große Stücke.
Un Gateau de Savoie.	Ein Gato von Biscuit.
Un Gateau d'Amour.	Einen Gato v. Mandeln.
2 *Flanc.*	2 Seitenstücke.
Un Hure de Sanglier.	Einen Schweinskopf.
Un Dindon en galantine.	Einen Indian in Galantin.
4 *Rôtis.*	4 Braten.
Un de Perdraux.	Ein von Rebhühnern.
Un de Faisans.	Ein von Fasanen.
Un de Poulets.	Ein von Hühnern.
Un de Chapon.	Ein von Kapaunen.
8 *Entremets.*	8 Entremets.
Un d'Epinards a la Crême.	Ein von Spinad mit Rahm.
Un de Choux fleurs sauce blanche.	Ein von Carviol mit weißer Sauce.
Un de Cardons a la moëlle.	Ein von Cardi mit Mark.
Un de Celeri au Coulis.	Ein von Zelleri mit Coulis.
Une Crême au Café.	Ein Crem von Kaffee.
Une Gelée de Citrons.	Eine Sulz von Citronen.

Un

Un de Pommes a la Dauphine.	Aepfel a la Dauphine.
Un Flan de Ris.	Einen Auflauf von Reis.
8 *Assiettes*.	8 Teller.

Un Menû pour 30. *Couverts.*
Eine Tafel für 30. Personen.

Un Potage a la Reine.	Eine weiße Coulissuppe.
Un Potage de Jonquilles.	Eine Coulissuppe von gelben Ruben.
Un Potage au ris.	Eine klare Suppe von Reis.
Un Potage a l'essence de Navets.	Eine klare Suppe von Ruben.
4 *Pieces pour relever*.	4 Stücke für auszuwechseln.
Un piece de Bœuf.	Ein Stück Rindfleisch.
Un Rosbif a l'angloise.	Einen englischen Braten.
Un Quartier de Veau a la Crême.	Ein Kalbsviertel mit Rahm.
Un patés de Canards sauvages.	Eine aufgesetzte Pastete von Wildenten.
4 *Terrines*.	4 Töpfe.
Un de Chou frisé garni.	Würsich oder Kölch garnirt.
Un de chou croutte garni.	Sauerkraut garnirt.
Un de Knefs a la Bechamelle.	Einen mit weißen Knefs fasch.
Un de Fraise de Veau au blanc.	Ein Kalbskröß mit weißer Sauce.
8 *Hors d'œuvres*.	8 Voressen.
Un de Boudins aux Faisans.	Fasanenwürste.
	Do Un

Un de Boudins noirs.	Französische Würste.
Un de Caisses de filets de Chapons.	Kleine Kästlein mit Fill von Kapaunen.
Un de Caisses de Perdraux.	Kleine Kästlein von Rebhühnern.
Un de ris de Veau a la glace.	Kalbsbrüs glasirt.
Un de palais de Bœuf a la poulette.	Ochsengaum mit Petersill.
Un de Cotelettes d'agneau masquée.	Lammscarmenade masquirt.
de filet de Liévre sauté.	Filé von Hasen mit Oel.

16 Entrées. — 16 Eingemachte.

Un filet de Bœuf sauce d'Anchois.	Ein Lungenbraten mit Sardellen.
Un Fricandeau aux petits Oignons.	Ein Fricando mit kleinen Zwiebeln.
un Fricandeau de mouton aux fines herbes.	Eines von Schaffleisch mit Kräutern.
Une langue de Bœuf aux Cornichons.	Eine Ochsenzunge mit Cucumern.
Une Foye de Veau a la broche.	Eine Kalbsleber am Spieß.
Un d'agneau au persil.	Eine von Lamm mit Petersill.
Un de Liéyre a l'Allemande.	Eines von Hasen auf deutsch.
Un de Sanglier sauce moutarde.	Ein von schweinernen Wildpret mit Senft.
Un de Canards sauce d'Oranges.	Eine Wildente mit Pomeranzen.
Un de perdraux a l'angloise.	Ein von Rebhühnern auf Englisch.

Un

Un de Faisans aux Truffes.	Ein von Fasanen mit Trüffel.
Un de Grives au Gratin.	Ein von Krammetsvögeln mit Fasch.
Un Chapon aux huitres.	Einen Kapaunen mit Austern.
Un de poulardes aux moules.	Ein von Polarden mit Muscheln.
Un de poulets aux Ecrevisses.	Hühner mit Krebsen.
Un Dindon a la peluche.	Einen Indian mit klarer Sauce.
16 *Assiettes.*	16 Teller.
Un de petits patés a la Bechamelle.	Kleine Pastetlein mit Rahm.
Un de Bouchés a la Reine.	Kleine Hascheepastetlein.
Un aux Huitres.	Austernpastetlein.
Un a la Francfort.	Frankfurter Pastetlein.
Une Bechamelle frite.	Ein Beschamell gebachen.
Un de Croquettes melés.	Ein melirt gebachenes.
Un de Risoles.	Kleine Schneekräpflein.
Un de Profitroles.	Kleine Semmeln.
8 froids.	8 kalte Teller.
Seconde Service.	**Zweyte Tracht.**
8 *grosses Pieces.*	8 große Stücke.
Un Piece a l'Ecarlate.	Ein Stück Pöckelfleisch.
Un Jambon.	Einen Schunken.
Un Dindon a la Daube.	Einen Indian a la Daube.
Un Hure de Sanglier.	Ein Schweinskopf.
2 Croquante.	2 Croquante.

Un Gateau de mille feuilles.	Eine französische Torte.
un Gateau d'Amandes.	Ein Mandelgato.
8 *Rôtis.*	8 Braten.
Un Longe de Veau.	Einen Nierenbraten.
Un d'Agneau.	Einen Lammsbraten.
une Selle de Chevreuil.	Einen Rehziemer.
Un de Lapin.	Ein von wilden Künighasen.
Un de perdraux.	Ein von Rebhühnern.
Un de Faisan.	Ein von Fasanen.
Un de Chapons.	Ein von Kapaunen.
Un de poulets.	Ein von Hühnern.
16 *Entremets.*	16 Entremets.
Un de Cardes.	Ein von Cardi.
Un d'Epinards.	Ein von Spinat.
Un de Celeri.	Ein von Zelleri.
Un de Choux fleurs.	Ein von Blumenkohl.
Un d'Ecrevisses.	Ein von Krebsen.
Un de poisons fines.	Ein von feinen Fischen.
Un d'Oeufs.	Ein von Eyern.
Un d'Escargots.	Ein von Schnecken.
4 de Gelée.	4 von Sulzen.
4 de Crême.	4 von Crem.
16 *Assiettes.*	16 Teller.
8 de patisserie.	8 mit Bacherey.
8 froids.	8 kalte.

Diese Tafel kann auch für mehrere Personen servirt werden, man darf deßwegen nicht mehrere Speisen geben; ist aber die Herrschaft Liebhaber von starken Service, so muß man mehrere Eingemachte geben auf den ersten Gang, und auf den zweyten mehrere Braten und warme Entremets.

CATA-

CATALOGUE.
Register.

Les Potages.

Die Suppen.

Un potage de santé.	Eine feine Kräutersuppe. Seite 13
Un potage clair aux choux.	Eine klare Würsich- oder Kölchsuppe. 14
Un potage clair aux houblons.	Eine klare Hopfensuppe. 15
Un potage clair au Celeri.	Eine klare Zellerisuppe. ibid.
Un potage clair au pourpier.	Eine klare Suppe von Portulak. 16
Un potage clair aux Asperges.	Eine klare Spargelsuppe. ibid.
Un potage clair chiffonné ou Chiffonade.	Eine klare Suppe von Wurzeln. 17
Une Julienne.	Eine feine Kräutersuppe. ibid.
Un potage a la Bagnolet.	Eine Consommésuppe. 18
Un potage aux fines herbes.	Eine fein geschnittene Kräutersuppe. ibid.
Un potage au Cerfeuil.	Eine Suppe von Körbelkraut.
Un potage a la Plûche.	Eine grüne Kräutersuppe. 20
Un potage de pois verds.	Eine Coulissuppe von grünen Erbsen. 20

Un potage au ris a l'italienne.	Eine Reißsuppe auf Italiänische Manier. 21
Un potage au ris de Navets.	Eine Reißsuppe mit Ruben. 22
Un potage au ris a la Reine.	Eine durchtriebene Suppe mit Reis. ibid.
Un potage a la Reine.	Eine weiße durchtriebene Suppe mit Brod. 23
Un potage à la purée verte.	Eine dürre Erbsensuppe. 24
Un potage a la purée de pois.	Eine grüne Coulissuppe. ibid.
Un potage de pois a l'angloise.	Eine durchtriebene Erbsensuppe auf Englisch. 26
Un potage de Jonquilles.	Eine gelbe Rubensuppe. ibid.
Un potage aux crouttes gratinées.	Eine Benabelsuppe auf französisch. 28
Un potage aux profitroles.	Eine Suppe mit klein faschirten Semmeln. ibid.
Un potage clair au jus de Veau.	Eine feine Schüsuppe von Kalbfleisch. 30
Un potage a l'Arlequine.	Eine Suppe von mehreren Farben. ibid.
Un potage a la Flamande.	Eine Suppe auf Niederländische Manier. 31
Un potage aux quenelles.	Eine Suppe mit französ. weißen Fasch. 32
Un potage de Macaronis aux Navets a l'italienne.	Eine Macaronisuppe mit Ruben auf Italiänische Manier. 34

Une

Une purée au Marrons.	Eine durchtriebene Kastanienſuppe.	34
Un potage a la purée de Lentilles.	Eine Couliſſuppe von Linſen.	35
Un potage de Lentilles entieres.	Eine Couliſſuppe mit ganzen Linſen.	36
Un potage au Coulis de perdraux.	Eine Couliſſuppe von Rebhühnern.	ibid.
Un potage au Coulis d'Ecreviſſes.	Eine Couliſſuppe von Krebſen.	37
Un potage au ris au Coulis d Ecreviſſes.	Eine Reisſuppe mit Krebscoulis.	38
Un potage au Coulis de Faiſands.	Eine Couliſſuppe von Faſanen.	39
Un potage aux piſtaches.	Eine Couliſſuppe von Piſtazi.	ibid.
Un potage a l'eſpagnole.	Eine Suppe von Reis auf ſpaniſch.	40
Un potage a la Milanois.	Eine Suppe auf Mayländiſche Manier.	41
Un potage aux petits Oignons.	Eine Suppe von kleinen Zwiebeln.	42
Une purée aux Navets de Baviere.	Eine Couliſſuppe von bairiſchen Ruben.	43
Un potage a l'eſſence de Navets.	Eine klare Suppe von bairiſchen Ruben.	ib.

Pieces pour relever les Potages.

Große Stücke für die Suppe auszuwechſeln.

Un piece de Bœuf au naturel.	Ein Tafelſtück geſotten.	44

Piece de Bœuf a l'Ecarlate.	Ein Pöckelfleisch zu machen. 47
Piece de Bœuf a la Mode.	Büflamode. 49
Un Rôt de Bœuf a l'angloise	Einen englischen Braten. 51
Un piece de Bœuf a la Moscovite.	Ein Stück Rindfleisch auf Moscovitisch. 52
Piece de Bœuf a l'Estoufade	Rindfleisch auf Italiänische Manier. 54
Piece de Bœuf a la Grillade.	Ein Stück Rindfleisch auf dem Rost gebraten. 55
Piece de Bœuf a la Polonoise.	Ein Stück Rindfleisch auf pohlnische Manier. 56
Piece de Bœuf aux fines herbes.	Ein Stück Rindfleisch mit feinen Kräutern. 57
Piece de Bœuf a l'Allemande.	Ein Stück Rindfleisch auf deutsche Manier. 58
Un longe de Veau a la broche.	Einen starken Nierenbraten auf englische Manier. 59
Un quartier de Veau a la broche.	Ein Kalbsviertel natürlich an dem Spieß gebraten. 60
Un quartier de Veau a la Königseck.	Ein Kalbsviertel am Spieß gebraten auf eine andere Manier. ib.
Un quartier de Veau a la Bechamelle.	Ein Kalbsviertel mit einem Beschamell. 61

Un

Un quartier de Veau a l'angloise.	Ein Kalbsviertel auf Englische Manier. 62
Un quartier de Veau a la braise.	Ein Kalbsviertel in der Bräs gemacht. 63
Un quartier de Veau au parmesan.	Ein Kalbsviertel mit Parmesankäs. 65
Un quartier de Veau a la Crême.	Ein Kalbsviertel mit sauern Rahm. 66
Un quartier de Veau au four a l'italienne.	Ein Kalbsviertel im Ofen auf Italiänisch. 67
Un quartier de Veau a la glace.	Ein Kalbsviertel glasirt. 68
Un poitrine de Veau farci.	Eine faschirte Kalbsbrust. 69
Un quartier de Mouton a la broche sauce aux Concombres.	Ein Schafviertel mit einer Gurken oder Umurkensauce. 71
Un quartier de Mouton a la braise a la Chicorée.	Ein Schafviertel in der Bräs mit Antivsalat. 72
Un quartier de Mouton a l'angloise au jus d'echalottes.	Ein Schafviertel auf Englisch mit Schü von Scharlotten. 73
Un selle d'agneau a la broche Sauce au Verjus.	Ein halbes hinters Lamm mit einer Sauce von Weintrauben. 74
Un Jambon a la broche au Vin de Champagne.	Einen geräucherten Schunken am Spieß gebraten mit einem Champagnerwein. 75
Un Jambon salé a l'angloise bouilli au raifort.	Einen frisch gesalzenen Schunken auf Englisch mit Kreen. 76

Un Jambon aux Choux frisés a l'Angloise.	Einen Schunken auf Englisch mit Kölch oder Würsching. 76
Un Cochon de lait au four.	Eine große Spansau im Ofen auf Italiänisch. 77
Un Jambon de sanglier sauces aux Oignons.	Einen Schlägel von einen Wildschwein in einer Zwiebelsauce. 79
Un Marcassin a la broche aux gratte-cul.	Ein Wildschweinfrischling am Spieß mit einer Hetschebetschsauce. 80
Un selle de Chevreuil a la broche sauces aux Cornichons.	Einen Rehrucken gebraten vor auszuwechseln mit einer Gurkensauce. 81
Un selle de faon de biche a la broche, sauces aux echalottes.	Ein Hirschkalb gebraten vor auszuwechseln. 83
Un faon de Chevreuil a la broche sauces aux Capres.	Ein Reykütz gebraten für auszuwechseln. 83
Une Croupiere de Cerf a la Saxonne.	Einen fetten Hirschzähmer auf Sächsisch. 84
Une Croupiere de Cerf a l'Allemande.	Einen Hirschzähmer auf deutsch. 86
Une cuisse de Cerf a la braise.	Einen Schlegel von Hirsch in der Bräs. 87
Une Dindon a la broche a la Sauce.	Einen Indianisch am Spieß gebraten mit einer Sauce. 87

Un Dindon a la broche a l'italienne farci de Macaroni.	Einen Indian faschirt auf Italiänische Manier.	88
Un Dindon a l'italienne d'une autre Maniere.	Einen Indian auf Italiänisch auf eine andere Manier.	89
Un Dindon a la broche a l'Angloise.	Einen Indian auf Englisch.	ibid.
Un Dindon a la broche sauce Capucine.	Ein Indian mit einer Kreensauce.	90
Un Dindon a la braise Sauce melée.	Einen Indian in der Bräs mit einer gemischten Sauce.	91
Un hure de saumon sauces aux Capres hachées.	Einen Kopf von einer Rheinsalm mit Capernsauce.	92
Un brochet au four.	Einen Hecht im Ofen.	93
Un brochet a la broche.	Einen Hecht am Spieß gebraten.	94
Un brochet a la Polonoise.	Einen Hecht auf Pohlnisch.	95
Un brochet au Vin de Champagne.	Einen Hecht mit Champagner Wein.	96
Une grosse Carpe a la Maitre d'hotel.	Einen Karpfen ganz gebachen.	ibid.
Une Carpe a la Matelotte.	Einen Karpfen schwarz gesotten.	97
Une Carpe a la Neubauer.	Einen Karpfen auf Neubauerisch.	99
Une d'esturgeon aux anchois.	Ein Stück Hausen mit Sardellen.	100
Une truite saumonnée.	Eine Lachsforelle mit Sauce.	101

Un Loutre.	Eine Fischotter.	101
Un paté de becasses.	Eine Pastete von Waldschnepfen.	102
Un paté de becassines.	Eine Pastete von Moßschnepfen.	104
Un paté de Faisands.	Eine Pastete von Fasanen.	104
Un paté de perdrix.	Eine Pastete von Feldhünern.	105
Un paté de perdrix rouges.	Eine Pastete von rothen Feldhünern.	ibid.
Un paté de Gelinotés.	Eine Pastete von Haselhünern.	ibid.
Un paté de sarcelles.	Eine Pastete von kleinen Wildenten.	ibid.
Un paté de Canards.	Eine Pastete von Wildenten.	ibid.
Un paté de Vanneaux.	Eine Pastete von Kiewizen.	106
Un paté de coq de bruyere.	Eine Pastete von Auerhahn.	ibid.
Un paté de poule de bruyère.	Eine Pastete von einer Auerhenne.	ibid.
Un paté d'oie sauvage.	Eine Pastete von einer Wildgans.	ibid.
Un paté de caillés.	Eine Pastete von Wachteln.	ibid.
Un pate de francolins.	Eine Pastete von Haselhünern.	107
Un paté de Macreuses.	Eine Pastete von halber Art von Wildenten.	ib.
Un paté de poules d'eau.	Eine Pastete von Wasserhünern.	ibid.

Un

Un paté de ramiers.	Eine Pastete von Wildtauben.	107
Un paté de Tourterelles.	Eine Pastete von kleinen Turteltauben.	108
Un paté de Grives.	Eine Pastete von Drosseln.	ibid.
Un paté de paon.	Eine Pastete von Pfauen.	ibid.
Un paté de Lapin.	Eine Pastete von Caninchen oder wilden Küniglhasen.	ibid.
Un paté de Levreau.	Eine Pastete von jungen Hasen.	109
Un paté de Liévre.	Eine Pastete von alten Hasen.	ibid.
Un paté de Cerf.	Eine Pastete von einen Hirschen.	ibid.
Un paté de Chevreuil.	Eine Pastete von Reh.	110
Un paté de Daim.	Eine Pastete von Gems.	ibid.
Un paté en fusée.	Ein Gateau von Hasen.	111
Un paté de Cerf en fusée en Casserole.	Einen Gateau von Hirschfleisch im Ofen.	112
Une Timballe de Macaroni au fromage parmesan.	Eine Pastete von Macaroni mit Parmesankäs.	ibid.
Une Timballe idem au Coulis.	Eine Kastrolpastete von Macaroni.	113
Une Timballe idem a la Romaine.	Eine Kastrolpastete auf Romanisch.	ibid.

Une

Une Timballe idem a la Genoise.	Eine Kastrolpastete auf Genuesisch.	114
Une Timballe idem a l'Allemande.	Eine Kastrolpastete auf deutsch.	ibid.
Flecks au Fromage parmesan.	Eine Fleckleinpastete in Raif.	ibid.
Macaroni a la même Maniere.	Macaroni auf die nämliche Manier.	115
La Saigne a la même Maniere.	Große Fleck auf die nämliche Manier.	ibid.
La Saigne a la Napolitaine.	Große Fleck auf Neapolitanisch.	116
Raviolles a la Genoise.	Raviolen auf Genuesisch.	ibid.
Une Tourte de poulets fricassées.	Eine Pastete von Butterteig mit Hühnern.	117
Une Tourte de poulets aux roux au Citrons.	Eine Pastete mit Hühnern braun gemacht.	118
Une Tourte de poulets melées.	Eine Pastete mit gemischten Hühnern.	119
Une Tourte de poulets farcis.	Eine Pastete mit faschirten Hühnern.	120
Une Tourte de Chodiveaux.	Eine Pastete von Kalbsfasch.	ibid.
Une Tourte de quenelles a la Crême.	Eine Pastete mit weißen Fasch.	121
Une Tourte de Langue de Veau Emincés.	Eine Butterpastete von Kalbszungen.	ibid.
Une Tourte de ris de Veau.	Eine Pastete von Kalbsbrüs.	ibid.

Une

Une Tourte de Gras-doubles.	Eine Pastete von Kuttelflecken.	122
Une Tourte a la Flamande.	Eine Pastete auf Flamändisch.	123
Une Tourte d'ecrevisses.	Eine Pastete von Krebsen.	ibid.
Une Tourte a l'angloise.	Eine Pastete auf Englisch.	124

Les Terrines.
In die Töpfe.

Une d'Epinardes a l'italienne.	Einen Spinad auf Italiänisch.	125
Une d'une autre Maniere a l'Allemande.	Einen Spinad auf deutsche Manier.	ibid.
Une d'asperges avec de ris de Veau.	Spargel mit Kalbsbrüs.	126
Une d'asperges d'une autre Maniere.	Einen Spargel auf eine andere Manier.	127
Une d'houblons avec de Cotelettes d'agneau.	Einen Hopfen mit Lammscarmenaden.	ibid.
Une d'houblons d'une autre Maniere.	Einen Hopfen auf eine andere Manier.	128
une de Pourpié avec de filet de Veau glacé.	Portulack mit Filé von Kalbfleisch glasirt.	129
Une de Pourpié d'une autre Maniere.	Einen Portulack auf eine andere Manier.	130
Une de fausser Cotelettes de poitrine de Veau a l'oseille.	Carmenad von einer Kalbsbrust mit Sauerampfer.	ibid.

Une

Une de petits pois verds avec de l'agneau.	Grüne Erbſen mit Lämmers Fleiſch.	131
Une d'haricots verds avec du Mouton.	Grüne Fiſolen mit Schaffleiſch.	132
Une poitrine de Mouton aux Concombres en blanc.	Eine Schafsbruſt mit friſchen Cucumern weiß gemacht.	133
Une de Concombres d'une autre Maniere.	Cucumern auf eine andere Manier.	134
Une de Laitue farci.	Einen fäſchirten Latuchſalat.	ibid.
Une de Laitue d'une autre Maniere.	Latuck auf eine andere Manier.	135
Une des Endiver a la Chicorée.	Einen Antiviſalat a la Chicorée.	136
Une de Carottes avec de Cotelettes des Mouton.	Gelbe Ruben mit Schaafscarmenadeln.	ibid.
Une de Carottes avec de piés de Mouton.	Gelbe Ruben mit Schaaffüß.	137
Une de Carottes ciſelées.	Gelbe Ruben mit Schweinsfüß und Ohren.	ibid.
Une de Cucuzzelli.	Welſchen Kürbis.	138
Une de Cucuzzeli a la Milanoiſe.	Cucuzelt auf Mayländiſch.	139
Un de Cucuzzo longo a l'italienne.	Brügelkürbis auf Italiäniſch.	ibid.
Une de Choux de raves a la bourgeoiſe.	Kohlrabi auf Bürgerlich.	140

Une de Chou de raves a la bourgeoise d'une autre maniere.	Kohlrabi auf bürgerlich, ohne Grünes. 141
Une d'une autre maniere.	Kohlrabi auf eine andere Manier. 142
Une d'une autre maniere.	Kohlrabi wieder auf eine andere Manier. 143
Une de Broccolis romaines.	Romaner Bröckeln. 144
Une d'une autre maniere.	Bröckeln auf eine andere Manier. ibid.
Une de cus d'Artichauts au blanc avec de ris d'agneau.	Artischockenböden weiß gemacht mit Lammsbrüs. 145
Une d'Artichauts d'une autre maniere.	Artischocken auf eine andere Manier. 146
Une de Féves a la Flamande.	Saubohnen auf Flamändische Art. ibid.
Une de Féves a l'italienne.	Saubohnen auf welsch. 147
Une de gros Oignons a l'italienne.	Große Zwiebel auf Italiänisch. ibid.
Une de gros Oignons d'une autre maniere.	Zwiebel auf eine andere Manier auf Italiänisch. 148
Une de gros Oignons farcis.	Große Zwiebel faschirt. ibid.
Une de petits Oignons au blanc avec du Mouton.	Kleine Zwiebel weiß mit Schaffleisch. 149
Une de petits Oignons d'une autre maniere.	Kleine Zwiebel auf eine andere Manier. ibid.

Pp Une

Une de Celeri avec de l'agneau.	Einen Zelleri mit Lammfleisch.	150
Une de Celeri en Crête.	Einen Zelleri auf Hühnerkammart.	151
une de Celeri en Champignon.	Einen Zelleri auf Schampignonart.	151
Une de Celeri a la Fricaſſée avec de poulets.	Einen Zelleri fricaſſirt.	152
Une de raves avec de piés de Cochon & d'oreilles en brun.	Weiße Ruben mit Schweinsfüßen und Ohren.	152
Une de raves a la Milanoiſe.	Weiße Ruben auf Mayländer und pohlniſche Art.	153 154
Une de Navets de Baviere avec de petits ſalés.	Bairiſche Ruben mit geſelchten Fleiſch.	154
Une avec de Marrons & d'oreilles de Cochon.	Bairiſche Ruben mit Kaſtanien.	ibid.
Une de perdrix aux Choux friſés & de petits ſalés.	Einen Würſich oder Kölch mit gerducherten Fleiſch und Feldhühnern.	155
une de Choux friſé garni de petits ſalés & de Marrons.	Einen Würſing mit gerducherten Fleiſch und Kaſtanien.	ibid.
Une de Chou friſé garni de piés & d'oreilles de Cochon.	Würſing mit Schweinsfüßen und Ohren.	156
Une de Choux cabus de deux manieres farcis.	Weiß Kraut faſchirt oder gefüllt.	157

Une

Une de Choux a la Crême.	Weiß Kraut mit Rahm.	158
Une de Choux a la braise au Jambon.	Weis Kraut in der Bräs mit Schunken.	ibid.
Une de Choux a la bourgeoise.	Weiß Kraut auf bürgerlich.	159
Une de Choux bleus garnie de petits salés.	Ein rothes Kraut mit Kastanien und geselchten Fleisch.	160
Une de perdrix aux Choux bleus.	Rothes Kraut mit Feldhühnern.	ibid.
Une de Choux bleus garnie d'oreilles & de piés de Cochons.	Rothes Kraut mit Schweinsohren und Füßen.	161
Une de Choux a la polonoise avec de queues de bœuf.	Einen Würsing mit Ochsenschweif.	ibid.
Une de Choux frisés avec de Cotelettes de mouton.	Einen blauen Kohl mit Schafscarmenad.	162
Une de Cardoner au parmesan avec de petits salés.	Cardi mit Parmesankäs und geselchten Fleisch gemacht.	163
Une de Cardones a l'italienne.	Einen Cardi auf Italienisch.	164
Une de Choux cabus farci au four.	Weiß Kraut faschirt im Ofen.	165
Une de Chou croutte au Faisans & au Coulis.	Sauerkraut mit Fasanen.	ibid.
Une de Chou croutte a la Crême.	Sauerkraut mit sauern Rahm.	166

Pp 2   Une

Une de Chou croutte au Truffes & en filet de Faisan a la Crême.	Sauerkraut mit Tartuffeln und Fasanenbrust.	166
Une de Choux croutte garni de petits salés.	Sauerkraut mit halb geselchten schweinernen Rippenfleisch.	167
Une de Choux croutte avec de perdrix au Coulis.	Sauerkraut mit Feldhühnern.	ibid.
Une de Choux croutte garni d'Ecrevisses & de filets de Chapons.	Sauerkraut mit Krebsschweif und Filé von Kapaunen.	ibid.
Une de Choux croutte au four.	Sauerkraut im Ofen.	168
Une de Faseoles a la Florentine.	Weiße Fisolen auf Florentiner Art.	ibid.
Une de Faseoles licés.	Fisolen mit Schaffleisch legirt.	169
Une de pois au lard.	Erbsen mit Speck durchgetrieben.	ibid.
Une de pois a la Bohemoise.	Erbsen auf Böhmisch.	170
Une de Nantilles aux petits salés.	Linsen mit geselchten Schweinfleisch.	171
Une de Nantilles avec de perdraux au Coulis.	Linsen mit Feldhühnern.	172
Une de Macaroni au parmesan.	Macronen mit Parmesankäs.	ibid.
Une de Nudel a l'Allemande.	Geschnittene Nudel auf deutsch.	173

Une

Une de Fleckles a l'allemande.	Flecklein auf deutsche Manier.	173
Une de ris a la Caniole avec un Chapon.	Einen Reis mit einem Kapaunen.	174
Une de ris a la moëlle a l'italienne.	Einen Reis mit Mark auf Italiänisch.	ibid.
Une de ris d'une autre maniere.	Einen Reis auf andere Manier.	175
Une de Knefs au lard.	Knötlein mit Speck.	ib.
Une de Knefs au Jambon.	Knötlein mit Schunken.	176
Une de Knefs au jambon d'une autre maniere.	Knötlein von Schunken auf eine andere Manier.	176
Une de Knefs de Chapon a la Bechamelle.	Weiße Knötlein von Kapaunen mit Rahm.	177
Une de Knefs d'une autre Façon.	Knötlein auf eine andere Manier.	178
Une de Knefs melés.	Gemischte Knötlein.	179
Une de Cotés de Veau.	Knötlein von Kalbfleisch gesotten.	ibid.
Une de Cervelle de Veau a la hollandoise.	Kalbshirn auf holländisch.	180
Une de Cervelle au fines herbes.	Kalbshirn mit feinen Kräutern.	181
Une de piés de Veau en fricassée.	Kalbsfüße fricassirt.	182
Un de piés de Veau fricassés verd.	Kalbsfüße grün fricassirt.	182
Une de piés de Veau au Vinaigre d'estragon.	Kalbsfüße mit einer Sauce von Bertram.	183

Une fraise de Veau en blanc.	Ein Kalbskröß mit weißer Sauce.	183
Une de fraise a la poulette.	Ein Gekröß mit Petersill.	184
Une de fraise de Veau a la Vinaigrette.	Ein Kalbsgekröß mit einer piquanten Sauce.	185
Une de Mou de Veau a la Liégeoise.	Eine Kalbslunge auf Lütticher Manier.	186
Une de Mou de Veau a l'Allemande.	Eine Kalbslunge auf deutsche Manier.	ib.
Une de Foye de Veau au sang.	Eine Kalbsleber mit Blut.	187
Une de Foye de Veau a l'estragon.	Eine Kalbsleber mit Bertramsauce.	188
une de queues de Veau a la hollandoise.	Kalbschweife auf holländische Manier.	189
Une de queues de Veau a l'Allemande.	Kalbsschweife auf deutsche Manier.	190
Une de Langues de Veau a la Sauce hachée.	Kalbszunge in der Haschéesauce.	ibid.
Une de Langues de Veau a l'Allemande.	Kalbszunge auf deutsche Manier.	ibid.
Tendrons de Veau sauce a l'orange.	Der Kern von der Kalbsbrust mit Pomeranzensauce.	191
Tendrons de Veau en blanc.	Der Kern von der Kalbsbrust mit weißer Sauce.	192
Piés d'Agneau a la Sauce verte.	Lammsfüße mit grüner Sauce.	193

Piés

Piés de mouton a la même maniere.	Schaffüße auf die nämliche Manier.	193
Une poitrine d'agneau en blanc avec du perfil.	Lammsbrüste mit Petersill.	ibid.
Une a la pelûche de Celeri.	Lammsbrüste mit Zelleri.	194
Une de Langues d'Agneau aux Anchois.	Lämmerne Zungen mit Sardellen.	ibid.
Une de Langues du mouton a la même maniere.	Schafzungen auf die nämliche Manier.	195
une de queues de bœuf sauce aux Cornichons.	Einen Ochsenschweif mit eingemachten Cucumern.	ibid.
Une d'Amourettes au parmesan.	Ruckmark mit Parmesankäs.	196
Une Langue de Bœuf a l'Allemande.	Eine Ochsenzunge auf deutsche Manier.	ibid.
Une Langue de Bœuf a la Polonoise.	Eine Rindzunge auf pohlnisch.	197
Une Abbatis d'oison a l'Allemande.	Das Junge von der Gans auf deutsch.	ibid.
Une Abbatis d'oison au sang.	Das Junge von der Gans mit Blut.	198
Une de Pigeons en Compôte.	Tauben im Compot.	ib.
Une de Rabatis de Volaille.	Flügel und Leber von dem Geflügel.	199
Une de Tourte en gras.	Schildkröten mit Bouillon gemacht.	199

Toutes Sortes de petits patés pour Hors d'œuvres.

Alle Sorten von kleinen Paſtetlein vor die *Hors d'œuvres.*

Des petits patés a la Bechamelle.	Kleine Paſtetlein mit ſüßen Rahm.	204
Des petits patés a la Polonoiſe.	Kleine Paſtetlein auf Pohlniſch.	205
Des petits bouches a la Reine.	Kleine Paſtetlein von Faſch.	206
Petits patés a l'eſpagnole.	Kleine Paſtetlein auf ſpaniſch.	207
Petits patés aux huitres.	Kleine Auſternpaſtetlein.	208
Petits patés aux huitres aux Coquilles.	Auſternpaſtetlein in der Schalen.	ibid.
Petits patés a l'Allemande.	Kleine Haſcheepaſtetlein auf deutſch.	209
Petits patés aux Ecreviſſes.	Kleine Paſtetlein von Krebſen.	210
Petits patés aux farces d'ecreviſſes.	Kleine Paſtetlein von Krebsfaſch.	211
Petits patés aux Ecreviſſes a l'Allemande.	Kleine Krebspaſtetlein auf deutſch.	ibid.
Petits patés à la Francfort.	Frankfurter Paſtetlein.	212
Petits patés au palais de bœuf.	Kleine Paſtetlein von Ochſengaum.	213
Petits patés de fraiſe de Veau.	Kleine Gekrös-Paſtetlein.	214

Petits patés de Cervelle de Veau.	Kleine Paſtetlein von Kalbshirn.	214
Petits patés de ris de Veau.	Kleine Brüspaſtetlein.	ibid.
Petits patés d'amourettes.	Kleine Paſtetlein von Ruckmark.	ibid.
Petits patés de Grasdoubles.	Kleine Paſtetlein von Kuttelfleck.	215
Petits patés aux Salpicon.	Kleine Salpiconpaſtetlein.	ibid.
Petits patés hachées.	Kleine Haſcheepaſtetlein.	ibid.
Petits patés au ris.	Kleine Reispaſtetlein.	216
Petits patés de Cotelettes d'agneau a la Venitienne.	Carmenad von Lamm auf Venetianiſch.	217
Petits patés de foye de poulets.	Kleine Paſtetlein von Kalbsleber.	ibid.
Petits patés de Saumon.	Kleine Paſtetlein von Rheinſalm.	218
Petits patés de filé de Mouton.	Kleine Paſtetlein Filé von Schaffleiſch.	ib.
Petits patés a l'italienne.	Kleine Paſtetlein auf Italiäniſch.	219
Petits patés a la Genoiſe.	Kleine Paſtetlein auf Genueſiſch.	220
Petits patés de Laitance de Carpes.	Kleine Paſtetlein von Karpfenmilch.	ibid.
Petits patés d'Epinards.	Kleine Spinatpaſtetlein.	221
Petits patés de Cerfeuille.	Kleine Paſtetlein von Körbelkraut.	222

Petis patés d'asperges. Kleine Paſtetlein mit Spargel. 222

Toutes Sortes de boudins pour Hors d'œuvres.

Trockenes Voreſſen von allerhand Sorten Würſte.

Des boudins aux Ecreviſſes.	Krebswürſt.	223
Des boudins verds.	Grüne Würſt.	224
Des boudins de fraiſe de Veau.	Weiße große Würſt.	ibid.
Des boudins de Cervelle de Veau.	Würſt von Kalbshirn.	225
Des boudins a l'italienne.	Würſt auf Italiäniſch.	ibid.
Des boudins a la Bechamelle.	Würſt von weißen Geflügel mit Rahm.	ib.
Des boudins au ſang a l'Allemande.	Blutwürſt auf deutſche Manier.	226
Des boudins noirs.	Schwarze Würſte.	227
Des boudins de Veau.	Würſt von Kalbfleiſch.	228
Des boudins de Mouton.	Würſt von Schaffleiſch.	229
Des boudins aux Lièvres.	Würſt von Haſen.	ibid.
Des boudins de Sanglier.	Würſt von Wildſchwein.	230
Des Cervelats a la Milanoiſe.	Bratwürſt auf Mayländiſch.	ibid.

Des

Des boudins a l'italienne de Cotigin.	Würst oder Cotigin auf Italiänisch genennt.	231
Des andouilles a l'italienne.	Große Würst auf Italiänisch.	ibid.
Des andouilles de fraise de Veau.	Andouilles von Kalbskröß.	232
Des andouilles d'une autre Maniere.	Andouilles auf eine andere Manier.	233
Des boudins a la bourgeoise.	Würst auf Bürgerlich.	ibid.
Des andouilles a la Veronese.	Veroneser Andouille	234
Des boudins de foye.	Leberwürst.	235
Des boudins de foye a l'espagnole.	Leberwürst auf spanische Manier.	236
Des boudins au Chapon.	Capaunerwürst.	ibid.
Des boudins au Perdraux.	Würst von Rebhünern.	237
Des boudins aux Faisans.	Würst von Fasanen.	ib.

Des Fritures pour Hors d'œuvres,
Ausgebachenes zum Voressen.

Une Bechamelle frite.	Ausgebachenes.	238
Une Friture des Oreilles.	In Schmalz gebachne Kalbsohren.	239
Une Friture de fraise de Veau.	Ein gebachenes Kalbskröß.	ibid.
Une Friture de Cervelle de Veau.	Ein gebachenes Kalbshirn.	240

Une

Une Friture de foye de Veau.	Eine gebachene Kalbsleber. 241
Une Friture a la Genoise.	Eine gebachne Leber auf Genuesisch. 242
Un Friture de piés de Veau.	Kalbsfüß gebachen. ib.
Une Friture de piés d'agneau.	Gebachne Lammsfüß. ib.
Une Friture de croquettes de palais de bœuf.	Ein gebachenes von Ochsengaum. 243
Une Friture de croquettes melées.	Ein gebachenes Geschnitz von allerhand. ibid.
Une Friture de croquettes de laitance de Carpe.	Ein gebachenes von Karpfenmilch. 244
Une friture de profitroles.	Kleine ausgebachne Semmel. ibid.
Une friture de profitroles aux Ecrevisses.	Kleine Semmel von Krebs gebachen. 246
Une friture d'amourettes.	Ein gebachenes von Ruckmark. ibid.
Une friture de Veau a la Flamande.	Ein gebachenes auf flamändisch. 247
Une friture a l'endouille.	Ein gebachenes von Fasch. ibid.
Une friture a l'Histoire.	Ein gebachenes melirtes, 248
Une friture a l'italienne.	Gebachenes auf Italiänisch. ibid.
Une friture aux Knefs.	Ein gebachnes von feinen Fasch. 249

Une

Une friture a la Duchesse.	Junge Nesttauben gebachen.	ibid.
Une friture au Miroire.	Gebachne Hühner.	250
Une friture de poulets marinées.	Marginirte Hühner.	ibid.
Une friture au ris aux pains enchantés.	Ein gebachenes in Oblaten.	241
Une friture de Crepinettes.	Ein gebachnes im Netz.	252
Une friture de Cotelettes d'agneau.	Lammscarmenad gebachen.	ibid.
Une friture d'Omelettes farcies.	Faschirte Omolette.	253
Une Friture d'Animelles.	Kleine Lammsbrüs gebachen.	ibid.
Une Friture de Risolles.	Kleine Risollen gebachen.	ibid.

Hors d'œuvres aux sauces.

Auf deutsch Voressen mit Sauce.

De grenadins de Veau piqué a la Sauce claire de la même glace.	Grenadins von Kalbfleisch mit klarer Sauce.	254
Des petits Grenadins au gros lard & au Jambon.	Grenadin mit groben Speck und Schunken gespickt.	256
Des grenadins a la Chicorée.	Grenadin mit Antivi.	257
Des grenadins aux Epinards.	Grenadin mit Spinat.	ibid.

Des

Des grenadins aux petits Oignons.	Grenadin mit kleinen Zwiebeln.	258
Une de Cotelettes de Veau piqué a la même Maniere.	Gespickte Kalbscarmenad.	258
Une de Cotelettes de Veau en papilottes.	Kalbscarmenad in Papier.	259
Une de Cotelettes de Veau a la Madelaine.	Kalbscarmenad mit Zwiebeln garnirt.	260
Une de Cotelettes de Veau aux fines herbes.	Kalbscarmenad mit seinen Kräutern.	261
De Cotelettes de Veau a la Neubauer.	Kalbscarmenad auf Neubauerisch.	ibid.
De Cotelettes de Veau a la Grillade a l'Allemande sauce au Citron.	Kalbscarmenad grillirt auf deutsch.	262
Une de Cotelettes de Veau sauce aux morilles.	Kalbscarmenad mit Maurachen.	263
Une de Cotelettes de Veau a la Provençale.	Kalbscarmenad auf Brabändisch.	264
Une de filets de Veau a la Dangers en forme des pommes.	Filé von Kalbfleisch dressirt.	ibid.
Une de filets de Veau a la Neubauer en forme de gril.	Filé von Kalbfleisch auf Neubauerisch.	265
Une de filets de Veau a la Madelaine.	Filé von Kalbfleisch mit Fasch.	266

Une

Une de filets de Veau a la Catinette.	Filé von Kalbfleisch geschlungen.	267
Une de Veau a l'espagnole.	Eine von Kalbfleisch auf spanisch.	ibid.
Une de Veau a la Damienne.	Kalbfleisch mit Champagnerwein.	268
Une des petits Roulades de Veau a la Sauce d'estragon.	Kleine Rolaben von Kalbfleisch mit Bertram.	269
Une de petites Roulades masquées.	Kleine Kalbsroladen masquirt.	ibid.
Une de Veau en forme de Gobelets.	Goblet von Kalbfleisch.	270
Une de Veau en Crepines.	Kalbfleisch im Netz.	271
Une de Veau a l'Escaloppe.	Ein geklopftes Kalbfleisch.	272
Une de filets de Veau sautés sur le gril.	Ein Kalbfleisch mit Scharlotten.	ibid.
Une de Veau a la Napolitaine.	Kalbfleisch auf Neapolitanisch.	273
Une d'hatelettes de farce de Veau garnis.	Spießel von Kalbfleisch.	274
Une de ris de Veau a la broche, sauce sans Echalottes.	Kalbsbrüs ohne Spieß mit Sauce.	275
Une de ris de Veau a l'italienne.	Kalbsbrüs auf Italianisch.	ibid.
Une de ris de Veau a la paradise au Citron.	Kalbsbrüs in Papier.	276

Une

Une de ris de Veau piqué & glacé avec sauce aux Champignons.	Geſpickte Kalbsbrüs.	277
Une de ris de Veau en petits caiſſes.	Kalbsbrüs in kleinen Kapſeln von Papier.	277
Une de ris de Veau aux Ecreviſſes.	Kalbsbrüs mit Krebſen.	278
Une de ris de Veau a la Jardiniere.	Kalbsbrüs mit Peterſill geſpickt.	ibid.
Une de ris de Veau ſauté.	Kalbsbrüs auf dem Roſt.	279
De ris de Veau grillé.	Kalbsbrüs grillirt.	ibid.
De ris de Veau emincés.	Kalbsbrüs mit Lemoniſauce.	280
De ris de Veau a l'italienne.	Kalbsbrüs auf Italiäniſch.	ibid.
Une d'hatelettes de ris de Veau.	Kleine Spieſel mit Kalbsbrüs.	ibid.
Une de foye de Veau aux fines herbes.	Kalbsleber mit feinen Kräutern.	281
Une de foye de Veau a la Genoiſe.	Kalbsleber auf genueſiſche Manier.	282
Une de Foye de Veau au Crepines.	Kalbsleber im Netz.	ibid.
De Foye de Veau a l'Allemande.	Kalbsleber auf deutſch.	283
Une Foye de Veau au ſang.	Kalbsleber mit Blut.	284
Une Foye de Veau a la Flamande.	Kalbsleber auf Niederländer Manier.	285
De Foye de Veau a la Liégeoiſe.	Kalbsleber auf Lütticher Manier.	ibid.

Une

Une de fraise de Veau sauce au Marjolaine.	Kalbsgekröß auf deutsche Manier.	286
Une fraise de Veau a la poulettes.	Ein Gekröß mit Petersill.	286
Une d'yeux de Veau aux Truffes.	Kalbsaugen mit Triffel.	287
Une d'yeux de Veau en robe de Chambre.	Kalbsaugen im Schlafrock.	ibid.
Une d'yeux de Veau masqué.	Kalbsaugen masquirt.	288
Une de queues de Veau a l'Oseille.	Kalbschweife mit Sauerampfer.	289
Une de queues de Veau a la hollandoise.	Kalbschweife auf Holländisch.	ibid.
Une d'Amourettes a poulette.	Ruckmark mit Petersill.	290
Une d'Amourettes aux Ecrevisses.	Ruckmark mit Krebsen.	ibid.
Une d'Amourettes au Gratin.	Ruckmark mit Rahm.	291
Une ris d'Agneau au melange.	Lammsbrüs melirt.	ibid.
Une de Cotelettes d'Agneau a la Sauce blanche.	Lammscarmenad in weißer Sauce.	292
Une de Cotelettes d'Agneau a la Genoise.	Lammscarmenad auf Genuesisch.	ibid.
Une de Cotelettes grillées.	Lammscarmenad grillirt.	293
De Cotelettes d'une autre maniere.	Carmenade auf eine andere Manier.	ibid.
Une de Cotelettes d'Agneau masqué.	Lammscarmenade masquirt.	294

Une de Cotelettes d'agneau piqué au lard & glacé.	Lammscarmenade glasirt.	295
Une de Cotelettes d'agneau en robe de chambre.	Lammscarmenade im Schlafrock.	ibid.
Une de Cotelettes d'agneau piqué au persil.	Gespickte Lammscarmenade mit Petersill.	296
Une de Cotelettes d'agneau frites aux sauces angloises.	Lammscarmenade mit Englischer Sauce.	ib.
Une de Cotelettes d'agneau piqué aux racines.	Lammscarmenade gespickt mit Wurzeln.	297
Une de Cotelettes d'agneau aux fines herbes.	Lammscarmenad mit feinen Kräutern.	ibid.
Une de Cotelettes d'agneau au four.	Lammscarmenade im Ofen.	298
Une de Cotelettes de Cabri a la même maniere.	Carmenade von Küßlein auf die nämliche Manier.	ibid.
Une de Langues de Cabri au ragout.	Ein Ragout von Küßleinzungen.	299
Une de Langues aux petits Oignons.	Zungen mit kleinen Zwiebeln.	ibid.
Une de Cotelettes de porc sauté.	Schweinerne Carmenad auf dem Rost	ibid.
Une de Cotelettes de porc a la poële a l'estragon.	Schweinerne Carmenade in der Pfanne gemacht.	300
Une de Cotelettes de	Schweinerne Carmenade mit	

porc sauce au pauvre homme.	mit einer Zwiebelsauce.	300
Une de Cotelettes sauce a la moutarde.	Schweinerne Carmenade mit einer Senftsauce.	301
Une de Foye de porc a la Wahl.	Schweinerne Leber im Netz.	ibid.
Une de Foye de porc a la Napolitaine a la broche aux Crepines.	Schweinerne Leber auf Neapolitanisch.	302
De piés de Cochon a la St. Menehoult.	Schweinerne Füße grillirt.	ibid.
Une de palais de Bœuf en Risolles glacés.	Ochsengaum mit Fasch.	303
Une de palais de bœuf a la Neubauer.	Ochsengaum auf andere Manier.	ibid.
De palais de bœuf a la poulette.	Ochsengaum weiß mit Petersill.	304
Une de palais de bœuf a l'italienne.	Ochsengaum auf Italiänisch.	305
Une de palais de bœuf en Roulades.	Roulade von Ochsengaum.	ibid.
Une de palais de bœuf en Croustades.	Ochsengaum mit Krusten.	306
Une de palais de bœuf au Gratin.	Ochsengaum mit Rahm.	ibid.
De palais de bœuf aux fines herbes au gril.	Ochsengaum grillirt.	307
De palais de bœuf en petits doigts.	Ochsengaum mit Coulis klein geschnitten.	ib.
De palais de bœuf a la Jardiniere.	Ochsengaum mit grünen Fasch.	308

Une de palais de bœuf en Crete de Coq.	Ochsengaum auf Hühnerkammart. 308
Une d'estomac de poulets a la Jardiniere.	Hühnerbrust mit Wurzeln gespickt. 309
Une de cuisses de poulets piqués & glacés.	Hühnerbügel glasirt. ib.
Une de petits Roulades de poulets.	Kleine Rolad von Hühnerbrust. 310
Une de Cotelettes de poulets sautés.	Carmenade von Hühnern im Kastrol. 311
Une Blanquette de poulets.	Ein Blanquett von Hühnern. 311
Une de poulets en robe de Chambre.	Hühner im Schlafrock. 312
Une de poulets grillés.	Hühner grillirt. ibid.
Une de poulets aux Ecrevisses.	Hühner mit Krebsen. 313
Une de Cretes de Coq historiées.	Hühnerkämme melirt. ibid.
Filets de poulets a la Bechamelle.	Filee von Hühnern mit süßen Rahm. 314
Une de poulets a l'espic.	Hühner mit klarer Sauce warmer. ibid.
Une de filets de Chapon en petites Grenades a la Danger.	Filee von Kapaunen a la Danger. 315
Une de Rolets de Chapon a la Mosaïque.	Roladen von Kapaunen eingelegt. 316
Une de Rolets de Chapon en Cotelettes.	Rolee von Kapaunen auf Carmenadart. 318
Une de Cotelettes de Chapon sautés.	Kleine Carmenade von Kapaunen im Kastrol. 318

Une

Une de filets de Chapon en fleurs.	Filee von Kapaunen auf Blumenart. 319
Une de filets de Chapon dreſſé.	Filee dreſſirt auf der Schüſſel. 319
Une de filets a la Bechamelle.	Filee von Kapaunen mit Beschamell. 320
Une d'eſtomac de Chapon en Cœur.	Kapaunenbruſt wie ein Herz formirt. 321
Une d'eſtomac a la provençale aux fines herbes.	Kapaunenbrüſte auf brabandiſch mit feinen Kräutern. 321
Une d'eſtomac piqué de Jambon & de Truffes.	Kapaunenbrüſte mit Schunken und friſchen Trüffeln geſpickt. 322
Une d'Eſcalotte de Chapon.	Kleine Fricando mit Kräutern. ibid.
Une Blanquette de Chapon.	Kleine Fricando mit weiſſer Sauce. 323
Une de Catinet de Chapon.	Geſchlungene Filee von Kapaunen. 324
Une mincée de Chapon ſur le plat.	Kleine Fricando auf die Schüſſel. ibid.
Une mincée de Chapon au blanc.	Auf eine andere Manier weiß. 325
Une de Canapé aux filet de Chapon.	Ein Canapee von Kapaunen. 326
Une des Knefs a la Sultane.	Weißen Kapaunenfaſch. 327
Un eſpic de Chapon.	Ein Hors d'œuvre kalt ſervirt. ibid.
Une de cuiſſes de Chapon a la glace.	Kapaunenbügel glaſirt. ibid.

De Dindon a la même maniere.	Einen Indianisch auf die nämliche Manier. 328
Une de pigeons dressés aux petits poits.	Tauben dressirt wie Birn. ibid.
Une de pigeons a la Crapaudine.	Tauben grillirt. 329
Une de Cotelettes de pigeons sautés.	Carmenad von Tauben. 330
Une de cuisses de pigeons aux Grenouilles.	Taubenbügel gebachen und mit einer Sauce. ibid.
Une d'estomac de pigeons piqué aux Truffes.	Die Brüste von der Tauben mit Triffel gespickt. 331
Une d'estomac de pigeons piqué au lard & glacé.	Taubenbrüste mit Speck gespickt und glasirt. ibid.
De pigeons en Compôte.	Tauben im Ragout. ib.
Une de filets de perdraux mincés.	Kleine Filee von Rebhühnern. 332
Une de filets de perdraux sautés.	Filee von Rebhühnern im Kastrol. ibid.
Une de filets encaissés.	Filee von Rebhühnern in Kapseln von Brod. 333
Une de filets en Croute de pain.	Filee von Rebhühnern mit Brod im Ofen. 334
Une de Gratin de perdraux.	Filee von Rebhühnern im Ofen. ibid.
Un Salmi de perdraux a la Françoise.	Einen Salmi von Rebhühnern auf französisch. 335

Un

Un Salmi de perdraux a l'angloife.	Einen Salm von Rebhühnern auf Englisch.	336
Un Salmi de becaffes.	Einen Salmi von Schnepfen.	ibid.
Une de Grives a la Conti.	Droffeln ausgelöst.	337
De Grives deroffées au Gratin.	Droffeln im Ofen mit Brod.	338
Une de Grives a la perrigot.	Droffeln mit Fafch.	339
Une de Grives au genevre.	Droffeln mit Cronawethbeer.	ibid.
Une de Grives a la Piemontoife.	Droffeln auf Turiner Manier.	340
Une de Grives aux Truffes.	Droffeln mit frifchen Triffeln.	ibid.
Une de Grives grillés.	Droffeln grillirt.	341
Une de Grives a la Flamande.	Droffeln auf Flamändifch.	ibid.
D'Alouettes a la même maniere.	Lerchen auf die nämliche Manier.	342

Tourtes Sortes d'Entrées.
Von allen Sorten Eingemachten.

Une de filet de Bœuf a l'Allemande.	Einen Lungen- oder Lendenbraten.	343
Une de filet de Bœuf glacé.	Einen Lungenbraten glafirt.	344
Une filet de bœuf a la broche a la Sauce de Capres.	Einen Lungenbraten mit einer Capernfauce.	

Une

Un filet de bœuf au sang.	Einen Lungenbraten mit Blut.	345
un Fricandeau de Veau glacé.	Ein Fricando von Kalbfleisch glasirt.	346
Un Fricandeau a l'Oseille.	Ein Fricando mit Sauerampfer.	346
Une aux Epinards.	Eines von Spinat.	347
Une aux petits Oignons.	Eines mit kleinen Zwiebeln.	ibid.
Une aux gros Oignons.	Eines mit großen Zwiebeln.	ibid.
Une a la Chicorée.	Eines mit Antivisalat.	348
Un Fricandeau a la Bechamelle.	Eines mit Beschamell.	ibid.
Un Fricandeau a la bourgeoise.	Eines auf bürgerlich.	349
Un Fricandeau aux fines herbes.	Eines mit feinen Kräutern.	ibid.
Une a la Mosaique.	Eines eingelegt mit Trüffel.	350
Une poitrine de Veau au blanc.	Eine Kalbsbrust weiß.	ibid.
Une aux Ecrevisses.	Eine Kalbsbrust mit Krebsen.	351
Un Rolad de Veau.	Ein Rolad von Kalbfleisch.	ibid.
Un Grenade de Veau a la Danger.	Einen Grenad von Kalbfleisch.	ibid.
Une Grenade au filet de Veau.	Einen Grenad von Filet.	352
Une Grenade de Veau a l'Allemande.	Einen Grenad auf deutsch.	353

Une de Tête de Veau a l'Angloise.	Einen Kalbskopf auf Englisch. 353
Une de Tête de Veau a l'Allemande.	Einen Kalbskopf auf deutsche Manier. 354
Une de Tête de Veau a la hollandoise.	Einen Kalbskopf auf Holländisch. 355
Une de Tête de Veau au Vin de Champagne.	Einen Kalbskopf mit Champagner-Wein. 356
Un fricandeau de mouton piqué & glacé.	Einen Fricandeau von Schaffleisch. ibid.
Un quarré de Cochon a la broche a la Sauce Robert.	Ein schweinernes Quarre mit einer Senftsauce. 357
De Cotelettes de Cochon a la même Sauce.	Schweinscarmenad in der nämlichen Sauce. 358
Un de gros filets de Cerf aux fines herbes.	Filee von Hirsch mit seinen Kräutern. ibid.
Filets de Cerf aux Genevres.	Filee mit Cronabethbeer. ibid.
Un de Cuisses de Liévres a la Perigord.	Schlegel von Hasen mit Trüffel. 359
Un de cuisses de Liévres a l'italienne.	Schlegel von Hasen auf Italiänisch. 360
D'une autre Maniere.	Auf eine andere Manier. 361
Une de cuisses de Liévre a la bonne femme.	Hasenschlegel mit eigener Sauce von Coulis. 362
Une de Lapins aux fines herbes.	Wilde Künighasen mit feinen Kräutern. ib.

Une

Une de Canards souvages a la Bruſſelles.	Eine Wildente auf Brüſſeler Manier. 303
Un Canard a la broche ſauce aux Oranges.	Eine Wildente mit Pomeranzenſauce. ibid.
Un Canard a la broche piqué.	Eine geſpickte Wildente am Spieß. 364
Un Canard a l'Eſpagnole.	Eine Wildente auf ſpaniſch. 365
Un Canard deſoſſé.	Eine Ente ausgelöſt. ib.
Un de perdraux a la broche a la Sauce d'oranges.	Rebhühner am Spieß mit Pomeranzenſauce. 366
Une de perdraux a la broche aux fines herbes a l'angloiſe.	Rebhühner am Spieß auf Engliſch. 367
Une de perdraux a la broche aux ſauces gratin.	Rebhühner mit einer Leberſauce. ibid.
De perdraux a la broche Sauce verd.	Rebhühner am Spieß mit grüner Sauce. 308
Un de perdraux au gril.	Rebhühner auf den Roſt. ibid.
De perdraux a l'eſpagnole.	Rebhühner auf Spaniſch. ibid.
un de perdraux glacés.	Rebhühner glaſirt. 369
un de perdraux au Vin de bourgogne.	Rebhühner mit ganzen Trüffel. ibid.
Un de perdraux en ſurpriſe.	Rebhühner in einer Papiernen Kapſel. 370
Un chapon a la Marechalle.	Einen Kapaun a la Marechalle. 371
Un chapon a la Princeſſe.	Einen Kapaun a la Princeſſe. ibid.

Un

Un chapon a la Sultanne.	Einen Kapaun a la Sultanne. 372
Un chapon a la Tortue.	Einen Kapaunen auf Schildkrottenart. ib.
Un chapon aux huitres.	Einen Kapaugen mit Austern. 373
Un chaqon aux Moules.	Einen Kapaun mit Muscheln. 374
Un chapon a la Lutherienne.	Einen Kapaun auf Lutherisch. ibid.
Un chapon a la broche a la Sauce de Nid-des Indes.	Einen Kapaun mit einer Sauce von Indianischen Vogelnest. 375
Un chapon dressé en cuisses a la braise.	Einen Kapaunen ausgelöst. ibid.
Un chapon a l'italienne.	Einen Kapaun auf Italiänisch. 376
Un chapon aux fines herbes.	Einen Kapaun mit feinen Kräutern. ibid.
Un chapon a la Provençale.	Einen Kapaun auf brabandisch. ibid.
Un chapon en surprise.	Einen Kapaun im Papier. 377
Un chapon a la Bechamelle.	Einen Kapaun mit Beschamell. ibid.
Un chapon au grosSel.	Einen Kapaun mit groben Salz. ibid.
Des poulets a la Neubauer.	Junge Hühner mit einer grünen Sauce. 378
Des poulets servis dans une Abbaisse.	Junge Hühner im Teig. 379
Des poulets a l'Allemande.	Junge Hühner auf deutsch. 380

D'une

D'une autre Maniere.	Auf eine andere Manier.	380
Des poulets aux Ecrevisses.	Hühner mit Krebse.	381
Des poulets marinés.	Hühner in Margenad.	ibid.
Des poulets a la Cartouche.	Hühner a la Cartouche.	ibid.
Des poulets a la Tartare.	Hühner a la Tartare.	382
Des poulets a la Pelûche.	Hühner mit klarer Petersilsauce.	382
Des poulets a l'estragon.	Hühner mit Bertram.	383
De poulets au blanc.	Hühner mit weißer Sauce.	ibid.
Des poulets au printems.	Hühner mit grüner Sauce.	384
Des poulets a la Cuillere.	Kleine Hühner mit Spargel.	ibid.
Des poulets a la Madelaine.	Hühner mit kleinen Zwiebeln.	385
D'oisons a la broche sauce Capucine.	Junge Enten mit Kapuzinersauce.	ibid.
D'oisons sauce aux Concombres.	Junge Gänse mit Cucumernsauce.	386
D'oisons sauce ramollade.	Gänse mit einer Ramolladsauce.	ibid.
D'oisons a l'italienne.	Gänse auf Italiänisch.	387
D'esturgeon a la Neubauer.	Hausen mit einer Nußsauce.	ibid.

Une

Une de Saumon a la Neubauer.	Rheinſalm a la Neubauer.	388
Un de Saumon en ſurpriſe.	Rheinſalm in Kapſel.	ibid.
D'anguilles a la Croſolié.	Aalfiſche mit 3 Saucen.	389
Un d'anguilles a la Bataille.	Aalfiſch mit einer Oelſauce.	390

Les groſſes Pieces pour le ſecond Service.

Die großen Stück für den zweyten Gang.

Un paté froid à la françoiſe.	Eine kalte Paſtete auf Franzöſiſch.	391
Les patés froids a l'Allemande.	Kalte Paſteten auf deutſche Manier.	392
Une aſpique.	Eine Rummelſulz.	394
Une biſe d'ecreviſſes.	Große Krebs auf einer Schüſſel.	396
Une cuiſſe de Veau a la Daube.	Einen Kalbsſchlegel mit Sulz.	ibid.
Un cochon de lait en Rolade.	Ein Rolad von Spanferkel.	397
Un Jambon froid ordinaire.	Einen ordinari kalten Schunken.	398
Un Jambon a la Champenoiſe.	Einen Schunken im Ofen.	ibid.
Un Jambon a la Bourguignotte.	Einen Schunken in der Bräs.	399
Un gateau de Liévre.	Einen Gateau von Haſen.	400

Un

Un gateau de Chapon.	Einen Gateau von Kapaunen.	400
Un hure de sanglier bouilli.	Einen Schweinskopf zu richten.	401
d'une autre Maniere.	Auf eine andere Manier.	402
Un boudin a l'angloise au four.	Einen englischen Boudin im Ofen.	403
D'une autre Maniere.	Auf eine andere Manier.	404
Un au ris.	Einen von Reis.	405
Un aux Ecrevisses.	Einen von Krebsen.	ib.
Un boudin Sauce de Vin de Champagne.	Einen gesottenen Boudin mit Champagnerwein.	406
Un flan au four aux Citrons.	Ein abgetriebenes von Lemoni.	407
Un d'ecrevisses.	Ein von Krebsen.	408
Un d'artichauts.	Ein von Artischocken.	ib.
Un gateau aux Cerisses griottes.	Einen Weichselkuchen.	409
Un gateau a la broche.	Einen Brügelkrapfen.	410
Un gateau de Compiegne.	Einen Gateau von Brandteig.	412
Un gateau a la Madelaine.	Einen Gateau von Carmehl.	ibid.
Un gateau a l'Allemande.	Einen Gateau auf deutsch.	413
Un gateau de savoie.	Einen Gateau von Biscuit.	ibid.
Un gateau d'amandes.	Einen Gateau von Mandeln.	414

Un

Un gateau aux Pistaches.	Einen Gateau von Piebazi.	415
Un gateau de pain bis.	Einen Gateau von schwarzen Brod.	ib.
Un gateau de milles feuilles.	Eine französische Torte.	416
Une Croquante a l'Allemande.	Einen Croquant auf deutsche Manier.	417
Une Croquante d'amandes.	Einen Mandelcroquant.	ibid.
Un Rocher d'amandes.	Einen Berg von Mandeln.	418
Une brioche a la Francoise.	Einen Gateau von Käs.	419
Les Rôtis.	Von Gebratenen.	420

Entremets chauds.
Warme Zwischentrachten.

D'epinards a la Crême.	Spinad mit süßen Rahm.	422
Un a l'italienne.	Auf welsche Manier.	423
Un au Four.	Spinad im Ofen.	ib.
Un de Choux fleurs a la Sauce blanche.	Blumenköhl mit weißer Sauce.	424
Un au parmesan au four.	Mit Parmesankäs.	425
Un aux Ecrevisses.	Mit Krebsen.	ibid.
Un au Coulis.	Mit Coulis.	ibid.
Un a l'italienne.	Auf Italiänisch.	ibid.
Un en Friture.	Einen ausgebachen.	426
Des artichauts a la Sauce blanche.	Artischocken mit weißer Sauce.	ibid.

A la

A la Sauce d'anchois.	Mit Sardellensauce.	426
Artichauts farcis.	Artischocken faschirt.	427
A l'italienne.	Auf Italiänisch.	ibid.
D'artichauts d'une autre Maniere.	Artischockenböden auf eine andere Manier.	428
D'artichauts aux fines herbes.	Artischocken mit feinen Kräutern.	ibid.
D'artichauts a la Perigot.	Artischocken im Ofen.	429
D'artichauts frites.	Gebachene Artischocken.	ibid.
Des asperges a la Sauce blanche.	Spargel mit weißer Sauce.	ibid.
Des asperges au beurre clair.	Spargel mit klaren Butter.	430
Des asperges aux petits pois.	Spargel auf Erbsenart gemacht.	ibid.
Des petits pois a la Françoise.	Kleine Erbsen auf Französisch.	431
D'haricots aux fines herbes.	Grüne Fisolen mit Kräutern.	432
Des bourraches frites.	Gebachne Burrasch.	433
De Concombres en Sauce.	Frische Cucumern mit Sauce.	ibid.
Concombres farcis.	Faschirte Cucumern.	434
De Concombres a la Crême.	Cucumern mit Rahm.	ibid.
Des Champignons farcis.	Faschirte Schampignon.	ibid.
Des Champignous a l'italienne.	Schampignon auf Italiänisch.	435
Des Champignons en Sauce.	Schampignon mit Sauce.	ibid.

Cham-

Champignons a la gril.	Schampignon auf den Roſt.	436
Des morilles en Sauce.	Maurachen mit Sauce.	437
Des Truffes a la Francoiſe.	Trüffel auf Franzöſiſch.	438
Des Truffes au four.	Trüffel im Ofen.	ibid.
Des Truffes a la Provençale.	Trüffel auf Brabander Manier.	439
Un des Feves vertes.	Grüne Bohnen.	ibid.
des Cardons a la moele.	Carti mit Mark.	440
Des Celeris a la Crême.	Zelleri mit Rahm.	ibid.
Des oignons a l'italienne.	Große Zwiebel im Ofen.	441
Des pommes de Terre.	Erdäpfel mit Butter.	442
De polenta.	Polenta.	442
Un au ris.	Eins von Reis.	442
d'ecreviſſes a l'angloiſe	Krebſe auf Engliſch.	ib.
d'ecreviſſes a la Crême	Krebſe mit Rahm.	444
D'ecreviſſes frit.	Gebachene Krebs.	ibid.
D'ecreviſſes au gratin.	Krebſe mit geriebener Semmel.	445
D'ecreviſſes a l'italienne.	Krebſe auf Italiäniſch.	446
Un flan d'ecreviſſes.	Einen Krebsflan im Ofen.	ibid.
De Saumon a la gril.	Rheinſalm auf den Roſt.	447
Une de Langues de Carpes.	Karpfenzungen vor Entremets.	448
Des huitres frit.	Gebachene Auſtern.	ib.
D'œufs pochés.	Verlohrne Eyer mit Schü.	449

Rr   D'œufs

D'œufs sauce au fer Cheval.	Eyer mit brauner Butterſauce.	449
D'œufs innocens.	Unzeitige Eyer.	450
D'omelette aux Epinards.	Kleine Omolett mit Spinab.	ibid.
D'omelettes a la Romaine.	Omolett auf Romaniſch.	ibid.
Une Omelette a l'angloiſe.	Ein Omolett auf Engliſch.	451
Une Omelette a l'Allemande.	Ein Omolett auf deutſch.	ibid.
Une Omelette a la Genoiſe.	Ein Omolett auf Genueſiſch.	452
D'œufs pochés piqué & glacé.	Verlohrne Eyer geſpickt und glaſirt.	ibid.
D'œufs a l'aſpique.	Eyer mit Sulz.	453
Un flan de ris.	Ein aufgelaufenes von Reis.	454
De ris frit a l'Allemande.	Gebachenen Reis auf deutſch.	ibid.
Un de ris frit a l'italienne.	Einen gebachenen Reis auf Italiäniſch.	455
De pommes frit.	Gebachene Aepfel.	456
De pommes a la Dauphine.	Faſchirte Aepfel.	ibid.
D'une autre Maniere.	Auf eine andere Manier.	457
D'une autre Maniere.	Auf eine andere Manier.	ibid.
De pommes a la polonoiſe.	Aepfel auf pohlniſche Manier.	458
D'une autre Maniere.	Auf eine andere Manier.	459

Des

Des pommes au four.	Aepfel im Ofen.	459
Des pommes a la Saxe.	Aepfel auf sächsisch.	460
Des pommes en Compôte.	Ein Compot von Aepfeln.	ibid.
Une Tourte a la Saxe.	Eine Torte auf Sächsisch.	462
Tourtelettes d'Amandes.	Kleine aufgesetzte Mandeltourtelette.	462
De paté frole.	Einen mürben Taig.	463
De paté royale.	Einen Brandtaig.	ibid.
De bouchées de fames.	Kleine Krapfen im Schmalz ausgeb.	464
De rissolles.	Kleine Schneekräpfl.	465
Des caisses a l'angloise.	Kapseln auf Englisch.	ib.
Une Tourte a l'italienne.	Eine Torte auf Italiänisch.	466
Une Tourte aux Marrons.	Eine Torte von Kastanien.	467
Une Crême Royale.	Königscrem.	ibid.
Une a la Turc.	Einen auf Türkisch.	ib.
Un a l'angloise.	Einen auf Englisch.	468
Un au Four a l'angloise.	Einen im Ofen auf Englisch.	469
Une Crême veloutée.	Einen Crem von Champagner.	ibid.
Un Crême au ris a l'Italienne.	Einen Crem auf Italiänisch.	ibid.
Un au ris d'une autre maniere.	Einen auf eine andere Manier.	470
Un blanc - manger.	Ein Blanmasche.	ibid.
Une Crême patissier.	Ein Backmeister-Crem.	471
Un aux Pistaches.	Ein von Pisdazi.	471

Un Créme glacé.	Einen glasirten Crem.	473
Un Créme aux Oranges.	Einen Crem von Pomeranzen.	473
Un Créme au four.	Einen Crem im Ofen.	474
Un Créme de fraises.	Einen Crem von Erdbeer.	ibid.
Un aux Vanille.	Einen von Vanille.	475
Un au Cafée.	Einen von Caffee.	ibid.
Un de fleur d'oranges.	Einen von Pomeranzenblüth.	476
Un aux roses.	Einen von Rosen.	ibid.
Un au Cerfeuille.	Ein von Körbelkraut.	ibid.
Un aux Citrons.	Einen von Lemoni.	477
Un au Chocolade.	Ein von Chocolade.	ibid.
Gelée.	Sultzen.	478
Un gelée au cresson.	Ein von Brunnkreß.	ibid.
Un de groseilles vertes.	Eine von grünen Stachelbeeren.	479
Un de Cerisses griottes.	Eine von Weichseln.	480
Un de fraises.	Eine von Erdbeeren.	ibid.
Un des groseilles.	Eine von rothen Johannesbeeren.	ibid.
Un de pergamotte.	Eine von Bergamot.	481
Un de Citrons.	Eine von Lemoni.	ibid.
Un d'oranges clairs.	Eine von Pomeranzenklar.	ibid.
Un d'oranges a la Francoise.	Eine auf französische Manier.	ibid.
Un d'apricots.	Eine von Apricosen.	482
Un de peches.	Eine von Pfirsching.	483
Un de Melon.	Eine von Wassermelon.	ib.
Un de Melon a l'espagno'e.	Eine von den spanischen Melonen.	484
Un de raisines.	Eine von Weintrauben.	485